马克思主义与当代中国问题

丛书主编·吴晓明 陈学明

The Theoretical Solution of the Enigma of History

历史之谜的理论解答

姜佑福·著

复旦大学出版社

本书由
"上海高校服务国家重大战略出版工程"项目
资助出版

目 录

引言 ·· 1

上篇 马克思思想视域中的现代世界

第一章 马克思的早期思想经历与哲学革命 ················ 5

第一节 马克思青年时期的思想经历 ····················· 5
一、青年在选择职业时的考虑 ························· 6
二、从波恩到柏林 ····································· 7
三、《博士论文》与自我意识哲学 ····················· 10

第二节 思想转变的开端与对青年黑格尔派的批判 ······ 19
一、《莱茵报》时期的思想历练 ······················· 19
二、《德法年鉴》与独立思想的发端 ·················· 26
三、对青年黑格尔派的批判 ·························· 32

第三节 马克思的哲学革命：经由费尔巴哈超越黑格尔 ·· 37
一、费尔巴哈的历史功绩与局限 ······················ 37
二、对黑格尔辩证法和整个哲学的批判 ··············· 51
三、新世界观的基本纲领 ···························· 59

第二章　马克思的政治经济学批判与现代性批判 ……………… 66
第一节　马克思对古典政治经济学及其附属物的批判 ……… 67
第二节　经济社会形态理论与对资产阶级社会的深入剖析 …… 74
一、诸种经济社会形态的理论区分 ……………………… 75
二、资产阶级社会的内在逻辑结构 ……………………… 86
三、政治经济学批判与哲学革命的究竟关联 …………… 89
第三节　马克思对现代政治的批判性分析及其当代启示 …… 93
一、黑格尔关于市民社会与现代政治国家的哲学分析 …… 94
二、马克思对黑格尔法哲学以及现代政治自身的批判 …… 98
三、马克思的批判性分析对当代中国政治发展道路的启示……101

下篇　马克思主义与当代中国

第三章　马克思主义与中国特色社会主义 ……………………… 107
第一节　马克思主义的"理论性质"与当代中国"理论创新" ……… 107
一、"理论"的一般观念与"理论创新"的现代性内涵 ……… 108
二、马克思主义的"理论性质"与当代中国"理论创新"的主题…… 113
第二节　历史唯物主义之为马克思主义的经典价值观 ……… 119
一、一般价值观问题的由来与旨趣 ……………………… 120
二、作为马克思主义价值观经典内涵的历史唯物主义 …… 124
三、坚持历史唯物主义之为马克思主义经典价值观的当代意义 … 132
第三节　作为社会主义核心价值的"社会主义"观念溯源 …… 136
一、马克思、恩格斯"社会主义"思想的起源与理论基石 …… 138
二、马克思、恩格斯关于"社会主义"的核心观念 ……… 144
三、马克思、恩格斯在历史实践中阐发的"科学社会主义" …… 151
四、马克思、恩格斯"社会主义"思想的当代意义 ……… 157

第四章 马克思主义与当代中国发展道路 ········· 163

第一节 "文明论"-"普遍历史"视域与中国道路研究 ········· 163
一、"文明论"与"普遍历史"视域的对立与统一 ········· 164
二、文明论与普遍历史有机结合的思想范例 ········· 169
三、立足"文明论"构建新的"普遍历史"叙事 ········· 177

第二节 马克思主义与"普遍主义"问题 ········· 180
一、世界历史进程中的"普遍主义"问题 ········· 181
二、通过批判黑格尔重论"普遍性"与"世界历史" ········· 185
三、创造一种超越"普遍性"文化的发展方式的可能性 ········· 189

第三节 共产主义的根本旨趣与中国特色社会主义的历史使命 ··· 193
一、人类社会新纪元的基本纲领 ········· 194
二、共产主义的理论意义与实践旨趣 ········· 198
三、中国特色社会主义的基本性质与历史使命 ········· 202

后记 ········· 209

引　言

　　早期哲学革命奠定了马克思对人类历史尤其是现代性社会的根本性理解。在人们日常的感性活动亦即直接的生产性劳动中，蕴含着破解"历史之谜"的钥匙：如果说"历史"之为"历史"，实际上不过是人类各种经济社会形态前后相继的必然更替，那么这种经济社会形态的历史性形成和同样历史性的解体，都在人们的感性活动中有其确定的实践根源。

　　马克思本人晚年曾多次强调，他的学说完全建立在西欧历史发展的基本经验之上，不能在其他时空做简单的形式推论和泛化使用，这样会给他过多的荣誉，也会给他带来过多的耻辱。

　　在马克思的哲学批判、政治经济学批判与现代性社会批判之间取得融贯一致的理解，对于今天中国的马克思主义研究来说至关重要。一方面，自马克思主义诞生以来的历史实践和理论发展，留下了许多需要从马克思自身的思想视域出发予以概念澄清和话语梳理的学术史与思想史议题；另一方面，如何在马克思的核心思想，当代中国与人类世界的社会现实，以及其他人文社会科学研究成果之间展开批判性对话，从而透过各种话语的迷雾真正把握我们自身的理论任务和实践使命，也是马克思主义研究的当务之急。

本书上篇聚焦于马克思"唯物史观"（哲学革命）的诞生和"历史科学"（政治经济学批判）的展开，力图从当代的问题意识出发把握其思想精髓；下篇汇聚的则是一些关于马克思主义与当代中国现实相结合过程中产生的重要理论问题和实践问题的具体思考。

上 篇
马克思思想视域中的现代世界

第一章 马克思的早期思想经历与哲学革命

马克思一生的思想是一还是多，是断还是连？学术界曾经围绕这个问题聚讼纷纭，甚至今天还有不少学者认为这是一个没有定论而值得深入探讨的话题。但在我看来，对这个问题的不同回答往往取决于观察者自身究竟取何种视角，因为无论是认为马克思思想一以贯之，还是认为有多重转折，毫无疑问都可以从马克思一生的丰富经历和众多著述中找到各自所需的种种论据。在此，我也丝毫不隐瞒自己的观点，我认为马克思自从作为一个独立的思想家登上历史舞台之后，他的思想内核是始终如一的。承认马克思"吾道一以贯之"，不等于忽视马克思一生思想的丰富性和论题的多样性。恰恰相反，是要在把握这种丰富性和多样性的基础上，在更深入的层面上取得对马克思一生思想的整体性理解。就此而言，说"多"和"断"是容易的，说"一"和"连"则是困难的，融贯一致地理解马克思是更高的思想要求。

第一节 马克思青年时期的思想经历

马克思是一位早慧的思想家，《共产党宣言》等传世篇目写作时，还不满30岁。马克思同时又是一位大器晚成的思想家，《资本论》第一卷出版时已经接近50岁,而且在有生之年也没有写完这部书。中国文化传统讲究"知人论世",了解其青年时期的思想经历,不仅会让我们对马克思形成一个相对丰满的形象,而且也有助于把握马克思一些基本的精神气质从而有助于我们对他后续著作的理解。

一、青年在选择职业时的考虑

1835年9月,马克思从特里尔中学毕业。中学时代,马克思已经接受了良好的人文教育,修习过希腊语、拉丁语、德语和法语,并且达到了能用多语种写作的水平。其中,最脍炙人口的《青年在选择职业时的考虑》,便是马克思中学毕业时的德语作文。

关于这篇论文,特里尔中学校长约·维滕巴赫写下了这样一段评语:"相当好。文章的特点是思想丰富,布局合理,条理分明,但是一般来说作者在这里也犯了他常犯的错误,过分追求罕见的形象化的表达;因此,在许多加有着重号的地方,在个别措词以及句子的连接上,叙述时就缺乏必要的鲜明性和确定性,往往还缺乏准确性。"①

另据梅林的说法,维滕巴赫在评语中还一字不漏地引用了马克思作文的下面这段话:"我们并不总是能够选择我们自认为适合的职业;我们在社会上的关系,还在我们有能力决定它们之前就已经在某种程度上开始确立了。"对此,梅林评价道:"可见,还在少年马克思的头脑中,就已经闪现着一种思想的火花,这种思想的全面发展就是他成年时期的不朽贡献。"②的确,在这种思想的火花中,我们可以窥见唯物史观基本原理的某种萌芽。

对自我选择与社会关系存在之间辩证关联的觉知,不仅仅是呈现为一种方法论或存在论的背景,而且直接关联到马克思这篇中学毕业论文的主

---

① 《马克思恩格斯全集》第1卷,人民出版社,1995年,第1041页"注释200"。
② 梅林:《马克思传》,人民出版社,1965年,第10页。马克思的原文参见《马克思恩格斯全集》第1卷,人民出版社,1995年,第457页。

旨:"在选择职业时,我们应该遵循的主要指针是人类的幸福和我们自身的完美。不应认为,这两种利益会彼此敌对、互相冲突,一种利益必定消灭另一种利益;相反,人的本性是这样的:人只有为同时代人的完美、为他们的幸福而工作,自己才能达到完美。"①

个体与类之间的关系,可以说是马克思终身思考和力图在理论上予以彻底澄清的一个基本问题。而这个问题,在他的中学毕业论文中就已经涉及,并给出了一种符合"历史""经验"和"宗教"习惯的结论:"历史把那些为共同目标工作因而自己变得高尚的人称为最伟大的人物;经验赞美那些为大多数人带来幸福的人是最幸福的人;宗教本身也教诲我们,人人敬仰的典范,就曾为人类而牺牲自己";"如果我们选择了最能为人类而工作的职业,那么,重担就不能把我们压倒,因为这是为大家作出的牺牲;那时我们所享受的就不是可怜的、有限的、自私的乐趣,我们的幸福将属于千百万人,我们的事业将悄然无声地存在下去,但是它会永远发挥作用,而面对我们的骨灰,高尚的人们将洒下热泪"②。

面对一位年仅17岁的少年留下的这些文字,不禁让人惊叹,的确并非所有人的思想能力和精神境界可以以年龄为限而等量齐观。同时也不禁让人想到,当有些人根本不了解马克思的思想却以"过去了若干年"因而不再对当代有效的庸俗论调来否定这些思想的当代价值的时候,是多么肤浅可笑。

二、从波恩到柏林

中学毕业之后的第一年(1835年10月至1836年8月),马克思进入波恩大学学习,专修法学。由于与人决斗(具体原因已不可考),并被人告发

---

① 《马克思恩格斯全集》第1卷,人民出版社,1995年,第459页。
② 同上书,第459—460页。

曾在科隆携带违禁武器(未有明确的调查结果,后不了了之),马克思的父亲决定让马克思 1836 年秋季学期开始转学到柏林。从《马克思恩格斯全集》收集的材料看,转学柏林之后,最能反映其思想经历的文献,当属马克思于 1837 年 11 月 10—11 日写给他父亲的一封信。

用马克思自己的话说,这封信意味着他生活中一个关键性的"转变时刻":"它好像是表示过去时光结束的界标,但同时又明确地指出生活的新方向";而这封信意味着马克思将自己"作为在科学、艺术、个人生活方面全面地展示出来的精神活动的表现来观察"①。

在这封信中,马克思拉拉杂杂叙述了他转学柏林之后一年多"专心致志于科学与艺术"的生活,包括抒情诗的写作、攻读法学和哲学、大量的书摘与翻译、小说和戏剧创作、思想体系的创作、戏剧评论,以及谋求职业的具体考虑等。其中,最引起我们注意的自然是他在法哲学方面的思考。

在大量阅读的基础上,马克思草拟了一份约 300 张纸的法学著作(没有保存下来),"试图使一种法哲学贯穿整个法的领域",实际上是康德-费希特式"法的形而上学"。马克思在书信中坦言,这种"法的形而上学"亦即"脱离了任何实际的法和法的任何实际形式的原则、思维、定义",遭遇到的是"理想主义所固有的"同时是"无可救药的错误的划分的根源"的"现有之物与应有之物的对立",其结果不过是比费希特的法哲学体系"更现代,内容更空洞"。马克思认为,"现有之物与应有之物的对立",实质上是一种"数学独断论","在这种形式下,主体围绕着事物转,议论来议论去,可是事物本身并没有形成一种多方面展开的生动的东西",而"在生动的思想领域的具体表现方面,例如,在法、国家、自然、全部哲学方面,情况就完全不同:在这里,我们必须从对象的发展上细心研究对象本身,而决不允许任意划分;事物本身的理性在这里应当作为一种自身矛盾的东西展开,并且在自

---

① 《马克思恩格斯全集》第 47 卷,人民出版社,2004 年,第 5—6 页。

身中求得自己的统一"①。

对"实然"和"应然"二元论以及主观主义的批评,对"事物本身"和"对象本身"的强调,明确表现出此时的马克思深受黑格尔派的影响。在这封书信中,马克思也毫不讳言这一点。他一方面坦言不喜欢黑格尔哲学"离奇古怪的调子",另一方面表示,"想再度潜入大海","把真正的珍珠拿到阳光之下"。甚至在由于过度的而又徒劳无获的脑力劳动引起身体不适的时候,马克思还从头到尾阅读了黑格尔的著作,并且与"博士俱乐部"(青年黑格尔派)成员鲍威尔、科本和鲁滕堡等人过从甚密,以至于同"想要避开的现代世界哲学的联系越来越紧密了"②。

值得一提的是,这封信非但没有赢得老马克思的赞赏与同情,反倒招来了父亲最后也是最为严厉的批评。在1837年12月9日亨利希·马克思致卡尔·马克思的信中,老马克思以模拟马克思中学毕业论文的口吻质问马克思"天赋非凡才能的青年的任务是什么",并给马克思描绘了一幅幅极具讽刺意味的肖像画:"在肉体上是花花公子,在精神上是狂热的幻想家,在政治上是阴谋家,而在智力上则是书呆子"。在这封信中,老马克思还历数了马克思中学毕业之后的种种"劣迹":"波恩的胡闹刚结束,你的债务(真是五花八门)刚偿清,那爱的折磨立刻又令我们震惊地开始了。"并以十分生动形象的笔触复述了马克思书信中提到的他初到柏林一年的学习生活:"杂乱无章,漫无头绪地踯躅于知识的各个领域,在昏暗的油灯下胡思乱想,虽不在啤酒杯中消磨放纵,却蓬头乱发穿着学者的睡衣放荡不羁;离群索居、不拘礼节甚至对父亲也不尊重。与外界交往的艺术仅限于一间肮脏的房间,……难道令你和你所爱的人神志清爽的果实应当在这么一个荒唐无用的知识的作坊里成熟吗?在这里会得到有助于履行神圣职责的收

---

① 《马克思恩格斯全集》第47卷,人民出版社,2004年,第7—8页。
② 同上书,第13、15页。

获吗?"①

这封信寄出之后不久,老马克思就卧床不起了。在去世之前的几封信中,老马克思不再言辞激烈地批评马克思,恢复了他一贯的慈祥和对马克思满心的期待,他说:"我放下武器只是由于我疲倦了。有一点你要永远相信,任何时候都不能怀疑,这就是我把你放在我心灵最深处,你是我生命中最强大的杠杆之一。"②

公正地说,马克思并非是一个不把家人的期待放在心上的人,尤其是老马克思和燕妮,都是马克思终身挚爱的对象。但不幸的是,的确像老马克思所担心的那样,马克思后来走的不是追求普通人幸福的道路,他以自己的深刻思想贡献和回报于人类,而他和他的家人则一起为此付出了沉重的生活代价。

三、《博士论文》与自我意识哲学

1838年5月15日,老马克思过世。从马克思母亲和姐姐索菲亚的书信中可以看出,马克思曾经答应家人尽快完成博士论文的写作,拿到学位。但一方面由于健康方面的原因,另一方面由于贯穿马克思一生的某种悲剧性的性格特点,直到1841年4月15日,才以缺席答辩的形式从耶拿大学拿到博士学位。关于马克思这种悲剧性的性格特点,梅林有很好的体会和描述:"不知餍足的求知欲迫使他迅速地投身于最困难的问题,而无情的自我批判精神却妨碍他同样迅速地解决这些问题。"③

按照马克思自己的解释,之所以选择《德谟克利特的自然哲学和伊壁鸠鲁的自然哲学的差别》为题撰写博士论文,是因为这篇论文实际上只是"一部更大著作的先导",亦即一部纵论整个"自我意识哲学"(伊壁鸠鲁主

---

① 参见《马克思恩格斯全集》第47卷,人民出版社,2004年,第562—568页。
② 同上书,第570页。
③ 梅林:《马克思传》,人民出版社,1965年,第36页。

义、斯多亚主义和怀疑主义)及其与较早和较晚希腊思辨的总体关系著作的先导。马克思当时受到黑格尔哲学史以及鲍威尔和科本等人观点的影响,认为只是在"现代","自我意识哲学"为人们所理解的时代才真正到来了,因为所谓"自我意识哲学"曾经长期被人们所误解,被当作伟大的希腊思辨哲学"狗尾续貂"般的附加物,但其真实意义恰恰在于:它们是"罗马精神的原型",是"希腊迁移到罗马去的"那种思想形态,它们具有"性格十分刚毅的、强有力的、永恒的本质,以致连现代世界也不得不承认它们享有充分的精神上的公民权",同时是"理解希腊哲学的真正历史的钥匙"。《德谟克利特的自然哲学和伊壁鸠鲁的自然哲学的差别》作为一个例证,所要探讨的恰恰是"自我意识哲学"同"整个希腊思辨"之间的关系①。

马克思盛赞黑格尔的哲学史"大体上正确地规定了上述各个体系的一般特点",并且说黑格尔的"哲学史"是真正哲学史的开端,但批评黑格尔"令人惊讶的庞大和大胆的计划,使他不能深入研究个别细节",同时认为黑格尔的"思辨"的观点,妨碍了他"认识上述那些体系对于希腊哲学史和整个希腊精神的重大意义"。实际上,我们可以从黑格尔的哲学史和世界历史哲学中清晰地看到,所谓"自我意识哲学"作为西方"自由意识"的一个发展环节的重要地位,它是古希腊智者时代孕育的"主观精神"或"主观性自由"的延续,同时是基督教苦恼意识的前奏。当然,马克思的确也做到了黑格尔所没有做到的"深入研究个别细节",对德谟克利特的自然哲学与伊壁鸠鲁的自然哲学之间"贯穿到极其细微之处的本质差别"做出了令人信服的阐明。

在包括西塞罗、普鲁塔克和莱布尼茨等人在内的众多论述中,伊壁鸠鲁的物理学常常被看作是德谟克利特原子论学说的拙劣模仿。马克思则首先指出二者之间在思想面相上的尖锐对立:德谟克利特是一个"把感性

---

① 《马克思恩格斯全集》第 1 卷,人民出版社,1995 年,第 10—11、15—18、103 页。

自然当作主观假象"的怀疑主义者和经验主义者,他"表现出了进行实验、到处寻求知识和外出远游进行观察的不安心情",他"从必然性的观点来观察自然,并力求解释和理解事物的实在的存在";伊壁鸠鲁是一个"把现象世界看作实在东西"的哲学家和独断主义者,在他身上"体现了在自身中感到满足的思维的宁静和从内在原则中汲取自己知识的独立性",他轻视经验,"他的解释无宁说是倾向于否定自然的一切客观实在性"①。

其次,马克思具体论述了伊壁鸠鲁和德谟克利特原子论的精细差别。在马克思看来,二者都承认原子的直线式下落运动和由于许多原子的相互排斥引起的运动,但"原子脱离直线而偏斜"是伊壁鸠鲁的原子论所特有的含义,也是二者之间的本质区别:原子的直线运动表达的是"原子的物质性",原子脱离直线的偏斜所表达的是"原子的形式规定",二者构成原子概念的两个环节,而原子偏离直线,意味着原子的形式规定对原子的物质(质料)规定的否定,意味着原子从自己的定在和实存中解放出来;由于原子的偏斜,原子之间的排斥运动也获得了全新的解释,在原子的排斥中,"表现在直线下落中的原子的物质性和表现在偏斜中的原子的形式规定"得到了综合。按照马克思的解释,"原子脱离直线而偏斜"对于伊壁鸠鲁主义来说决不是特殊的和偶然出现的,因为所谓"原子脱离直线而偏斜"的哲学要义在于"抽象的个别性",亦即"形式规定、纯粹的自为存在、不依赖于直接定在的独立性、一切相对性的扬弃"等,而"排斥是自我意识的最初形式",整个伊壁鸠鲁哲学主张"行为的目的就是脱离、离开痛苦和困惑,即获得心灵的宁静",实质就是"以其最高的自由和独立性,以其总体性"表现出来的"抽象的个别性"②。

马克思认为,伊壁鸠鲁的"原子偏斜说"改变了"原子王国的整个内部

---

① 《马克思恩格斯全集》第1卷,人民出版社,1995年,第29页。
② 同上书,第30、33、35、37页。

结构",专注于原子的"本质"与"定在"的矛盾,在感性形式中真正理解了"排斥的本质",而德谟克利特只认识到原子的"物质存在",其整个兴趣只在于"从质同应该由质构成的具体本性的关系来说明质",而"质仅仅是用来说明表现出来的多样性的假设",但原子的"概念"同这种意义上"质"没有丝毫关系,因此,"我们在德谟克利特那里只看见一些用来解释现象世界的纯粹假设的规定,而伊壁鸠鲁则向我们说明了从原则本身得出来的结论",因为伊壁鸠鲁把握住了原子概念的内在矛盾,"存在与本质、物质与形式之间的矛盾",而德谟克利特"仅仅将其中的一个环节对象化"①。

由此出发,马克思还对伊壁鸠鲁的"本原""时间"以及"天象学"做出了自己的独到阐释:(1)如果按照原子的概念来设想原子的话,那么,一方面原子是"自然界的绝对的、本质的形式",但另一方面,原子一旦从"本质世界"转入"现象世界",它就下降为"作为充满多种多样关系的世界的承担者"亦即"物质的基础",但这个物质基础,"永远只是以对世界毫不相干的和外在的形式存在",并且只有靠理性才能观察到。(2)在德谟克利特看来,"时间对于体系没有任何意义",马克思说他"解释时间,是为了取消时间",因为他"把产生和消灭,即时间性的东西,从原子中排除掉";在这里,马克思顺便批评了"那具有想象力的、不能理解实体的独立性的理智",这种"理智"提出"实体在时间中生成的问题",但当它"把实体当成时间性的东西"时,同时也就"把时间变成了实体性的东西",而变成"绝对时间的时间"也就不再是"时间性的东西"了,一句话,"从本质世界中排除掉的时间,被移置到进行哲学思考的主体的自我意识中,而与世界本身毫不相干了";伊壁鸠鲁则不是如此,在伊壁鸠鲁看来,"从本质世界中排除掉的时间,就成为现象的绝对形式",时间被规定为"偶性的偶性",偶性是"一般实体的变化",而"偶性的偶性"就是"作为自身反映的变化",是作为"变换的变

---

① 《马克思恩格斯全集》第 1 卷,人民出版社,1995 年,第 38、40、42 页。

换",是现象世界的"纯粹形式",换句话说,现象世界的"自身反映"生成"时间"概念,而"人的感性就是形体化的时间,就是感性世界的存在着的自身反映";(3)马克思概括描述了伊壁鸠鲁对前人天体学说措辞激烈的批评,认为"那些坚持一种解释方式而排斥其他一切解释方式的人,那些在天象中只承认统一的、因而是永恒的和神性的东西的人,正在陷入虚妄的解说和占星术士的毫无创见的戏法之中;他们越出了自然科学的界限而投身于神话的怀抱;他们企图完成不可能完成的事情,为毫无意义的东西而枉费精力,他们甚至不知道,心灵的宁静本身在哪里会遭到危险";按照马克思的解释,整个伊壁鸠鲁的自然哲学都贯穿着"本质和存在、形式和物质的矛盾",但在所谓"永恒的和不朽的"天体中,"这个矛盾消除了",因为无论是在"原子世界"还是在"现象世界"里,"形式同物质进行斗争","一个规定取消另一个规定",而正是在这种矛盾斗争中,"抽象的、个别的自我意识感觉到它的本性对象化了",但在"天体"中,由于"物质把个别性、形式纳入它自身之中","物质就不再是抽象的个别性",而成为"具体的个别性、普遍性"了,所以,"自我意识把天象看作是它的死敌";马克思说,正是在这里,"伊壁鸠鲁的真实原则,抽象的、个别的自我意识,已经不再隐蔽了",它"摆脱了物质的外壳,力求通过按照抽象的可能性所作的解释,来消灭那已经独立的自然的现实性"(所谓抽象的可能性是说,可能的东西也可能以别的方式出现),因此,伊壁鸠鲁反对以一种特定的、永恒的、必然的方式来解释天体,"因为天体的永恒性会扰乱自我意识的心灵的宁静,一个必然的、不可避免的结论就是,它们并不是永恒的"①。

如果我们跳出马克思的具体论述,从总体上把握伊壁鸠鲁主义与希腊精神之间的联系,那么可以很清楚地看到马克思的基本思路及其对伊壁鸠鲁和德谟克利特的褒贬:首先,我们可以明确知道,马克思不仅把伊壁鸠鲁

---

① 《马克思恩格斯全集》第1卷,人民出版社,1995年,第49、51—53、59、61—62页。

派、斯多亚派和怀疑主义派称作"自我意识的哲学家",而且特别把伊壁鸠鲁主义的哲学原则确定为"抽象的、个别的自我意识",确定为"自我意识的绝对性和自由",这一哲学原则有两个后果,其一是"由于在事物本身的本性中占统治地位的不是个别性,一切真正的和现实的科学当然就被取消了",其二是"一切对于人的意识来说是超验的东西,因而属于想象的理智的东西,也就全都破灭了",伊壁鸠鲁由此被马克思称作"最伟大的希腊启蒙思想家";其次,马克思对伊壁鸠鲁自然哲学的阐述实际上分为原子论、现象世界和天体学说三个层面,其中,"原子"意味着"抽象的、个别的自我意识的自然形式","现象的自然"意味着"对象化了的、经验的、个别的自我意识"或者"感性的自我意识",正如"抽象的理性是原子世界的唯一标准"一样,"感官是具体自然中的唯一标准",并且,如果说"自我意识的主观性"在原子和现象的自然中还只能以"物质自身的形式"出现的话,那么在天体学说中,"当主观性成为独立的东西时,自我意识就在自身中反映自身,以它特有的形态作为独立的形式同物质相对立";再次,马克思之所以一再贬抑德谟克利特而高度评价伊壁鸠鲁,认为德谟克利特只是把握到了"原子"的"物质"的方面,只是提供了一种对现象自然的经验说明,而伊壁鸠鲁才创立了真正的"原子论",把握到了"原子"的"本质和存在、形式和物质的矛盾",提供了"经验的推动原则",根本原因在于所谓"自我意识的哲学"作为希腊精神的后续或最后环节所具有的思想史地位,马克思正确地指出了"理论上的宁静正是希腊众神性格上的主要因素"和"对于天体的崇敬是所有希腊哲学家遵从的一种崇拜",因而,伊壁鸠鲁主义作为希腊人文精神的真正继承人,力图在人的心灵中追求神性的宁静与幸福,拒斥一切"超验的"和"属于想象的理智的东西",其实质不过是希腊人的"自我意识"在哲学上达到真正自觉的一种表现,而和作为"自我意识的哲学家"的伊壁鸠鲁相比,德谟克利特在某种意义上只是一个分享了部分共同思想前提(作为"元素"即物质基础的原子,而非作为"本原"即形式原则的原子)的经验科学家;最后,马克思的博士论文以伊壁鸠鲁主义为对象,似乎只是为了阐述的便利,选取了一个例证来说明整个"自我意识哲学"与希腊精神的联系,但实际上我们知道,这个例证绝不是随随便便偶然拾取的,因为在论文的末尾,马克思还顺带批评了斯多亚派,在马克思看来,和伊壁鸠鲁派代表的"抽象的个别的自我意识"不同,斯多亚派代表的是"抽象的普遍的自我意识",而当"把那只在抽象的普遍性的形式下表现自身的自我意识提升为绝对的原则"时,"就会为迷信的和不自由的神秘主义大开方便之门",因为"抽象的普遍的自我意识本身具有一种在事物自身中肯定自己的欲望,而这种自我意识要在事物中得到肯定,就只有同时否定事物"①。

事后看来,马克思博士论文的写作,一方面固然是他个人学习和思想经历的组成部分,另一方面也的确像马克思给父亲的书信中所提到的那样,与"现代世界哲学"之间有着紧密的联系,体现着时代精神的脉动。因此,除了马克思对伊壁鸠鲁学说的具体阐发之外,值得我们重视的还包括马克思在正文、论文附注及序言中隐含着的一些重要思想。其中,最为突出的一方面是马克思对黑格尔哲学及黑格尔弟子的基本判断,另一方面是与此密切相关的马克思对哲学本身性质与使命的理解。

黑格尔在《哲学史讲演录》的末尾对他的学生们发出一个号召:"我希望这部哲学史对于你们意味着一个号召,号召你们去把握那自然地存在于我们之中的时代精神,并且把时代精神从它的自然状态,亦即从它的闭塞状态和缺乏生命力中带到光天化日之下,并且每个人从自己的地位出发,把它提到意识的光天化日之下。"②黑格尔过世四年之后,施特劳斯的《耶稣传》出版,用黑格尔关于民族精神实体的学说解读福音书,把它视为无意识的集体创作,与官方的黑格尔传统相决裂,标志着"青年黑格尔派"登上历

---

① 《马克思恩格斯全集》第 1 卷,人民出版社,1995 年,第 36、49、54、62—63 页。
② 黑格尔:《哲学史讲演录》第 4 卷,商务印书馆,1978 年,第 379 页。

史舞台。布鲁诺·鲍威尔比施特劳斯走得更远,认为福音书的很多故事是作者的刻意杜撰,同时认为"自我意识"的原则比"实体"原则更重要,批判性地思考的人比民族文化传统更重要。

马克思的博士论文,在其基本的思想方式和叙述方式上都是黑格尔式的,并且在"附注"中表达了对黑格尔体系"瓦解"过程的看法。对于许多人对黑格尔体系的"道德"批评,马克思认为其中包含着许多无知和健忘,因为一方面他们不久前"还热情地赞同黑格尔的一切片面的说法",另一方面他们忘记了"黑格尔对他的体系处于直接的、实体性的关系中,而他们对黑格尔的体系却处于经过反映的关系中"。就像黑格尔本人在《精神现象学》序言中所强调的那样,真正的哲学进步意味着对前人思想内在矛盾或缺陷的克服,对于一个哲学家由于各种"适应"而可能犯的"这样或那样的表面上首尾不一贯的毛病",马克思要求黑格尔的学生们能"根据他的内在的本质的意识来说明那个对他本人具有一种外在意识形式的东西",从而使得"凡是表现为良心进步的东西,同时也是一种知识的进步"[1]。

在马克思看来,黑格尔学派中的许多人所呈现的某种"非哲学的转变",是一种可以从心理学上得到说明的"总是伴随着从纪律过渡到自由"的惯常现象,是"哲学作为意志面向现象世界"时的矛盾表现:从客观的方面来说,是哲学与世界的关系,"世界的哲学化同时也就是哲学的世界化,哲学的实现同时也就是它的丧失";从主观的方面来说,是"得到实现的哲学体系同它的精神承担者即表现哲学体系的进步的那些个别的自我意识的关系"。由于"哲学的实践本身是理论的",那最初表现为"哲学同世界的一种颠倒关系和敌对的分裂的东西",后来变成"个别的哲学的自我意识本身中的一种分裂",并最终表现为"哲学的一种外部分裂和二重化",表现为

---

[1] 《马克思恩格斯全集》第 1 卷,人民出版社,1995 年,第 74—75 页。

"两个对立的哲学派别"(从左的方面批判黑格尔的"自由派"和从右的方面批判黑格尔的"实证哲学")。并且,由于黑格尔的后继者与黑格尔体系处于一种"经过反映的关系"而非"直接的、实体性的关系"中,或者说,由于那些"精神承担者即表现哲学体系的进步的那些个别的自我意识"本身还处在发展的过程中,并为发展的直接力量所掌握,因而在理论方面还未超出这个体系的范围,所以,"它们只感觉到同体系的有伸缩性的自我等同的矛盾,而不知道当它们转而反对这个体系时,它们只是实现了这个体系的个别环节"①。

除此之外,马克思还给那些"次要的、吵闹不休的、没有一点个性的人物"描绘了一幅绝妙的讽刺画:"这些人物或者躲在过去的某个哲学巨人的后面,——但是人们很快就可以看出那头披着狮皮的驴子,一个过去和现在的时装表演者的哭泣的声音非常滑稽地叫嚷着,出现在强大的、震撼千百年的声音(像亚里士多德的声音)之后,形成鲜明的对比,并把自己变成传播后一种声音的不受欢迎的器官;这就好比一个哑巴想借助于一个巨大的传声筒来说话。这些人物或者像一个戴着双重眼镜的侏儒,站在巨人臀部的一个小旮旯里,惊奇地向世界宣告,从他这个观察点望去,呈现着一幅多么令人惊异的新的景观,并且可笑地力图证明,不是在浪潮汹涌的心中,而是在他所站立的坚实而粗壮的部位找到了阿基米德的点,也就是那个作为世界的支柱的点。于是就出现了毛发哲学家,趾甲哲学家,脚趾哲学家,粪便哲学家以及其他一些哲学家,他们应该代表斯维登堡的神秘的世界巨人身上的一个更加肮脏的部位。但是,按他们的本质来说,所有这些软体动物都属于上述两个派别,作为它们的成分。"②

马克思还说,将对这些派别彼此之间的关系以及它们同黑格尔哲学的

---

① 《马克思恩格斯全集》第 1 卷,人民出版社,1995 年,第 75—77 页。
② 同上书,第 77 页。

关系,另做充分的说明。的确,在清算自己过去的哲学信仰时,亦即在《神圣家族》和《德意志意识形态》等著作中,马克思部分展开了这里所预告的工作。但与马克思心目中的哲学事业相比,对这些"毛发哲学家"或"软体动物"的详细描述也是无足轻重的。与之相对应,在博士论文的序言中,马克思对哲学本身给予了极高的评价。他引用了伊壁鸠鲁的格言和埃斯库罗斯《被锁链锁住的普罗米修斯》中普罗米修斯的自白来表明哲学的态度:"反对不承认人的自我意识是最高神性的一切天上的和地上的神";"不应该有任何神同人的自我意识相并列"。马克思说普罗米修斯的是"哲学历书上最高尚的圣者和殉道者",这在很大程度上也是马克思精神形象的自我写照①。

第二节 思想转变的开端与对青年黑格尔派的批判

由于普鲁士国王和文教大臣的更换,以及与之相伴随的意识形态气候的变化,马克思接受布鲁诺·鲍威尔等人的建议去波恩大学任教的前景变得极其渺茫。1842年10月,在投给《莱茵报》的第一篇文章发表几个月之后,马克思担任了该报的主编。梅林说:"在这里,马克思第一次显示了他那善于从实际出发,能使僵死的生命活动起来按照他自己的旋律翩翩起舞的无比才能。"②《莱茵报》时期的思想历练,对于马克思的成长来说至关重要。正是《莱茵报》提供了一个全面接触现实社会的理论舞台,使马克思不仅觉察到黑格尔哲学存在严重的问题,而且同青年黑格尔派产生了根本的方向性分歧并最终分道扬镳。

---

① 参见《马克思恩格斯全集》第1卷,人民出版社,1995年,第12页。
② 梅林:《马克思传》,人民出版社,1965年,第50页。

一、《莱茵报》时期的思想历练

关于《莱茵报》时期的思想经历,马克思本人有十分可靠的叙述:"1842—1843年间,我作为《莱茵报》的编辑,第一次遇到要对所谓物质利益发表意见的难事。莱茵省议会关于林木盗窃和地产析分的讨论,当时的莱茵省总督冯·沙培尔先生就摩泽尔农民状况同《莱茵报》展开的官方论战,最后,关于自由贸易和保护关税的辩论,是促使我去研究经济问题的最初动因。另一方面,在善良的'前进'愿望大大超过实际知识的当时,在《莱茵报》上可以听到法国社会主义和共产主义的带着微弱哲学色彩的回声。我曾表示反对这种肤浅言论,但是同时在和奥格斯堡《总汇报》的一次争论中坦率承认,我以往的研究还不容许我对法兰西思潮的内容本身妄加评判。我倒非常乐意利用《莱茵报》发行人以为把报纸的态度放温和些就可以使那已经落在该报头上的死刑判决撤销的幻想,以便从社会舞台退回书房。"[①]

就思想经历而言,马克思的以上自述主要包含着两方面的内容:其一是"第一次遇到要对所谓物质利益发表意见的难事";其二是在遇到这件"难事"的过程中,不仅激发起了对经济问题的兴趣,并且初步接触到了法国的社会主义和共产主义思潮。以下我们将结合马克思《莱茵报》时期的主要文本,对上述两点做一番简要分析。

对《莱茵报》时期的马克思而言,为什么"对所谓物质利益发表意见"会成为一件"难事"呢?要知道,初出茅庐的马克思是像一头威武的雄狮一般君临社会舆论这个新战场的。他一方面和"青年黑格尔派"的其他成员一样肩负着"哲学世界化"的使命,文风犀利老练自不待言。客观来看,在短短数月之内就被《莱茵报》精明的股东们聘为主编,并且在执掌《莱茵报》之

[①] 《马克思恩格斯选集》第2卷,人民出版社,2012年,第1—2页。

后也的确使报纸的订户有急剧的攀升。事情的关键在于,在马克思雄辩滔滔的文章背后,他究竟遭遇到了怎样的思想困难。

就基本的哲学立场而言,《莱茵报》时期的马克思仍然是一个地地道道的激进的黑格尔主义者,亦即绝对唯心主义或绝对理想主义和理性至上主义者。在《评普鲁士最近的书报检查令》《关于新闻出版自由和公布省等级会议辩论情况的辩论》和《〈科隆日报〉第179号的社论》等文章中,马克思一方面延续了他在博士论文附注中谈到的一个重要观点,亦即"哲学正变成文化的活的灵魂,哲学正在世界化,而世界正在哲学化",并由此提出了一个我们现在耳熟能详的命题——"任何真正的哲学都是自己时代的精神上的精华"①;另一方面,马克思对普鲁士的书报检查令和莱茵省议会关于新闻出版自由的辩论做出了鞭辟入里的分析,充分展现了马克思的哲学才能在驾驭这些题材时的轻松与卓越。

在《评普鲁士最近的书报检查令》中,马克思对所谓"追求倾向的法律"进行了毁灭性的批判:"追求倾向的法律,即没有规定客观标准的法律,是恐怖主义的法律";"凡是不以当事人的行为本身而以他的思想作为主要标准的法律,无非是对非法行为的实际认可";"对于法律来说,除了我的行为以外,我是根本不存在的,我根本不是法律的对象"②。

在《关于新闻出版自由和公布省等级会议辩论情况的辩论》中,马克思在根本性质上进一步明确区分了"书报检查制度"和"新闻出版法":"书报检查法是对自由表示怀疑的法律。新闻出版法却是自由对自己投的信任票。新闻出版法惩罚的是滥用自由。书报检查法却把自由看成一种滥用而加以惩罚";"书报检查制度和新闻出版法的差别就是任性和自由的差别,就是形式上的法律和真正的法律的差别"。在这一区分背后,是马克思

---

① 《马克思恩格斯全集》第1卷,人民出版社,1995年,第220页。
② 同上书,第120—121页。

理想主义的法律观——"法典就是人民自由的圣经",因为"法律是肯定的、明确的、普遍的规范,在这些规范中自由获得了一种与个人无关的、理论的、不取决于个别人的任性的存在"①。

正是基于上述绝对理性主义的法律观和新闻自由观,马克思满怀热情地描述了他关于"自由报刊"的理念:"自由报刊是人民精神的洞察一切的慧眼,是人民自我信任的体现,是把个人同国家和世界联结起来的有声的纽带,是使物质斗争升华为精神斗争,并且把斗争的粗糙物质形式观念化的一种获得体现的文化。自由报刊是人民在自己面前的毫无顾虑的忏悔……自由报刊是人民用来观察自己的一面精神上的镜子……自由报刊是国家精神……自由报刊是观念的世界,它不断从现实世界中涌出,又作为越来越丰富的精神唤起新的生机,流回现实世界。"②

虽然马克思在莱茵省议会的辩论记录中根本找不到他所理想的"人民精神"的实际承担者,他看到的只是所谓诸侯等级、骑士等级和城市等级,但这对马克思的理性主义世界观还根本不构成丝毫的挑战。然而,接下来的情况就很不相同了。在《关于林木盗窃法的辩论》和《摩泽尔记者的辩护》等文章中,马克思遇到了他所说的"对所谓物质利益发表意见的难事"。

此时的马克思仍然坚持"自由报刊"在健康的国家生活的积极意义,认为唯有"自由报刊"制造的社会舆论"才能使一种特殊利益成为普遍利益",因为"只要报刊生气勃勃地采取行动,全部事实就会被揭示出来"。并且,"正是由于报刊把物质斗争变成思想斗争,把血肉斗争变成精神斗争,把需要、欲望和经验的斗争变成理论、理智和形式的斗争,所以,报刊才成为文化和人民的精神教育的极其强大的杠杆"。但与此同时,马克思对"法"的本性及其实存状况的认识有了极大的深化:(1)从本性或原则上来说,"法"

---

① 《马克思恩格斯全集》第 1 卷,人民出版社,1995 年,第 175—176、179 页。
② 同上书,第 179 页。

应当是"事物的法理本质的普遍和真正的表达","事物的法理本质不能按照法律行事,而法律倒必须按照事物的法理本质行事";(2)在"法理本质"与具体的"法律"之间还必须引入一个时间或历史的维度,亦即引入"习惯法"和"制定法"的区别,而"在实施普通法律的时候,合理的习惯法不过是制定法所认可的习惯",不过是"把它们提升为普遍的东西"或者说"国家的习惯";(3)而在"习惯法"当中,应该区分贵族的"习惯法"和贫民的"习惯法",当贵族"不满于制定法而诉诸自己的习惯法时",其实质不过是诉诸"特权",而当贫民诉诸"习惯法"时,不过表明"贫苦阶级的存在本身至今仍然只不过是市民社会的一种习惯,而这种习惯在有意识的国家制度范围内还没有找到应有的位置"①。

通过这样一些基本的理论区分,马克思在《关于林木盗窃法的辩论》中坚定地表达了他对贫民习惯权利的支持。与此同时,也深深体会到了"利益"对"法"的支配作用,亦即深深体会到了"法"所代表的理性原则在人们的"私人利益"或"特殊利益"面前的软弱无力:"法的利益只有当它是利益的法时才能说话,一旦它同这位圣者发生抵触,它就得闭上嘴巴。"②

当马克思试图"同整个国家理性和国家伦理联系起来"去理解和解释"地产析分"问题时,事情变得更加复杂。1841年7月23日,莱茵省议会对冯·博德尔施文格总督提出的限制地产析分的法案进行了讨论。总督想要通过限制地产析分来阻止莱茵省农民的贫困化趋势,但议员们认为限制地产析分会降低土地的价值,从而坚持对土地的自由支配,议会在没有对草案进行逐条讨论的情况下就以压倒多数否定了总督的提案。从目前留存的文献来看,马克思仅限于在《摩泽尔记者的辩护》一文中从现实状况的角度提出,限制地产析分并不是解决摩泽尔地区农民贫困状况的办法,而

---

① 《马克思恩格斯全集》第1卷,人民出版社,1995年,第244、248—253、329、358、378页。
② 同上书,第287页。

未从理论上对这个问题多加论述。其中一个重要的原因可能与法国的社会主义和共产主义学说对这个问题持批评态度有关。按照梅林的记述,马克思和莱茵省的资产者都主张土地的自由分割,而法国的社会主义早就指出,正是土地的无限制的分割产生着贫苦无依的现代无产阶级,并且把这种土地分割同手工业的原子式的孤立置于同等地位。而此时的马克思公开承认,自己对法国的最新思潮还缺乏长期持续的、深入的研究,从而无法做出明确的理论判断①。

马克思《莱茵报》时期思想经历中还有一个值得一提的要点,那就是和所谓"自由人"的决裂。"自由人"是1841年年底柏林的青年黑格尔派组成的一个无神论者团体,除了原先的"博士俱乐部"主要成员之外,还包括施蒂纳和爱德华·梅因等激进的自由主义者。1842年7月,马克思在给卢格的信中已经表达了对"自由人"的担心,希望卢格能够"关照"一下梅因等人,不要用"吹牛"来"激怒庸人",但他同时认为幸好有布鲁诺·鲍威尔在柏林,至少不会容许他们做出什么"蠢事"来②。然而,正像梅林描述的那样,马克思的判断错了,布鲁诺·鲍威尔不仅混迹其中,而且"不耻于在他们的滑稽戏里充当一名旗手":"他们在大街上列队行乞;他们在酒楼妓院里胡作非为;他们下流地侮辱毫无防卫的牧师:布鲁诺·鲍威尔在施蒂纳的婚礼上从自己的编织的钱袋上解下一对铜环交给牧师,说用它们来代替结婚戒指是再好不过的了。"梅林评论说,"这种种行径使'自由人'变成了胆怯的庸众半惊半惧的对象。但同时,这也无可挽回地糟蹋了他们自称为之效力的事业"③。

1842年8月,马克思在给《莱茵报》理事达哥贝尔特·奥本海姆的信中

---

① 参见《马克思恩格斯全集》第1卷,人民出版社,1995年,第290、295页,第1018页"注释94";梅林:《马克思传》,人民出版社,1965年,第58页。
② 《马克思恩格斯全集》第47卷,人民出版社,2004年,第32页。
③ 梅林:《马克思传》,人民出版社,1965年,第60页。

简略谈到了对埃德加尔·鲍威尔《论中庸》一文的看法,认为"从理论上泛论国家制度,与其说适用于报纸,毋宁说适用于纯学术性的刊物。正确的理论必须结合具体情况并根据现存条件加以阐明和发挥"。并提出建议,"不要让撰稿人指挥《莱茵报》,而是相反,《莱茵报》要引导撰稿人"①。1842年10月,马克思担任《莱茵报》主编之后,与"自由人"发生了直接的正面冲突。"自由人"的大批文章被撤稿,因为梅因一伙寄来的是"一大堆思想贫乏却自命能扭转乾坤的拙劣作品",这些文章"写得极其草率,只是点缀上一点无神论和共产主义(其实这些先生们从未研究过共产主义)"。此前鲁滕堡负责《莱茵报》的时候,"由于他毫无批判能力,又缺乏独立性和才能,这班人已习惯于把《莱茵报》看成是他们的惟命是从的机关报",而马克思决定不让他们再像以前那样空谈下去了。1842年11月,《莱茵报》刊登了一篇马克思修改过的报道《海尔维格和卢格对"自由人"的态度》,其中说"自由人"以其政治上的浪漫主义、自命天才和自我吹嘘,损害着自由的事业和自由拥护者的声誉②。

在海尔维格和卢格的报道前后,梅因代表"自由人"给马克思寄来了几封蛮横无理的信,要求马克思各种表态,并对《莱茵报》的编辑原则和对政府的立场指指点点。马克思给梅因的回信没有保存下来,但在1842年11月30日给卢格的信中对这些回信的内容作了概述。马克思首先是坦率而苦口婆心地指出了他们作品的不足:在马克思看来,"这些作品不是从自由的、也就是独立的和深刻的内容上看待自由,而是从无拘无束的、长裤汉式的、且又随意的形式上看待自由",马克思要求他们"少发些不着边际的空论,少唱些高调,少来些自我欣赏,多说些明确的意见,多注意一些具体的事实,多提供一些实际的知识";马克思认为"在偶然写写的剧评之类的东

---

① 《马克思恩格斯全集》第47卷,人民出版社,2004年,第35—36页。
② 同上书,第41页,第628页"注释30";参见《马克思恩格斯全集》第1卷,人民出版社,1995年,第946页。

西里塞进一些共产主义和社会主义的信条,即新的世界观,是不适当的,甚至是不道德的",要求他们"如果真要讨论共产主义,那就要用另一种完全不同的方式,更切实地加以讨论",还要求他们"更多地在批判政治状况当中来批判宗教,而不是在宗教当中来批判政治状况,因为这样做才更符合报纸的本质和读者的教育水平,因为宗教本身是没有内容的,它的根源不是在天上,而是在人间,随着以宗教为理论的被歪曲的现实的消失,宗教也将自行消灭";最后,马克思建议他们,"如果真要谈论哲学,那么最好少炫耀'无神论'的招牌,多向人民宣传哲学的内容"。在给梅因的第二封信中,马克思被激怒了,措辞尖锐,明确与"自由人"决裂,并在给卢格的信中坦言,"为了挽救一个政治刊物,是可以牺牲几个柏林的吹牛家的"[①]。

与"自由人"的决裂,意味着马克思在精神发展道路上的独立成长。并且,在马克思接下来的一生当中,类似的事情不断重演,马克思不断结识和吸引新的志同道合的朋友,同时又不断与他的朋友甚至战友分道扬镳,只有两个人——燕妮和恩格斯始终陪伴在马克思身边,成就了马克思的伟大爱情和伟大友谊。这些不断发生的"决裂",见证了马克思彻底的批判精神和能够真正深入事情本身的思想能力,同时也见证了那些分道扬镳者在精神上的没落。

二、《德法年鉴》与独立思想的发端

1842年3月17日,马克思退出《莱茵报》,6月19日与燕妮完婚,同时接受了卢格的邀请,担任《德法年鉴》的编辑。11月,这对新婚夫妇就去了巴黎。《德法年鉴》虽然只出了一册(创刊号,同时也是1、2两期合刊),但在马克思的思想发展史上具有极其重要的地位。列宁在《卡尔·马克思》中提出过一个著名的论断,认为马克思在《德法年鉴》时期彻底完成了从唯

---

① 《马克思恩格斯全集》第47卷,人民出版社,2004年,第42—44页。

心主义到唯物主义和从革命民主主义到共产主义的转变①。撇开对"唯心主义"和"唯物主义"的具体理解不谈,列宁的本意大概是说,此时的马克思不仅实现了世界观或哲学存在论基础的革命性变革,而且完成了历史观或社会-政治倾向的彻底转变。但在阿尔都塞看来,甚至直到《1844年经济学哲学手稿》和《神圣家族》,马克思在基本思想语境上仍然从属于费尔巴哈人本主义的"总问题"②。在此,我们无意做更多所谓青年马克思和成熟时期马克思思想史关联的考辨。我们还是把目光聚焦于《德法年鉴》时期的文本,看看马克思在这个阶段究竟取得了怎样的思想成果。

马克思公开发表在《德法年鉴》上的文献,包括《论犹太人问题》和《〈黑格尔法哲学批判〉导言》这两篇论文以及给卢格的三封书信。给卢格的三封书信中,最重要的是写于1843年9月的第三封书信,其中阐述了马克思经过《莱茵报》的历练之后所形成的"批判"原则:"对当代的斗争和愿望作出当代的自我阐明。"具体来说,首先要做必须做的事情,因为"必须做的事情,就必定能实现",那么,什么是必须做的事情呢?就是"要对现存的一切进行无情的批判",而所谓"无情",指的是"既不怕自己所作的结论,也不怕同现有各种势力发生冲突";其次,批判"可以把任何一种形式的理论意识和实践意识作为出发点,并且从现存的现实特有的形式中引申出作为它的应有和它的最终目的的真正现实",而这种"引申"又不是"教条地预期未来",而是"通过批判旧世界发现新世界",是"从世界的原理中为世界阐发新原理";再次,"批判"或"意识变革"的意义在于"使世界认清本身的意识",在于向世界"喊出真正的斗争口号",在于"忏悔",在于说明事情的"真相",在于"分析连自己都不清楚的神秘的意识",而"意识则是世界必须具备的东西,不管世界愿意与否",因此,"问题不在于将过去和未来断然隔

---

① 《列宁专题文集·论马克思主义》,人民出版社,2009年,第39页。
② 阿尔都塞:《保卫马克思》,商务印书馆,2006年,第26—33页。

开,而在于实现过去的思想"①。

《论犹太人问题》和《〈黑格尔法哲学批判〉导言》这两篇论文,正是马克思践行他的"批判"原则的初步尝试。《论犹太人问题》虽然表面上仅仅是与布鲁诺·鲍威尔的论战文章,但实际上从其思想的深刻程度而言,完全可以说是马克思此后终身坚守的"共产主义史观"或"人类史观"的凝练表达。其中最为核心的思想是关于"政治解放"和"人类解放"的联系与区别。

所谓"政治解放",意味着"政治国家"和"市民社会"的分裂,意味着"公法领域"与"私法领域"的分离,意味着现代政治国家和现代市民的同时生成,意味着"国家的唯心主义的完成"和"市民社会的唯物主义的完成"。通过"政治解放",宗教、财产、教育状况、语言、种族、职业等等,举凡一切具体的社会生活要素,都丧失了其"政治性质",同时也意味着"政治"从这些具体的社会生活要素中"解放"出来,人因而具有"公民"(作为政治国家的成员)和"私人"(作为市民社会成员)的双重身份。"政治解放"的局限或不彻底性在于,"政治国家"和"市民社会"的分离,非但不是对"市民社会"的否定,反而以"市民社会"作为自己"持续存在"的基础和目标,或者说,"私人"(利己的、独立的个体)恰恰是现代政治国家和现代市民社会的唯一基础和目标,政治国家或公共生活沦为维护市民社会或私人生活的手段。因此,马克思说,犹太人(实际上是一切人)的"政治解放",不过是"犹太精神"(利己主义和原子式的个人)的"普遍的实现"②。

值得特别强调的是,正是在《论犹太人问题》中,马克思几乎已经得出了类似他晚年思考东方社会历史命运的时候所下的一个重要结论:严格来说,政治国家和市民社会的彻底分离,是西方文明确切地说是基督教文明的特殊经验——"犹太精神随着市民社会的完成而达到自己的顶点;但是

---

① 《马克思恩格斯全集》第47卷,人民出版社,2004年,第63—67页。
② 《马克思恩格斯全集》第3卷,人民出版社,2002年,第174、185—188页。

市民社会只有在基督教世界才能完成。基督教把一切民族的、自然的、伦理的、理论的关系变成对人来说是外在的东西,因此只有在基督教的统治下,市民社会才能完全从国家生活分离出来,扯断人的一切类联系,代之以利己主义和自私自利的需要,使人的世界分解为原子式的相互敌对的个人的世界。"①

所谓"人类解放"或"人的解放",指的是(西方)现代性社会生存方式的自我否定,亦即"政治国家"与"市民社会"彻底分离这种生活方式的自我扬弃——"政治解放一方面把人归结为市民社会的成员,归结为利己的、独立的个体,另一方面把人归结为公民,归结为法人";"只有当现实的个人把抽象的公民复归于自身,并且作为个人,在自己的经验生活、自己的个体劳动、自己的个体关系中间,成为类存在物的时候,只有当人认识到自身'固有的力量'是社会力量,并把这种力量组织起来因而不再把社会力量以政治力量的形式同自身分离的时候,只有到了那个时候,人的解放才能完成"②。

如果说《论犹太人问题》所描绘的是一整部人类发展简史的话,那么《〈黑格尔法哲学批判〉导言》则是马克思以他的"人类史观"为参照对德国社会现实所做的"无情的批判"。在马克思看来,"德国的法哲学和国家哲学是惟一与正式的当代现实保持在同等水平上[aI pari]的德国历史",如果说"德国国家制度的现状表现了旧制度的完成",那么,"德国的国家学说的现状就表现了现代国家的未完成,表现了现代国家的机体本身的缺陷"。因此,如果说在莱茵河彼岸的"先进国家",批判的主要形式是"物质的"或"武器的批判"(实践批判),批判的主要任务是"同现代国家制度实际分裂",那么,在德国,批判的主要形式是"理论的"或联系"副本"即联系"国家

---

① 《马克思恩格斯全集》第 3 卷,人民出版社,2002 年,第 196 页。
② 同上书,第 189 页。

哲学和法哲学"来展开的,主要的任务"同这种制度的哲学反映批判地分裂"①。

并且,德国的社会现实能否具有"当代"的性质,至关重要的是,能否实现一个具有"原则高度"的实践,亦即"实现一个不但能把德国提高到现代各国的正式水准,而且提高到这些国家最近的将来要达到的人的高度的革命"。德国解放的实际可能性何在?马克思对这个问题的回答是:"在于形成一个被戴上彻底的锁链的阶级,一个并非市民社会阶级的市民社会阶级,形成一个表明一切等级解体的等级,形成一个由于自己遭受普遍苦难而具有普遍性质的领域,这个领域不要求享有任何特殊的权利,因为威胁着这个领域的不是特殊的不公正,而是一般的不公正,它不能再求助于历史的权利,而只能求助于人的权利,它不是同德国国家制度的后果处于片面的对立,而是同这种制度的前提处于全面的对立,最后,在于形成一个若不从其他一切社会领域解放出来从而解放其他一切社会领域就不能解放自己的领域,总之,形成这样一个领域,它表明人的完全丧失,并因而只有通过人的完全回复才能回复自己本身。"这个特殊的等级或特殊的领域,就是"无产阶级":一方面,从无产阶级的存在状况而言,"无产阶级宣告迄今为止的世界制度的解体,只不过是揭示自己本身的存在的秘密,因为它就是这个世界制度的实际解体";另一方面,从无产阶级的革命性质来说,"无产阶级要求否定私有财产,只不过是把社会已经提升为无产阶级的原则的东西,把未经无产阶级的协助就已作为社会的否定结果而体现在它身上的东西提升为社会的原则"。此外,马克思在这里不仅设想了哲学(批判)与无产阶级的联盟,亦即"德国人的解放就是人的解放。这个解放的头脑是哲学,它的心脏是无产阶级",而且设想了"德法联盟",亦即"一切内在条件

---

① 《马克思恩格斯全集》第 3 卷,人民出版社,2002 年,第 200、205、207 页。

一旦成熟,德国的复活日就会由高卢雄鸡的高鸣来宣布"①。

根据马克思1859年《〈政治经济学批判〉序言》的回忆,上述《德法年鉴》时期的公开发表的成果,实际上是以马克思对黑格尔国家哲学和法哲学的深入批判为背景的:"为了解决使我苦恼的疑问,我写的第一部著作是对黑格尔法哲学的批判性的分析,这部著作的导言曾发表在1844年巴黎出版的《德法年鉴》上。我的研究得出这样一个结果:法的关系正像国家的形式一样,既不能从它们本身来理解,也不能从所谓人类精神的一般发展来理解,相反,它们根源于物质的生活关系,这种物质的生活关系的总和,黑格尔按照18世纪的英国人和法国人的先例,概括为'市民社会',而对市民社会的解剖应该到政治经济学中去寻求。"②

结合《黑格尔法哲学批判》的文本来看,《德法年鉴》时期的马克思的确已经处于思想变革的前夜。因为通过具体分析,马克思对黑格尔的国家哲学和法哲学产生了严重的不满,尤其是集中批判了它的思辨神秘主义和逻辑图式主义;更重要的是,马克思在对黑格尔法哲学的批判中深入思考了德国革命的前途命运问题,不仅确立了"人的解放"的历史标尺,明确要求把哲学批判导回到实践批判中去,在深入剖析现代国家制度的"本质的矛盾"(矛盾的形成过程和矛盾的历史必然性)中理解国家哲学和法哲学的观念"矛盾"的本质,并且在理论上设想了"无产阶级"这个集政治革命和社会革命使命于一身的历史行动主体③。《德法年鉴》之后的马克思,一方面更深入地批判了黑格尔的一般哲学,完成了哲学上的革命性变革;另一方面更深入地批判了国民经济学,从而更深入地展开了他对现代性社会现实本身的批判性分析。这两个方面,正是我们接下来两章要重点梳理的内容。

---

① 《马克思恩格斯全集》第3卷,人民出版社,2002年,第207、213页。
② 《马克思恩格斯选集》第2卷,人民出版社,2012年,第2页。
③ 参见《马克思恩格斯全集》第3卷,人民出版社,2002年,第104、114页。

三、对青年黑格尔派的批判

我们在前文提到过,《莱茵报》时期,马克思已经与"自由人"公开决裂,并在《德法年鉴》的重要论文《论犹太人问题》中对布鲁诺·鲍威尔展开了直接的论战。而在接下来的《1844 年经济学哲学手稿》《神圣家族》和《德意志意识形态》等文献中,马克思对青年黑格尔派进行了毁灭性的打击。概括而言,马克思对青年黑格尔派的批判主要集中于两个方面:其一是对他们极度膨胀的自我意识和极端主观主义倾向的批判;其二是对他们自以为发动了颠覆世界的革命却一点也没有脱离黑格尔哲学基地这一实情的揭示。

青年黑格尔派极度膨胀的自我意识和极端主观主义倾向,突出地表现在他们对"哲学"或"批判的批判"的历史定位中,表现为"批判的批判"对待"群众"的基本态度中。《神圣家族》书名全称为"神圣家族,或对批判的批判所做的批判。驳布鲁诺·鲍威尔及其伙伴"。其中"批判的批判"是鲍威尔等人的自称,由于他们自视甚高,将布鲁诺·鲍威尔比做圣子耶稣,把其他人比做他的门徒,马克思恩格斯就借意大利画家安德烈阿·曼泰尼亚的著名画作"神圣家族"来给他们命名。马克思说,"批判的批判"认为自己是"绝对的主体",是"唯灵论的主宰",是"纯粹的自发性",是"纯粹的活动",是历史中"唯一的创造因素",而"群众"则不过是"批判的批判"的"材料",是完全消极被动的存在,"批判的批判"与"群众"的关系,或者说"精神"与"群众"的关系,被"批判的批判"宣称为"现代的具有全世界历史意义的关系"[①]。

马克思以一种辛辣的讽刺口吻说布鲁诺及其伙伴"超越"了黑格尔"双重的不彻底性"。在黑格尔那里,"绝对精神"也以"群众"为历史中的"质料",但黑格尔明确意识到"哲学家只不过是创造历史的绝对精神在运动完

---

① 《马克思恩格斯全集》第 2 卷,人民出版社,1965 年,第 183—184、45 页。

成之后用来回顾既往以求意识到自身的一种工具",他曾把哲学形象比喻为"密纳发的猫头鹰","要等到黄昏到来才会起飞",意思是"直到现实成熟了,理想的东西才会对实在的东西显现出来,并在把握了这同一个实在世界的实体之后,才把它建成为一个理智王国的形态",因此哲学家对历史的参与只限于对"回顾既往",在思想中把握"绝对精神"无意识地完成了的真正的历史运动①。

马克思说,黑格尔对"哲学"之于"历史"以及"绝对精神"的定位具有"双重的不彻底性":首先,他宣布"哲学是绝对精神的定在",却不肯宣布"现实的哲学家就是绝对精神";其次,他仅仅是"在表面上"把"绝对精神"变成"历史的创造者",因为既然绝对精神是通过哲学家"事后"才意识到自身是具有创造力的"世界精神",那么它"捏造历史的行动"也只是在哲学家的意识、见解和观念中亦即"在思辨的想象中"发生。但布鲁诺取消了黑格尔的"双重的不彻底性":首先,他宣布"批判是绝对精神,而他自己是批判";其次,他宣布"批判的批判"是在"有意识地"扮演"世界精神"的角色,是在"深思熟虑"之后"故意发明历史和实现历史"。因此,现代的全部历史被归结为两个方面在相互关系上的运动:一方面是"群众"亦即"消极的、精神空虚的、非历史的、物质的历史因素";另一方面是布鲁诺及其伙伴所代表的"精神"或"批判"亦即产生一起历史行动的"积极因素"。因此,"改造社会的事业被归结为批判的批判的大脑活动"②。

问题是,宣称自己是历史中唯一的积极因素的"批判"是如何"创造"历史的呢?马克思替他们回答说,就是用"批判的历史"取代"群众的历史":他们不是面向"经验的人",而是面向"心灵的深处",他们为了成为"真正被认识了的真理"而不去触碰"居住在英国的地下室中或是法国库房的阁楼

---

① 《马克思恩格斯全集》第 2 卷,人民出版社,1965 年,第 108 页;黑格尔:《法哲学原理》,商务印书馆,1961 年,第 14 页。
② 《马克思恩格斯全集》第 2 卷,人民出版社,1965 年,第 109 页。

里的人的粗糙的躯体"。因此，当"群众的共产主义的工人"非常痛苦地感受了"存在和思维、意识和生活"之间的差别，非常明确地知道"财产、资本、金钱、雇佣劳动以及诸如此类的东西远不是想象中的幻影，而是工人自我异化的十分实际、十分具体的产物，因此也必须用实际的和具体的方式来消灭它们，以便使人不仅能在思维中、意识中，而且也能在群众的存在中、生活中真正成其为人"时，"批判的批判"则教导说："只要他们在思想中消除了雇佣劳动的想法，只要他们在思想上不再认为自己是雇佣工人，并且按照这种过于丰富的想象，不再设想自己是作为单个的人来支取工钱的，那么他们就会真的不再是雇佣工人了"；"只要他们在思想上铲除了资本这个范畴，他们也就消除了真正的资本，只要他们在自己的意识中改变自己这个'抽象的我'，并把真正改变自己的现实的生存、改变自己的生存的现实条件、即改变自己这个现实的'我'的任何行动当作非批判的行为加以鄙弃，他们就会真正发生变化并转化为现实的人"①。

在这里，马克思一方面发挥了他在《〈黑格尔法哲学批判〉导言》中已经取得的关于"实践批判"或"武器的批判"的深刻洞见——"批判的武器当然不能代替武器的批判，物质力量只能用物质力量来摧毁"，他说，"思想从来也不能超出旧世界秩序的范围：在任何情况下它都只能超出旧世界的思想范围。思想根本不能实现什么东西。为了实现思想，就要有使用实践力量的人"。另一方面，马克思明确提出了马克思主义的群众史观，他说，"历史活动是群众的事业，随着历史活动的深入，必将是群众队伍的扩大"，历史中真正重要的是"行动着的群众"的"经验的活动"，以及"这一活动的经验的利益"，不是寓居于这些"经验的活动"中的"观念"，而"思想"一旦离开"利益"，就必定会使自己"出丑"。关于"利益"和"思想"或"观念"在历史中的关联，马克思认为应该严格区分以下两点：（1）至关重要的是，群众对各

---

① 《马克思恩格斯全集》第 2 卷，人民出版社，1965 年，第 102、66—67 页。

种历史中的目标究竟"关心"到怎样的程度,换句话说,这些目标究竟"唤起了"群众多少"热情",如果一场革命的原则并不代表群众的实际的利益,并不是他们自身的革命的原则,那么就会表现为仅仅是一种"观念",因而仅仅成为一种暂时的"热情"和表明的"热潮";(2)任何在历史中得到承认的亦即发挥过深刻动员作用的"群众的利益",当它最初登上历史舞台时,总是会在"思想"或"观念"中远远超出自己的实际"界限",亦即总是很容易将自己等同于或冒充为"全人类的利益",而随着历史进程的深入发展,在历史中发挥深刻动员作用的"利益"的群众基础也会持续扩展①。

在《德意志意识形态》的"序言"中,马克思把青年黑格尔派的这种以"意识的变革"替代"实践的批判"的做法,比喻为一个以为通过在头脑中抛弃"重力的思想"就能避免"任何溺死的危险"的"好汉"。在马克思看来,这种天真幼稚的空想构成了青年黑格尔派哲学的核心。可是,在当时的德国,不仅这些"好汉"以思想的勇士自居,洋洋自得地以为自己的哲学具有"震撼世界的危险性和大逆不道的残酷性",公众也怀着"畏惧和虔敬的心情"来接受这些哲学。而马克思、恩格斯写作《德意志意识形态》,目的就在于揭穿这些"同现实的影子所作的哲学斗争",揭露"这些自称为狼、别人也把他们看作是狼的绵羊",指出"他们的咩咩叫声只不过是以哲学的形式来重复德国市民的观念,而这些哲学评论家们的夸夸其谈只不过反映出德国现实的贫乏"②。

马克思认为,从施特劳斯到施蒂纳的"整个德国哲学批判"实际上都局限于"对宗教观念的批判":无论是老年黑格尔派还是青年黑格尔派,都分享黑格尔哲学的一个基本信念,亦即认为宗教、概念、观念、思想、普遍的东西、作为某种独立事物的意识等等统治着现存世界,二者不同的地方在于,

---

① 《马克思恩格斯全集》第 2 卷,人民出版社,1965 年,第 152、103—104 页。
② 《马克思恩格斯全集》第 3 卷,人民出版社,1960 年,第 15—16 页。

老年黑格尔派认为这种统治是"合法的"而加以颂扬,青年黑格尔派认为这种统治是"篡夺"而加以反对。因此,老年黑格尔派以为只要"把一切都归入黑格尔的逻辑范畴"就"理解"了一切,青年黑格尔派则以为只要"宣布一切都是神学上的东西"就"批判"了一切。正是在这个意义上,马克思说:"德国的批判,直至它最近所作的种种努力,都没有离开过哲学的基地。这个批判虽然没有研究过自己的一般哲学前提,但是它谈到的全部问题终究是在一定的哲学体系即黑格尔体系的基地上产生的";"对黑格尔的这种依赖关系正好说明了为什么在这些新出现的批判家中甚至没有一个人试图对黑格尔体系进行全面的批判,尽管他们每一个人都断言自己已经超越黑格尔哲学";"他们和黑格尔的论战以及他们相互之间的论战,只局限于他们当中的每一个人都抓住黑格尔体系的某一方面,用它来反对整个体系,也反对别人所抓住的那些方面"①。

　　老年黑格尔派和青年黑格尔派的分裂与对立,实际上不过是黑格尔哲学体系的瓦解过程。正如马克思在《博士论文》中已经指明的那样,黑格尔与他的哲学之间是"实体性"的关系,而黑格尔的弟子们与黑格尔哲学之间是"反思性"的关系。关系的这种反思性和外部性,一方面丧失了黑格尔哲学本身的整体性的精神力量,另一方面在所谓"纯粹的思想领域"挑起了激烈的"斗争"。这些"斗争"作为对黑格尔哲学碎片或体系分解之后的残羹冷炙的兜售,却被当事人想象和吹嘘为"一种具有世界历史意义的变革,一种产生了十分重大的结果和成就的因素"。但在马克思看来,尽管青年黑格尔派满口兜售"震撼世界的"词句,但实际上却是"最大的保守派",因为他们所谓用"人的、批判的或利己的意识"来替代"宗教观念"或"神学"的"改变意识"的要求,实质上不过是"要求用另一种方式来解释存在的东西,也就是说,借助于另外的解释来承认它",因为他们只是"用词句来反对词

---

① 《马克思恩格斯选集》第 1 卷,人民出版社,2012 年,第 143—145 页。

句",那么就"绝对不是反对现实的现存世界"①。这一点正可以视为马克思《关于费尔巴哈提纲》第十一条的生动注解。

第三节 马克思的哲学革命:经由费尔巴哈超越黑格尔

自从马克思主义问世以来,关于哲学革命这个话题,国内外已经有大量的研究成果,但迄今为止,似乎仍然是一件聚讼纷纭的事情。近一百年前,柯尔施在《马克思主义与哲学》一文中对这个问题的症结有很好的概括:无论是捍卫马克思主义还是否定马克思主义的人,几乎众口一词地认为马克思主义是非哲学的。在我们看来,问题的实质不在于抽象肯定或否定马克思是否有哲学,也不在于抽象肯定或否定马克思是否发动过哲学革命,而在于如何真切地把握住马克思实际的思想状况,一方面是马克思与其前辈哲学家尤其是与德国古典哲学特别是黑格尔哲学之间的关系,另一方面是马克思的思想境界对于今天坚持和发展马克思主义哲学之间的关系。就马克思本人思想发展的内在脉络而言,要真切把握马克思新世界观的基本内容,还有两个不能轻易越过的环节:马克思对青年黑格尔派和费尔巴哈哲学的批判。正是在与青年黑格尔派以及费尔巴哈分道扬镳之际,马克思重新郑重对待了黑格尔,并通过对黑格尔辩证法及一般哲学的批判赢得了他自身独立的思想视野。

一、费尔巴哈的历史功绩与局限

在脱离黑格尔哲学以及在批判青年黑格尔派的过程中,马克思认真研读和高度评价过费尔巴哈。燕妮在1843年3月给马克思的信中提到:"今

---

① 《马克思恩格斯选集》第 1 卷,人民出版社,2012 年,第 142、145 页。

天早晨,我在收拾房间,把棋子放回原处,捡拾烟头,打扫烟灰时,拾到一张纸。这是你把你的朋友路德维希的著作肢解了,把这重要的一页遗留在了这里。"据全集编者的考证,这里的著作指的是费尔巴哈《关于哲学改革的临时纲要》。马克思对费尔巴哈著作用功之深,由此可见一斑。1843年10月3日,马克思给费尔巴哈写过一封信,邀请他为筹备中的《德法年鉴》写稿,盛赞费尔巴哈是"第一批宣布必须建立法德科学联盟的著作家之一",并且认为他是"自然和历史的陛下所召来的、谢林的必然的和天然的对手"。在费尔巴哈委婉拒绝写批判谢林的文章差不多一年之后,亦即在1844年8月11日,马克思还给费尔巴哈写了一封热情洋溢的信表达对后者的"崇高敬意和爱戴",认为费尔巴哈的《未来哲学原理》和《信仰的本质》虽然篇幅不大,其意义却"超过目前德国的全部著作",认为费尔巴哈为社会主义和共产主义提供了哲学基础:"建立在人们的现实差别基础上的人与人的统一,从抽象的天上降到现实的地上的人类这一概念",也就是社会主义和共产主义的"社会"概念①。

在《1844年经济学哲学手稿》和《神圣家族》中,马克思尽管在精神实质上已经超越了费尔巴哈,但仍然给予他无与伦比的高度评价:(1)"费尔巴哈著作是继黑格尔的《现象学》和《逻辑学》之后包含着真正理论革命的惟一著作","对国民经济学的批判,以及整个实证的批判,全靠费尔巴哈的发现给它打下真正的基础";(2)"费尔巴哈是惟一对黑格尔辩证法采取严肃的、批判的态度的人;只有他在这个领域内作出了真正的发现,总之,他真正克服了旧哲学";(3)"只有费尔巴哈才是从黑格尔的观点出发而结束和批判了黑格尔的哲学。费尔巴哈把形而上学的绝对精神归结为'以自然为基础的现实的人',从而完成了对宗教的批判。同时也巧妙地拟定了对黑

---

① 《马克思恩格斯全集》第47卷,人民出版社,2004年,第598、67、69、73—74页。

格尔的思辨以及一切形而上学的批判的基本要点"①。

在马克思看来,费尔巴哈的伟大功绩在于:(1)"证明了哲学不过是变成思想的并且通过思维加以阐明的宗教,不过是人的本质的异化的另一种形式和存在方式;因此哲学同样应当受到谴责";(2)"创立了真正的唯物主义和实在的科学,因为费尔巴哈也使'人与人之间的'社会关系成了理论的基本原则";(3)"把基于自身并且积极地以自身为根据的肯定的东西同自称是绝对肯定的东西的那个否定的否定对立起来"②。马克思指出的以上三点的确是抓住了事情的要害,其中的核心内容分别是费尔巴哈对黑格尔为代表的思辨哲学的批判、费尔巴哈哲学自身的人本主义原则以及感性-对象性原则与思辨理性原则的对立。

我们知道,费尔巴哈最初的理论贡献是对神学的批判,对思辨哲学的批判可以说是神学批判的自然延伸。费尔巴哈在这一方面的核心观点,可以用一句话来概括:"神学的秘密是人类学,思辨哲学的秘密则是神学。"展开来说,费尔巴哈这句话至少蕴含着下面几层意思:(1)神学的秘密或本质是人学,但这种以神学面目出现的人学,其本质被规定为"超越的"亦即"被排除于人之外"的"无限本质"或"神圣实体",并且被视为"一切实在性、亦即一切规定性、一切有限性的理想总体或抽象总体",就其实质不过是人的有限本质的抽象③;(2)神学的人学化,是西方近代以来思想发展的基本任务,首先是新教改变了旧教"思辨的或冥想的"倾向,将神学改变为"基督教义",改变为人性的上帝,改变为上帝人化的宗教方式或实践方式,改变为宗教的人类学,其次是哲学用理性或理论去"论证和溶解"那对宗教来说是"彼岸的"上帝,但近代哲学对上帝实体的实现或扬弃只是"在思维中"进行

---

① 《马克思恩格斯全集》第 3 卷,人民出版社,2002 年,第 220、314 页;《马克思恩格斯全集》第 2 卷,人民出版社,1965 年,第 177 页。
② 《马克思恩格斯全集》第 3 卷,人民出版社,2002 年,第 314—315 页。
③ 《费尔巴哈哲学著作选集》(上),三联书店,1959 年,第 101、103 页。

的,而且"用的是一种与感性、世界、人类脱离并且不同的理性",也就是说,近代哲学只是证明了"理智"的神性,只是将抽象的理智认作"上帝的实体,绝对的实体"①;(3)黑格尔哲学作为近代哲学的完成,实质是"从唯理论的否定中重新建立起神学的教条",其中包含着一个巨大的企图,通过哲学"将已经过去了的,没落了的基督教重新建立起来",亦即建立起所谓"精神与物质的思辨的同一性""无限和有限的思辨的同一性","人和上帝的思辨的同一性",但在费尔巴哈看来,这些享有盛誉的"同一性"不过是近代以来思想中"不幸矛盾"的集中体现——"信仰与不信仰的同一性""神学与哲学的同一性""宗教与无神论的同一性""基督教和异教的同一性"等②;(4)黑格尔思辨哲学的"神学"特征表现为,与神学的本质是"超越的、被排除于人之外的人的本质"一样,黑格尔逻辑学的本质也是"超越的思维"亦即"被看成在人以外的人的思维",正如神学的本质不过是"抽象的"人的"有限本质"一样,黑格尔的"绝对精神"也不过是"抽象的"、与自己分离了的"有限精神",黑格尔哲学和神学一样都是"对于幽灵的信仰",差别只不过是神学的"幽灵"是一种感性的想象,而黑格尔哲学的"幽灵"则是一种"非感性"的抽象③。

费尔巴哈认为,未来哲学的任务就是要进一步去除哲学的"神学"因素,或者说将"人学"彻底化,从而确认"人性的东西就是神圣的东西,有限的东西就是无限的东西"。在费尔巴哈看来,"从无限的东西中引伸出有限的东西、从不确定的东西中引伸出确定的东西的哲学,是永远不能达到对有限的东西和确定的东西作出一个真正的肯定的",而"真正的哲学的任务,不是将无限者认作有限者,而是将有限者认作非有限者",因为"没有有限者,无限者是根本不能设想的",无限者不是别的,不过是"有限者的真实

---

① 《费尔巴哈哲学著作选集》(上),三联书店,1959年,第122、146页。
② 同上书,第149—150页。
③ 同上书,第103—104页。

本质"或者"真实的有限者",而"真正的思辨或哲学不是别的,仅仅是真实的、普遍的经验",宗教神学和思辨哲学的共同特征或共同谬误就在于,通过对"规定性"的"否定",而将"实在性或有限性的规定"转化为"无限者"的"规定和宾词"。相反,正是在思辨哲学"从绝对那里剥去、排入有限事物和经验事物领域内的一切规定、形式、范畴",或者其他诸如此类的东西,恰恰包含着"有限事物的真正本质,亦即真正的无限者",包含着"哲学真正的、最后的秘密"①。

因此,思辨哲学应当为如其所是地认识实际事物的实践哲学所取代,而实践哲学的真正开端不是上帝和绝对者,不是抽象的无限者,而是真确、简单和确定的有限者。在这里,费尔巴哈不仅在一般唯物主义的意义上指证了"实际的性质先于思想中的性质","感受先于思维",还特别强调了存在与意识不可分,感觉和性质不可分,认为"精神与自然的真正统一"只是"意识",而这种作为"实际的存在"的"意识"不再是脱离"存在"的抽象,而是"存在与本质的结合""直观与思维的结合""被动与主动的结合""法国感觉主义和唯物主义的反经院派的热情原则与德国形而上学的经院派的冷淡态度的结合",简言之,是"心情"和"头脑"的结合,是"女性原则"和"男性原则"的结合。由此,费尔巴哈坚定地将"感觉主义"或"感觉实体"宣布为新哲学的原则,认为"只有从思维的否定中,从对象的确定中,从欲望中,从一切快乐和烦恼的来源中,才能创造出真实的、客观的思想,真实的、客观的哲学"②。

接下来,我们将通过对《关于哲学改造的临时纲要》和《未来哲学原理》文本的具体梳理,更细致地展示费尔巴哈对近代以来西方哲学从"神学"向"人学"进展过程的批判性分析及其对新哲学道路的探索。

---

① 《费尔巴哈哲学著作选集》(上),三联书店,1959 年,第 106—109 页。
② 同上书,第 108—109、111—112 页。

费尔巴哈正确地抓住了包括黑格尔哲学在内的西方近代哲学的基本矛盾,亦即思维与存在的矛盾。对此,黑格尔本人也有明晰的陈述,"中世纪的观点认为思想中的东西与实存的宇宙有差异,近代哲学则把这个差异发展成为对立,并且以消除这一对立作为自己的任务"①。在费尔巴哈看来,黑格尔哲学是"思维与存在的矛盾的扬弃",这一扬弃有其独到之处同时具有根本性缺陷。上文我们已经提及,费尔巴哈认为,西方近代哲学的根本任务就在于"将上帝现实化和人化","将神学溶解为人类学"。而所谓"神学"的人类学化,核心就在于"思维与存在"矛盾解决方案的内在演进。不仅是黑格尔的思辨哲学,包括费尔巴哈本人的新哲学,都处于解决这一历史任务的延长线上。

理智形而上学提供了初始的解决方案,其核心是"上帝"本质的"理性"或"理智"化,是"普通神学"向"泛神论"的过渡。在"普通神学"或"有神论"的想象中,上帝一方面是精神性的、非感性的神圣实体,另一方面又是一种在有神论者之外"客观的"亦即"感觉性的"存在。因此,可以说,有神论是从"感觉立场"去思想上帝的,其中蕴含着"上帝"在观念上的"非感性"同时又客观"存在"的矛盾。从笛卡尔到莱布尼茨的理智形而上学的发展,以"思维"与"存在""物质"与"精神"的抽象而绝对的二元区分,取代停留在"观念"与"存在"朴素对立状态的"普通神学":"上帝"被规定为"纯粹的理智"亦即"离开一切感性和物质的理智",而从"上帝"的眼光来看,"物质的事物"同样是"纯粹的理智实体,纯粹的思想",或者说朴素观念中的"物质"从"上帝"的眼光亦即从"纯粹理智"的眼光看来实际上是根本不存在的,是"无",是一种"暧昧的即感性的观念"的产物,"世界"在抽象理智的亦即"上帝"的眼光看来,不过是"上帝理智的现实化",不过是"不带一切事物的感觉性质的那个纯粹理智的有系统的发展"。并且,由于笛卡尔和莱布尼茨

---

① 《黑格尔哲学史讲演录》第 4 卷,商务印书馆,1978 年,第 5 页。

认为"上帝只是物质、运动和活动的最初的和普遍的原因,而特殊的运动和活动,一定的实际物质的事物,则是可以离开上帝独立地加以观察和认识的",因此费尔巴哈称他们是一般意义上的"唯心主义者"和特殊方面的"唯物主义者"①。

斯宾诺莎试图扬弃思维和存在两端各自的独立性,而将二者同样作为唯一实体即上帝的属性,从而将思维和存在统一起来。黑格尔盛赞这是"一切真正见解的基础",甚至认为要么是斯宾诺莎主义,要么就不是哲学②。但费尔巴哈认为,"谁将物质当作上帝的一种属性,谁就是宣布物质是一种神圣的实体",而将"物质存在物的神圣化"就意味着确认"实际事物"具有神性,这恰恰是对神学的否定(因为神学的本质就在于"物质的否定或世界的否定"),并且是"唯物主义、经验论、实在论、人文主义"等近代经验唯物论思想的内在本质。抽象理智与经验论的不同之处在于,抽象理智的"泛神论"是"理论神学"的否定或者说是对神学的"理论"否定,而一般唯物主义的"经验论"则是"实践神学"的否定或者说是对神学的"实践"否定。如果说"泛神论"取消的是"上帝"的感性存在,"经验论"则是对"神学的非现实性"的一种"憎恶和嫌厌"。费尔巴哈甚至称之为对神学的一种"主观的、病态的判断"。在费尔巴哈看来,思辨哲学的重要任务,就是"将经验论的病态的判断,即认为神学毫无价值可言的那个判断,提高为一种理论的、客观的判断——将那种对于神学的间接的、不自觉的、消极的否定转变为一种直接的、自觉的、积极的否定"③。

根据费尔巴哈的分析,黑格尔对斯宾诺莎哲学的改造集中于密切相关的两个方面:其一是黑格尔"将自我活动、自我判别力、自我意识当作实体的属性",从而用"唯心主义的精神"将斯宾诺莎实体中"僵死的、呆板的东

---

① 《费尔巴哈哲学著作选集》(上),三联书店,1959年,第126、130—131页。
② 《黑格尔哲学史讲演录》第4卷,商务印书馆,1978年,第103、101页。
③ 《费尔巴哈哲学著作选集》(上),三联书店,1959年,第138—141页。

西"鼓动起来；其二是黑格尔用一种全新的方式规定了"物质的感性的实体对非物质实体的关系"。费尔巴哈的意思是，过去的神学家和哲学家们都在努力做"抽象"的工作，要将所谓真正和神圣的"实体"从"自然""感性"或"物质"中"解脱"出来，以求达到那些"本来不受感性事物束缚的东西"，但黑格尔则相反，他将"物质"看作是精神的"自我外化"，从而将"物质本身"视为"绝对本质"的一个存在环节、构成环节和发展环节。但在费尔巴哈看来，黑格尔的这个做法，说到底还是和斯宾诺莎一样，"当作神圣本体的属性看待的那个物质，也是一种形而上学的事物，一种纯粹的实体"。因此，黑格尔对思维与存在矛盾的扬弃，实质是"在矛盾的范围以内——是在一种要素的范围以内——是在思维的范围以内"的扬弃。扬弃所达到的"逻辑学"，实质不过是"思维要素以内的思维"，或者是"自己思维自己的思维"，或者是"无宾词的主体"，或者是"同时兼为主体和宾词"。因此，费尔巴哈称黑格尔是"一个纯粹唯心主义的实在论者"，是"一个认为思维凌驾一切的思想家"，尽管他想要"掌握事物本身"，但是却"在事物的思想中去掌握"，尽管他想要"站在思维之外"，但是却始终"在思维本身之中"。因此，黑格尔的"逻辑学"，不过是"理性化和现代化了的神学"，不过是"化为逻辑学的神学"[①]。

从以上的叙述，我们可以清楚地看到，费尔巴哈所谓"神学的秘密是人类学，思辨哲学的秘密则是神学"，最根本的含义在于，近代以来的哲学虽然扬弃了"神学"原初意义上的超越性亦即"非人性"，却在自身的发展中建构起另外一重意义上的"超越性"亦即思维对存在的超越性或思维的"非存在性"。而费尔巴哈对黑格尔哲学的反动，或者说阐释其新哲学基础的首要步骤，就是重新定义"存在"。

费尔巴哈认为，"证明有物存在，并没别的意义，只不过是证明有一

---

① 《费尔巴哈哲学著作选集》(上)，三联书店，1959年，第 102、148、114、163—164、103 页。

种不只是被思想的事物存在",而"一种与思维没有分别的存在"或者说"一种只作为理性或属性的存在",只不过是"一种被思想的抽象的存在"也就是"非存在"。费尔巴哈在这里援引了康德在批判"本体论证明"时提到的"口袋里的一百元"与"观念中的一百元"的差别来用以反对黑格尔。他所增加的解释是,"只有同时对我又对其他的人存在的,只有在其中我与其他的人一致的,才是真正存在的,这不仅仅是我的——这是普遍的"。由此,"存在"不仅具有与"思维"相比的异质性特征,而且具有"人"与"我"交互主体意义上的"对象性"含义。在费尔巴哈看来,这种既不能归约为"思维"又具有主体间"对象性"意义的"存在",只能是感觉、直观和感官活动①。

从消极意义来领会的存在,只不过是"思维的界限",因为在思辨哲学或抽象思维看来,存在等于"非存在",等于"无",因为它是"思想的无有",是"无思想的东西",是"绝对的虚无",因而根本不是"思维的对象"。但是,这种在"思维"中的、没有客观性、独立性和现实性的"存在",所表达的不过是抽象的思维主体的"抽象活动的虚无性"。相反,从积极的意义来说,"存在并不是一种可以与事物分离开来的普遍概念,存在与存在的事物是一回事","存在"只能通过"作为事物本质的属性"而被思想,"存在"只是对"实体"的肯定,比如鱼在水中存在,人在生活中存在,只有在"反常"或"不幸"的情况下,"存在"才会和"实体"分离,存在不仅先于思维和逻辑,甚至比语言更基础,"词语失去作用的地方,才是存在的秘密揭开的地方"②。

由于"存在"的真理性或确定性被导回到"存在的事物",费尔巴哈阐释其新哲学基础的第二个步骤就是重新定义"感性事物"或"感性"。与"旧的超越哲学"将理念当作主体以及将感性当作属性不同,新哲学赋予感性或感性事物以经验的、现实的和人类学的意义,从而超越"超越哲学"赋予它

---

① 《费尔巴哈哲学著作选集》(上),三联书店,1959年,第154—156页。
② 同上书,第156—157、159页。

的、仅仅是本体论的和形而上学的意义。因为新哲学"不以抽象的方式,而以具体的方式思想具体事物",就"现实的现实性",以"适合现实本质的方式"看待具体事物,并"将现实提升为哲学的原则和对象",亦即"将实在事物,感性事物当成它自身的主体","给实在事物和感性事物以绝对独立的、神圣的、第一性的,不是从理念中派生出来的意义"。具有"现实性"或"作为现实的东西"的"现实事物",乃是"作为感性对象的现实事物",乃是"感性事物",因此,"真理性""现实性"和"感性"是同义词。而所谓"作为感性对象的现实事物",指的是在"现实的人"的感性、直观、感觉和爱中的存在:"存在的秘密只在爱中显露,而不在抽象思维中显露。爱就是情欲,只有情欲才是存在的标记";只有通过"爱"(感性、直观、感觉),"异于非存在的存在"或"异于我的对象"才向"我"呈现;"一个人爱得愈多,则愈是存在;愈是存在,则爱得愈多"。由此,新哲学公开宣称自己是"感性哲学",是"爱的宗教"①。

在费尔巴哈看来,"爱"或"感性"的真理性是一种直接的真理性:(1)只有"感性的事物"才是绝对明确的,不需要任何证明的,直接通过自身而确证的、直接为自己辩护的,直接根据自身而肯定的,因而是"真实的"和"神圣的";(2)"只有在感性开始的地方,一切怀疑和争论才停止","直接认识的秘密就是感性","感觉乃是绝对的官能";(3)"感性事物"不是思辨哲学意义上的直接的东西,不是"世俗的,一目了然的,无思想的,自明的东西",或者说,爱、感觉或感性的对象,"不只是外在的事物,而且有内在的事物,不只是肉体,而且还有精神,不只是事物,而且还有'自我'";(4)因此,我们无需"超出感性","普遍的官能就是理智,普遍的感性就是精神性",只需"不将理智和感觉分开",就能"在感性事物中寻得超感性的东西,亦即精神和理性",相反,"只有那通过感性直观而确定自身,而修正自身的思维,才是真实的,反映客观的思维——具有客观真理性的思维",而"本质和现象"

---

① 《费尔巴哈哲学著作选集》(上),三联书店,1959年,第164—166、168—169页。

"原因和结果""实体和属性""必然和偶然""思辨和经验"之间的差别,并不是"超感性"和"感性"之间或者说"本质的世界"和"现象的世界"的差别,而是"感性"范围内部的差别①。

费尔巴哈阐释其新哲学基础的第三个步骤就是重新定义"人"。正如"存在"不过是"具体事物"的存在一样,"感性"也只是"现实的人"的感性。费尔巴哈认为,新哲学的对象是"具有现实性和总体性的实际事物",与此相一致,新哲学的认识原则和主题是"实在的和完整的人",而不是"自我",不是"绝对的亦即抽象的精神",不是"自为的理性"。新哲学不是以"无本质,无色彩,无名称的理性"为基础,而是以"饱饫人血的理性",以"整个人的神圣性亦即真理性"为基础。在费尔巴哈看来,只有将"人"理解为基础和主体时,"思维与存在的统一"才有意义,才是真理,才能超出那"绝对的,亦即孤立的,脱离了感性的思维"的自身同一或形式同一:一方面,只有"实在的实体"(人)才能认识"实在事物";另一方面,只有当"思维"不再是自为的主体,而是"一个现实实体的属性"时,思想才不脱离存在。由此产生的新哲学的绝对命令是:不要想做"与人不同的哲学家"或作为"一个思维的人"来思想,不要以一种"从人的实在本质的整体中脱离出来的,自为地孤立起来的能力的身份"来思想,不要"在抽象的真空中作为一个孤独的单子,作为一个专制君主,作为一个了无障碍的,世外的上帝"来思想,而要以"活生生的,现实的实体的身份"来思想,要"置身于宇宙之海的汹涌波涛之中",要"在生活中,世界中作为世界的一分子"来思想②。

作为一个本来就在生活中和世界中的"现实实体",自然能够在思维和实践中掌握"现实的实体和事物"。相反,将思维和人分离开,变成"孤立的,封闭在自身之内的思维",则自然会遭遇"思维是怎样达到客体,达到存

---

① 《费尔巴哈哲学著作选集》(上),三联书店,1959年,第170、172—174、178、183页。
② 同上书,第180—181页。

在"的难题(海德格尔后来称之为"形而上学的丑闻")。因为按照费尔巴哈的理解,"交互影响的秘密,只有感性才能打开,只有感性的实体才能相互影响";换句话说,"主体和对象的同一性",只有在"人对人的感性直观中"才是"真理和实在"。由此出发,费尔巴哈进一步丰富了他对作为新哲学基础的"人"的解释:(1)由于"人的最主要的,最基本的感觉对象乃是人本身","意识和理智的光辉只在人注视人的视线中才呈现",因此,"人与人的交往,乃是真理性和普遍性最基本的原则和标准";(2)人的"自然"的立场,亦即区别"自我"和"你",主体和客体的立场,是真正的和绝对的立场,是新哲学的立场,而"孤立的、个别的人,不管是作为道德实体或作为思维实体,都未具备人的本质",人的本质只包含在"团体"之中,人与人的"共存"之中,因此,"真正的辩证法并不是寂寞的思想家的独白,而是'自我'和'你'之间的对话"①。

我们前文已经提到,在《1844 年经济学哲学手稿》和《神圣家族》中,马克思还给予费尔巴哈极高的评价,但在随后不久的《关于费尔巴哈的提纲》以及《德意志意识形态》中则对费尔巴哈进行了正面而猛烈的批判。概括而言,马克思对费尔巴哈哲学最根本的批判在于:费尔巴哈不懂得人的感性的、对象性的、革命的"实践"活动。马克思承认,费尔巴哈的确想要研究与"思想客体"确实不同的"感性客体",但是对"对象、现实、感性"仍然只是从"客体的或直观的形式"去理解,而不是把它们当作"感性的人的活动",当作"实践"去理解,不是从"主体"方面去理解,也没有把"人的活动本身"理解为"对象性的活动"②。

尽管费尔巴哈对思辨哲学进行了不遗余力的批评,试图建构一种属人的新哲学,但由于不懂得人的感性的、对象性的、革命的"实践"活动,在他

---

① 《费尔巴哈哲学著作选集》(上),三联书店,1959 年,第 181—182、166、172—173、184—186 页。
② 《马克思恩格斯选集》第 1 卷,人民出版社,2012 年,第 133—135 页。

的"新哲学"刚刚奠基之际，立刻遭到了马克思的颠覆性打击。在马克思看来，由于不懂得人的感性的、对象性的、革命的"实践"活动，费尔巴哈哲学具有如下明显的缺陷：

（1）不能正确理解人与自然的关系。费尔巴哈在《关于哲学改造的临时纲要》提出"一切科学必须以自然为基础"，"一种学说在没有找到它的自然基础之前，只能是一种假设"，并且认为"哲学必须重新与自然科学结合，自然科学必须重新与哲学结合"。这些说法的真实含义，关键在于什么是"自然"或"自然基础"。按照费尔巴哈的理解，"自然是与存在没有区别的实体，人是与存在有区别的实体。没有区别的实体是有区别的实体的根据——所以自然是人的根据"。另外，费尔巴哈在《未来哲学原理》中也提到，"新哲学将人连同作为人的基础的自然当作哲学唯一的，普遍的，最高的对象——因而也将人类学连同生理学当作普遍的科学"[①]。在这些提法中，我们可以明显看出，费尔巴哈并没有实现对"自然"和"人"的贯通的理解，而是始终将"自然"当作"人"的先在前提。马克思在《德意志意识形态》中对此批评道："先于人类历史而存在的那个自然界，不是费尔巴哈生活于其中自然界；这是除去在澳洲新出现的一些珊瑚岛以外今天在任何地方都不再存在的、因而对于费尔巴哈来说也是不存在的自然界。"[②] 费尔巴哈对"外部自然界的优先地位"的强调，至今仍然是人们朴素的唯物主义世界观中的重要组成部分，但马克思明确地指出过，这种"先在于人"或"完全脱离人"的"自然界"不过是"人"的一种抽象观念，在这种观念中同样蕴含着对"人"的一种特殊的理解，亦即将"人"看作是"某种与自然界不同的东西"。这种抽象的对"自然"与"人"的理解，说到底不但没有真正超越思辨哲学，甚至是一种"前康德"的十八世纪唯物主义的形而上学，是与经典物

---

① 《费尔巴哈哲学著作选集》（上），三联书店，1959年，第118、116、184页。
② 《马克思恩格斯选集》第1卷，人民出版社，2012年，第157页。

理学共享的"抽象物质"的世界观。

（2）不能正确理解人的本质。马克思认为，费尔巴哈具有相对于"纯粹的"唯物主义者的"很大的优点"，因为他承认人也是"感性对象"，但他只是把人看作"感性对象"而不是"感性活动"，他设定的新哲学的基础是"人"而不是"现实的历史的人"，他没有从"人们现有的社会联系"和"那些使人们成为现在这种样子的周围生活条件"出发来考察人，或者说，他还从来没有看到"现实存在着的、活动的人"，而是停留于"抽象的人"，甚至除了"理想化了的爱与友情"之外，他并不知道人与人之间还有什么其他的"人的关系"，更谈不上对这些关系进行批判。由于费尔巴哈根本没有把"感性世界"理解为构成这个世界的现实的个人的"感性活动"的产物，因此，他只能"撇开历史的进程"，假定一种"抽象的——孤立的——人的个体"，并将"人的本质"理解为"一种内在的、无声的、把许多个人纯粹自然地联系起来的普遍性"即"类"①。

（3）不能真正理解历史和恰当指明哲学批判的方向。由于费尔巴哈不知道"他周围的感性世界决不是某种开天辟地以来就直接存在的、始终如一的东西，而是工业和社会状况的产物，是历史的产物，是世世代代活动的结果"，所以，费尔巴哈根本不能理解感性世界自身的"存在"与"本质"的非同一性或"异化"，从而"在共产主义的唯物主义者看到改造工业和社会结构的必要性和条件的地方"，只能诉诸"'最高的直观'和观念上的'类的平等化'"，亦即重新陷入唯心主义。一句话，"当费尔巴哈是一个唯物主义者的时候，历史在他的视野之外；当他去探讨历史的时候，他不是一个唯物主义者"。在《关于费尔巴哈的提纲》中，马克思肯定了费尔巴哈对宗教异化的批判，但同时立刻指出，"把宗教世界归结于它的世俗基础"只是初始的一步，更重要的是，如何用"世俗基础的自我分裂和自我矛盾"来说明"世俗

---

① 《马克思恩格斯全集》第 1 卷，人民出版社，2012 年，第 135、157—158 页。

基础"是如何发生"异化"的,亦即是如何"使自己从自身中分离出去,并在云霄中固定为一个独立王国"的。真正的哲学批判的任务在于,"对于这个世俗基础本身应当在自身中、从它的矛盾中去理解,并且在实践中使之发生革命",而"使现存世界革命化,实际地反对并改变现存的事物"正是人的感性的、对象性的、革命的"实践"活动的精义所在①。

二、对黑格尔辩证法和整个哲学的批判

我们知道,马克思从《莱茵报》退出之后所做的第一件事情就是批判性研究黑格尔的国家哲学和法哲学。撇开具体内容不谈,单就哲学基础上的判断而言,马克思对黑格尔的不满主要集中在这样三个方面:(1)主谓颠倒的叙述方式及其泛神论的思辨神秘主义;(2)逻辑学基本范畴在法哲学领域的简单套用及其逻辑图式主义;(3)把某种经验的存在冒充为"观念的现实真理性"及其非批判性②。

这些批评尤其是对"主谓颠倒"叙述方式的批评,毫无疑问深受费尔巴哈的影响。问题是,为什么在深入研究费尔巴哈哲学和初步涉猎政治经济学批判之后,马克思郑重其事地重新回到了对黑格尔辩证法的批判?按照马克思本人的解释,首先是和青年黑格尔派有关,因为这些"当代批判的神学家"所展开的所谓"现代批判",不仅在内容上"拘泥于所批判的材料"(德国或旧世界),而且在方法上采取"完全非批判的态度":一方面"对于现代的批判同黑格尔的整个哲学,特别是同辩证法的关系问题"完全缺乏认识;另一方面"甚至一点也没表明它对费尔巴哈辩证法的批判态度"。其次,更为重要的是和费尔巴哈有关,尽管马克思在《1844年经济学哲学手稿》中称赞费尔巴哈是"惟一对黑格尔辩证法采取严肃的、批判的态度"并且"在这

---

① 《马克思恩格斯全集》第1卷,人民出版社,2012年,第134、155页。
② 参见《马克思恩格斯全集》第3卷,人民出版社,2002年,第10—11、22—23、51页。

个领域内做出了真正的发现"的人,但同时以一种委婉的口吻提到,"费尔巴哈的关于哲学的本质的发现,究竟在什么程度上仍然——至少为了证明这些发现——使得对哲学辩证法的批判分析成为必要,读者从我的阐述本身就可以看清楚"①。

的确,从马克思的阐述本身我们可以看到,正是在对黑格尔的辩证法和整个哲学的批判性分析中,马克思几乎很快就把费尔巴哈抛在了一边。或者说,正是在试图以费尔巴哈的"哲学发现"为基础来清理黑格尔哲学遗产的过程中,马克思不仅重新意识到了黑格尔辩证法的积极意义,而且更重要的是从根本上突破了费尔巴哈哲学基础的限制,形成了马克思本人独立的新世界观。在这里,我们仅限于简单描述马克思对黑格尔辩证法和整个哲学的批判,而将其中阐发的马克思本人的独立思想留到下一节来讨论。

手稿的篇幅虽然不大,但的确称得上是对黑格尔辩证法及其整个哲学的批判,马克思首先对黑格尔的《精神现象学》和《哲学全书》进行了全景式的描绘,然后集中分析了《精神现象学》的"绝对知识"章。其中,关于《精神现象学》的总体描述几乎只是原著目录的摘要,而对于《哲学全书》的三个组成部分则做了理论内容上的提要钩玄。在马克思看来,黑格尔的《哲学全书》从逻辑学或"纯粹的思辨的思想"开始,以绝对知识,以"自我意识的、理解自身的哲学的或绝对的即超人的抽象精神"结束,因此,整部《哲学全书》不过是"哲学精神的展开的本质"和"哲学精神的自我对象化",而所谓"哲学精神"不过是"在它的自我异化内部通过思维理解即抽象地理解自身的、异化的宇宙精神"。展开来看,马克思把"逻辑学"比喻为"精神的货币",其实质是"人和自然界的思辨的、思想的价值",是"外化的因而是从自然界和现实的人抽象出来的思维,即抽象思维";"自然哲学"的"自然界",

---

① 《马克思恩格斯全集》第 3 卷,人民出版社,2002 年,第 220—222、312—314 页。

实质是"抽象思维的外在性",自然界对抽象思维来说是"外在的",是"抽象思维的自我丧失",而抽象思维也"外在地将自然界当作抽象的思想来理解",当作"外化的抽象思维"。最后,在"精神哲学"阶段,思维重新回到自己的"诞生地",而在它"终于发现自己和肯定自己是绝对知识因而是绝对的即抽象的精神"之前,经历了"人类学的、现象学的、心理学的、伦理的、艺术的、宗教的精神"的各种形态①。

按照黑格尔本人的说法,《精神现象学》最后所达到的纯粹"概念"的哲学立场,恰恰正是《逻辑学》的起点。马克思也因此称《精神现象学》是黑格尔哲学的"真正诞生地和秘密",并且试图通过对《精神现象学》最后一章即"绝对知识"章的详细剖析来展示黑格尔哲学的片面性和局限性。

马克思认为,"绝对知识"章的"主要之点"在于"设定人=自我意识":一方面,"意识的对象无非是自我意识",或者说,"对象不过是对象化的自我意识、作为对象的自我意识";另一方面,意识对意识对象的克服,或者说"对象向自我的复归就是对象的重新占有"。具体来说,"意识的对象的克服"包括如下基本环节:"(1)对象本身对意识来说是正在消逝的东西;(2)自我意识的外化设定物性;(3)这种外化不仅有否定的意义,而且有肯定的意义;(4)它不仅对我们有这种意义或者说自在地有这种意义,而且对它本身也有这种意义;(5)对象的否定,或对象的自我扬弃,对意识所以有肯定的意义,或者说,它所以知道对象的这种虚无性,是由于它把自身外化了,因为它在这种外化中把自身设定为对象,或者说,为了自为存在的不可分割的统一性而把对象设定为自身;(6)另一方面,这里同时包含着另一个环节,即意识扬弃这种外化和对象性,同样也把它们收回到自身,因此,它在自己的异在本身中就是在自身;(7)这就是意识的运动,因而也是意识的各个环节的总体;(8)意识必须依据对象的各个规定的总体来对待对象,同

---

① 《马克思恩格斯全集》第3卷,人民出版社,2002年,第316—317页。

样也必须依据这个总体的每一个规定来把握对象。对象的各个规定的这种总体使对象自在地成为精神的本质,而对意识来说,对象所以真正成为精神的本质,是由于把这个总体的每一个别的规定理解为自我的规定,或者说,是由于对这些规定采取了上述的精神的态度。"①

在马克思看来,上述"意识的对象的克服"过程"汇集了思辨的一切幻想"。首先,"意识、自我意识在自己的异在本身中就是在自身",这意味着,"意识——作为知识的知识——作为思维的思维、直接地冒充为它自身的他物,冒充为感性、现实、生命",同时意味着,"仅仅作为意识的意识所碰到的障碍不是异化了的对象性,而是对象性本身",因而,"重新占有在异化规定内作为异己的东西产生的人的对象性本质,不仅具有扬弃异化的意义,而且具有扬弃对象性的意义"②。

其次,"因为有自我意识的人认为精神世界——或人的世界在精神上的普遍存在——是自我外化并加以扬弃,所以他仍然重新通过这个外化的形态确证精神世界,把这个世界冒充为自己的真正的存在,恢复这个世界,假称在自己的异在本身中就是在自身",马克思说,"黑格尔的虚假的实证主义或他那只是虚有其表的批判主义的根源就在于此",因为黑格尔的"否定之否定"不是"通过否定假本质来确证真本质",而是"通过否定假本质来确证假本质或同自身相异化的本质"。举例来说,在黑格尔的法哲学中,"扬弃了的私法=道德,扬弃了的道德=家庭,扬弃了的家庭=市民社会,扬弃了的市民社会=国家,扬弃了的国家=世界历史",但在现实中,"法、道德、家庭、市民社会、国家等等依然存在着,它们只是变成环节,变成人的存在和存在方式,这些存在方式不能孤立地发挥作用,而是互相消融,互相产生等等"③。

---

① 《马克思恩格斯全集》第 3 卷,人民出版社,2002 年,第 321—323 页。
② 同上书,第 328、321 页。
③ 同上书,第 328—329 页。

再次,由于黑格尔在哲学中扬弃的"存在",并不是现实的宗教、国家、自然界等,而是已经成为"知识的对象"的宗教本身、国家本身、自然界本身,即教义学、法学、国家学、自然科学等,因此,马克思说黑格尔"既同现实的本质相对立,也同直接的、非哲学的科学或这种本质的非哲学的概念相对立"。这种本质上发生在"思想"中的"扬弃",实际上不过是"现有经验在哲学上的分解和恢复";并且,"因为思维自以为直接就是和自身不同的另一个东西,即感性的现实,从而认为自己的活动也是感性,现实的活动,所以这种思想上的扬弃,在现实中没有触动自己的对象,却以为实际上克服了自己的对象"。这一点正是黑格尔哲学"非批判的实证主义和同样非批判的唯心主义"的理论根源和集中表现①。

在批评黑格尔哲学的"非批判性"之外,马克思也力图发掘其中的积极因素。马克思认为,正是在关于"异化"与"扬弃"的见解中包含着黑格尔辩证法的积极的环节:"扬弃是把外化收回到自身的、对象性的运动",意味着"通过扬弃对象性本质的异化来占有对象性本质",意味着"通过消灭对象世界的异化的规定、通过在对象世界的异化存在中扬弃对象世界而现实地占有自己的对象性本质"。在马克思看来,这表明黑格尔"通过异化的方式"理解到了"有关自身的否定具有的积极意义",亦即"把人的自我异化、人的本质的外化、人的非对象化和非现实化理解为自我获得、本质的表现、对象化、现实化",表明黑格尔"在抽象的范围内"把"劳动"理解为"人的自我产生的行动",把"人对自身的关系"理解为"对异己存在物的关系",把"作为异己存在物的自身的实现"理解为"生成着的类意识和类生活"②。

由此,马克思称赞黑格尔不仅"抓住了劳动的本质",而且为"历史"找到了"抽象的、逻辑的、思辨的表达":黑格尔"根据否定的否定所包含的肯

---

① 《马克思恩格斯全集》第 3 卷,人民出版社,2002 年,第 330—331、318 页。
② 同上书,第 331—332 页。

定方面把否定的否定看成真正的和惟一的肯定的东西,而根据它所包含的否定方面把它看成一切存在的惟一真正的活动和自我实现的活动",从而"为历史的运动找到抽象的、逻辑的、思辨的表达";"黑格尔的《现象学》及其最后成果——辩证法,作为推动原则和创造原则的否定性——的伟大之处首先在于,黑格尔把人的自我产生看作一个过程,把对象化看作非对象化,看作外化和这种外化的扬弃;可见,他抓住了劳动的本质,把对象性的人、现实的因而是真正的人理解为他自己的劳动的结果"①。

当然,马克思立刻指明了黑格尔上述思想的根本缺陷:(1)黑格尔把"劳动"看作是"人的自我确证的本质",但是他只看到劳动的"积极"的方面,而没有看到劳动的"消极"的方面,也就是说,黑格尔没有看到"劳动"在现实世界中的"异化"性质,没有看到"劳动"实际上是人"在外化范围之内的或者作为外化的人"的"自为的生成"。与此相应,黑格尔"惟一知道并承认"的劳动是"抽象的精神的劳动"。这种"抽象的精神的劳动",一般说来也就是构成思辨哲学本质的东西,亦即"知道自身的人的外化或者思考自身的、外化的科学"。因此,黑格尔能够把"其他哲学家做过的事情"以及"自然界和人类生活的各个环节"看作是"自我意识的而且是抽象的自我意识的环节",而黑格尔本人的哲学作为"绝对的科学"不过是"哲学本身"或"历史本身"所完成的事情②。

(2)黑格尔哲学作为"人在外化范围之内的或者作为外化的人的自为的生成",所把握到的并非"作为一个当作前提的主体的人的现实历史",而只是思维意义上的"人的产生的活动、人的形成的历史",全部外化历史和外化的全部消除,"不过是抽象的、绝对的思维的生产史,即逻辑的思辨的思维的生产史。在这一"思辨思维的生产史"中,"自在和自为之间、意识

---

① 《马克思恩格斯全集》第3卷,人民出版社,2002年,第316、319—320页。
② 同上书,第320页。

和自我意识之间、客体和主体之间的对立",或者说,"抽象的思维同感性的现实或现实的感性在思想本身范围内的对立",被视为"惟一有意义的对立构成其他世俗对立的含义",而"其他一切对立及其运动,不过是这些惟一有意义的对立的外观、外壳、公开形式"。构成"异化"及其"扬弃"的真正意义的,"不是人的本质以非人的方式同自身对立的对象化,而是人的本质以不同于抽象思维的方式并且同抽象思维对立的对象化"。同样,"对于人的已成为对象而且是异己对象的本质力量的占有",也不过是"在意识中、在纯思维中即在抽象中发生的占有,是对这些作为思想和思想运动的对象的占有"①。

(3) 由于黑格尔"设定人=自我意识",人的"异化了的对象"或"异化了的本质现实性"不外是"意识",不外是思想的"异化",不外是"异化的抽象的因而无内容的和非现实的表现"。因此,外化或异化的扬弃,也不外是"对这种无内容的抽象进行抽象的、无内容的扬弃";因此,"自我对象化的内容丰富的、活生生的、感性的、具体的活动",就成为这种活动的"纯粹抽象",成为"绝对的否定性",而这种"抽象"又作为抽象固定下来并且被想象为"独立的活动",或干脆被想象为"活动"本身。因为这种所谓"绝对的否定性"无非是上述"现实的、活生生的行动"的"抽象的无内容的形式",所以它的内容也只能是"形式的、抽去一切内容而产生的内容",也就是"普遍的,抽象的,适合于任何内容的,从而既超脱任何内容同时又恰恰对任何内容都有效的,脱离现实精神和现实自然界的抽象形式、思维形式、逻辑范畴"②。

(4) 黑格尔虽然在一般意义上阐明了"自我产生、自我对象化的运动,作为自我外化和自我异化的运动,是绝对的因而也是最后的、以自身为目

---

① 《马克思恩格斯全集》第 3 卷,人民出版社,2002 年,第 318 页。
② 同上书,第 333 页。

的的、安于自身的、达到自己本质的人的生命表现",但由于黑格尔"设定人＝自我意识",而"意识的存在方式,以及对意识来说某个东西的存在方式"就是"知识",也就是说,"知识是意识的惟一的行动",或者说"知识是意识的唯一的对象性的关系",因此,思辨辩证法或"绝对知识",作为现实生命活动的"抽象形式",被看成"真正的人的生命",而"绝对精神"作为"知道自己是绝对自我意识的主体",被看作是"人的与自身有区别的、抽象的、纯粹的、绝对的本质"(自我意识)所经历的"使自身外化并且从这种外化返回到自身的、但同时又把外化收回到自身"这一绝对过程的"绝对主体",而"现实的人和现实的自然界"被看成是"绝对主体"的谓语和象征①。

在《神圣家族》中,马克思也对黑格尔哲学的这种"主谓颠倒"或"头足倒置"进行了尖锐的批判:(1)由于用"自我意识"代替人,因此"最纷繁复杂的人类现实"则被视为"自我意识的特定的形式"或"自我意识的规定性","人类自我意识的各种异化形式所具有的物质的、感觉的、实物的基础被置之不理",因为在思辨哲学看来,"既然它已经把实物的、感性现实的世界变成'思维的东西',变成自我意识的纯粹规定性,而且它现在又能够把那变成了以太般的东西的敌人溶解于'纯思维的以太'中,所以它就把这个世界征服了";(2)黑格尔的"现象学"以及整个思辨哲学最后之所以"合乎逻辑"地用"绝对知识"来代替全部人类现实,是因为黑格尔设定"知识是自我意识的唯一存在方式",而"自我意识则被看做人的唯一存在方式","绝对知识"则意味着"自我意识"不受任何实物世界的拘束,"在头脑中消灭一切界限"从而证明"自我意识是唯一的、无所不包的实在";(3)马克思认为,问题的症结就在于黑格尔对世界的"头足倒置"——"黑格尔把人变成自我意识的人,而不是把自我意识变成人的自我意识,变成现实的人即生活在现实的实物世界中并受这一世界制约的人的自我意识",尽管自我意识可以在

---

① 《马克思恩格斯全集》第3卷,人民出版社,2002年,第327、332—333页。

头脑中"消灭一切界限",但对于"坏的感性"或"现实的人"来说,当然丝毫不妨碍这些"界限"亦即"表明普遍自我意识的有限性的一切东西——人及人类世界的任何感性、现实性、个性"的继续存在①。

毫无疑问,马克思对黑格尔辩证法及其整体哲学的批判,在马克思自身的哲学变革中是意义重大的。其中既有对费尔巴哈"新哲学"的借力,也包含了马克思在对政治经济学展开初始批判的过程中的思想创获。可以说,正是由于马克思在回应费尔巴哈"新哲学"的冲击和对政治经济学展开初始批判的同时重新郑重对待了黑格尔哲学,才为马克思自身的哲学革命扫清了思想的地基。

三、新世界观的基本纲领

如何正面系统而有条不紊地陈述马克思的哲学革命或马克思新世界观的基本境界,是马克思主义学界迄今为止也没有很好解决的一个重要理论任务。妨碍这一陈述的内在困难主要包括两个方面:其一是马克思本人的思想表述并非是系统性的,新思想更多是在理论论战的间隙中零零星星发挥出来的,并且无论是从术语表达还是从逻辑层次来说,都需要我们立足于自身的思想与学术语境进行整理和重释;其二是马克思之后,包括晚年恩格斯、第二国际理论家以及列宁、斯大林等苏联政治领袖和众多马克思主义的学院派哲学工作者在内,对马克思主义哲学所做的体系化努力,尽管对于马克思主义的传播和发展做出了许多重要贡献,同时也因为时代条件和思想境域的限制,对我们如其所是地把握马克思本人的哲学思想造成了一定程度的障碍。在这里,为了不陷入各种意见性的学术纷争,我们主要还是依循马克思自身的核心文本来展开对马克思哲学革命境域的思想重构。

---

① 《马克思恩格斯全集》第 2 卷,人民出版社,1957 年,第 244—245 页。

在思想变革的过程中,马克思曾经聚焦于感性活动、劳动、实践和生产等概念来阐述他对人类社会的全新理解。在《1844年经济学哲学手稿》中,马克思主要是围绕"劳动"和"感性活动"等概念,并借用费尔巴哈的术语来阐述人的"类生活"或"类特性":(1)"动物和自己的生命活动是直接同一的。动物不把自己同自己的生命活动区别开来。它就是自己的生命活动。人则使自己的生命活动本身变成自己意志的和自己意识的对象。他具有有意识的生命活动";(2)"有意识的生命活动把人同动物的生命活动直接区别开来。正是由于这一点,人才是类存在物。或者说,正因为人是类存在物,他才是有意识的存在物,就是说,他自己的生活对他来说是对象。仅仅由于这一点,他的活动才是自由的活动";(3)"通过实践创造对象世界,改造无机界,人证明自己是有意识的类存在物,就是说是这样一种存在物,它把类看作自己的本质,或者说把自身看作类存在物";(4)"动物的生产是片面的,而人的生产是全面的;动物只是在直接的肉体需要的支配下生产,而人甚至不受肉体需要的影响也进行生产,并且只有不受这种需要的影响才进行真正的生产;动物只生产自身,而人再生产整个自然界";(5)"动物只是按照它所属的那个种为尺度和需要来构造,而人懂得按照任何一个种的尺度来进行生产,并且懂得处处都把内在的尺度运用于对象;因此,人也按照美的规律来构造";(6)"正是在改造对象世界中,人才真正地证明自己是类存在物。这种生产是人的能动的类生活。通过这种生产,自然界才表现为他的作品和他的现实。因此,劳动的对象是人的类生活的对象化:人不仅像在意识中那样在精神上使自己二重化,而且能动地、现实地使自己二重化,从而在他所创造的世界中直观自身"①。

在《关于费尔巴哈的提纲》中,"实践"成为马克思的思想焦点:(1)包括费尔巴哈在内的从前一切唯物主义,主要缺陷在于不能将"对象、现实、感

---

① 《马克思恩格斯全集》第3卷,人民出版社,2002年,第273—274页。

性"理解为能动的、革命的和批判的实践活动,不能把人的活动本身理解为"感性的"和"对象性的";(2)人的思维的"客观真理性"问题是一个"实践"问题,"环境的改变和人的活动或自我改变的一致"也只能被看作是并合理地理解为"革命的实践";(3)"全部社会生活在本质上是实践的",将"感性"理解为"实践活动"的新唯物主义的立脚点是"人类社会或社会的人类"①。

在《德意志意识形态》中,"生产"成为中心概念。马克思说,"可以根据意识、宗教或随便别的什么来区别人和动物。一当人开始生产自己的生活资料,即迈出由他们的肉体组织所决定的这一步的时候,人本身就开始把自己和动物区别开来。人们生产自己的生活资料,同时间接地生产着自己的物质生活本身";"人们用以生产自己的生活资料的方式",就是"他们表现自己生命的一定方式、他们的一定的生活方式",而"个人怎样表现自己的生命,他们自己就是怎样。因此,他们是什么样的,这同他们的生产是一致的——既和他们生产什么一致,又和他们怎样生产一致"②。

占据马克思上述思想核心的是:劳动=感性活动=实践=生产=人类社会的真相和永恒而唯一的基础。在这个唯一基础当中,包含着存在与思维、主观与客观、唯灵与唯物、能动与受动、自然与历史、理想和现实、存在和本质、对象化和自我确证、自由和必然、个体和类等矛盾以及对于这些矛盾的实际解决。正是在"劳动=感性活动=实践=生产"中,人类能够直接而明确地知道"通过自身和为了自身"的诞生与发展过程。

值得高度警惕的是,迄今为止的人类社会,只有就人类生活的总体而言,我们才能够说在"劳动-感性活动-实践-生产"实现了存在与思维、主观与客观、唯灵与唯物、能动与受动、自然与历史、理想和现实、存在和本质、对象化和自我确证、自由和必然、个体和类的统一,而就人类个体而言,则

---

① 《马克思恩格斯选集》第 1 卷,人民出版社,2012 年,第 133—136 页。
② 同上书,第 147 页。

处处充满着存在与思维、主观与客观、唯灵与唯物、能动与受动、自然与历史、理想和现实、存在和本质、对象化和自我确证、自由和必然、个体和类的矛盾冲突。用马克思的话来说,"全部历史是为了使'人'成为感性意识的对象和使'人作为人'的需要成为需要而作准备的历史"①。因此,马克思在《1844年经济学哲学手稿》等著作中所阐发的对"人之为人"的哲学理解,实际上是"作为人的人"的"感性意识",也就是说真正的"人类社会"或"社会化了的人类"的"感性意识",也可以说是社会主义者或共产主义者的"感性意识",而迄今为止的人类社会实际上还停留在真正的"人类社会"的"史前"时期。

马克思哲学革命的本质在于,当马克思经验到"劳动-感性活动-实践-生产"是人类社会的真相和永恒而唯一的基础时,他就将缠绕过去所有哲学家们的各种抽象的理论对立完全抛在了身后,直观到人之为人的真实根据,同时洞见到人类社会的终极境况:"作为完成了的自然主义 = 人道主义"和"作为完成了的人道主义 = 自然主义"的"共产主义"。② 接下来唯一的理论任务,便是说明人的"劳动-感性活动-实践-生产"是如何产生自己的"异化"情境并如何最终扬弃这种历史发展进程中的"异化"的。承担这一理论任务,也就意味着立足于"劳动-感性活动-实践-生产",发展作为"一门唯一的科学"的"历史科学"或"人的科学"。与此同时,马克思还坚信,由于当代人类"劳动-感性活动-实践-生产"的实际状况亦即现代大工业的发展,历史已经为自己准备好了从根本上扬弃"异化"亦即扬弃人类"史前"阶段的绝对力量——无产阶级。因此,促使"现存世界革命化,实际地反对并改变现存的事物"的"实践唯物主义者"同时也就是"共产主义者"③。

---

① 《马克思恩格斯全集》第3卷,人民出版社,2002年,第308页。
② 《马克思恩格斯选集》第3卷,人民出版社,2012年,第297页。
③ 参见《马克思恩格斯选集》第1卷,人民出版社,2012年,第146页注①,第155页;《马克思恩格斯全集》第3卷,人民出版社,2002年,第308页。

可以说,完成哲学革命之后的马克思,终身所从事的就是一件事情,即以自己的理论研究揭示当代人类社会"劳动-感性活动-实践-生产"所达到的真实状况,揭示其中的内在矛盾及其必然进展的方向。我们知道,这件唯一的事情后来的展开方式也就是马克思的"政治经济学批判"。但在《1844年经济学哲学手稿》,尤其是在《德意志意识形态》中,马克思实际上已经着手展开对现代社会的具体解剖,并且通过我们今天称之为"历史唯物主义"基本原理的建构,提供了"历史科学"的第一个范本。

首先,人们代际相承的、持续不断的"劳动-感性活动-实践-生产",是整个现存的感性世界的真正基础。概略亦即抽象地说,"劳动-感性活动-实践-生产"过程,包括人与自然之间持续的物质变换,包括人们的物质生活资料和物质生活需要的不断生产,包括人们自身亦即人口的生产和再生产。

其次,"劳动-感性活动-实践-生产"既是活动,同时又是关系,是人们一定的共同活动方式、交往方式或生产方式,而这种"共同活动方式"本身直接就是人们的社会生产力,因为"活动"自始至终都是作为动词来理解的"关系"。"活动"和"关系"的直接同一性的分离,意味着人类感性生活的自我"异化",意味着人类社会的一部"史前史":"人们之间一开始就有一种物质的联系。这种联系是由需要和生产方式决定的,它和人本身有同样长的历史;这种联系不断采取新的形式,因而就表现为'历史'。"马克思把这种"由需要和生产方式决定的"和"不断采取新的形式"的物质联系或交往方式称作"市民社会":(1)"受到迄今为止一切历史阶段的生产力制约同时又反过来制约生产力的交往形式,就是市民社会","市民社会包括各个人在生产力发展的一定阶段上的一切物质交往";(2)虽然"市民社会"一词出现于18世纪,因此马克思说"真正的市民社会只是随同资产阶级发展起来的",但是马克思同时认为,"市民社会这一名称始终标志着直接从生产和交往中发展起来的社会组织",因而"在一切时代都构成国家的基础以及任何其他的观念的上层建筑的基础",因而是"全部历史的真正发源地和舞台"①。

再次,构成人类"劳动-感性活动-实践-生产"活动与关系,亦即构成人类"交往方式"和"市民社会"最核心的内容是分工和所有制。分工是人们物质生产活动和关系的自我展开,所有制则是与一定的物质生产的分工方式密切关联的、社会权力关系的相对固定的形式。从这个意义上来说,研究社会物质财富生产过程的经济学和研究人们社会权力关系的法学,的确是市民社会最重要的分支学科。在《德意志意识形态》中,马克思已经概略地考察了物质劳动和精神劳动、城市与乡村、工业和商业(生产和交往)等分工形式,同时概略地考察了部落所有制、古典古代的公社所有制和国家所有制、封建所有制、现代私有制(资本主义时代的所有制)和未来的共产主义社会等所有制形式。

又次,"劳动-感性活动-实践-生产"过程不仅是活动和关系,同时还是"意识"。在此,马克思特别指明"意识并非一开始就是'纯粹意识'",毋宁说,意识就是人们之间"原初的历史的关系",就是"由于和他人交往的迫切需要"而产生的"语言"。而反过来说,"语言"则是"一种实践的、既为别人存在因而也为我自身而存在的、现实的意识",是"感性的自然界"。只是在"物质劳动和精神劳动"分离之后,"意识才能现实地想象:它是和现存实践的意识不同的某种东西;它不用想象某种现实的东西就能现实地想象某种东西。从这时候起,意识才能摆脱世界而去构造'纯粹的'理论、神学、哲学、道德等等"。也就是说,只有当分工和所有制形式发展到一定的历史阶段之后,"意识"才与"实践"相分离取得一种"独立"的外观而成为"纯粹意识"或"意识形态",而一定历史阶段占统治地位的"思想"或"意识形态"不过是"占统治地位的物质关系在观念上的表现,不过是以思想的形式表现

---

① 《马克思恩格斯选集》第 1 卷,人民出版社,2012 年,第 160、167、211 页。

出来的占统治地位的物质关系"①。

最后,让我们用马克思自己的一段话来概括他的新的世界观亦即历史唯物主义的思想内涵和"一门唯一的科学"亦即"历史科学"的理论使命:"从直接生活的物质生产出发阐述现实的生产过程,把同这种生产方式相联系的、它所产生的交往形式即各个不同阶段上的市民社会理解为整个历史的基础,从市民社会作为国家的活动描述市民社会,同时从市民社会出发阐明意识的所有各种不同的理论产物和形式,如宗教、哲学、道德等等,而且追溯它们产生的过程。"②

---

① 《马克思恩格斯选集》第 1 卷,人民出版社,2012 年,第 161—162、178 页;《马克思恩格斯全集》第 3 卷,人民出版社,2002 年,第 308 页。
② 同上书,第 171 页。

第二章　马克思的政治经济学批判与现代性批判

"政治经济学批判"可以说是马克思一生用力最多的理论工作。按照马克思在《德法年鉴》中的解释,"批判"之为"批判",指的是"对当代的斗争和愿望作出当代的自我阐明"。具体来说,首先意味着"要对现存的一切进行无情的批判",而所谓"无情",指的是"既不怕自己所作的结论,也不怕同现有各种势力发生冲突";其次,批判"可以把任何一种形式的理论意识和实践意识作为出发点,并且从现存的现实特有的形式中引申出作为它的应有和它的最终目的的真正现实",而这种"引申"又不是"教条地预期未来",而是"通过批判旧世界发现新世界",是"从世界的原理中为世界阐发新原理";再次,"批判"或"意识变革"的意义在于"使世界认清本身的意识",在于向世界"喊出真正的斗争口号",在于"忏悔",在于说明事情的"真相",在于"分析连自己都不清楚的神秘的意识"①。

关于"政治经济学批判"工作的由来,马克思在1859年《〈政治经济学批判〉序言》有明确的描述:"为了解决使我苦恼的疑问,我写的第一部著作是对黑格尔法哲学的批判性的分析,这部著作的导言曾发表在1844年巴黎出版的《德法年鉴》上。我的研究得出这样一个结果:法的关系正像国家

---

① 《马克思恩格斯全集》第47卷,人民出版社,2004年,第63—67页。

的形式一样,既不能从它们本身来理解,也不能从所谓人类精神的一般发展来理解,相反,它们根源于物质的生活关系,这种物质的生活关系的总和,黑格尔按照18世纪的英国人和法国人的先例,概括为'市民社会',而对市民社会的解剖应该到政治经济学中去寻求。我在巴黎开始研究政治经济学,后来因基佐先生下令驱逐而移居布鲁塞尔,在那里继续进行研究。"①

马克思的以上自述表明,"批判"的要义在于通过对世界"意识"的剖析来澄清世界本身的"真相";从"意识变革"的角度来说,"政治经济学批判"意味着对"政治经济学"的批判,而从澄清世界"真相"的角度来说,"政治经济学批判"意味着对"市民社会"或"物质的生活关系的总和"的剖析。纵观马克思所有的"政治经济学批判"工作,的确始终包含上述两个方面:对"政治经济学"的批判性分析与对现代资产阶级社会("市民社会")的批判性分析始终有机结合在一起。

第一节 马克思对古典政治经济学及其附属物的批判

单纯从文献整理的角度看,一般认为,马克思的"政治经济学批判"也就是"《资本论》及其手稿"。其中,《1857—1858年经济学手稿》以及《政治经济学批判》第一分册被视为《资本论》的"最初稿",《1861—1863年经济学手稿》被视为《资本论》的"第二稿",马克思在整理出版和修订《资本论》第一卷的同时为出版第二、第三卷做准备的手稿被视为《资本论》的"第三稿"。众所周知,恩格斯整理出版的《资本论》第二、第三卷兼用了"第二稿"和"第三稿"的大量内容,而考茨基整理出版的《资本论》第四卷(《剩余价值

---

① 《马克思恩格斯选集》第2卷,人民出版社,2012年,第2页。

学说史》)主要依据的是"第二稿"中的内容。

但是,如果我们从内容进展的角度来深入考察马克思的具体工作的话,将会发现,将《1844年经济学哲学手稿》《1857—1858年经济学手稿》和《资本论》(包括《剩余价值学说史》)视为马克思"政治经济学批判"的三个阶段,应当更为合适,因为一方面三者之间的内容是相对独立和各有偏重的,另一方面由于《资本论》实际上只是马克思"政治经济学批判"整体计划中的一个部分(虽然是核心部分),而这个计划也的确是从《1844年经济学哲学手稿》开始就付诸实施的。

以下我们将对马克思"政治经济学批判"所取得的基本理论成果做一番简单的梳理。并且这一梳理工作将依循上文提到的马克思"政治经济学批判"的两个基本方面来展开:一方面是对"政治经济学"副本的批判,另一方面是对"资产阶级社会"原本的批判。本节侧重于前者,而将马克思对"资产阶级社会自身"的批判留到后面两节来展开。

首先,在《1844年经济学哲学手稿》阶段,马克思一方面简要评述了政治经济学从重商主义到重农主义再到亚当·斯密的发展过程,另一方面在揭示了国民经济学的"二律背反"的同时,从原则高度阐述了资产阶级社会或者说现代私有财产运动"自我扬弃"的历史必然性。

在马克思看来,货币主义与重商主义类似于拜物教徒,只知道贵金属是财富的存在,将货币这一"外在的、无思想的对象性"形式视为财富的本质,货币顺差或贸易顺差被视为社会财富的源泉。马克思认为,魁奈的重农主义学说是从重商主义到亚当·斯密的理论过渡,因为重农主义将全部财富归结为土地和耕作(农业),尽管还只是通过"一种特殊的、自然规定的存在形式"(土地和农业)将"财富的主体本质"移入"劳动"中(农业被承认为唯一的生产性劳动),但"既然把劳动宣布为财富的本质,也就否定了特殊的、外在的、仅仅是对象性的财富"。马克思按照恩格斯在《国民经济学批判大纲》中的提法,称亚当·斯密是"国民经济学的路德"。因为正是亚当·斯密在私有制的范围内彻底揭示了"财富的主体本质",确认"劳动"是唯一的原则,亦即确认私有财产的本质是"劳动""主体"或"自为地存在着的活动"。就像路德"把宗教笃诚变成人的内在本质,从而扬弃了外在的宗教笃诚","把僧侣移入世俗人心中,因而否定了在世俗人之外存在的僧侣"一样,亚当·斯密"把具有完全绝对性即抽象性的劳动提高为原则","把私有财产移入人自身的本质中",从而"不再受制于作为存在于人之外的本质的私有财产的那些地域性的、民族的等等的规定,从而发挥一种世界主义的、普遍的、摧毁一切界限和束缚的能量"。因此,马克思说,重农主义既是"封建所有制在国民经济学上的解体",又同时是它的"变革、恢复",因为"就他们宣布农业是惟一的生产来说,他们对工业世界持否定态度,并且承认封建制度",而亚当·斯密的国民经济学则是"私有财产的现实能量和现实运动的产物",是"现代工业的产物",而只有当"工业"成了"完成了的劳动",当"工业资本"成了"私有财产的完成了的客观形式","私有财产才能完成它对人的统治,并以最普遍的形式成为世界历史性的力量"[①]。

在马克思看来,国民经济学的根本问题在于仅仅从"私有财产"这一历史性的事实出发并拘泥于这一历史性事实,从而无法真正面对"物的世界的增值同人的世界的贬值成正比"这一现代经济生活中的根本性"异化",无法揭示"这全部异化和货币制度之间的本质联系"。因此,马克思要求不是仅仅像国民经济学那样"把私有财产在现实中所经历的物质过程,放进一般的、抽象的公式,然后把这些公式当作规律",而是要"指明这些规律是怎样从私有财产的本质中产生出来的"。当然,可以说,马克思毕生都在从事这项工作,而且终其一生也尚未完成,这成为我们今天要努力接续的一项思想事业。但在《1844 年经济学哲学手稿》中,马克思已经明确提出,不仅要追究"私有财产的起源问题",而且要把这个问题变成"外化劳动对人

[①]《马克思恩格斯全集》第 3 卷,人民出版社,2002 年,第 289—293 页。

类发展进程的关系"问题,变成"作为异化劳动的结果的私有财产的普遍本质"以及"私有财产对真正人的和社会的财产的关系"问题。并且,在这里,马克思已经有一种根本性的确认:"自我异化的扬弃同自我异化走的是一条道路",作为"私有财产即人的自我异化的积极的扬弃"的共产主义革命运动"必然在私有财产的运动中,即在经济的运动中,为自己既找到经验的基础,也找到理论的基础"①。

其次,在《1857—1858年经济学手稿》阶段,由于马克思相信随着经济危机的深化,革命即将爆发,所以他把主要的精力都用在对"资产阶级社会"(市民社会)原本的批判方面,尽管这一时期他广泛阅读了大量的经济学著作和现代经济发展的实际材料。即便如此,马克思对"政治经济学"副本的批判仍然取得了重要的理论进展:一方面,马克思概要描述了李嘉图和西斯蒙第之后现代政治经济学的基本特征,认为李嘉图和西斯蒙第是现代政治经济学的终结,而此后的各类著作或者是"折衷主义的、混合主义的纲要",或者是"对个别领域的较为深入的分析",或者是"为了更加广泛的公众和为了实际解决当前的问题而重复过去经济学上的争论",或者是"有倾向性地把古典学派发挥到极端";另一方面,在马克思对凯里和巴师夏的对照批评中,第一次在古典经济学与庸俗经济学之间划出了一道根本界限。马克思认为,凯里和巴师夏都是"非历史的和反历史的",因为他们都倾向于把资产阶级社会的生产关系看作是"社会生产和交往的永恒的正常关系",尽管他们"都懂得,[资产阶级]政治经济学的对立面,即社会主义和共产主义,是在古典政治经济学本身的著作中,特别是在李嘉图的著作中找到自己的理论前提的",但他们都认为"资产阶级社会在现代经济学中历史地取得的理论表现,必须当作谬误来加以抨击",亦即"必须在古典经济学家朴素地描绘生产关系的对抗的地方,证明生产关系是和谐的"。凯里

---

① 《马克思恩格斯全集》第3卷,人民出版社,2002年,第266—267、279、294、297—298页。

和巴师夏作为庸俗经济学的代表,不仅表现在他们同社会主义和共产主义观点的自觉对立,而且表现在他们已经丧失了古典经济学的"理论"兴趣或"精神"气质,丧失了把握经济关系的"真实性"或"普遍现实性"的能力。二者所不同的是,如果说凯里"在同旧大陆的对比中"所描述的"庞大的美国关系",虽然没有认识大量现实材料背后的"内在精神",所表现的只是"美国人的普遍性"("从美国人的立场出发抽象出来的论点",作为"北美的历史原则"的"非历史性"),但因美国本身是"以空前的规模和空前的活动自由发展着"的资产阶级社会,因而在信贷和地租等"经济科学"方面还是"真诚"且富有价值的研究,那么,巴师夏通过"想象的和谐"所提供出来的不过是"虚构的历史",是经过"否定的曲折的道路"去认识的而实际上为人们所充分了解的"古老国家的关系"(实际上不过是"非法国的即英国和美国的关系的想象的、理想的形式"),在理论上是矫揉造作的、精雕细刻的"陈词滥调"①。

正是对古典政治经济学及其庸俗后继者的深入批评,使马克思越来越接近西方现代性社会的核心——以"价值"为中心或为基础的生产方式。马克思说,"价值概念泄露了资本的秘密",因为虽然商品交换古已有之,但"价值"概念则完全是现代经济学的产物,是"资本本身的和以资本为基础的生产的最抽象的表现"②。进一步说,在古代,无论是民族生活内部还是民族之间,商品交换都仅限于"为满足直接需要而进行的生产的剩余部分",就像犹太人等古代商业民族只是生活在以使用价值的直接生产为主要目的的那些民族的缝隙中一样。交换价值成为生产的普遍前提这件事本身是历史的产物③。以交换价值的生产为基础或为普遍的前提,意味着社会的极大进步,因为它一方面扬弃了传统社会人与人之间直接的依附和

---

① 《马克思恩格斯全集》第30卷,人民出版社,1995年,第3—11页。
② 《马克思恩格斯全集》第31卷,人民出版社,1998年,第180页。
③ 《马克思恩格斯全集》第30卷,人民出版社,1995年,第208—209页。

统治关系,扬弃了直接的强制性的奴役,迎来了一个"以物的依赖性为基础的人的独立性"的时代,另一方面由于"每个个人以物的形式占有社会权力",而对社会权力的角逐反过来会驱动物质生产的极大发展,从而形成"普遍的社会物质变换、全面的关系、多方面的需要以及全面的能力的体系"①。

在充分肯定资本主义时代的历史合理性和文明进步趋势的同时,马克思力图通过对资产阶级政治经济学的批判性改造,亦即通过将"劳动价值论"改造为"剩余价值学说"来揭示资产阶级社会内在的矛盾、界限和自我扬弃的必然性。反过来,也揭示古典经济学以及蒲鲁东等人所谓的"社会主义经济学"的根本局限。

在马克思看来,无论是对资产阶级社会的经济学还是政治学辩护,其"全部的聪明才智"都不过是用作为原始或理想状态的简单交换关系来取代真实存在的社会生产关系,并且将它视为一种自然而永恒的现实存在,而蒲鲁东等社会主义者的"愚蠢"在于,他们想要证明社会主义就是要实现法国革命所宣告的资产阶级社会理想亦即自由与平等,但他们认为"交换价值不会发展为资本",或者说"生产交换价值的劳动不会发展为雇佣劳动",不过是一种"虔诚而愚蠢的愿望"②。因此,揭示资产阶级现代性社会最本质的生产关系亦即劳动与资本的对立(资本作为死劳动驱使活劳动为自己的增值服务),以及这一对立产生的历史前提(活劳动与生产资料的分离)和这一对立完全立足于自身之后产生的历史性界限及其自我扬弃的可能性,构成了马克思政治经济学批判和资产阶级现代性批判的核心内容。

最后,在以《资本论》的正式出版为中心的大量笔记和写作中,前后历时近二十年,马克思以更宽广的视野、更大的篇幅和更艰苦卓绝的学术努力,处理了"政治经济学"批判和西方现代性社会自身批判这样两个密切相

---

① 《马克思恩格斯全集》第 30 卷,人民出版社,1995 年,第 107 页。
② 同上书,第 199、203—204、452 页。

关的主题。按照马克思在《资本论》第一卷第一版序言中提出的计划,《资本论》将包括三卷四册:第一卷(第一册)探讨"资本的生产过程",第二卷探讨"资本的流通过程"(第二册)和"总过程的各种形式"(第三册),第三卷(第四册)将探讨"剩余价值理论史"。

但从实际情况来看,马克思亲自审定出版的只有第一卷,而所谓"第四册"篇幅巨大,几乎占了"1861—1863年经济学手稿"的一半以上,总字数与《资本论》前三卷大体相当。并且,从《1857—1858年经济学手稿》和《政治经济学批判·序言》(1859)可以看到,在马克思完整的写作计划中,除了揭示资本主义生产方式本质面目的"资本论"和批判地检讨政治经济学成败得失的"剩余价值理论史"之外,还包括其他几项重要的分篇。大体来说,马克思的整个研究和写作计划应该包括三大部分:(1)对商品、货币、交换价值、价格和资本一般等基础概念的澄清,以及对资本一般生产过程和社会生产总过程的形式描述;(2)对作为资产阶级社会内部结构以及作为基本阶级依据的三大范畴(资本、雇佣劳动和土地所有制)的分篇处理;(3)资产阶级社会在"国家"形式上的概括、生产的国际关系和世界市场,以及危机和以交换价值为基础的生产方式和社会形式的解体①。

非常遗憾的是,由于第一国际的政治活动占去马克思晚年大量时间精力,同时也由于健康情况欠佳,对于资产阶级社会三大阶级之间的关系、资本主义国家和世界市场体系,以及资本主义总危机和世界范围内的社会革命,马克思只给我们留下了一些思想性的线索和提示。至于"剩余价值理论史",尽管马克思留下了大量的摘要、笔记和批评,但离正式著作的形态也相距甚远,考茨基、马恩全集俄文版和历史考证版的具体编排也有非常大的差异,可以说是一项值得写专门的著述加以探讨的

---

① 参见《马克思恩格斯全集》第30卷,人民出版社,1995年,第50、180—181、220—221页;《马克思恩格斯全集》第31卷,人民出版社,1998年,第411页。

一个论题。

这里仅限于提及马克思几个根本性的论断或结论：(1)马克思认为，"所有经济学家都犯了一个错误：他们不是纯粹地就使用价值本身，而是在利润和地租这些特殊形式上来考察剩余价值"，而这些"特殊形式"不过是"剩余价值作为利润所采取的完全转化了的形式"①；(2)古典经济学力求"把各种固定的和彼此异化的财富形式还原为它们的内在的统一性"，想要了解"与表现形式的多样性不同的内在联系"，古典经济学的"错误和缺点"是，它"把资本的基本形式，即以占有他人劳动为目的的生产，不是解释为社会生产的历史形式，而是解释为社会生产的自然形式"②；(3)庸俗经济学产生于古典经济学由于自己的分析而使自己的理论前提趋于瓦解和动摇的时期，或者说产生于古典经济学的"反对派"多少以"经济的、空想的、批判的和革命的形式"存在的时候，庸俗经济学的实质是"受资本主义生产束缚的资本主义生产承担者的观念、动机等等"的"翻译"，是"庸人的宗教"（现代拜物教），并且，这种"翻译"是"从进行统治的那一部分即资本家的立场出发的"，是资本家"庸俗观念的偏狭的和学理主义的表述"，这和古典经济学"渴求理解内在联系的愿望"是极不相同的，因而甚至都够不上作为严肃批判的对象③。

第二节　经济社会形态理论与对资产阶级社会的深入剖析

从上文的论述可以看出，马克思的哲学变革一开始就和对政治经济学的批判性接触密切相关，但对作为现代世界理论"副本"的政治经济学

---

① 《马克思恩格斯全集》第33卷，人民出版社，2004年，第7页。
② 《马克思恩格斯全集》第35卷，人民出版社，2013年，第359—360页。
③ 同上书，第360、302页。

展开批判并非马克思真正的目标,他的真正目标在于揭示现代社会的事情本身。这一点或许也是马克思最后将他论述现代世界经济运行方式的著作命名为《资本论》,而将"政治经济学批判"改做副标题的原因。反过来说,作为体现马克思哲学变革的重要思想文本《1844年经济学哲学手稿》和《德意志意识形态》,也已经在相当深入的程度上触及了对现代世界本身的理论解剖,并锻造了基本的概念和思想工具。因此,正像我们在讨论马克思的哲学革命时要时时将马克思最终的理论诉求放在心中一样,在我们讨论马克思对现代世界的理论解剖时,也决不能淡忘其早期著作中已经获得的全新的思想境界。《1857—1858年经济学手稿》,正是构成马克思前后期思想过渡,或者说哲学话语与经济学话语结合的重要文本形态。我们将首先从这个核心文本出发来清理马克思对现代世界的根本性理解。

一、诸种经济社会形态的理论区分

关于马克思的经济社会形态理论,向来有"五大经济社会形态"和"三大经济社会形态"的区分与争论。但从这些说法的文本来历而言,"五大形态"说的正式提出实际上还略晚于"三大形态"说,而从马克思的宏观思想格局而言,二者可以说是同时出现的。因为一般认为,前者的文本根据是1859年的《政治经济学批判》"序言",后者则是马克思的《1857—1858年经济学手稿》。

在1859年的《政治经济学批判》"序言"中,马克思指出:"大体说来,亚细亚的、古希腊罗马的、封建的和现代资产阶级的生产方式可以看作是经济的社会形态演进的几个时代。资产阶级的生产关系是社会生产过程的最后一个对抗形式,这里所说的对抗,不是指个人的对抗,而是指从个人的社会生活条件中生长出来的对抗;但是,在资产阶级社会的胎胞里发展的生产力,同时又创造着解决这种对抗的物质条件。因此,人类社会的史前时期就以这种社会形态而告终。"①正是从这一段话,人们把马克思的经济社会形态理论归结于"五大形态"说,亦即亚细亚的、古希腊罗马的、封建的、现代资产阶级的和未来人类社会的。

但是,我们不应忘记,马克思在《德意志意识形态》第一章中,实际上已经以"所有制"的形式简单讨论到了这些经济社会形态,亦即所谓"部落所有制""古典古代的公社所有制和国家所有制""封建的或等级的所有制""现代私有制"和未来的共产主义社会②。

在《1857—1858年经济学手稿》中,马克思指出:"人的依赖关系(起初完全是自然发生的),是最初的社会形式,在这种形式下,人的生产能力只是在狭小的范围内和孤立的地点上发展着。以物的依赖性为基础的人的独立性,是第二大形式,在这种形式下,才形成普遍的社会物质变换、全面的关系、多方面的需要以及全面的能力的体系。建立在个人全面发展和他们共同的、社会的生产能力成为从属于他们的社会财富这一基础上的自由个性,是第三个阶段。第二个阶段为第三个阶段创造条件。"这段话常常被人们认为是马克思关于"三大经济社会形态"的经典论述。但是我们同样不应忘记,紧接着这段话,马克思还写道:"家长制的,古代的(以及封建的)状态随着商业、奢侈、货币、交换价值的发展而没落下去,现代社会则随着这些东西同步发展起来。"③

并且,同样是在《1857—1858年经济学手稿》中,马克思还通过对东方公社、罗马公社以及日耳曼公社的具体分析,讨论了亚细亚的、古典古代的和中世纪封建的共同体形式。由此可见,所谓"五大社会形态理论"和"三大社会形态理论"从来就不是对立或替代的关系。如果我们说"三大社会形态理论"比"五大社会形态理论"具有更强的解释力的话,那只是因为"三

---

① 《马克思恩格斯选集》第2卷,人民出版社,2012年,第3页。
② 《马克思恩格斯选集》第1卷,人民出版社,2012年,第148—149、212页。
③ 《马克思恩格斯全集》第30卷,人民出版社,1995年,第107—108页。

大社会形态理论"更加突出了前资本主义时代与资本主义时代,以及资本主义时代与后资本主义时代这样两个重要的历史分水岭。

根据马克思的研究,前资本主义时代的三大共同体形式本身也是存在各种具体样式,并在地域上和历史上发生过各种各样的变迁的。但它们的共同特点是:"在所有这些形式中,土地财产和农业构成经济制度的基础,因而经济的目的是生产使用价值,是在个人对公社(个人构成公社的基础)的一定关系中把个人再生产出来。"具体来说,上述特点又可以分为两个方面:(1)"对劳动的自然条件的占有,即对土地这种最初的劳动工具、实验场和原料贮藏所的占有,不是通过劳动进行的,而是劳动的前提。个人把劳动的客观条件简单地看作是自己的东西,看作是使自己的主体性得到自我实现的无机自然。劳动的主要客观条件本身并不是劳动的产物,而是已经存在的自然";(2)"这种把土地,把大地当作劳动的个人的财产来看待的关系——因此,个人从一开始就不表现为单纯劳动的个人,不表现在这种抽象形式中,而是拥有土地财产作为客观的存在方式,这种客观的存在方式是他的活动的前提,并不是他的活动的简单结果,这就和他的皮肤或他的感官一样是他的活动的前提,这些东西在他的生命过程中虽然也被他再生产并加以发展等等,但毕竟作为前提存在于再生产过程本身之前——,直接要以个人作为某一公社成员的自然形成的、或多或少历史地发展了的和变化了的存在,要以他作为部落等等成员的自然形成的存在为中介"。①

概括起来说,所有前资本主义时代的经济社会形态的共同特点是"以公社成员身份为中介的所有制",而不论这个"所有制"或者具体表现为"公共所有制"(以东方公社为代表,单个人只是土地占有者,而不存在土地的私有制),或者表现为"国家所有制同私人所有制相并列的双重形式"(以罗马公社为代表,私人所有制仍然在根本上从属于国家所有制),或者表现为

---

① 《马克思恩格斯全集》第 30 卷,人民出版社,1995 年,第 476—477 页。

"公社所有制仅仅是个人所有制的补充"(以日耳曼公社为代表,个人所有制表现为公社所有制的基础,公社本身只在公社成员的"集会"和为共同目的的"联合"中存在)①。

在这里,或许有人会想当然地以为马克思有一个从亚细亚到古典古代再到日耳曼封建所有制的历史演进构想。但实际上,一方面这些经济社会形态本身是在古代世界不同的时空条件下孤立隔绝地各自发展起来的,另一方面,马克思还明确指出:在所有这些形式中,"单个人对公社的被作为前提的关系的再生产"是发展的基础,而"亚细亚形式必然保持得最顽强也最长久"②。因为在个人的生存以共同体为中介的经济社会形态中,共同体本身的组织能力越是强大,个人与个人自己的联系越是紧密,抵御各种内部变故和外来冲击的能力也就越强,其持存也就越长久。

资本主义时代与前资本主义时代的分水岭在于,现代社会的根本特点是"以物的依赖性为基础的人的独立性"或者说"以物为中介的人的独立性"。值得注意的是,所谓以之为"中介",意思实际上是以之为"前提"和"目的",以之为"依归"。"物"取代古代的"共同体"成为现代人的"前提""目的"和"依归",因为"每个个人以物的形式占有社会权力"。相反,在古代社会亦即前资本主义社会,财富并不表现为生产的目的,"财富表现为目的本身,这只是少数商业民族——转运贸易的垄断者——中才有的情形,这些商业民族生活在古代世界的缝隙中,正像犹太人生活在中世纪社会中的情形一样"。古代社会,人们关心的问题不是"哪一种土地所有制等等的形式最有生产效能",而是"哪一种所有制方式会造就最好的国家公民"。古今社会的财富作为"价值"虽然同样是"对他人劳动的单纯支配权",但古代社会财富的创造并不以"统治"为目的,而以"私人享受"等为目的。或

---

① 《马克思恩格斯全集》第30卷,人民出版社,1995年,第477页。
② 同上书,第478页。

者说,古代的"统治"是人对人之间直接的暴力关系,而无需通过"财富"的中介①。

在马克思看来,前资本主义社会向现代世界的转换,一方面丧失了古代世界的崇高,另一方面又体现了现代世界巨大的文明面。所谓古代世界的"崇高"表现为:"根据古代的观点,人,不管是处在怎样狭隘的民族的、宗教的、政治的规定上,总是表现为生产的目的,在现代世界,生产表现为人的目的,而财富则表现为生产的目的。"而所谓现代世界的"文明面"表现为:"一切以前的社会阶段都只表现为人类的地方性发展和对自然的崇拜。只有在资本主义制度下自然界才真正是人的对象,真正是有用物;它不再被认为是自为的力量;而对自然界的独立规律的理论认识本身不过表现为狡猾,其目的是使自然界(不管是作为消费品,还是作为生产资料)服从于人的需要。资本按照自己的这种趋势,既要克服把自然神化的现象,克服流传下来的、在一定界限内闭关自守地满足于现有需要和重复旧生活方式的状况,又要克服民族界限和民族偏见。资本破坏这一切并使之不断革命化,摧毁一切阻碍发展生产力、扩大需要、使生产多样化、利用和交换自然力量和精神力量的限制。"②

确切地说,古代社会的财富创造以直接的使用价值为目的,而现代社会的财富创造则以"物"的交换价值为直接的目的。早在《1844年经济学哲学手稿》中,马克思已经点明了这种以"物"(货币是物的最高抽象,是一般等价物)为中介的生产的"异化"性质:"工业的宦官即生产者则更厚颜无耻地用更卑鄙的手段来骗取银币,从自己按照基督教教义去爱的邻人的口袋里诱取黄金鸟……工业的宦官顺从他人的最下流的念头,充当他和他的需要之间的牵线人,激起他的病态的欲望,默默盯着他的每一个弱点,然后要

---

① 《马克思恩格斯全集》第 30 卷,人民出版社,1995 年,第 479、107 页。
② 同上书,第 479、390 页。

求对这种殷勤服务付酬金";"每个人都指望使别人产生某种新的需要,以便迫使他作出新的牺牲,以便使他处于一种新的依赖地位并且诱使他追求一种新的享受,从而陷入一种新的经济破产。每个人都力图创造出一种支配他人的、异己的本质力量,以便从这里面找到他自己的利己需要的满足。因此,随着对象的数量的增长,奴役人的异己存在物王国也在扩展,而每一种新产品都是产生相互欺骗和相互掠夺的新的潜在力量"[①]。

以"物"(货币)为"中介"的现代生产方式,一方面具有瓦解前资本主义时代一切共同体的力量,另一方面为自己创造了一个全新的世界。在《德意志意识形态》中,马克思指出:"由大工业和普遍竞争所引起的现代资本"是"变为抛弃了共同体的一切外观并消除了国家对所有制发展的任何影响的纯粹私有制","由于私有制摆脱了共同体,国家获得了和市民社会并列并且在市民社会之外的独立存在;实际上国家不外是资产者为了在国内外相互保障各自的财产和利益所必然要采取的一种组织形式";在现代国家中,"资产阶级已经是一个阶级,不再是一个等级",而真正意义上的"国家的独立性"亦即传统社会"共同体"的独立性只有在这样的国家才存在,"在那里,等级还没有完全发展成为阶级,在那里,较先进的国家中已被消灭的等级还起着某种作用,并且那里存在某种混合体,因此在这样的国家里居民的任何一部分也不可能对居民的其他部分进行统治"[②]。

在《共产党宣言》中,马克思写道:"资产阶级在它的不到一百年的阶级统治中所创造的生产力,比过去一切世代创造的全部生产力还要多,还要大";"资产阶级日甚一日地消灭生产资料、财产和人口的分散状态","资产阶级,由于开拓了世界市场,使一切国家的生产和消费都成为世界性的了";资产阶级炸毁了造成它"赖以形成的生产资料和交换手段"的封建社

---

① 《马克思恩格斯全集》第3卷,人民出版社,2002年,第339—340页。
② 《马克思恩格斯选集》第1卷,人民出版社,2012年,第212页。

会,"起而代之的是自由竞争以及与自由竞争相适应的社会制度和政治制度、资产阶级的经济统治和政治统治";"资产阶级,由于一切生产工具的迅速改进,由于交通的极其便利,把一切民族甚至最野蛮的民族都卷到文明中来了。它的商品的低廉价格,是它用来摧毁一切万里长城、征服野蛮人最顽强的仇外心理的重炮。它迫使一切民族——如果它们不想灭亡的话——采用资产阶级的生产方式;它迫使它们在自己那里推行所谓的文明,即变成资产者。一句话,它按照自己的面貌为自己创造出一个世界。"①

在《1857—1858年经济学手稿》中,马克思进一步指出:"货币本身就是共同体,它不能容忍任何其他共同体凌驾于它之上。但是,这要以交换价值的充分发展,从而以相应的社会组织的充分发展为前提。"古代世界,货币已经充当"价值尺度"和"流通手段"广泛地发挥作用,但是,"货币作为发达的生产要素只能存在于雇佣劳动存在的地方;也就是说,只能存在于这样的地方,在那里,货币不但决不会使社会形式瓦解,反而是社会形式发展的条件和发展一切生产力即物质生产力和精神生产力的主动轮",因为,"作为一般财富的物质代表,作为个体化的交换价值,货币必须直接是一般劳动的即一切个人劳动的对象、目的和产物。劳动必须直接生产交换价值,也就是说,必须直接生产货币。因此,劳动必须是雇佣劳动",而"生产一般财富,就是为了占有一般财富的代表",这样一来,"真正的财富源泉就打开了"②。

由于"每个个人以物的形式占有社会权力",也就是说,"个人的产品或活动必须先转化为交换价值的形式,转化为货币,并且个人通过这种物的形式才取得和证明自己的社会权力"。正是从个人以"物"为中介对社会权力的角逐中产生出普遍的"货币欲或致富欲",一方面"必然导致古代共同

---

① 《马克思恩格斯选集》第1卷,人民出版社,2012年,第404—405页。
② 《马克思恩格斯全集》第30卷,人民出版社,1995年,第175—176页。

体的没落",因为现代世界正通过以"交换价值"为直接目的的生产,将"人的社会关系转化为物的社会关系",将"人的能力转化为物的能力",相反,在古代世界(家长制的关系,古代共同体,封建制度和行会制度等),"交换手段拥有的社会力量越小,交换手段同直接的劳动产品的性质之间以及同交换者的直接需要之间的联系越是密切,把个人互相联结起来的共同体的力量就必定越大";另一方面必然导致"世界市场"的创造和对"整个自然界"的探索,"要从一切方面去探索地球,以便发现新的有用物体和原有物体的新的使用属性","要把自然科学发展到它的最高点;同样要发现、创造和满足由社会本身产生的新的需要",要"培养社会的人的一切属性,并且把他作为具有尽可能丰富的属性相联系的人,因而具有尽可能广泛需要的人生产出来——把他作为尽可能完整的和全面的社会产品生产出来(因为要多方面享受,他就必须有享受的能力,因此他必须是具有高度文明的人)",要"发展各种劳动即各种生产的一个不断扩大和日益广泛的体系,与之相适应的是需要的一个不断扩大和日益丰富的体系"①。

总之,"如果说以资本为基础的生产,一方面创造出普遍的产业劳动,即剩余劳动,创造价值的劳动,那么,另一方面也创造出一个普遍利用自然属性和人的属性的体系,创造出一个普遍有用性的体系,甚至科学也同一切物质的和精神的属性一样,表现为这个普遍有用性体系的体现者,而在这个社会生产和交换的范围之外,再也没有什么东西表现为自在的更高的东西,表现为自为的合理的东西。因此,只有资本才创造出资产阶级社会,并创造出社会成员对自然界和社会联系本身的普遍占有。由此产生了资本的伟大的文明作用"②。

在肯定"资本的伟大的文明作用"的同时,马克思立刻指证了这种"文

---

① 《马克思恩格斯全集》第 30 卷,人民出版社,1995 年,第 174—175、107、389 页。
② 同上书,第 389—390 页。

明"本身的"异化",它的"野蛮"和"空虚化":(1)以"交换价值"为直接目的的生产,使"货币的量越来越成为货币的惟一强有力的属性;正像货币把任何存在物都归结为它的抽象一样,货币也在它自己的运动中把自身归结为量的存在物","货币尽管是这一切,它除了自身以外不愿创造任何东西,除了自身以外不愿购买任何东西,因为其余一切都是它的奴仆,而当我占有了主人,我就占有了奴仆,我也就不需要去追求他的奴仆了。因此,一切情欲和一切活动都必然湮没在贪财欲之中";(2)"占有货币不是占有者个性的某个本质方面的发展,倒不如说,这是占有没有个性的东西,因为这种社会[关系]同时作为一种可感觉的外在的对象而存在着,它可以机械地被占有,也可以同样丧失掉。因此,货币对个人的关系,表现为一种纯粹偶然的关系,而这种对于同个人个性毫无联系的物品的关系,却由于这种物品的性质同时又赋予个人对于社会,对于整个享乐和劳动等等世界的普遍支配权";因此,"在资产阶级经济以及与之相适应的生产时代中,人的内在本质的这种充分发挥,表现为完全的空虚化;这种普遍的对象化过程,表现为全面的异化,而一切既定的片面目的的废弃,则表现为为了某种纯粹外在的目的而牺牲自己的目的本身";(3)此外,"交换价值作为整个生产制度的客观基础这一前提,从一开始就已经包含着对个人的强制,个人的直接产品不是为个人自己的产品,只有在社会过程中它才成为这样的产品,因而必须采取这种一般的并且诚然是外部的形式;个人只有作为交换价值的生产者才能存在,而这种情况就已经包含着对个人的自然存在的完全否定;因而个人完全是由社会所决定的;……交换价值这一前提决不是从个人的意志产生,也不是从个人的直接自然产生,它是一个历史的前提,它已经使个人成为由社会决定的人了"①。

---

① 《马克思恩格斯全集》第 3 卷,人民出版社,2002 年,第 339、343 页;《马克思恩格斯全集》第 30 卷,人民出版社,1995 年,第 480、203 页。

因此，资本主义时代的生产方式，一方面毫无疑问意味着给人类社会带来了巨大的进步，但另一方面也意味着随着社会客观力量的增强，个体受到的"压抑"或遭遇的"异化"力量也同样增强。对此，马克思在《德意志意识形态》中也已有预判："有个性的个人与阶级的个人的差别，个人生活条件的偶然性，只是随着那本身是资产阶级产物的阶级的出现才出现。只有个人相互之间的竞争和斗争才产生和发展了这种偶然性本身。因此，各个人在资产阶级的统治下被设想得要比先前更自由些，因为他们的生活条件对他们来说是偶然的；事实上，他们当然更不自由，因为他们更加屈从于物的力量。"①

当然，马克思并不否认资本主义时代"物的联系"比"单个人之间没有联系"要好，或者比"只是以自然血缘关系和统治从属关系为基础的地方性联系"要好。只是，马克思坚决反对"把这种单纯物的联系理解为自然发生的、同个性的自然（与反思的知识和意志相反）不可分割的、而且是个性内在的联系"。相反，马克思认为，这种"物的联系"不过是历史的产物，是属于"个人发展的一定阶段"的："这种联系借以同个人相对立而存在的异己性和独立性只是证明，个人还处于创造自己的社会生活条件的过程中，而不是从这种条件出发去开始他们的社会生活"。因此，"全面发展的个人——他们的社会关系作为他们自己的共同的关系，也是服从于他们自己的共同的控制的"，同样"不是自然的产物，而是历史的产物"，而"要使这种个性成为可能，能力的发展就要达到一定的程度和全面性，这正是以建立在交换价值基础上的生产为前提的，这种生产才在产生出个人同自己和同别人相异化的普遍性的同时，也产生出个人关系和个人能力的普遍性和全面性"②。

---

① 《马克思恩格斯选集》第1卷，人民出版社，2012年，第200页。
② 《马克思恩格斯全集》第30卷，人民出版社，1995年，第111—112页。

由此,马克思批判了那种"留恋"古代世界"原始的丰富"的浪漫主义观点,同时也批判了那种相信必须停留在现代世界"完全的空虚化"之中的资产阶级观点,并认为后者从来都没有超出同前者的"对立",因而二者应当作为合理的对立面"一同升入天堂"。在马克思看来,如果我们"抛掉狭隘的资产阶级形式",那么立刻就会发现,现代性的"物质财富"恰恰就是"在普遍交换中产生的个人的需要、才能、享用、生产力等等的普遍性",就是"人对自然力——既是通常所谓的'自然'力,又是人本身的自然力——的统治的充分发展"。因为"在社会主义的前提下",或者从马克思揭示的"人类社会或社会化人类"的眼光来看,"人的需要的丰富性,从而某种新的生产方式和某种新的生产对象"的意义就是"人的本质力量的新的证明和人的本质的新的充实"①。

不过,问题的在于,"要扬弃私有财产的思想,有思想上的共产主义就完全够了。而要扬弃现实的私有财产,则必须有现实的共产主义行动。历史将会带来这种共产主义行动,而我们在思想中已经认识到的那正在进行自我扬弃的运动,在现实中将经历一个极其艰难而漫长的过程"。但是,反过来说,我们又必须"把我们从一开始就意识到这一历史运动的局限性和目的,把意识到超越历史运动看作是现实的进步"。其中的关键点是,从现代世界本身中去"发现隐蔽地存在着无阶级社会所必需的物质生产条件和与之相适应的交往关系",否则"一切炸毁的尝试都是唐·吉诃德的荒唐行为"②。

从以上的论述可以看出,马克思在《1857—1858年经济学手稿》中关于人类发展的经济社会形态的思考,与其早年哲学革命时期形成的总判断是

---

① 《马克思恩格斯全集》第30卷,人民出版社,1995年,第112、479页;《马克思恩格斯全集》第3卷,人民出版社,2002年,第339页。
② 《马克思恩格斯全集》第3卷,人民出版社,2002年,第347页;《马克思恩格斯全集》第30卷,人民出版社,1995年,第109页。

一脉相承的。马克思本人在1859年《政治经济学批判》"序言"中也明确表示,用来指导他持续深入展开研究工作的理论总根据亦即生产力与生产关系、经济基础与上层建筑矛盾运动的原理,实际上酝酿和成熟于在巴黎和布鲁塞尔等地亦即初始展开他的政治经济学批判工作的时期。而马克思成熟时期关于经济社会形态思考的重要意义在于,不是一般地重复生产力与生产关系、经济基础与上层建筑矛盾运动的原理,而是在前资本主义、资本主义与后资本主义时代之间做出了真正具有原则高度的理论区分。如果说前资本主义和资本主义时代是人类历史"异化"范围内最大的一个分水岭的话,那么资本主义和后资本主义经济社会形态之间的差异将是"异化"和"非异化"时代的差异,是人类"史前"时期的终结和真正的"人类社会"的诞生。

二、资产阶级社会的内在逻辑结构

如果说马克思的经济社会形态学说实际上已经从总体上描画了人类史前时期亦即"异化"时代的基本轨迹,那么马克思为什么还要再用余生的全部精力投入到《资本论》的写作中去呢?简单的回答是,马克思并不满足于对人类生活做一般历史哲学的描绘,而要真正实证地、科学地研究社会历史自身的客观进程,或者用马克思本人的话说,要揭示经济社会形态发展的"自然历史过程"。并且,马克思对自己理论工作的根本局限也有十分深刻的认识:"一个社会即使探索到了本身运动的自然规律,——本书的最终目的就是揭示现代社会的经济运动规律,——它还是既不能跳过也不能用法令取消自然的发展阶段。但是它能缩短和减轻分娩的痛苦。"[①]

在这里,我们不想简单重复很多已经教科书化了的《资本论》的一般内容,而是特别注重其中的某些关节点。在我们看来,要真正深入理解《资本

[①]《马克思恩格斯全集》第44卷,人民出版社,2001年,第9—10页。

论》的核心思想,需要时刻注意马克思在方法论上的两个特点:其一,《资本论》严格来说是一部思辨性的作品,是对现代资产阶级社会生产方式和生产关系的理论研究,而思辨性和理论性的关键在于把握事物的内在逻辑(概念、结构以及概念结构中的演进),因此要特别留意马克思在《政治经济学批判·导言》中提出的"研究方法"与"叙述方法"的区分,以及马克思和黑格尔都特别强调的"思辨思维"和"表象思维"的区分,我们要清楚地知道,《资本论》的研究过程是由表象到概念的过程,但它的叙述恰恰是反过来的,是始终着眼于概念或经济形式来展开的,因此,将许多表象中或事物实际发生过程中的经验性因素都"抽象"掉了,但这种"抽象"是合理的,是为了防止理论的探讨陷入"经验"杂多的泥潭,同时也是为了简明扼要地把握事情的内在本质,因为经验性的杂多并不能否认概念抽象而只能是概念抽象的例证;其二,与"思辨思维"和"表象思维"的区分密切相关,我们还要注意逻辑表述中"部分"和"整体"的关系,或者用马克思的话说,思维中的"抽象"与思维中的"具体"的关系,马克思承认《资本论》的写作借鉴了黑格尔思辨哲学的某种表达方式,核心就在于如何在概念中由"抽象"到"具体",如剥茧抽丝一般,把研究对象的"总体"分层次有条不紊地叙述出来,因此,在达到"资本"概念的"总体"之前,无论是对一般商品和货币的叙述,还是对资本主义生产过程和流通过程等各个层次的分析,除了存在"表象"与"思辨"分离造成的抽象之外,还存在"部分"与"整体"差异造成的必要的抽象。

明白以上的道理之后,我们发现,《资本论》实际上至少有两种"读法",一种是从前往后,另一种是从后往前。或者说,我们"第一步"应该先顺着马克思的叙述思路"从前往后"读,"第二步"应该反过来,在"第一步"的基础上,亦即在对马克思心中的"资本社会"有一个具体的了解之后再立足于这个整体性的理解"从后往前"去读,从而"以意逆志",真正做到像马克思本人那样高屋建瓴地总体性地把握资本主义时代的生产方式和生产关系。

按照马克思最初的设想,对资本主义时代的生产方式和生产关系的总体性把握应该包含如下步骤:总危机(向未来社会过渡的内在必然性)→世界市场与国际关系(资本主义生产方式和生产关系占领一切社会生活的领域)→以国家为实体的资本主义生产总过程(一国之内的资本主义生产方式与生产关系)→商品、交换价值、货币和价格等抽象的现代经济形式。《资本论》的实际写作把具体的经验的时间和空间都抽象掉了,纯粹就"资本"这种现代性生产方式和生产关系展开概念的论述。其中的关键环节如下:(1)雇佣工人、产业资本家和土地所有者这样三个并存而又相互对立的现代社会阶级亦即物质生活条件的三大类型,以及作为它们的交换价值形态的工资、资本和地租;(2)居于资本主义生产总过程顶端位置或主动方面的诸资本形态——信用与生息资本(最高形态是金融资本)、流通与商业资本、生产与产业资本,以及诸资本形态之间的利润分割方式及其对资本增值过程真相的掩盖;(3)产业资本的一般生产过程和扩大再生产,消费资料和生产资料两大部类之间的动态平衡;(4)产业资本生产和增值过程,核心是资本和活劳动结合过程中,绝对剩余价值和相对剩余价值的生产;(5)一般商品生产和劳动的二重性,一般商品生产向资本生产过程的过渡以及资本的原始积累过程等。

纵观马克思对资本主义生产方式和生产关系的总体性分析,我们发现其中最核心的思想在于:(1)资本主义时代宣称自己完全立足于个体之间的自由劳动和自由交换,并在这种自由生产和自由交换中促进人类的整体进步,因此"自由""平等""博爱"是其核心价值观,但资本主义时代生产方式的真相在于,个体之间只具有理论上的抽象自由与平等地位,"无产阶级"化的活劳动和私人占有的生产资料之间的分离和结合构成真实的现代生产过程;"死劳动"对"活劳动"的统治一方面造成了现代社会的阶级对立,另一方面促进了作为人类整体财富的巨大增长,前者是现代社会的真实权力关系(以交换价值为核心),后者是人类社会感性基础(以使用价值为核心)的全面展开；(2)如果说古典经济学的劳动价值论以及建立在同样抽象基础上的现代社会政治学说是现代性社会自身的意识形态或自我意识的话，那么马克思的剩余价值学说以及共产主义学说则是现代性社会的批判性理解，是对现代性生产方式和生产关系所包含的内在矛盾的深刻揭示，现代性社会的历史必然性一方面在于通过"活劳动"(雇佣劳动)与"死劳动"(资本)之间的分离造就生产力的巨大进步，从而使前现代社会全面走向解体，另一方面又由于自身蕴含的社会权力冲突以及以此为基础的人与自然之间的全面紧张而必然走向自我否定——"剩余价值学说"揭示的是社会权力主体之间的斗争，"资本有机构成的提高"以及"利润率下降趋势"揭示的是现代性社会权力关系的辩证法(当"死劳动"不能剥削"活劳动"时，意味着雇佣劳动-资本生产关系的自动消亡，当然这只是一个理论上的"极限"状态，技术进步、新产品和新需要的生产可以将这个矛盾爆发点不断向后延伸)。

表面看来，《资本论》似乎提供了一种关于现代性社会走向后现代社会(马克思意义上的"人类社会"或"社会化人类")的客观的、必然性的和逻辑性的说明，似乎和马克思的早期哲学思想及其历史唯物主义世界观之间存在某种"科学"与"哲学"的张力。但实际上，二者在根基上不仅相通而且是相互支撑的，因为马克思通过"感性活动"和"共产主义"所实现的哲学革命和社会历史洞察，已经超越了所谓"自然主义"(客观主义)和"人道主义"(主观主义)的抽象对立，现代社会的基本矛盾是人类在现代历史条件下的"感性活动"及其实现方式之间的自我矛盾。马克思不仅要求我们在古典经济学"劳动价值论"的基础上把人的活的亦即感性的活动视为人类社会存在和发展的一贯前提，而且要求超越资本主义时代的"占有"态度而造成一个人类通过"感性活动"彼此创造、彼此实现的真正的共同体。

三、政治经济学批判与哲学革命的究竟关联

恩格斯曾经多次强调，唯物史观和剩余价值学说是马克思一生最重要

的两个理论成就,同时也是社会主义从空想发展为科学的关键点。但是,关于马克思主义的理论研究总是存在某些偏向,或者只重视马克思早期的哲学革命,或者只重视马克思后期的政治经济学批判,甚至有不少人热衷于讨论和论证青年马克思和所谓成熟时期马克思的理论对立。因此,就文本本身的实际内容,探讨政治经济学批判与马克思哲学革命之间的内在关联,对整体性地把握马克思的思想,并克服将马克思主义再度形而上学化或实证科学化的倾向,有着极其重要的理论和实践意义。

政治经济学批判与马克思哲学革命的关联问题,不仅一般地牵涉到唯物史观与剩余价值学说之间的联系,而且更广泛地和所谓早期(青年)马克思与晚年(成熟时期)马克思的思想关联问题联系在一起。但就内容实质而言,关键在于深入理解《1844年经济学哲学手稿》作为"政治经济学批判"之起点和作为马克思哲学革命之"秘密和诞生地"的意义。唯有恰当把握马克思新世界观基础的核心亦即"感性活动"原则对国民经济学的理论立场、费尔巴哈"感性-对象性"原则以及黑格尔思辨哲学的真正突破,才可能有效防止将马克思主义哲学再度形而上学化或将"政治经济学批判"再度实证科学化的退行理解。唯有恰当把握"政治经济学批判"的早期工作之于马克思哲学革命的实质性意义,同时恰当把握马克思的新世界观基础在以《资本论》为中心的后期"政治经济学批判"中的深化发展及其方法论成果,才能真正融贯一致地理解马克思的哲学批判、"政治经济学"批判和西方现代性社会批判的内在关联。

核心的问题在于,马克思早期的哲学革命所赢得的新世界观基础在后来的"政治经济学批判"是否得到了持续的贯彻?或者说,"感性活动"(劳动)的全新发现在以《资本论》写作为中心的"政治经济学批判"中发挥着怎样的基础性作用?我们的简要回答是:马克思早期哲学革命所发现的"感性活动",既作为对象(人们生产自己物质的现实生活过程)又作为方法(历史唯物主义),始终贯穿于马克思的"政治经济学批判"。这一点首先有马克思1859年的《〈政治经济学批判〉序言》中的回忆为证——马克思确认在巴黎和布鲁塞尔期间的政治经济学研究,赢得了指导后来研究工作的"总的结果",亦即我们通常说是"历史唯物主义基本原理的经典表述"——并且这一回忆并不仅仅具有确认"哲学革命"之事实性的方面,而且从"序言"本身的内容来看,和《德意志意识形态》"费尔巴哈章"的核心思想也是一脉相承的。其次,在《资本论》及其手稿的大量文本中,马克思自始至终坚持的一个理论立脚点亦即关于商品二重性的区分(使用价值和价值),是他超出政治经济学思想视野的决定性因素,而这一区分实质上不过是人类的"感性活动"自身在资产阶级时代"二重化"的结果:从使用价值出发,研究的是作为人类社会永恒基础的具体感性财富的创造,是人类生产自身物质生活能力的增长以及人类的需要和产品体系的丰富;从价值或交换价值出发,尤其是从资本(作为生产条件和私人占有物的积累起来的死劳动)与雇佣劳动(作为创造新的使用价值和赋予产品以新的交换价值的活劳动)的"价值"关系出发,才是对资本主义时代特殊的"经济形式"或"社会关系"的剖析。表面上看,马克思的"政治经济学批判"似乎始终偏重于"价值"或"交换价值"的方面,亦即偏重于揭示以交换价值的生产(核心是雇佣劳动过程的剩余价值的生产)为基础的资产阶级时代"社会关系"或"社会权力"生产与转移的总过程,而实际上,马克思时时刻刻所瞩目的恰恰是作为这种历史性的"社会关系"之感性基础的人类物质财富和物质生活的增长,以及这种"社会关系"作为人类"感性活动"实现形式(异化形式)的历史合理性(兴起和衰败的内在必然性)。马克思对古典经济学的尊重和对庸俗经济学的轻蔑,关键也在于前者在努力揭示"各种固定的和彼此异化的财富形式"的"内在的统一性"的同时,保留了精神科学的"理论"或"思辨"的性质,并由此保留了通过彻底发挥其"理论"预设到自相矛盾的地步,从而"发现"人类社会真正的感性基础的可能性,而后者则完全无视特定"经济形式"的感性基础,从而一方面通过向"简单交换关系"的回溯把资产阶级时代特定的"经济形式"宣布为"自然而永恒",另一方面完全屈从于现代经济关系中个别社会权力主体的"投机"兴趣①。因此,可以说,牢记马克思早期哲学革命的理论成就,是真正读懂马克思"政治经济学批判"的必要条件。

此外,我们还需简略提及的一个问题是,马克思早期哲学革命的理论成果在后续的"政治经济学批判"中得到了怎样的深化发展？早在《德意志意识形态》中,马克思就已经清晰地指明,在"描述人们实践活动和实际发展过程的真正的实证科学"开始的地方,"对现实的描述会使独立的哲学失去生存环境,能够取而代之的充其量不过是从对人类历史发展的考察中抽象出来的最一般的结果的概括",但是,这些抽象与宣称自己是"绝对知识"的思辨哲学不同,"它们绝不提供可以适用于各个历史时代的药方或公式",相反,"只是在人们着手考察和整理资料——不管是有关过去时代的还是有关当代的资料——的时候,在实际阐述资料的时候,困难才开始出现"②。在《〈政治经济学批判〉导言》和《资本论·第二版跋》中,马克思带着他长期从事"政治经济学批判"的丰富思想经验,重新描述了这个问题:(1)"政治经济学批判"作为一种思辨的和理论的活动,不同于"对于世界的艺术精神的,宗教精神的,实践精神的掌握",它是一个将"直观和表象"中的"实在主体"(社会)加工成一个"思维和概念"中的"具体总体"的过程,在这个过程中,由于批判的头脑始终是"思辨地、理论地活动着",所以,"实在主体"亦即"社会"也必须始终"作为前提浮现在表象面前";(2)"批判"的工作,在形式上包含着"研究方法"(研究过程)和"叙述方法"(叙述过程)的区分,前者是充分占有材料,"从表象中的具体达到越来越稀薄的抽象"的过程,后者是在获得"最简单的概念规定"之后(实际上是以概念的方式把握到所谓"普照之光",亦即一定社会中最根本的生产关系),在思维中重建一

---

① 在德文中,"投机"和"思辨"是同一个词(Spekulation),参见恩格斯:《路德维希·费尔巴哈和德国古典哲学的终结》,《马克思恩格斯选集》第 4 卷,人民出版社,2012 年,第 264 页。
② 《马克思恩格斯选集》第 1 卷,人民出版社,2012 年,第 153 页。

开始以"混沌表象"的方式所把握的"实在主体"("一个具有许多规定和关系的丰富的总体");(3)一旦"现实的运动"在理论上被恰当地"叙述"出来,一旦"材料的生命"在"观念"上反映出来,"呈现在我们面前的就好像是一个先验的结构"①。

从马克思上述思想经验来看,我们至少可以肯定两点:(1)"政治经济学批判"绝不是马克思早期哲学革命理论成果"公式化"的简单套用,相反,毋宁说是其新世界观通过资本主义社会的具体解剖所获得的生动发展;(2)由于"政治经济学批判"从根本上来说的"思辨"和"理论"性质,以及由于《资本论》的表面重心在于解剖资本主义时代的"生产关系"或"经济形式",使得马克思重新认识和肯定了黑格尔的辩证法在"叙述"方式上所具有的积极意义,并通过"政治经济学批判"的大量文本为我们留下了"合理形态"辩证法的具体展示。

第三节 马克思对现代政治的批判性分析及其当代启示

尽管西方现代社会的发端是狭义的"市民社会"的兴起,并由此展开了一场轰轰烈烈的"政治解放"运动,诸多社会因素与政治领域分离开来,但并不等于"政治"维度因此就萎缩了不重要了。相反,只不过是的确存在一种政治形态的古今转换罢了。可以说,迄今为止,政治维度仍然是社会生活最重要的维度之一。因此,在厘清了马克思对西方现代性社会经济维度的批判性分析之外,我们来专门考察一下他对现代性政治的理解,并以此为基础简单回应一下当代中国政治发展的主题。

---

① 《马克思恩格斯全集》第30卷,人民出版社,1995年第2版,第41—43、48页;《马克思恩格斯全集》第44卷,人民出版社,2001年第2版,第21—22页。

党的十八届三中全会提出全面深改的总目标是："完善和发展中国特色社会主义制度，推进国家治理体系和治理能力现代化。"这是我们党在长期执政的预期下提出的一项重要的政治任务。与此预期和任务相适应，我们要重新思考马克思主义政治哲学的革命性维度与建设性维度的内在关系。中国人民大学的罗骞教授可谓先知先觉，在其2014年出版的专著《走向建构性政治》（华东师范大学出版社）一书中，提出了一种"建构性政治"概念，对当代中国的政治实践给出了一个尝试性的解读方案：在保持历史唯物主义亦即对整个现代文明的批判与超越视野的基础上，着力阐发当代中国政治实践的建构性，将当代中国政治实践视为一个不断超越既定现实、向未来开放的存在过程和实践建构的可能性空间。

"建构性政治"概念的提出，是恰当理解当下中国政治生活现实的一种值得重视的理论主张。本节的目标是，通过厘清马克思对黑格尔法哲学和现代政治自身的批判性分析，来呼应当代中国"建构性政治"实践的理论呼求，呈现马克思政治哲学的基本内涵及其当代价值。黑格尔对现代政治的哲学分析，以及马克思对黑格尔法哲学和现代政治自身的批判，对于理解"建构性政治"概念的确切内涵具有重要的启发：虽然中西方文明有着根本不同的伦理精神基础，但黑格尔和马克思共同认可的市民社会与政治国家分离的基本理论框架，对分析中国政治传统与当下政治现实仍然有重要的方法论意义，黑格尔的国家主义立场和马克思的市民社会本位，恰好构成"建构性政治"之"建构性"的两个基本维度，而马克思的"人类解放"学说，则提示我们在注重"建构性政治"的现存性和结构性维度的同时，不遗忘政治生活本身的历史性和过程性维度。

一、黑格尔关于市民社会与现代政治国家的哲学分析

马克思关于现代政治的批判性分析，奠基于他对黑格尔法哲学和国家哲学的批判。换句话说，马克思的政治哲学思想是直接衔接黑格尔的。这

一点至关重要,这意味着马克思和黑格尔在很大的程度上,分享着关于现代政治结构的基本理解。而这个基本理解不是别的,正是市民社会与政治国家的分离。

黑格尔认为,"市民社会"在"伦理实体"的逻辑环节上,位于"家庭"和"国家"之间,虽然从实际历史生成的角度说,市民社会的形成要比国家晚。准确地说,市民社会形成于"现代世界"。市民社会的形成和政治国家的现代化,是同一件事情的两个方面。概括而言,黑格尔所描述的市民社会,包括两个基本的原则(特殊性原则与普遍性原则)和三个内在环节(需要的体系、司法的体系以及警察和同业公会):(1)特殊性原则——构成市民社会的,首先是一些具体而特殊的人,是"各种需要的整体"以及"自然必然性与任性的混合体",其中每一个人都以自己为目的,在他看来,其他一切都是"虚无"。就此而言,黑格尔称市民社会是一个"个人私利的"和"一切人反对一切人"的战场;(2)普遍性原则——市民社会中的每一个"特殊的人"又并非完全孤立的个体,每个人本质上与另外一些同样特殊的个体相联系,每个"特殊的人"都必须通过他人的中介才能实现自身的目的,通过满足"他人福利"来肯定自己并得到满足;(3)需要的体系——由于个体的"特殊性"需要和福利的相互满足,必须以"普遍性"的中介体系为基础,因此,市民社会成为一个"一切癖性、一切秉赋、一切有关出生和幸运的偶然性都自由地活跃着"的"中介的基地",通过每一个人的劳动,通过每一个人"需要的满足",使所有人的需要得到"中介",使所有的人得到"满足";(4)司法的体系——作为"对所有权的保护",作为市民社会领域的"自由"现实,与"需要的体系"相表里;(5)警察与同业公会——在需要的体系中,每个人的生活和福利仅仅是一种可能性,这种可能性的实现,既受到每一个人的主观任性和个体特殊性的制约,又受到客观的和总体性的"需要体系"的制约,而司法仅仅与所有权的保护、或者说仅仅与对"犯罪"这种"恶的任性"的防止有关,警察与同业公会的存在,则是为了预防上述两个体系中的"偶然性",为了把特殊利益作为共同利益来关怀,"把特殊利益作为法来处理,并使之实现"①。

总而言之,市民社会就是利己个人之间的"相需相求",以及由"众人的生活、福利和权利"交织在一起所形成的"一切方面相互倚赖的制度"。许多学者把上述意义上的"市民社会"直接等同于国家,但在黑格尔看来,这种人们之间全面相互倚赖的制度,只配叫作"外部的国家",或"需要和理智的国家"。在黑格尔看来,真正意义上的国家,乃是将"个体独立性"和"普遍实体性"综合于自身之内的"伦理"或"精神"。问题的关键在于,将市民社会直接等同于国家,将意味着仅仅把保护"所有权"和"个人自由"当作国家的使命,这样一来,个人的"利益"就成了所有人"结合"的"最后目的",由此,成为一个国家的成员就好像是以个人"任意"为转移的事。黑格尔设想的真正意义上的国家与个人的关系,与此完全不同。在黑格尔看来,国家乃是"客观精神",个人唯有成为"国家成员"才具有自身存在的"客观性、真理性和伦理性";人与人在国家中的"结合",本身是真正的"内容和目的",而"人是被规定着过普遍生活的";人们特定需要的满足以及习惯性的行为方式,都是以"国家"这一"实体性的"和"普遍有效的东西"作为他们的出发点和归宿的;因此,成为一个国家的成员,是"单个人的最高义务"②。

黑格尔认为,现代国家的本质在于"目的普遍性"与"特殊性的完全自由和私人福利"相结合;在现代国家的原则当中有一种惊人的"力量和深度",它使"主观性的原则"臻于完美,成为一种独立的和极端的"个人特殊性",与此同时,又使它复归于"实体性的统一",亦即将"实体性的统一"保存在"主观性的原则"之中;只有当"普遍物"和"主观性"这两个内在环节都

---

① 黑格尔:《法哲学原理》,商务印书馆,1961 年,第 197、203、237、251、309 页。值得一提的是,黑格尔这里所谓的"警察",并非一般意义上的"司法"组成部分,而是指"广义的内务行政",而"同业公会"则是国家基于市民社会的"第二个伦理根源"(第一个伦理根源是家庭)。
② 同上书,第 43、198、253—254 页。

强劲有力时,国家才能成为"一个肢体健全的和真正有组织的国家"①。但正如黑格尔在《小逻辑》中说的那样:"相互作用"的关系,可以说还只是站在"概念的门口","相互关系"非但不等于概念,而且关系项本身还必须首先获得一种"概念的理解",也就是说,关系项并不能就它们直接所是的东西而得到理解,而必须将它们"确认"为一个较高的"第三者"的环节,而这较高的第三者就是"关系本身"的"概念"②。因此,要达到对国家之内的"普遍物"和"主观性"的真正理解,需要把握国家本身的概念或理念。在黑格尔看来,国家理念乃是"伦理性的整体",是"自由的现实化",是"地上的精神"或"地上的神物"。这种国家理念的主观方面的实体性存在是"政治情绪",其客观方面的实体性存在则是"国家的机体",也就是真正意义上的"政治国家"或"国家制度";而前者,亦即"政治情绪"或"爱国心本身",作为某种真理性的"信念"和几乎已经成为"习惯"的行为意向,实质上不过是各种现存国家制度"规范"的结果。因此,黑格尔关于现代国家的理解,核心在于他的国家机体理论③。

所谓"国家是机体",在黑格尔看来,意思是说国家依照其"理念"向它的各种内部"差别"的"发展",从表象的角度看,也就是国家通过各种不同的权力、职能和活动领域的自我伸张,以合乎"理念"的必然性的方式不断地创造着自己和保存着自己。"国家的机体",也就是国家的"政治制度""国家制度"或"真正的政治国家"。在此,黑格尔着重批判了关于国家权力划分的抽象理智的观点。这种观点一方面把各种权力看作是"彼此绝对独立的",另一方面又认为各种权力之间的关系是完全相互"否定的"和彼此限制的。与这种抽象理智的观点相反,黑格尔认为,不是"任何其他的目的和功利",而是"概念在本身中的自我规定",才是各种不同权力相互作用和

---

① 黑格尔:《法哲学原理》,商务印书馆,1961年,第260—261页。
② 黑格尔:《小逻辑》,商务印书馆,1980年,第321页。
③ 黑格尔:《法哲学原理》,商务印书馆,1961年,第258、266、285页。

持续发展的"绝对渊源"。正是由于各种权力实际上是国家概念自我区分的各个环节,国家组织本身才呈现出一幅"永恒理性"的图像。而在黑格尔看来,现代政治国家内部最根本的权力环节,可以区分为:(1)"规定和确立普遍物的权力"的"立法权";(2)"使各个特殊领域和个别事件从属于普遍物的权力"的"行政权";(3)"作为意志最后决断的主观性的权力"的"王权"[①]。

二、马克思对黑格尔法哲学以及现代政治自身的批判

显然,马克思接受了黑格尔关于现代政治架构的基本分析,亦即接受了市民社会与政治国家的分离这一现代政治的基本事实。但与此同时,马克思又猛烈抨击了黑格尔,认为黑格尔法哲学的根本错误在于其"思辨神秘主义"和"逻辑图式主义"。这种"思辨神秘主义"和"逻辑图式主义"的典型特征是"把观念当作主体",亦即当作"主词",而把真正意义上的"现实主体"当成"谓语",从而"不是从对象中发展自己的思想,而是按照自身已经形成了的并且是在抽象的逻辑领域中已经形成了的思想来发展自己的对象"。因此,法哲学不是真正意义上的法哲学,而不过是应用的"逻辑学"[②]。

在马克思看来,"思辨神秘主义"和"逻辑图式主义"的直接理论后果是法哲学的"非批判性":"把某种经验的存在非批判地当作观念的现实真理性。"在这方面最突出、最荒诞的例子,莫过于黑格尔对"王权"的分析:"说人是通过他自己的出生而成为他现在的样子,这种看法是非常粗浅的。但是,说国家观念是直接生出来的,这种观念通过君王的出生而生出自己并成为经验的存在,这种说法就颇为深奥,令人惊异了";但实际上,通过这种神秘主义和非批判的表述,并不能得到"任何新的内容",只不过是改变了

---

① 黑格尔:《法哲学原理》,商务印书馆,1961年,第268、284—285、286—287页。
② 参见《马克思恩格斯全集》第3卷,人民出版社,2002年,第18—19、22页。

"旧内容的形式",为这种内容获得"哲学的证书"①。与黑格尔在经验中到处去"辨认逻辑概念的规定",把"法哲学"变成"应用逻辑学"不同,马克思要求把握特定对象自身内在的"逻辑",要求对现代政治本身做更深入的剖析。在马克思看来,对现代国家制度的真正哲学的批判,意味着不仅揭露这些制度中内在的矛盾,而且就其本来意义来把握这些矛盾,亦即理解和解释这些矛盾的"形成过程"及其内在的"必然性"②。

概括而言,马克思对黑格尔法哲学以及现代政治自身的批判,包含如下积极的内容或成果:(1)实现了国家制度与人民生活的主谓颠倒;(2)对现代政治亦即市民社会与政治国家分离的实质,做出了更透彻的阐明;(3)从哲学上论证了市民社会和现代政治国家的自我扬弃。

所谓国家制度与人民生活的主谓颠倒,亦即这样一个根本判断:"不是国家制度创造人民,而是人民创造国家制度。"与此密切相关的,是马克思关于君主制和民主制的论述。在马克思看来,黑格尔对君主制的推崇,是从"国家"的立场出发,将"人"视为"主体化的国家",而民主制则是从"人"的立场出发,把国家视为"客体化的人"。在马克思笔下,君主制与民主制之间构成一系列鲜明的对照:在君主制中,"人民"从属于他们一定的实际存在方式,亦即从属于"政治制度",而在民主制中,"国家制度"本身只是"人民"的自我表现和自我规定;君主制的要义是"国家制度"下的"人民",民主制的要义是"人民"的国家制度;在君主制中,"人是法定的存在",在民主制中,"法律是人的存在";民主制是"国家制度的类",君主制则是"国家制度的种",甚至是"坏的种";民主制既是"内容"也是"形式",君主制则似乎仅仅是"形式",但它"伪造内容"。总而言之,"民主制是君主制的真理,君主制不是民主制的真理";民主制是"一切国家制度的本质",是"一切形

---

① 参看《马克思恩格斯全集》第3卷,人民出版社,2002年,第51页。
② 同上书,第114页。

式的国家制度的已经解开的谜"①。

值得注意的是,所谓国家制度与人民生活的主谓颠倒,并不仅仅是一种思想进路的变革,与思想进路变革相表里的是人类社会生活本身的历史转换:君主制以及从君主制向民主制的过渡,意味着现代政治生活的确立与自我扬弃,意味着国家制度的异化和国家制度向人民生活复归的一整部历史。在马克思看来,现代社会的"政治制度"实际上是"人民生活的宗教",是同现实人民生活的"尘世存在"相对立的"人民生活普遍性的天国";因此,马克思称现代政治生活为人民生活的"经院哲学",而君主制是人民生活从"尘世"异化为"天国"的"完备表现"。马克思认为,国家制度或政治国家的抽象与异化(作为人民生活的彼岸存在)是现代的产物,因为"国家本身的抽象""私人生活的抽象",以及"抽象的反思的对立性",都只是在现代世界才出现的。正是在与现代世界对照的意义上,马克思把中世纪社会称为"不自由的民主制",因为在中世纪,"人是国家的现实原则",也就是说,"人民的生活和国家的生活是同一的"。当然,其中的人是"不自由的人",而"不自由的民主制"乃是"完成了的异化"②。

国家本身和私人生活的抽象过程,实际上也就是市民社会与政治国家分离的过程,亦即市民社会以及现代政治国家的生成过程。马克思认为,这个历史过程肇始于君主专制政体,完成于法国大革命。在稍后于《黑格尔法哲学批判》的《论犹太人问题》中,马克思称之为"政治解放"。政治解放意味着"国家的唯心主义的完成"和"市民社会的唯物主义的完成",意味着"市民社会从政治中得到解放"或市民社会丧失"政治性质",意味着市民社会的"等级差别"完全变成了"社会差别"(所谓"社会差别",指的是失去了"政治生活"意义的"私人生活的差别"),意味着"市民社会解体为独立

---

① 《马克思恩格斯全集》第 3 卷,人民出版社,2002 年,第 39—40 页。
② 同上书,第 42—43 页。

的个体",以及每一个个体自身分裂为市民社会的"私人"和政治国家中的"公民"①。

尽管马克思也和黑格尔同样认可"市民社会与政治国家的分离"这一现代国家的基本事实,但同国家制度与人民生活的主谓颠倒相一致,马克思尖锐批评了黑格尔试图将政治国家凌驾于市民社会之上的做法。马克思认为,黑格尔的关键的错误在于,把"现象的矛盾"转化为"观念中、本质中的统一";而实际上,"现象的矛盾"以更深刻的东西亦即"本质的矛盾"为自己的本质。也就是说,当黑格尔试图把国家说成是"自由精神的实现",从而把国家视为高于市民社会的"法"和伦理阶段时,马克思则要求从市民社会自身的"本质的矛盾"来理解和把握政治国家。因此,当黑格尔把国家权力分析的重心置于"官僚机构"(代表君王和代表人民),并实质上要求"立法权"变成"现实的管理权"时(立法权转化为行政权),马克思强调,唯有"立法权"本身才是现代政治国家"总体",强调立法权中"等级要素"的内部分歧与对立是市民社会"本质"矛盾的具体体现。并且,这种本质的矛盾并不会在政治国家中消融于"观念中、本质中的统一",而是会为市民社会的自我扬弃,亦即为"人类解放"或"共产主义运动"提供经验的基础和理论的基础②。

三、马克思的批判性分析对当代中国政治发展道路的启示

在上述概括梳理的基础上,我们回到"建构性政治"话题来稍作引申,简单剖析一下马克思的批判性分析对当代中国政治发展道路的关键启示。

首先,我们应当总体性地反思一下黑格尔与马克思所共同坚持的市民社会和政治国家分离的基础理论框架,是否适用于中国的伦理社会现实。

---

① 《马克思恩格斯全集》第 3 卷,人民出版社,2002 年,第 100、186—188 页。
② 同上书,第 91、114、147、154、188、298 页。

按照复旦大学吴晓明教授的观点：市民社会的基本前提是原子个人的产生，但不存在原子个人却是理解中国社会的真正钥匙。也就是说，我们可以从文本上分析马克思对黑格尔市民社会和政治国家学说的批判性改造，却不能将这些理论简单、直接地运用于描述和理解中国社会。不过，按照我个人的理解，中国或许迄今为止没有严格意义上的市民社会，但却可能很早就有了非常成熟的社会与政治国家的分离。因此，有许多学者可以谈论中国国家治理传统的早熟和宋元时期甚至秦汉之际的所谓现代性萌芽。在这个意义上，我们要特别关注马克思关于同社会基础相分离的政治生活之为"人民生活的宗教"和国家制度异化为"彼岸存在"的观点。实际上，也就是要正视中国强大的政治国家与同样强大的伦理社会的历史传统与当下现实，尽管我们的国家与社会有着与现代西方非常不同的伦理基础。对这种在根本上有别于西方社会的独特伦理基础的透彻把握，将是解读中国文化传统或文化基因，从而达到真正的文化自觉和文化自信的重要内容。

其次，当我们确认中国当下并不存在严格意义上的西方式市民社会以及与之相匹配的现代政治国家，但却长期存在建立在我们自身文化基础之上的伦理社会和国家制度时，我们会发现，黑格尔与马克思的政治哲学思想对理解我们自身的社会现实具有重要的互补意义。马克思批评黑格尔国家学说的"思辨神秘主义"总是"以观念为主体"，试图用"开始"来冒充完备的"实在性"，或者用"现存的东西"来冒充国家的"本质"，而主张从市民社会固有的或本质的矛盾出发把握现代社会自身和现代政治国家的本质[1]。仔细想来，就黑格尔对刚刚兴起和尚不完善的现代西方政治国家的婉转辩护而言，马克思的批评的确是切中要害的。但是，对于有着几千年伦理社会和政治国家分离传统的中国而言，由于所谓家国同构（中国古人所谓"家"实际上更接近今天所谓社会），亦即社会与国家之间分享着完全

---

[1]《马克思恩格斯全集》第3卷，人民出版社，2002年，第80、84页。

一致的文化精神基础,同时由于政治国家机体本身的成熟,黑格尔把国家视为伦理精神的现实,从顶层架构或国家的理想性出发来把握社会现实和加强政治建构的思路并非完全不可取。

再次,具体而言,虽然黑格尔注重"王权"(整体性的国家权力)和"行政权"("官僚政治"之为政治国家的社会存在),马克思注重"市民社会"(基础性的社会权力)和"立法权"("等级会议"之为市民社会的政治存在),二者看似针锋相对,但却并非势不两立。恰恰相反,二者的有机结合才是完整把握当下中国"建构性政治"进程的恰当方式:所谓"建构性政治"的"建构性"自身应当包含自上而下和自下而上两个最基本的维度。"王权"和"行政权"代表着自上而下建构和组织国家生活的整体性与理性统一原则;"市民社会"和"立法权"意味着自下而上表达多样性利益诉求的差异性与有序斗争原则。我们所理解的"建构性政治",恰恰是既讲整体又讲差异,既讲理性统一又讲有序斗争的。脱离差异性和有序斗争原则的整体性就谈不上理性的统一,而必然产生极权与腐败;脱离整体性和理性统一原则的差异性,同样也谈不上有序斗争,而必然导致多元主义、相对主义和虚无主义。在新中国或共产党人的政治传统中,这两个维度的集中体现分别是"党的领导"和"群众路线"。可以说,党的领导和群众路线这样两个密切结合的方面,正是我们党和国家"政治建构"或"政治动员"与"政治组织"的基本路径。就此而言,我不认为所谓"建构性政治"完全从属于由"革命"话语向"建设"话语的情境转换,毋宁说,无论是历史发展阶段的革命情境还是建设情境,政治生活本身都是"建构性"的。

最后,在当下中国突出地阐扬"建构性政治"概念,固然有去"激进政治"(传统意义上的激进政治或革命政治)和"微观政治"(后革命时代激进政治的新形态)等流行思潮之蔽的积极意义,但也决不应该就此彻底遗忘马克思"人类解放"学说的要义:"只有当人认识到自身'固有的力量'是社会力量,并把这种力量组织起来因而不再把社会力量以政治力量的形式同自身分离的时候,只有到了那个时候,人的解放才能完成。"①尽管当下中国更为迫切的历史使命是实现中国特色社会主义的共同理想,是完成整个经济社会生活的现代化和实现中华民族的伟大复兴,但中国共产党作为马克思主义的政党,从来也没有以尊重现实的名义放弃共产主义的远大理想。也就是说,"建构性政治"概念的阐发,不能由于对政治生活现存性和结构性维度的张扬,而完全淡忘政治生活本身的历史性和过程性维度。正是在这个意义上,马克思对黑格尔法哲学和现代政治自身的批判,在今日中国仍然具有非常重要而长远的理论意义。

---

① 《马克思恩格斯全集》第 3 卷,人民出版社,2002 年,第 189 页。

下 篇
马克思主义与当代中国

第三章　马克思主义与中国特色社会主义

马克思主义作为无产阶级的阶级意识,是"历史之谜"的理论解答。但由于世界历史进程本身的迂缓曲折,由于各个国家与地区文化传统和社会生活条件的具体差异,马克思主义也不是可以简单套用的教条或公式。因此,中国革命、建设和改革的过程中,始终存在一个如何将马克思主义恰当中国化的问题。本章的讨论侧重于这一问题的理论的方面,首先探讨当代中国"理论创新"或"哲学创新"的内在要求与基本性质,其次集中讨论社会主义核心价值中的基础理论问题,包括对"历史唯物主义"作为一种经典价值观内涵的澄清,以及对"社会主义"核心观念的源流追溯。

第一节　马克思主义的"理论性质"与当代中国"理论创新"

"理论创新"是我国国民生活和意识形态建设领域的重要话题。在此我们拟先就一般所谓"理论"和"理论创新"的含义作一番必要的考察,并在突出地阐明马克思主义的"理论性质"的基础上,澄清以马克思主义为基石和灵魂的"哲学创新"之于当代中国"理论创新"的核心地位,以及这种"哲学创新"所肩负的历史使命与时代课题,从而澄清"哲学创新"是如何从属于"实践创新",亦即是如何植根于民族生活世界的自我开展的。

一、"理论"的一般观念与"理论创新"的现代性内涵

何谓"理论创新"?"理论创新"中的"理论"的内涵以及"创新"的基本性质如何?让我们从澄清日常意义上的"理论"观念出发来切入这些问题。《美国传统词典》关于"理论"(theory)的定义是:"可用于相对广泛的情况下的系统组织的知识,尤其指一系列假设,已被接受的定理以及用于分析、预测或解释自然或专门现象行为的程序规则。"《辞海》(1999年版)的定义是:"概念、原理的体系。是系统化了的理性认识。具有全面性、逻辑性和系统性的特征。理论的产生和发展既由社会实践决定,又有自身的相对独立性。理论必须与实践相结合,离开实践的理论是空洞的理论。科学的理论是在社会实践的基础上产生并经过社会实践的检验和证明的理论,是客观事物的本质、规律性的正确反映。"

在这些有关"理论"的通行定义中,"理论"的"知识"性质是极其鲜明的,而"知识"又是在一种严格的、狭隘的意义上来理解的。它指的是系统化的,具有严密的逻辑性的学说体系,西方近代以来的哲学体系和自然科学是其蓝本。在海德格尔看来,作为系统性知识的"理论"实际上已经丧失了它在西方思想发端处的源初含义:"理论就是古希腊语的 theoria。Theoria 指逗留盘桓在对存在的观照之中。在《尼各马可伦理学》(Χ,第5页到第6页)中,理论是人类活动的最高形式;由此它也是最高的人类实践。"随着作为人类最高的"实践"方式意义上的"理论"含义的失落,"实践"概念也进入一种与"理论"相对应的"狭隘联系"当中:从人的以自身为目的的"实现活动"(ενεργεια)转变为以"知识"为"纲领"(Progamm)的"理论"应用过程①。

我们知道,在亚里士多德的《尼各马可伦理学》中,人的自我实现的"活动"可以总体性地区分为"实践""制作"和"理论沉思",分别对应着"道德德

---

① 《晚期海德格尔的三天讨论班纪要》,《哲学译丛》2001年第3期,第53页。

性""理智德性"和"智慧"。无论是作为"理论沉思"的实践即"人类活动的最高形式",还是以"道德德性"为目标的政治-伦理意义上的"实践",都与对应于近代"知识"(理论)的"实践"含义不相干,并且,后者与亚里士多德意义上的"制作"活动也有着本质性的差别。也就是说,在古代哲学的视野中,根本没有近代以来的"知识"意义上的"理论"以及作为"理论"的单纯应用意义上的"实践"的地位。"理论"在今天所具有的日常意义完全是西方文明的近代产物,即近代形成起来的新的"哲学-科学"传统的产物。

这种新的"哲学-科学"传统,在哲学上是以笛卡尔,在科学上是以伽利略为其标志的。黑格尔盛赞笛卡尔是"一个彻底从头做起、带头重建哲学的基础的英雄人物",并且已经明确认识到,法国人所谓的"精确科学"与英国人所谓的"自然哲学"相同,实际上都是以笛卡尔"我思"即"明白确定的理智"为其基本原则的"观察的物理学,实验的物理学"。不过,在哲学与科学的关系上,黑格尔还抱有一种依据古代哲学的观念而来的哲学支配科学的幻想[1]。

与黑格尔不同,海德格尔明确地将近代以来的"哲学"与"科学"的存在基础归结到了"技术"的本质当中。在他看来,说"技术"是人类行为的一种工具,这仅仅是"正确的",而不是"真实的"——"对于技术的正确的工具性规定还没有向我们显明技术的本质。""现代技术的本质居于集置之中",而"集置"(Ge-stell,又译支架、座架)意味着"那种摆置(Stellen)的聚集者,这种摆置摆置着人,也即促逼着人,使人以订造的方式把现实当作持存物来解蔽"。这种被促逼着的以订造的方式展开的解蔽,即是"进步强制(Progrssionszwang)":"技术时代的人类以一种特别显眼的方式被促逼入解蔽中了";"凭借订造的估价,一切都可以不断地被支取"[2]。

---

[1] 参见黑格尔:《哲学史讲演录》第 4 卷,商务印书馆,1978 年,第 8、63 页。
[2] 海德格尔:《演讲与论文集》,三联书店,2005 年,第 5、25、19 页。另参见《晚期海德格尔的三天讨论班纪要》,《哲学译丛》2001 年第 3 期,第 57—58 页。

"对历史学的(historisch)论断来说晚出的现代技术,从在其中起支配作用的本质来说则是历史上(geschichtlich)早先的东西"。因此,与其说"技术"奠基于现代物理学之中,倒不如说"物理学奠基于技术的本质之中",因为"那种进入到订造着的解蔽之中的促逼着的聚集,早已在物理学中起着支配作用了"。这一点突出地表现在肇始于伽利略物理学中的"对自然的数学构想":"伽利略式的自然开始变得可计算、可统治了,这就是新的理论,其特别之处在于使实验方法得以可能",而自然的可计算性、可统治性的根据乃在于"这一可计算性本身被设定为统治自然的原理"①。

并且,不仅仅是"科学","哲学"同样从属于新时代"理论"的共同本质("技术")。根据海德格尔的理解,传统哲学即形而上学作为"范畴论"意义上的存在论,是一种"生产性的逻辑",其意义在于:"它仿佛先行跳进某一存在畿域,率先展开这一畿域的存在建构,把赢获的结构交给诸门实证科学,使实证科学能够把这些结构作为透彻明晰的对发问的提示加以利用。"②不过,在"知识"化了的"理论"的时代,事情发生了变化,哲学从为实证科学创制"基本概念"的"生产性逻辑"转变成满足于在"科学"之后亦步亦趋的、跛足随行的"工具论"或"方法论":"哲学在其历史进程中试图在某些地方(甚至在那里也只是不充分地)表述出来的东西,也即关于存在者之不同区域(自然、历史、法、艺术等)的存在论,现在被诸科学当作自己的任务接管过去了。诸科学的兴趣指向关于分门别类的对象领域的必要的结构概念的理论。'理论'在此意味着:对那些只被允许有一种控制论功能而被剥夺了任何存在论意义的范畴的假设。"③

由此可见,哲学、科学与技术作为通常所谓"理论"的基本层级的一致

---

① 参看海德格尔:《演讲与论文集》,三联书店,2005年,第21—22页;以及《晚期海德格尔的三天讨论班纪要》,《哲学译丛》2001年第3期,第54页。
② 海德格尔:《存在与时间》,三联书店,1999年,第12—13页。
③ 海德格尔:《面向思的事情》,商务印书馆,1999年,第71—72页。

性就在于：哲学作为"工具论"或"方法论"终结（完成）在"社会地行动着的人类的科学方式中"，而这种科学方式的"基本特征"是"它的控制论的亦即技术的特性"①。不过，如果我们把通常所谓"理论"之基础领域的"自然"与"社会"的区分纳入眼界，似乎会很自然地产生这样的疑问：上述所谓"哲学""科学"和"技术"一致性的讨论，难道不是仅只涉及通行"理论"观念中的"自然领域"吗？

回答是否定的。因为，如果把"理论"（哲学、科学）在"技术"中充分展现出来的"可计算性"和"可订造性"等特征，仅仅看作是发生在"自然领域"或单纯"物质生产实践"领域中的事情，那么，我们就仍然错认了"理论"（哲学、科学和技术）的本质。须知，近代"知识"意义上的"理论"形态的诞生乃是西方（欧洲）文明进程和"世界历史"中的重大事件。对此，海德格尔写道："哲学之终结显示为一个科学技术世界以及相应于这个世界的社会秩序的可控制的设置的胜利。哲学之终结就意味着植根于西方-欧洲思维的世界文明之开端。"②而所谓"社会秩序的可控制的设置的胜利"，用马克思的话说，即是"资本来到人世间"。

在马克思看来，"资本"时代的本质特征在于，"以物的依赖性为基础的人的独立性"，或者说，"每个个人以物的形式占有社会权力"③。"资本"统治秩序的实质就在于：一方面即在所谓"社会"的领域，"资本"作为积累起来的"死劳动"凭借对抽象法权的普遍确认支配着"活劳动"（劳动力）；另一方面即在所谓"自然"的领域，包括资本家和工人在内的一切个人联合起来统治和支配"自然界"。由于"每个人都力图创造出一种支配他人的、异己的本质力量，以便从这里面找到他自己的利己需要的满足"，由于"每一种

---

① 海德格尔：《面向思的事情》，商务印书馆，1999年，第71页。
② 同上书，第72页。
③ 《马克思恩格斯全集》第30卷，人民出版社，1995年，第107页。

新产品都是产生相互欺骗和相互掠夺的新的潜在力量"①,因此可以说,正是人的"独立性"(社会权力)必须经由对"物"的支配和占有来实现这一点,必然蕴含着西方现代文明之为"技术文明"的本质。

综上所述,通常所谓的亦即西方近代以来的"理论"观念具有这样两个基本的规定性:(1)从形式上看,"理论"的诸层级(哲学、科学、技术)在根本上都受制于"实践"之"有效性",亦即包括物质生产在内的整个社会生活的可支配性和可控制性。相对于这种"有效性"而言,"理论"与"实践"的具体内容倒是次要的。也就是说,"自然理论"与"社会理论"领域的区分根本无伤于其"控制论的亦即技术的特性"。无论是在"自然"领域,还是在"社会"领域,"理论"都只是"准先验性"的实践"假设",亦即是研究和解释以利于支配和控制"现象"(现实-对象)的"可变尺度"。(2)从内在的规定性上看,近代"理论"观念的核心是对"人"之为"抽象主体性"(自我意识)的基本设定。这种"抽象的主体性"作为"资本时代"的生存原则,贯穿于包括"自然"与"社会"在内的整个人类生活的领域:在社会的领域,"人"被经验为纯粹意志(对自我同一性的无条件肯定),这种纯粹自我的自身同一性及其相互之间的承认是一切近代法权的"理性"(主体性)依据;在自然的领域,面对"自然"的"人"被经验为纯粹的思维(认知)主体,"自然"从而被经验为纯粹思维"表象"(对象化)和"摆置"的对象。

基于如上所述的"理论"观念,我们应当怎样来理解所谓"理论"的"创新"呢?简言之,"理论创新"的实质就在于"理论"之"有效性"的维持和扩展,从而也就是人与自然之间的"可订造性"(技术)关系和人与人之间的"抽象独立性"(法权)关系的维持和扩展。因此,"理论"的创新,一方面表现为科学-技术哲学的勃兴和技术领域的不断延伸,另一方面表现为围绕种族、民族、文化、性别等因素,为维护人的"抽象独立性"所持续展开的意

---

① 《马克思恩格斯全集》第 3 卷,人民出版社,2002 年,第 339 页。

识形态论争。但就本书的主旨而言,关键的问题是,当代中国语境中的"理论创新"是否应当完全依照上述"理论"和"理论创新"的观念来理解?在对这一问题做出具体的回答之前,我们先转向关于马克思主义的"理论性质"的讨论。

二、马克思主义的"理论性质"与当代中国"理论创新"的主题

讨论马克思主义的"理论性质",首先映入我们眼帘的自然是马克思主义经典作家的"理论"观点,而对这种观点最简明、最集中、最直接的表达便是《关于费尔巴哈的提纲》第"十一"条:"哲学家们只是用不同的方式解释世界,问题在于改变世界。"[①]毫无疑问,"改变世界"与"解释世界"的对照,包含着马克思对"哲学家"亦即"理论家"们的一种根本性的批评。在《德意志意识形态》的"费尔巴哈"章中,我们可以看到这种批评的更为具体的表述。

马克思在评论"德国哲学批判"的种种努力时写道:"青年黑格尔派完全合乎逻辑地向人们提出一种道德要求,要用人的、批判的或利己的意识来代替他们现在的意识,从而消除束缚他们的限制。这种改变意识的要求,就是要求用另一种方式来解释存在的东西,也就是说,借助于另外的解释来承认它。……他们只是用词句来反对这些词句;既然他们仅仅反对这个世界的词句,那么他们就绝对不是反对现实的现存世界。"[②]可见,"哲学家们"以不同的方式"解释世界"的要害在于,"解释"的差异以及由此展开的意识形态领域的冲突在根本上并不触动"现存世界",相反,只是"借助于另外的解释来承认它"。这一点可以说道出了迄今为止的一切现代性范围内的"理论"论争的实质。

---

① 《马克思恩格斯选集》第 1 卷,人民出版社,2012 年,第 136 页。
② 同上书,第 145 页。

同样是在"费尔巴哈"章中，我们也可以看到马克思关于"改变世界"的较为具体的论述："实际上，而且对实践的唯物主义者即共产主义者来说，全部问题都在于使现存世界革命化，实际地反对并改变现存的事物。"①如果说"实际地反对并改变现存的事物"仍然是要求将意识形态的冲突引导到它们运行于其上的实践基础从而扬弃单纯意识形态论争的话，那么事情的全部关键就在于理解何谓"使现存世界革命化"。为了更好地澄清马克思所谓"改变世界"的含义，我们不妨在此引入海德格尔的一个质疑："解释世界与改变世界之间是否存在着真正的对立？难道对世界每一个解释不都已经是对世界的改变了吗？对世界的每一个解释不都预设了：解释是一种真正的思之事业吗？另一方面，对世界的每一个改变不都把一种理论前见(Vorblick)预设为工具吗？"②

我们知道，在海德格尔的心目中，亚里士多德意义上的"理论沉思"乃是人类最高的"实践"活动，因而他一方面将欧洲近代以来的现代性文明视为西方形而上学传统(作"沉思"的一种展开方式)的实现，同时把现代性历史天命的克服亦即存在史的新开端仍然寄望于有别于"哲学"的"思之事业"。由此不难理解，当海德格尔将马克思的"改变世界"规定为"在当今进行统治的"生产——实践，从而把马克思主义指证为"当今之思想"时，正是通过颠倒"解释世界"与"改变世界"之间的优先地位，来曲解马克思所谓的"改变世界"的③。

---

① 《马克思恩格斯选集》第 1 卷，人民出版社，2012 年，第 155 页。
② 《晚期海德格尔的三天讨论班纪要》，《哲学译丛》2001 年第 3 期，第 53 页。
③ 参看《晚期海德格尔的三天讨论班纪要》，《哲学译丛》2001 年第 3 期，第 53、57 页："在马克思那里谈到的是哪样一种改变世界呢？是生产关系中的改变。生产在哪里具有其地位呢？在实践中。实践是通过什么被规定的呢？通过某种理论，这种理论将生产的概念塑造为对人(通过他自身的)生产。因此马克思具有一个关于人的理论想法，一个相当确切的想法，这个想法作为基础包含在黑格尔哲学之中"；"马克思主义把生产设想为：社会之社会性生产(gsellshaftliche Produktion der Gesellshaft)——社会生产其自身——与人作为社会存在体(soziales Wesen)的自身生产。既然马克思主义这么想，它就是当今之思想，在当今进行统治的就是人的自身生产与社会的自身生产"。

海德格尔对马克思的根本误解在于：(1)将马克思关于"人"的基本理解完全等同于黑格尔哲学"关于人的理论想法"，即等同于作为现代性支配原则的抽象主体性；(2)将"改变世界"的活动看作是处于与"理论"的"狭隘关系"中的"实践"，即作为"理论"之单纯应用的现代"劳动"①。这些误解的直接后果是，马克思主义完全处于黑格尔哲学的笼罩之中，从而不可能具有任何真正意义上的"革命性"。

诚然，马克思的"生产"乃至"历史"概念指的确实是"社会之社会性"和"人作为社会存在体"的自我生成："对于社会主义的人来说，整个所谓世界历史不外是人通过人的劳动而诞生的过程"②。并且，马克思也确实从黑格尔那里继承了"把生命解释为过程"的基本思想③。但是，在马克思对"人""社会"以及"历史"通过人的劳动而诞生的理解中，还包含着这样一个本质重要的方面，即"自然界对人来说的生成"。

这里所谓的"自然界"不是"逻辑的抽象概念"在感性的、外在的形式下的复现，不是名为"自然界"的思想物。相反，是"在人类历史中即在人类社会的形成过程中生成的自然界，是人的现实的自然界"④。正是对"现实的自然界"（"自然界的人的本质，或者人的自然的本质"）通过人的劳动（对象性活动、感性活动）而诞生的历史过程的洞察，为马克思提供了完全不同于黑格尔哲学的思想基地，从而使马克思主义作为"理论"具有完全不同于"解释世界"的近代"理论"的性质。

首先，当"全部历史"被发现是"为了使'人'成为感性意识的对象和使'人作为人'的需要成为需要而作准备的历史"时，马克思便拥有了与黑格

---

① 参看海德格尔：《路标》，商务印书馆，2000年，第401页；"在黑格尔的《精神现象学》中，劳动的形而上学的本质已经得到先行思考，被思为无条件的制造（Herstellung）的自行设置起来的过程，这就是被经验为主体性的人对现实事物的对象化的过程。"
② 《马克思恩格斯全集》第3卷，人民出版社，2002年，第310页。
③ 参见同上书，第319—320页。另参看《晚期海德格尔的三天讨论班纪要》，《哲学译丛》2001年第3期，第53页。
④ 参见同上书，第306—311、323—337页。

尔完全不同的关于"人""社会"和"历史"的基本想法。并且,作为人与人和人与自然关系的现实载体的私有财产和自然科学,也因此摆脱了作为"理性"(意志和思维)、精神、上帝等"想象的历史主体"的单纯确证的面目,即失去了其纯粹"异化"(外化)的性质。由此,我们便可以在"私有财产及其富有和贫困——或物质的和精神的富有和贫困——的运动"中发现"人的本质和自然界的本质的全部丰富性"生成"所需的全部材料",从而发现"私有财产的运动"为作为"历史之谜的解答"的共产主义运动提供"经验的基础"和"理论的基础"的积极本质。同样,我们也可以在通过工业和自然科学形成起来的感性的自然界中发现"人的本质力量的公开的展示",并因而可以在"自然科学对人的现实的历史关系"中,洞穿自然科学的"抽象物质的方向或者比如说唯心主义的方向",发现它作为"人的科学的基础"的真实意义①。

其次,正是在马克思对作为"历史之谜的解答"的"共产主义运动"的基本经验中,包含着所谓"改变世界"或"使现存世界革命化"的全部意义:"共产主义是私有财产即人的自我异化的积极的扬弃,因而是通过人并且为了人而对人的本质的真正占有;因此,它是人向自身、向社会的即合乎人性的人的复归,这种复归是完全的,自觉的和在以往发展的全部财富的范围内生成的。这种共产主义,作为完成了的自然主义=人道主义,而作为完成了的人道主义=自然主义,它是人和自然界之间、人和人之间的矛盾的真正解决,是存在和本质、对象化和自我确证、自由和必然、个体和类之间的斗争的真正解决。"②也就是说,马克思所谓的"改变世界"根本就不是在"旧世界"的范围内即在传统"理论"支配下的动变,——这种"动变"与其说是对"世界"的改变,不如说是"旧世界"的再生和轮回——而是"世界"整体或

---

① 《马克思恩格斯全集》第 3 卷,人民出版社,2002 年,第 297—298、306—307 页。
② 同上书,第 297 页。

"世界"本身的变革,是"世界"在新的生存原则支配下的全面更生。

最后,马克思主义作为"共产主义运动"的自觉意识,既在"内在规定性"上不同于作为资本时代生存原则的近代"理论",也在"形式上"不同于处在与其"实践"之狭隘关系中的"准先验性"的理论"假设"。马克思主义作为"理论",始终是对现实生活本身自我更生的可能性及其条件的"描述"。由此,马克思称他的"理论"工作为"真正的实证科学",即既有别于思辨性传统哲学,又有别于实证主义的现代科学的"历史科学"。这种"真正的实证科学"或"历史科学"始终以直面和追踪现实生活的自我批判为己任,因而始终要求一种以"改变世界"为基本诉求的理论批判的具体化。

现在,让我们结合以上关于一般"理论"观念和马克思主义"理论"性质的论述,来考察什么是当代中国语境中"理论创新"的基本主题。当然,这种考察首先又应当以所谓"当代中国语境"的先行澄明为基础。

概括而言,当代中国仍然处于由植根于欧洲传统的"世界历史天命"所支配的一种被动的因而必然的"现代化"进程中。不过,近一个半世纪以来的"现代化"进程表明,所谓"世界历史天命"从来就不是唯一的支配力量。一方面,尽管无论是从经济基础还是上层建筑的领域来看,整个民族生活实践及其自我解释的方式都发生了巨大的变化,古代文化传统依然以一种集体无意识的方式发挥着潜在而深刻的作用;另一方面,尽管无论从国际共产主义运动的发展,还是从社会主义国家内部的建设历程来看,离马克思所揭示的人类社会"最后一个对抗形式"的克服,亦即"人类社会的史前时期"的终结还为时尚早,但马克思主义及其中国化的理论成果始终指引和规范着民族生活实践的各个方面。

谈论当代中国语境中的"理论创新",无疑要将上述三个方面的因素完全纳入考察的范围,也就是说,要以构成和促进、理解和解释当代中国的基本情势为其根本目标,而这种基本情势包括:(1)必须回应来自欧洲传统所支配的"世界历史天命"的挑战;(2)必然依托于民族文化传统来做出这种回应；(3)应当在马克思主义及其中国化的成果的指引下做出这种回应。

显然，在这样粗略地勾勒出来的"理论创新"目标中，既包含着建基于一般"理论"观念之上的"理论创新"的内容，也包含着从属于马克思主义"理论"性质的"理论创新"的内容。因为，一方面，在对植根于欧洲传统的"世界历史天命"的回应中必然包含着"向对手的致命的学习"，"落后就要挨打"是历史上的惨痛教训，哪怕仅仅是为了维护国家的主权和独立，也必须在现代技术领域努力追随和赶超西方，而保障这种追随和赶超的核心之点就在于科学技术的"自主创新"；另一方面，由于中西方文化精神的根本差异，由于科学技术在本质上不允许仅仅被当作一种生活手段来对待，科技进步和物质财富持续增长的要求必然从根基上冲击历史地承袭下来的社会生活的组织原则，因此，社会的转型是一个同样必然的历史任务，而这便要求一种远为艰难的"文化创新"。

"文化创新"的艰难首先表现为根本方向上的歧义性。无论是马克思主义传统，还是传统文化，以及西方现代文化作为当代中国社会生活和意识形态领域的实际构成因素，都在某种程度发展成了具有一定独立性的思想和话语系统。因而，似乎各自都构成一个观照当代中国社会现实的相对独立的视角。各个视角之间交叉和转换的可能性，使得人们往往对同一个社会现象在不同的语义关联中做出十分不同的意义判断。

在我们看来，突破这种歧义性的关键在于，坚持以马克思主义为基石和灵魂的"哲学创新"在当代中国一切"理论创新"（包括所谓科技创新、制度创新、文化创新等）中的核心地位。其基本的理由倒不仅仅在于马克思主义在当前意识形态领域中占据的主导性地位，而是在于它已然占据和必然持续占据着这种主导性地位的内在根据：首先，马克思主义作为理解当今世界历史天命和中国文化之历史性处境的思想视野，已经实际地参与到了近一百年来我们生活世界自我更新的历史进程中，成为当今中国社会生活中最基本的构成要素之一；其次，马克思主义作为以"改变世界"为基本导向的批判性理论,相较于西方近代以来"知识"性质的"理论",在通达(理解和解释)革命性的社会变革上具有天然的优越性;最后,也是最重要的,马克思主义作为对西方现代文明自我批判的自觉意识,不仅实际上促进了西方现代文明的自我调整,更为一切后发现代化国家提出了在谋求"现代化"的过程中克服西方现代性弊病的历史性课题,这一点也正是当代中国"理论创新"的根本旨趣所在。

所谓"以马克思主义为基石和灵魂的'哲学创新'",简单说来,就在于为"中国特色社会主义"进行哲学的奠基。如果说"中国特色社会主义"这一概念尚未获得完全充实的内容的话,那么,这恰恰表明,以马克思主义为基石和灵魂的"哲学创新"工作,在"中国特色社会主义"的提法中已经被带到了历史的前台。

第二节 历史唯物主义之为马克思主义的经典价值观

价值观问题的兴起,是西方现代性社会生成的理论后果,是对西方社会古今之变的一种理解和解释的努力。价值观领域具体观点的纷争和多岐,本身又是现代性的个人主义和差异性等原则的理论表现。前者比后者更为根本。历史唯物主义是历史观,同时也是马克思主义的基本价值观,其突出的意义在于对现代性社会生成和演变的批判性理解。在当代中国坚持历史唯物主义价值观的经典内涵,既有利于"祛"现代性生存方式以及与之相适应的种种意识形态和价值规范的永恒性和普遍性之"魅",又有利于我们在充分重视现代性世界历史天命对中国改革发展的制约作用的基础上,看到中国独特发展道路可能具有的超越一般现代性发展方式的世界历史意义,从而对"中国特色社会主义"树立充分的理论自觉和理论自信。

众所周知,在西方,关于"价值"问题的哲学探讨是随着19世纪后期新康德主义学派的兴起而进入思想史视野的；在我国，相关的理论研究则主要是伴随着改革开放的历史进程而展开的。但无论中外，以"价值哲学"命名的理论研究，从一开始就不局限于新康德主义所谓"价值哲学"学派的主题和观点，甚至在新康德主义"价值哲学"学派内部，也已经用"价值"和"价值哲学"的名义对西方思想史和当代哲学问题做出了广泛的探讨，我国学者更加把相关的讨论延伸到了对中国古代思想和马克思主义哲学的研究领域。可以说，经过近四十年来学者们的不懈努力，关于马克思主义价值哲学或价值观的学术讨论，已经从最初的尝试性探索，发展到了理所当然、毋庸置疑的地步。但在笔者看来，大多数关于马克思主义价值哲学或价值观的讨论，更多的是立足于作为部门哲学的价值哲学立场的，这种把马克思主义哲学部门化的趋势虽然会取得一些理论成果，却容易因此迷失了马克思主义的初衷和主旨，从而削弱了马克思主义在当代社会价值观冲突和竞争中所本应具有的理论力量。因此，我们认为，要真正把握马克思主义价值观的核心内涵和当代意义，首先还是需要从思想史出发，在理论根基上对价值观问题的由来和旨趣做一番深入的考察。

一、一般价值观问题的由来与旨趣

当前许多学者关于价值观或价值哲学的讨论，往往聚焦于价值本身的属性是客观的还是主观的、价值与存在或价值与事实的关系、价值和评价的关系，价值观的一元与多元，以及在某一价值观系统中具体价值观念的内涵及其历史演变等问题。这些探讨当然是有意义的，但总的来说是在价值观问题领域内部的细节探讨，缺乏对价值观问题领域本身基本性质的前提性把握。而在我们看来，从思想史上总体把握价值观问题领域的形成和性质，尤其是把握这一思想史上的变迁与现代性社会生成之间的积极关联，对于在当代理解和坚持马克思主义价值观具有特别重要的理论意义。

从思想史上说，"价值"一词由经济学概念转变为哲学概念，经过了康德、洛采和尼采等人的努力,最后在文德尔班那里达到了充分的自觉。其标志是,价值哲学或对价值的哲学讨论,不仅仅是被视为哲学的重要主题,而是被视为哲学的最新存在形态:"哲学只有作为普遍有效的价值的科学才能继续存在。哲学不再跻身于特殊科学的活动中(心理学现在还属于特殊科学的范围)。哲学既没有雄心根据自己的观点对特殊科学进行再认识,也没有编纂的兴趣去修补从特殊学科的'普遍成果'中得出的最一般的结构。哲学有自己的领域,有自己关于永恒的、本身有效的那些价值问题,那些价值是一切文化职能和一切特殊生活价值的组织原则。"①

在文德尔班看来,对"价值"在社会生活中的重要性取得上述认识,并将"价值观"问题果断提升到"逻辑学和形而上学[及伦理学]之顶端",实际上是一场持续了几个世纪之久的文化运动的结果。这场文化运动以文艺复兴时期的个人主义和十七世纪自然主义形而上学的原子论与单子论为重要背景,在伦理学上全面反省个人与社会的关系,其最终口号是尼采的"对一切价值进行重新估价"。尽管不同思想家在具体问题上的观点是纷繁多歧的,但主导的文化倾向或问题领域却是高度集中的。这些倾向或领域主要包括:(1)个人主义。"为自然所规定的个人系原始的既与的事实,系简单的自明的事实,一切超越个人的关系都必须以个人作为解释的出发点。"由于"个人"被视为出发点,伦理生活被视为"个人天然本性的附加物",因而"伦理生活的价值和效用"问题、"诱导人遵循伦理命令的动机"问题以及"伦理命令的有效性的基础"等问题成为伦理学的重要主题。(2)功利主义和世俗主义。伦理学上基本的个人主义倾向,使得"德行与幸福的关系"问题成为反复思考的对象,其结果是"个人欲望的满足被提高到作为伦理功能的价值标准",以这一原则树立起来的实践哲学体系就是功利主义,并且是一种世俗的功利主义,其根本特征是认为"伦理理想就是最大多

---

① 文德尔班:《哲学史教程》下卷,商务印书馆,1993年,第927页。

数人的最大幸福",并把对"绝大多数人的最大幸福"的关注局限于人类的尘世福利,"精神财富虽然不予拒绝,但是衡量一切价值的标准却存在于一个物体、一种关系、一次行为、一个意念可能引起的快乐或痛苦的程度中"。(3)乐观主义和历史主义。与功利主义社会伦理学相对应的,是对人生和世界的"彻底的乐观主义的肯定":"人生作为发展过程是所有财富的整体。向着更完善的方向前进是现实世界的天然的必然性"。与此同时,产生了关于"社会关系的幸福价值问题",亦即关于"公共机关及其历史发展"的问题:"现存的和在历史上形成的东西又丧失了它的直接效用和天然价值;它应该在批判的意识面前表明自己是正确的,它应该通过它为个人所产生的效益来证明自身的存在权利。"①

如果说个人主义、世俗的功利主义和乐观的历史主义是一般价值观问题兴起的重要文化背景的话,那么新康德主义西南学派的价值哲学,恰恰可以说是对这种文化运动可能具有的消极后果所做出的一种反应。所谓消极后果,就是文德尔班透过尼采哲学看到的一种通向价值相对主义和价值虚无主义的可能性:"不受限制的个人主义的反抗发展到最高峰,主张一切价值都是相对的","超人的独断意志顶替了'理性的自主性',——这就是十九世纪所描述的从康德到尼采的道路",而"相对论是哲学的解体和死亡"。因此,当文德尔班把哲学的新的存在方式规定为"作为普遍有效的价值的科学"时,特别强调说:"但是哲学描述和阐述这些价值只是为了说明它们的有效性。哲学并不把这些价值当作事实而是当作规范来看待。因此哲学必须把自己的使命当作'立法'来发扬——但这立法之法不是哲学可随意指令之法,而是哲学所发现和理解的理性之法。"也就是说,哲学将以"文化价值的普遍有效性"为对象,而一部西方哲学史不过是要展示"欧洲人用科学的概念表现他们的世界观和人生判断所形成的过程",展示"在

---

① 参见文德尔班:《哲学史教程》下卷,商务印书馆,1993年,第689—690、704、912—914页。

这个过程中文化价值意识如何以特殊经验提供的条件为诱因,以特殊的知识问题为工具,以越来越清晰越来越确实的意识,一步一步地前进"①。

时隔近半个世纪之后,德国哲学家伽达默尔对"价值"哲学或价值观理论的兴起过程也做了一番深入的探察。其中,和我们的主题密切相关的是这样两个要点。首先,伽达默尔和文德尔班类似,认为"价值这个概念是一种真正的哲学困境的表达",而这个哲学困境的背景是由西方文化的"共同因素,即现代经验科学在现代人类的生活和意识中所起的作用"所构成的。具体而言,现代经验科学在现代人类生活和意识中所引发的哲学困境乃至于:一方面要求"把对象世界放到其可被人类的计划和劳动加以制作和改变上来解释",另一方面"应该指导和控制我们的认识与能力的那些主导性的价值和目的"本身又不是现代科学"所能搞清楚和合理说明的"。由此在哲学意识中形成了所谓科学与人文,或者用康德哲学的术语来说,形成了理论理性与实践理性之间的基本张力。

其次,伽达默尔认为,"在19世纪由胜利推进的科学思想所指引,随后在文德尔班和李凯尔特的新康德主义中确定下来的"价值问题,最终还是不得不"退回到康德本身"那里去修正。因为康德的善良意志学说,"确立了一个绝对的或内在的价值概念,这个概念构成人的尊严,并赋予人一种自在目的特性",从而与起源于18世纪英国政治经济学的价值概念以及建立在社会功利主义之上的道德哲学形成重要的对照。但在伽达默尔看来,康德所说的"对于一般的理性存在者"有效的"伦理法则"事实上只是"确定了伦理的定言的约束力,而不是确定了其内容",这种"形式主义"的伦理学遭到了从黑格尔到西美尔及舍勒等思想家的猛烈批判。相反,"始于布伦塔诺而经过了胡塞尔、舍勒、尼古拉·哈特曼的德国价值现象学",则试图把价值哲学建构成"实质的价值伦理学",并试图将"对自在存在的价值关

---

① 参见文德尔班:《哲学史教程》下卷,商务印书馆,1993年,第926—928页。

系的洞见,对具有现象学自明性趋向的价值等级秩序的洞见"同"那种也非盲目、而是由实践理性所澄清的活生生的伦理的强制力"协调一致起来。伽达默尔把这种建构"实质的价值伦理学"的努力称作是,"要重新诠释天主教的德性和善业学说,从而重新诠释'永恒的哲学'(Philosophia perenis)"。不过,伽达默尔对这些理论努力的实际效果评价并不高。在他看来,"赋予实践理性以内容的一种有生命力的伦理的统一性,在伦理的、民族的和历史的多元主义时代中,确实不存在了",而"一切实践哲学的局限,但也是它的合法性在于,它不把自身提升为一个高耸云端的价值天空,对万物进行任意的俯视,而是把这样一些自以为是的研究揭露为一种伦理的自我欺骗,最终不是扩大为一种狭隘的伦理,而是对整个伦理的抛弃和摧毁"①。

从文德尔班和伽达默尔的论述中,我们明显可以看出:(1)他们相当一致地把价值哲学或价值观问题的兴起,看作是现代性社会生活自身发展的理论产物,尽管前者更多地强调了文化和道德观念方面的动因,后者更加突出了现代经验科学的历史作用;(2)价值哲学或价值观问题的根本旨趣,乃在于应对西方社会古今变革所带来的传统伦理与现代道德的疏离以及在新的社会基础上实现重新和解的问题。对此,文德尔班寄望于把价值哲学建成为哲学的当代形态,而伽达默尔则力图使价值哲学成为一种"价值伦理学",亦即回归于古希腊尤其是亚里士多德的"实践哲学"传统:"不只是去认识善,而且还要共同促进善。"②

二、作为马克思主义价值观经典内涵的历史唯物主义

在前文讨论的基础上,我们现在来看马克思主义价值观的经典内涵。

---

① 以上参见冯平主编:《现代西方价值哲学经典·心灵主义路向》,北京师范大学出版社,2009年,第403—405、408—409、415、426—427页。
② 同上书,第427页。

如果我们拘泥于马克思主义经典作家对"价值"一词的具体使用来考察马克思主义价值观的基本内涵的话,这无疑是一种自缚手脚而又不得要领的做法。我们援引文德尔班和伽达默尔等人的论述,其目的就在于把对价值观问题的基础性讨论同现代性社会的兴起联系在一起。如果说一般价值观问题突出地成为当代哲学的中心话题,是植根于对西方社会古今之变的一种理解和解释的努力的话,那么就此而言,马克思的历史唯物主义有着十分丰富而且迄今为止仍然具有强大解释力的思想内涵。因为,历史唯物主义首先是对现代性社会进行一种批判性理解的理论,它作为马克思主义价值观的积极内涵,首先应当在其现代性批判的方面得到澄清。也就是说,我们将首先尝试把历史唯物主义看作是马克思主义价值观的基本方面,看看马克思主义对现代性社会的历史性生成提供了怎样的批判性理解。

历史唯物主义的一个重要的理论基础,是从社会存在出发解释社会意识,而不是从社会意识出发解释社会存在:"不是意识决定生活,而是生活决定意识";"意识[das Bewuβtsein]在任何时候都只能是被意识到了的存在[das bewuβte Sein],而人们的存在就是他们的现实生活过程"①。这个基本原理,决定了马克思主义作为诸价值观之一种,在对现代性社会的历史生成与演变的解释上,与其他价值观学说有着根本性的差别。这一差别的集中体现,就是马克思在批判黑格尔哲学的基础上提出了自己对于现代性社会的本质性理解。

按照黑格尔的理解,一部西方历史(亦即黑格尔意义上的"世界历史"),就是现代性社会生成的历史。从哲学原则上来说,是"自由"理念(或自由原则)从初始概念到现实存在的发展史。其中包含着这样几个关键的环节:(1)智者时期开始觉醒的"反思"要求,在苏格拉底和柏拉图的哲学中

---

① 《马克思恩格斯选集》第 1 卷,人民出版社,2012 年,第 152 页。

被确立为"主观自由的原则"(一切存在都必须经过思维的审查)——在"善""美"等理念中反思到"绝对普遍的内容",同时也就是把"绝对"设定为"主体",因此黑格尔说,"近代的原则便是开始于这个时期——与希腊在伯罗奔尼撒战争中的瓦解同时"①。(2)以"主观自由的原则"组织起来的罗马世界,通过斯多噶主义、伊壁鸠鲁主义和怀疑主义等所谓"自我意识"哲学,开始孕育主观自由原则的内在化(一种内心的自由),并在基督教中完成为绝对的自由或内在的普遍性:尽管雅典人和罗马公民都知道自己是自由的,但无论是柏拉图、亚里士多德,还是西塞罗以及罗马的立法者都不知道,"一个人本身就是自由的,依照他的本质,作为一个人生来就是自由的";"只有在基督教的教义里,个人的人格和精神才第一次被认作有无限的绝对的价值"②。(3)在基督教中培育起来的绝对自由或人格的普遍性原则,只是经过新教改革才真正被彻底化,不仅使人的自由不再依赖于出身、地位和文化程度,而且也不再依赖于任何宗教仪式和宗教机构:"在和上帝发生绝对关系的地方,一切外在性都消失了;一切奴役服从也随同这种外在性、这种自我异化消失干净了。"③当然,经过宗教改革彻底化了的自由原则还必须扬弃其纯粹的内在性而在现实中实现,也就是说,"法律、伦理、国家制度以及一般地属于精神意识的现实性的东西,都应该成为合理的"。在黑格尔看来,这便是以新教原则为基础的日耳曼民族或者说现代世界的历史使命④。

青年马克思一度是黑格尔哲学忠实的追随者,和青年黑格尔派的其他成员一样,认为自己的历史使命就是把黑格尔的理性主义贯彻到实际的社会生活中去,使世界(黑格尔)哲学化和使(黑格尔)哲学世界化,在根本上

---

① 参见黑格尔:《哲学史讲演录》第 2 卷,商务印书馆,1960 年,第 3—4、63 页。
② 黑格尔:《哲学史讲演录》第 1 卷,商务印书馆,1959 年,第 51 页。
③ 黑格尔:《哲学史讲演录》第 3 卷,商务印书馆,1959 年,第 379 页。
④ 参见同上书,第 240、249 页;黑格尔:《历史哲学》,上海书店出版社,1999 年,第 352—354 页。

说是同一件事情。但通过《莱茵报》时期的具体实践，马克思认识到了黑格尔哲学仅仅由精神原则出发解释世界历史的根本局限。从《莱茵报》退出之后，马克思做的第一件事情就是对黑格尔法哲学进行批判性的分析，分析所得到的基本结论是："法的关系正像国家的形式一样，既不能从它们本身来理解，也不能从所谓人类精神的一般发展来理解，相反，它们根源于物质的生活关系，这种物质的生活关系的总和，黑格尔按照18世纪的英国人和法国人的先例，概括为'市民社会'，而对市民社会的解剖应该到政治经济学中去寻求。"①

随后，在《德意志意识形态》中，马克思鲜明地提出了：尽管"可以根据意识、宗教或随便别的什么来区别人和动物"，但"一旦人开始生产自己的生活资料"，"人本身就开始把自己和动物区别开来"。也就是说，应当根据"现实的个人"表现自己生活的一定方式或者说他们一定的"生活方式"来研究和理解人们的历史②。可以说，马克思终其一生都在从事的"政治经济学批判"，就是沿着这一历史唯物主义的基本路向所展开的理论努力，其根本主旨就是从"生活方式"的历史性变迁来理解人类的现实历史，尤其是理解西方现代性社会生成和演变的历史。

这一研究的总体成果在《1857—1858年经济学手稿》中有着提纲挈领的表述："人的依赖关系（起初完全是自然发生的），是最初的社会形式，在这种形式下，人的生产能力只是在狭小的范围内和孤立的地点上发展着。以物的依赖性为基础的人的独立性，是第二大形式，在这种形式下，才形成普遍的社会物质变换、全面的关系、多方面的需要以及全面的能力的体系。建立在个人全面发展和他们共同的、社会的生产能力成为从属于他们的社会财富这一基础上的自由个性，是第三阶段。第二个阶段为第三个阶段创

---

① 《马克思恩格斯选集》第2卷，人民出版社，2012年，第2页。
② 《马克思恩格斯选集》第1卷，人民出版社，2012年，第147页。

造条件。"①

马克思在历史方法论上有句名言:"人体解剖对于猴体解剖是一把钥匙。"这句话同样适用于马克思在历史哲学上对黑格尔哲学的批判性改造。从上述黑格尔和马克思关于人类历史发展进程的扼要阐释中,我们可以看出,通过马克思的历史唯物主义,黑格尔的世界历史哲学可以得到更加合理的理解:如果人类历史仅仅止步于"以物的依赖性为基础的人的独立性",那么黑格尔关于人类历史是一个现代性"自由"理念展开的过程这一看法就不仅仅是可以理解的,而且是十分准确和极其深刻的。因为,黑格尔所说的以"抽象的自我意识"或"自由"理念作为生存原则的时代,也就是马克思所说的"以物的依赖性为基础的人的独立性"的资本主义时代:一方面,在人与自然的关系领域,面对"自然"的"人"被抽象为纯粹的思维(认知)主体,"自然"从而被抽象为纯粹思维的"表象"(物性),自然与人的这种双重抽象蕴含着现代文明在物质生活领域的技术活动方式,亦即包括资本家和工人在内的一切个人联合起来对"自然"的支配和统治;另一方面,在社会关系领域,"人"被抽象为纯粹意志(对自我同一性或人格的无条件肯定),这种纯粹自我的自身同一性及其相互之间的承认是现代法权的"理性"(主体性)依据,而现代法权的具体实现方式意味着"资本"(资本家是资本的人格化)作为积累起来的"死劳动"凭借对"纯粹意志"的普遍确认,实行着对"活劳动"(工人、劳动力)的"合理"支配。

因此,要准确把握历史唯物主义作为马克思主义价值观的核心内涵,我们就不能一般地谈论马克思对黑格尔唯心主义哲学基础的批判,而且要理解黑格尔哲学这种对人和历史的唯心主义理解本身在世界历史上的本质来历及其根本局限。

我们知道,在《1844年经济学哲学手稿》中,马克思集中批判了黑格尔

---

① 《马克思恩格斯全集》第30卷,人民出版社,1995年,第107—108页。

哲学对人的唯心主义理解,亦即"人被看成非对象性的、唯灵论的存在物":"人的本质,人,在黑格尔看来＝自我意识。"这种对人的本质的唯心主义设定意味着一种绝对唯心主义,也就是说,不仅主体、不仅单个的人,而且包括对象世界、包括自然界和人类生活的各个环节,都被看作是"自我意识而且是抽象的自我意识的环节"。但就是在这里,马克思还盛赞黑格尔"抓住了劳动的本质",首次"把人的自我产生看作一个过程"。尽管"劳动"在黑格尔那里仅仅表现为"抽象的精神的劳动",人通过劳动的自我产生的过程或"全部外化历史和外化的全部消除",仅仅是"抽象的、绝对的思维的生产史,即逻辑的思辨的思维的生产史"①。

问题的关键在于,马克思批判黑格尔哲学的要害,并不仅仅在于指证了黑格尔哲学对"人的自我产生的行动或自我对象化的行动的形式的和抽象的理解"。因为对于"人"的这种"形式的和抽象的理解"绝不仅仅是黑格尔个人的偏见,相反,恰恰是现代西方文明生存原则的自觉表达。用马克思的话说,"本身被抽象化和固定化的自我,是作为抽象的利己主义者的人,他被提升到自己的纯粹抽象、被提升到思维的利己主义"②。如前所述,直到基督教产生,这种"抽象的利己主义者的人"才真正进入了人们的意识;只是到了现代社会,以这种"抽象的自我意识"、纯粹思想或"自由"原则作为基本组织方式的社会生活才成为现实。

马克思对黑格尔批判的要害更在于,指证了在黑格尔哲学所表达的现代社会支配性原则的统治之下,始终还存在着一个"思维"或"自由"原则无法彻底扬弃的"感性的""对象性"的现实基础,从而指证了上述"以物的依赖性为基础的人的独立性"的生活方式的历史性即暂时性。

在马克思看来,"一个有生命的、自然的、具备并赋有对象性的即物质

---

① 《马克思恩格斯全集》第3卷,人民出版社,2002年,第317—321页。
② 参见同上书,第333、321页。

的本质力量的存在物,既拥有它的本质的现实的、自然的对象,而它的自我外化又设定一个现实的、却以外在性的形式表现出来因而不属于它的本质的、极其强大的对象世界,这是十分自然的。这里并没有什么不可捉摸的和神秘莫测的东西。相反的情况倒是神秘莫测的"①。马克思对人之为人的"对象性的"(以及"物质的""感性的""现实的""自然的""外在性的"等)存在方式的强调,至少包含这样两个基本内涵:(1)人作为感性的、对象性的自然存在物,首先是"受动的",并且"因为它感到自己是受动的,所以是一个有激情的存在物。激情、热情是人强烈追求自己的对象的本质力量",而"每一种本质力量的独特性,恰好就是这种本质力量的独特的本质,因而也是它的对象化的独特方式,它的对象性的、现实的、活生生的存在的独特方式",因此,"人不仅通过思维,而且以全部感觉在对象世界中肯定自己"②。(2)由于"只有音乐才激起人的音乐感",也就是说,"只是由于人的本质客观地展开的丰富性,主体的、人的感性的丰富性,如有音乐感的耳朵、能感受形式美的眼睛,总之,那些能成为人的享受的感觉,即确证自己是人的本质力量的感觉,才一部分发展起来,一部分产生出来",而在马克思看来,"不仅五官感觉,而且连所谓精神感觉、实践感觉(意志、爱等等),一句话,人的感觉、感觉的人性,都是由于它的对象的存在,由于人化的自然界,才产生出来的"③。

上述两个方面的综合,就是"主观主义和客观主义、唯灵主义和唯物主义、活动和受动"统一于其中的人类实际生活过程,就是"自然界的和人的通过自身的存在",亦即"人通过人的劳动而诞生的过程"和"自然界对人来说的生成过程"。这也便是马克思对"整个所谓世界历史"的全新理解④。

---

① 《马克思恩格斯全集》第 3 卷,人民出版社,2002 年,第 323 页。
② 参见同上书,第 325—326、304—305 页。
③ 同上书,第 305 页。
④ 参见同上书,第 306、310 页。

但是，如果我们仍然把资本主义时代造就的人与自然的"科技"（知识、思维）关联，以及人与人之间的"法权"（人格、意志）关联看作是这个经过重新理解的"世界历史"过程的实际内容与最终归宿，那么就只不过是完成了对黑格尔意义上的"世界历史"观念的简单颠倒，而马克思创立历史唯物主义学说的所谓革命性意义也将因此荡然无存。

因此，即使当马克思说："在异化范围内活动的人们仅仅把人的普遍存在，宗教，或者具有抽象普遍本质的历史，如政治、艺术和文学等等，理解为人的本质力量的现实性和人的类活动"，而人们实际上既可以把"通常的、物质的工业"理解为"上述普遍运动的一部分，正像可以把这个运动本身理解为工业的一个特殊部分一样，因为全部人的活动迄今为止都是劳动，也就是工业，就是同自身相异化的活动"①，——仍然有待澄清的问题是：为什么说仅仅把"人的普遍存在"理解为"人的本质力量的现实性和人的类活动"乃是一种"异化"时代的观念？以及，把"工业"（迄今为止的"劳动"或"同自身相异化的活动"）理解为"人的普遍存在"的一部分与把"人的普遍存在"理解为"工业的一个特殊部分"，其间究竟可能存在怎样的重大差别？

简要的回答是，在马克思看来，只要人们的视野仍然局限于黑格尔意义上的"世界历史"亦即人类社会的现代性"异化"范围内，那么无论是将"工业"理解为"人的普遍存在"的一部分，还是将"人的普遍存在"理解为"工业"或"劳动"的一部分，其间并无实质性的差别。但是，即使是处在"异化范围"内的工业或劳动以及世界历史，仍然具有其非"异化"的一面，亦即作为"人的本质力量的公开的展示"、作为"自然界的人的本质，或者人的自然的本质"的一面，因此，马克思说，"工业是自然界对人，因而也是自然科学对人的现实的历史关系"。正是"工业"或劳动的这个非"异化"的方面，必然冲破其迄今为止的发展所采取的"异化"方式，而使"自然界"和"自然

---

① 《马克思恩格斯全集》第 3 卷，人民出版社，2002 年，第 306 页。

科学"失去其"抽象物质的方向或者不如说是唯心主义的方向",并且"将成为人的科学的基础,正像它现在已经——尽管以异化的形式——成了真正人的生活的基础一样"①。

进而言之,当"自然界"和"自然科学"失去其"抽象物质的方向或者不如说是唯心主义的方向"并且"成为人的科学的基础"时,人类社会也将扬弃黑格尔以其全部哲学所阐发的"思想"或"自由"原则占据统治地位的时代,并使所谓的"历史终结"具有马克思主义的内涵:"资产阶级的生产关系是社会生产过程的最后一个对抗形式,……人类社会的史前时期就以这种社会形态而告终。"②

综上所述,我们认为,历史唯物主义作为马克思主义价值观的核心内涵,就在于马克思在批判黑格尔哲学和从"生活方式"出发理解人类历史的过程中,所赢得的对于现代性社会的历史性生成及其革命性变革前景的根本理解。在这种根本性的理解中,我们不仅可以赋予黑格尔哲学等现代性社会的"自我意识"以恰当的理论地位,还可以赋予现代性社会本身以恰当的历史地位,并从中把握现代社会价值观冲突的理论与实践根源。

三、坚持历史唯物主义之为马克思主义经典价值观的当代意义

我们这里所说的"当代",有两个基本的内涵:其一是就人类的世界历史意义而言的"当代",其二是指当下中国。坚持历史唯物主义是马克思主义价值观经典内涵的当代意义,首先就在于通过历史唯物主义的现代性批判学说,对我们中国人所身处其中的上述两种"当代"情境获得理论上的透彻理解。

就前者而言,所谓"当代",并不是指缺乏本质上的内涵规定的、一般历史编纂学意义上的"现时代",而是指马克思主义历史唯物主义思想视野中

---

① 《马克思恩格斯全集》第 3 卷,人民出版社,2002 年,第 306—307 页。
② 《马克思恩格斯选集》第 2 卷,人民出版社,2012 年,第 3 页。

的现代性社会,或者说是海德格尔所批判的植根于西方-欧洲思维的世界历史天命,亦即马克思所说的资本主义社会生活方式具有世界历史意义的普遍展开①。我们知道,马克思主义自诞生以来,已经无数次被人宣布为"过时"的学说,同时也有许多学者奋起要为之补充和发展以维持其所谓"当代性"。这两种做法的共同根源都在于,对上述世界历史天命的现实性和严峻性以及由此而来对马克思主义学说的解释力和生命力缺乏正确的估价。

如果我们确信,就世界历史而言,人类社会还处在黑格尔、马克思、海德格尔这些大思想家所描绘的历史进程之中的话,那么,非但马克思主义没有过时,黑格尔哲学也没有过时。因为试想一下,今天以现代性社会公民自居的人们,有谁不是像黑格尔哲学所阐述的那样理解自己的社会存在的呢:把自己看作是独立自主的"自我意识",从而一方面面对自然作为"思维"和"认知"的主体,行使劳动者的权力,另一方面面对他人作为"道德"和"法权"的主体,维护独立人格的权利。这样两个方面相互支撑,形成依靠对自然的技术控制攫取社会权力的生产性"进步强制"(海德格尔语)。这种大家习以为常的"现代人"的自我理解,和黑格尔哲学一道"遗忘"了马克思主义的重要教诲:人类面向自然的"权力"和面向他人的"权利"有一个"感性"的"需要"作基础;这种"感性"的"需要"并不是可以由知性"思维"和理性"权利"所任意赋形的"物自身"(哲学上称之为"质料"),而是人的"对象性本质力量"的自然伸张;正是在感性需要或对象性本质力量的"属人"性质中,包含着对人类现代性社会生存方式的根本制约,感性需要或对象性本质力量的有限性直接针对着现代社会的世俗功利主义和消费主义,感

---

① 参看海德格尔《哲学的终结和思的任务》和马克思、恩格斯《共产党宣言》。海德格尔在上述文章中写道:"哲学之终结显示为一个科学技术世界以及相应于这个世界的社会秩序的可控制的设置的胜利。哲学之终结就意味着植根于西方-欧洲思维的世界文明之开端";而"思的任务"意味着,"思的是这样一种可能性:眼下刚刚发端的世界文明终有一天会克服那种作为人类之世界栖留的唯一尺度的技术—科学—工业之特性"。载海德格尔:《面向思的事情》,商务印书馆,1999年,第72、74页。由于《共产党宣言》的相关论述已是众所皆知,这里不再引述。

性需要或对象性本质力量的社会性直接针对着现代社会中人与人之间的围绕社会权力展开的恶性竞争;"遗忘"感性需要或对象性本质力量的有限性,人与物之间的感性"拥有"的关系就为抽象的"占有"所取代(财富因此演变为抽象数字),"遗忘"感性需要或对象性本质力量的社会性,人与人之间的彼此实现的"竞争"就变成了彼此压迫的"斗争"。

由此,我们认为,历史唯物主义作为马克思主义经典价值观的第一重"当代"意义,就在其对现代性社会的批判性理解。唯有坚持这种批判性的理解,我们才不会把人类的现代性生存方式看作是自然而永恒的社会形态,才不会把与这种生存方式相适应的种种意识形态和价值规范看作是普遍有效的真理。顺便说一句,很多关于所谓"普世价值"的争论,都犯了这种非历史性亦即非批判性的错误。要知道,尽管近代以来西方许多哲学家仿佛都把现代西方主流价值的根基追溯到了"普遍"的"人心"(人性、主体性、理性、纯粹思维,自我意识等)之上,但这种看似普遍有效的、天经地义的理论主张,其实不过是现代性生活方式的产物。更重要的是,它们在现代性生活方式内部的普遍可接受性,并不能抵消历史唯物主义所揭示的、它们的历史性亦即可超越性。因此,如果我们丧失了历史唯物主义对现代性社会及其意识形态所持有的这种总体性的批判观点和历史观点,转而陷入对各种现代性具体价值观点的争论、修补或者借鉴的努力中去,那将意味着是对现代性意识形态的先在的屈从。举个简单的例子来说,事实与价值区分是一般价值观学说的重要理论基础,尽管这个理论基础在西方价值哲学的发展中已经遭到哲学上的有力批判[①],但迄今为止仍为一般人普遍接受并为国内许多学者津津乐道,既不能在理论上看到这一学说的内在局

---

① 伽达默尔就曾说过:尽管"价值与事实"的"著名"分离,"尤其主宰着西南的新康德主义并且对一些社会科学(马克斯·韦伯)具有影响。目前的讨论表明,在今天所达到的反思水平上,特别是在'事实'概念经历了知识论的、诠释学的和意识形态批判的去独断性之后,这种分离逐渐站不住脚了"(参看伽达默尔:《价值的存在论问题》,载冯平主编:《现代西方价值哲学经典·心灵主义路向》,北京师范大学出版社,2009年,第403页)。

限,更不能从马克思主义出发看到它在现代性社会生活中的现实根源,不能理解马克思对自然科学和一般价值哲学都同样分享的抽象性或唯心主义方向的批判。

此外,我们说,历史唯物主义之为马克思主义经典价值观的"当代"意义,还有另外一重重要内涵。这便是历史唯物主义对于当代中国的特殊意义。毋庸讳言,自近代以来,中国一直处于向现代西方文明学习的过程中。尽管这个过程有一个由被动不断向主动转变的方面,但总体来说,中国社会生活的现代化以及日益深入参与的全球化过程,始终受到一个由西方文明所主导的世界历史格局的支配。而如前所述,这一格局意味着起源于欧洲的现代性主导原则或世界历史天命在全球范围内的普遍开展。不从根本上把握这种世界历史天命对中国发展的制约作用,就不可能真正了解当今中国社会的现实性。

在当代中国坚持马克思主义经典价值观,一个重要的理论课题,就是如何在历史唯物主义的思想视野中正确理解和把握当今中国的社会现实。既把握上述世界历史天命对中国发展的制约作用,又充分相信中国独特的发展道路可能具有的超越一般现代性发展方式的世界历史意义;既充分认识到现代意义上的"发展"(无论是经济还是社会)对于中华民族伟大复兴的重要性,又充分认识到现代化诉求并不是中国改革发展的唯一内容;归根到底,是要充分认识到中国的现代化任务是在非常独特的传统、国情和社会状况中展开的,并通过与马克思主义的有机结合,形成了其独特的现代化道路和中国特色的社会主义定向,亦即"中国特色社会主义"。

继党的十七大将"改革开放以来我们取得一切成绩和进步的根本原因"归结为"开辟了中国特色社会主义道路,形成了中国特色社会主义理论体系"之后,党的十八大进一步肯定和阐明了,"中国特色社会主义道路,中国特色社会主义理论体系,中国特色社会主义制度,是党和人民九十多年奋斗、创造、积累的根本成就"。党的十九大更是庄严宣告"中国特色社会主义"进入了"新时代"。这些表述,可以说是我们党和国家文化自觉和文化自信的具体表现。这意味着,中国自近代遭遇现代西方文明的挑战以来在文化上所面临的"古今中西之争"被认为已经得到基本解决,意味着,"中国特色社会主义"已经被认定为中华民族经受社会生活现代化过程中"文化结合的锻炼"(黑格尔语)之后所形成的新道统。

因此,在当代中国坚持马克思主义价值观亦即坚持历史唯物主义的核心内涵,首先应当避免制造"经典"与"现实"的外在对立。实际上,只有把坚持作为马克思主义价值观的历史唯物主义的基本内涵和坚持"中国特色社会主义"道路真正内在地结合起来,才能具有充分的理论自信和理论能力抵御现代西方主流意识形态和价值观的渗透。只有在"中国特色社会主义"内部坚持作为价值观之一种的历史唯物主义的经典内涵,才能保持中华民族现代化的现代性批判特征,保持其终极指向不仅止于现代性生产方式的确立和国民财富的累积,而是实现"建立在个人全面发展和他们共同的、社会的生产能力成为从属于他们的社会财富这一基础上的自由个性",换句话说,并不止于资产阶级意义上的政治解放和市民社会的培育,而是以人类解放和真正形成人类社会或社会化的人类为根本目标。由此我们才能说,中国在社会主义初级阶段实现全面小康和全面现代化的建设目标,以及当前全面深化改革所要实现的完善和发展中国特色社会主义制度、推进国家治理体系和治理能力现代化,就绝不仅仅是对西方现代文明的模仿、追赶,甚或屈从,而是在马克思主义尤其是在历史唯物主义的指引下,在自己独特文化传统的基础上创建一种新文明类型的积极尝试。

第三节 作为社会主义核心价值的"社会主义"观念溯源

近十年来,学术界和理论界围绕建改革开放以来的中国现代化发展道路展开了许多论述。不少人提到所谓"中国经验""中国模式""中国道路"等,这至少在社会心理层面表明中国现代化事业真的进展到了一个关键的阶段,亦即一个可以对过去的历史经验做出较好的总结、同时可以对未来的发展做出较好筹划的时期。党的十九大报告庄严宣告中国特色社会主义进入了新时代。在今后一段时间内,深入理解"中国特色社会主义道路",同时也就是积极建构"中国特色社会主义理论体系",将是中国学术界尤其是理论界的重要历史任务,同时也会成为学术讨论和争鸣的焦点所在。

在我们看来,其中一个可能引发激烈争论的问题就是,如何总体性地把握"中国特色社会主义",而不是将"中国特色"和"社会主义"割裂开来甚至对立起来。割裂或对立的理论结论归根到底无非是,或者以突出"中国特色"的方式来淡化以至消解"中国道路"的"社会主义"性质,或者以捍卫"社会主义"的名义来抨击"中国道路"背离正统。当然,我们似乎完全不必要也不应当局限于这种非此即彼的僵硬对立的观点,因为无论如何,自从中国共产党成立之日起,她所领导的革命和建设事业都是以"社会主义"为前途和方向的,同时,这一"社会主义"性质的事业又毕竟是在具有深厚和悠久的文化传统的中华大地上展开的,无疑要受到中国社会现实的历史条件的制约,并因而或积极或消极地烙上民族的和时代的印记。

问题的关键不在于争论"中国特色社会主义"是否具有"中国特色",或者是否具有"社会主义"性质,问题的关键乃在于,"中国特色社会主义"中的"社会主义"性质和"中国特色"具体而言意味着什么。这里主要涉及的是问题的前一个方面,并且如上所述,将通过对马克思关于"社会主义"基本思想的考察来展开这个问题。这么做的基本理由并不是说马克思已经给出了关于"社会主义"全部的规定,并不是要以理论上所谓的"正统"或"本源"来宰制历史与现实,而是说只要我们还坚持自己所从事的是"马克思主义"的社会主义事业,那么在马克思那里毕竟有我们能够借以理解自身处境和目标的最基本的思考。

在此，我们试图以一种追根溯源的方式，即通过考察马克思关于"社会主义"的基本思想，来澄清作为社会主义核心价值本身的"社会主义"观念的基本含义。这既可以说是对"社会主义核心价值体系"诸多方面中的"马克思主义"这一方面来展开的讨论，因为马克思关于"社会主义"的基本思想无疑是"马克思主义"因而是"社会主义核心价值体系"的重要内容；同时这种考察又可以说是超出各种价值观领域划分之上的一种探讨，因为作为"马克思主义"和"中国特色社会主义"核心观念的"社会主义"不仅仅是一种"社会主义的"核心价值、意识形态、文化观念，并且直接关联着对"社会主义的"市场经济、民主政治、和谐社会的基本理解，直接关联着对"马克思主义"以及"中国特色社会主义"本身性质的判定。

一、马克思、恩格斯"社会主义"思想的起源与理论基石

一般说来，我们把马克思的"社会主义"思想称为"现代社会主义"，以便与诸如原始基督教意义上的古代社会主义相区别，同时又将它称之为"科学社会主义"，以便与马克思主义诞生之前的现代"空想社会主义"相区别。

关于"现代社会主义"，恩格斯曾经在《社会主义从空想到科学的发展》一文中指出：就其内容来说，"首先是对现代社会中普遍存在的有产者和无产者之间、资本家和雇用工人之间的阶级对立以及生产中普遍存在的无政府状态这两个方面进行考察的结果"；而就其理论形式来说，"它起初表现为18世纪法国伟大的启蒙学者们提出的各种原则的进一步的、似乎更彻底的发展"。也就是说，"现代社会主义"同一切新的学说一样，虽然"它的根子深深扎在物质的经济的事实中"，但从理论形式上看，却"必须首先从已有的思想材料出发"①。

以圣西门、傅立叶和欧文为杰出代表的英法空想社会主义思潮鲜明地

---

① 《马克思恩格斯选集》第3卷，人民出版社，2012年，第775页。

体现了这一点。尽管他们常常最尖锐、最无情地抨击按照启蒙学者的原则建立起来的资产阶级世界,但却和启蒙学者一样"想建立理性和永恒正义的王国",同样将社会弊病的消除视为"思维着的理性的任务"。于是,对他们而言,迫切需要做的事情只是"发明一套新的更完善的社会制度,并且通过宣传,可能时通过典型示范,从外面强加于社会"。也就是说,空想社会主义者并不是自觉地"作为当时已经历史地产生的无产阶级的利益的代表"而出现的,他们仍然停留于对"理性""正义"等启蒙学者所提出的抽象原则的幻想当中:"对所有这些人来说,社会主义是绝对真理、理性和正义的表现,只要它被发现了,它就能用自己的力量征服世界。"而不幸的是,"绝对真理、理性和正义在每个学派的创始人那里又是各不相同的",因为它们的"独特形式"是由这些创始人的"主观知性""生活条件""知识水平"和"思维训练水平"决定的。所以,解决各种绝对真理的"冲突"的办法只能是"互相磨损",由此"只能得出一种折中的不伦不类的社会主义"①。

毫无疑问,我们所说的"科学社会主义",指的是马克思、恩格斯所创立的社会主义或共产主义学说。之所以用"社会主义或共产主义学说"这一表述,意在强调:在这一学说公开问世之后的很长一段时间内,马克思、恩格斯意义上的"社会主义"和"共产主义"几乎是可以互换的两个词。至于为什么要在某些场合有选择地分别使用这两个术语来指称他们的学说,马克思、恩格斯有过明确的说明:(1)马克思在《巴枯宁〈国家制度和无政府状态〉一书摘要》中说,所谓"科学社会主义",只是"为了与空想社会主义相对立才使用"的,因为"空想社会主义力图用新的幻想欺蒙人民,而不是仅仅运用自己的知识去探讨人民自己进行的社会运动"②;(2)恩格斯《共产党宣言》"1890年德文版序言"中提到,当《宣言》出版时,之所以不能把它叫作"社

---

① 《马克思恩格斯选集》第3卷,人民出版社,2012年,第788—789页。
② 同上书,第341页。

会主义宣言",仅仅是因为,在1847年,所谓"社会主义者"指的是"各种空想主义体系的信徒"以及"形形色色的社会庸医",而这两种人都是"站在工人运动以外,宁愿向'有教养的'阶级寻求支持",相反,"当时确信单纯政治变革还不够而要求根本改造社会的那一部分工人,则把自己叫作共产主义者"①。

其次,无论是以"社会主义"还是以"共产主义"来指称马克思恩格斯创立的"科学社会主义"学说,在其初始的含义上指的仅仅是一种"学说",而尚未直接作为一种现成可以遵循的社会发展道路,更未获得后来分配给它们的、作为前后相继的两个社会发展阶段的含义②。对此,马克思、恩格斯也有过多次明确的论述:(1)在标志着马克思主义新世界观问世的重要文献之一的《哲学的贫困》中,马克思写道,"正如经济学家是资产阶级的学术代表一样,社会主义者和共产主义者是无产者阶级的理论家"③;(2)恩格斯晚年在系统论述"科学社会主义"的创立过程时,也特别强调,完成"解放世界"的事业,是"现代无产阶级的历史使命",而"深入考察这一事业的历史条件以及这一事业的性质本身,从而使负有使命完成这一事业的今天受压迫的阶级认识到自己的行动的条件和性质",则是"无产阶级运动的理论表现即科学社会主义"的任务④。

---

① 《马克思恩格斯选集》第1卷,人民出版社,2012年,第392页。
② 我们知道,明确地把"社会主义"看作是"共产主义"的初级阶段,这种看法实际上是列宁在《国家与革命》中首次提出来的。不过,它似乎可以在马克思的《哥达纲领批判》中找到一些依据,因为,马克思在那里确实提到了"共产主义社会第一阶段"和"共产主义社会高级阶段"的区别。
③ 《马克思恩格斯选集》第1卷,人民出版社,2012年,第235页。当然,我们实际上还可以把马克思关于共产主义理论与实践的自觉区分和明确定位向前追溯到更远,比如《黑格尔法哲学批判》导言》中关于"人的解放"的"头脑"是"哲学","心脏"是"无产阶级",以及《1844年经济学哲学手稿》中有关"要扬弃私有财产的思想,有思想上的共产主义就完全够了。而要扬弃现实的私有财产,则必须有现实的共产主义行动"等论述(参见《马克思恩格斯全集》第3卷,人民出版社,2002年,第214、347页)。
④ 《马克思恩格斯选集》第3卷,人民出版社,2012年,第817页。另外,还可以参看恩格斯在《关于共产主义者同盟的历史》中的相关论述:"现代被压迫阶级即无产阶级如果不同时使整个社会摆脱阶级划分,从而摆脱阶级斗争,就不能争得自身的解放。因此,共产主义现在已经不再意味着凭空设想一种尽可能完善的社会理想,而是意味着深入理解无产阶级所进行的斗争的性质、条件以及由此产生的一般目的。"(《马克思恩格斯选集》第4卷,人民出版社,2012年,第203页)

以上的术语澄清工作表明：我们一方面不必拘泥于"社会主义""共产主义"，甚至后来用来指称这一学说的"科学社会主义"和"马克思主义"等名词的区分，而把马克思、恩格斯为我们留下的所有理论工作和经典文献都看作是我们理解"科学社会主义的基本原则"的思想资源；另一方面，我们又必须牢牢记住，所谓"科学社会主义"在马克思、恩格斯的思想语境中始终是作为"学说"和"理论"的面目出现的，而尚未获得"社会主义"在后来的历史进程中所获得的"发展道路"和"发展阶段"的含义。

不过，对后一方面的强调，并不意味着要在社会主义的"理论"与"实践"之间做一种人为割裂。相反，这一强调恰恰是为了在坚持这种必要"分离"的同时突出社会主义"理论"与"实践"之间的有机联系，正是这一有机联系使得马克思、恩格斯创立的"社会主义"学说成为"科学"，因而也应当被恰当地看作是所谓"科学社会主义"的首要原则。这一首要原则，用恩格斯的话说，即是："为了使社会主义变为科学，就必须首先把它置于现实的基础之上"①；用《共产党宣言》中的话说，即是："共产党人的理论原理，决不是以这个或那个世界改革家所发明或发现的思想、原则为根据的。这些原理不过是现存的阶级斗争、我们眼前的历史运动的真实关系的一般表述。"②

但是，所谓把理论"置于现实的基础之上"，或者说就"眼前的历史运动的真实关系"作出"一般表述"，这并非是一件易与之事。除了在实践上以资本主义的大工业生产和无产阶级与资产阶级之间日益明显的阶级冲突为基本前提外，在理论上还须以唯物史观的创立为必要条件。因此，如果我们笼统地说，"现代社会主义"是资本主义时代社会生活中的实际冲突在思想上、在头脑中自觉不自觉的反映的话，那么，"科学社会主义"则是建基

---

① 《马克思恩格斯选集》第 3 卷，人民出版社，2012 年，第 789 页。
② 《马克思恩格斯选集》第 1 卷，人民出版社，2012 年，第 413—414 页。

于马克思在历史观领域实现的革命性变革之上的、对"现存的阶级斗争"即"眼前的历史运动的真实关系"的实证描述①。

因此,如果撇开社会历史运动的实践的方面不谈,我们可以说,马克思"社会主义"思想的起源也就是作为这一思想之理论基石的唯物史观的创立过程。马克思在1859年出版的《〈政治经济学批判〉序言》中对这个过程做了简明扼要的回顾:(1)1842—1843年间,马克思作为《莱茵报》的编辑,"第一次遇到要对所谓物质利益发表意见的难事",这是促使他去研究经济问题的"最初动因";(2)从《莱茵报》编辑部退出之后,1844年《德法年鉴》时期,通过"对黑格尔法哲学的批判性的分析",得出的结论是:"法的关系正像国家的形式一样,既不能从它们本身来理解,也不能从所谓人类精神的一般发展来理解,相反,它们根源于物质的生活关系",而对这种"物质的生活关系的总和"即"市民社会"的解剖,"应该到政治经济学中去寻求";(3)1844年4—8月,以及1845年春,马克思"在巴黎开始研究政治经济学,后来因基佐先生下令驱逐移居布鲁塞尔,在那里继续进行研究",研究所得到的"总的结果"即是《〈政治经济学批判〉序言》中著名的关于历史唯物主义原理的经典表述;(4)1845年春恩格斯也移居布鲁塞尔,与马克思进行第二次合作,"以批判黑格尔以后的哲学的形式"清算"从前的哲学信仰",其成果便是《德意志意识形态》(1846);(5)1847—1848年马克思发表的《哲学的贫困》以及和恩格斯合著的《共产党宣言》,标志着以马克思命名的新的历史观的公开问世②。

值得特别注意的是,从马克思本人的上述回顾和恩格斯1885年《关于共产主义者同盟的历史》以及1888年为《共产党宣言》所写的"英文版序言"的相关叙述可以看出,唯物史观创立的关节点并不像人们通常所认为

---

① 参见《马克思恩格斯选集》第1卷,人民出版社,2012年,第414页。
② 《马克思恩格斯选集》第2卷,人民出版社,2012年,第1—4页。

的那样以《德意志意识形态》《哲学的贫困》和《共产党宣言》等著作的产生为标志,而应当明确地界定在1845年春天马克思与恩格斯第二次会面之前:"虽然《宣言》是我们两人共同的作品,但我认为自己有责任指出,构成《宣言》核心的基本思想是属于马克思的。……到1845年春我在布鲁塞尔再次见到马克思时,他已经把这个思想考虑成熟,并且用几乎像我在上面所用的那样明晰的语句向我说明了。"①

之所以在这里着重强调这一似乎是书写人物传记时才应当去关心的历史细节问题,首先当然是为了反对自阿尔都塞提出所谓马克思思想发展中存在"总问题的断裂"以来广为传布的所谓"多重马克思"流行意见。如果我们确乎可以信任马克思和恩格斯对于同一件事情的大致相同的回忆的话,那么就有充分理由说,《〈政治经济学批判〉序言》中久负盛名的所谓"关于历史唯物主义原理的经典表述",实际上不过是马克思对1845年春与恩格斯再次会面之前通过研究政治经济学已然获得的研究结果的回忆和重述罢了,而今天保留下来的马克思这一时期政治经济学研究的主要成果就是《1844年经济学哲学手稿》和《关于费尔巴哈的提纲》。不过,我们在此并不仅限于消极地指认所谓"青年马克思"与马克思"成熟"时期的著作在思想观点上的内在一致性。更重要的是,当我们接下来具体探讨马克思的"社会主义"核心观念及其当代意义时,应当对马克思的早期著作中的《1844年经济学哲学手稿》和《关于费尔巴哈的提纲》给予与《德意志意识形态》《哲学的贫困》和《共产党宣言》等所谓成熟著作同样的关注。也就是说,在我们看来,不仅唯物史观的创立,而且马克思关于"社会主义"的基本思想,在这些早期著作中已经初具规模。

如果我们确实可以把马克思创立唯物史观和形成关于"社会主义"基

---

① 《马克思恩格斯选集》第1卷,人民出版社,2012年,第385—386页。另参见恩格斯《关于共产主义者同盟的历史》,《马克思恩格斯选集》第4卷,人民出版社,2012年,第203页。

本思想的关节点锚定在 1845 年春天与恩格斯会面之前的话,那么便可以说,马克思"社会主义"思想的起源实际上包含着两个本质重要的环节:(1)在与黑格尔哲学尤其是其法哲学的批判的脱离中发现作为历史的真正基础的"物质生活关系"领域;(2)进而在对政治经济学的批判性的研究即在对"物质生活关系"领域的"解剖"中创立完备的唯物史观。换句话说,在意识形态批判(哲学与政治经济学批判)中面向现代社会现实(市民社会)的过程就是马克思"社会主义"思想的真正起源,而这一批判过程中所获得的初始成果即唯物史观是其"社会主义"思想的理论基石。

二、马克思、恩格斯关于"社会主义"的核心观念

尽管共产主义运动的基本原则和具体纲领是在《共产党宣言》中得到详尽表达的,但马克思关于"社会主义"的核心观念,却可以上推到《1844 年经济学哲学手稿》中形成的对"共产主义"的基本理解。

在今天关于"社会主义"和"共产主义"的通常看法中,总是将二者视为前后相继的两个社会发展阶段,即"社会主义"是"共产主义"的初级阶段。这种看法实际上是列宁在《国家与革命》中明确提出来的。不过,它似乎可以在马克思的《哥达纲领批判》中找到一些依据。因为,马克思在那里确实提到了"共产主义社会第一阶段"和"共产主义社会高级阶段"的区别:从经济结构上讲,前者要在一定程度上保留"资产阶级权利"意义上的"平等的权利"即"按劳分配"的权利,后者则完全超出了"资产阶级权利的狭隘眼界",而在自己的旗帜上写上"各尽所能,按需分配";从政治或国家组织形式上讲,前者是适应于从资本主义社会变为共产主义社会的革命变革时期的"无产阶级的革命专政",后者则是传统政治意义上的国家组织的消亡[①]。

但马克思和恩格斯从来没有把社会主义与共产主义相区别,并认为前

[①] 《马克思恩格斯选集》第 3 卷,人民出版社,2012 年,第 364—365、373 页。

者就是后者的初级阶段;相反,他们经常是交替使用这两个术语来指称同一件事情,即作为扬弃资本主义社会的历史运动及其理论表达。因此,我们完全不必拘泥于字面的差别,完全可以将在《1844年经济学哲学手稿》中形成对"共产主义"的基本理解看作是马克思"社会主义"核心观念的初始表达。

在这里,马克思首先批判了两种"未完成的"共产主义形态:(1)"粗陋的共产主义"——作为最初形式的共产主义,不过是"私有财产关系"的普遍化和完成,是对个性和才能的否定,是私有财产的忌妒心和平均主义的彻底化,一句话,是"想把自己设定为积极的共同体的私有财产的卑鄙性的一种表现形式";(2)或者是"具有政治性质"的(民主的或专制的),或者是"废除国家的"共产主义——这两种共产主义虽然"都已经认识到自己是人向自身的还原或复归,是人的自我异化的扬弃",但"还没有理解私有财产的积极的本质,也还不了解需要所具有的人的本性",因而"还受私有财产的束缚和感染"①。

马克思把自己所理解的"共产主义"表达为:"共产主义是私有财产即人的自我异化的积极的扬弃,因而是通过人并且为了人而对人的本质的真正占有;因此,它是人向自身、向社会的即合乎人性的人的复归,这种复归是完全的,自觉的和在以往发展的全部财富的范围内生成的。这种共产主义,作为完成了的自然主义=人道主义,而作为完成了的人道主义=自然主义,它是人和自然界之间、人和人之间的矛盾的真正解决,是存在和本质、对象化和自我确证、自由和必然、个体和类之间的斗争的真正解决。它是历史之谜的解答,而且知道自己就是这种解答。"②

与其说马克思在这里描绘的是人类未来社会的生存状况,不如说是提

---

① 《马克思恩格斯选集》第3卷,人民出版社,2012年,第295—297页。
② 同上书,第297页。

出了迄今为止人类生存的基本原则,这些原则将经过共产主义运动直接地表现自身,但在此之前它已经是、向来是人类生活的内在基础(尽管是以某种"异化"方式)。这个基本原则作为"完成了的人道主义"就是对"私有财产的积极的本质"和"需要所具有的人的本性"的发现和肯定,作为"完成了的自然主义"则意味着"自然界的真正复活";"完成了的人道主义"和"完成了的自然主义"意味着人与人、人与自然之间建基于"对象性本质力量"之上的感性关联,意味着对人与人之间单纯的"法权"关系和人与自然之间单纯的"技术"关系的积极扬弃。

不过,诚如马克思所言,"要扬弃私有财产的思想,有思想上的共产主义就完全够了。而要扬弃现实的私有财产,则必须有现实的共产主义行动。"马克思同时预见到,"历史将会带来这种共产主义运动,而我们在思想中已经认识到的那正在进行自我扬弃的运动,在现实中将经历一个极其艰难而漫长的过程"①。可以说,在完成了历史观的彻底变革和对"共产主义"的基本原则形成最基本的洞见之后,马克思将其毕生的心血和精力都投入到具体地探索"社会主义"即"共产主义"运动的现实条件这一工作中去了。

正是在这一探索过程中,马克思关于"社会主义"的核心观念获得了与前期哲学话语色彩浓重相区别的一种新的表达方式,亦即一种以"阶级斗争""无产阶级革命"和"无产阶级专政"为基本标志的表达方式。如果说马克思在《1844 年经济学哲学手稿》中的"共产主义"观念侧重的是作为历史运动内在原则的"社会主义"的话,那么《共产党宣言》之后的"社会主义"观念侧重的则是对这一历史运动的条件、进程和一般结果的总体判断。这个总体判断,简而言之,即是资本主义时代的阶级斗争必然导向无产阶级革命和无产阶级专政以及资本主义私有制和一切阶级统治的消亡。

马克思在 1852 年给约·魏德迈的信中写道:"无论是发现现代社会中

---

① 《马克思恩格斯全集》第 3 卷,人民出版社,2002 年,第 347 页。

有阶级存在或发现各阶级间的斗争,都不是我的功劳。在我以前很久,资产阶级历史编纂学家就已经叙述过阶级斗争的历史发展,资产阶级的经济学家也已经对各个阶级作过经济上的分析。我所加上的新内容就是证明了下列几点:(1)阶级的存在仅仅同生产发展的一定历史阶段相联系;(2)阶级斗争必然导致无产阶级专政;(3)这个专政不过是达到消灭一切阶级和进入无阶级社会的过渡。"①这几点"新内容"恰恰可以作为我们理解上述马克思关于"社会主义"核心观念新表述的基本线索。

第一,"阶级的存在仅仅同生产发展的一定历史阶段相联系"。

在以和平与发展为主题的时代,谈论"阶级的存在"乃至"阶级斗争"似乎是极不合时宜的事情。不过,我们恐怕首先还要追问,马克思所理解的"阶级的存在"究竟意味着什么,为什么说它是"仅仅同生产发展的一定历史阶段相联系"的,而这并不像人们粗粗想来那样简单明了。过去,我们曾经以财产数量的多寡来划分一个家庭的阶级成分,比如在城市资产者中划分大资产阶级、中产阶级和小资产阶级,在农民中分地主、富农、中农、贫农和雇农等。至于个人的阶级成分,则主要以家庭出身为定性依据。这样一种对"阶级"的理解,与马克思的"阶级"含义是有很大偏差的。

在马克思看来,(1)阶级的存在总是与阶级之间的对抗性矛盾相联系的,不存在任何孤立的阶级。(2)这种对抗性的阶级关系并不是从来就有的,相反是以人类历史上"真正的分工"为最初前提的,这可以说是"阶级的存在仅仅同生产发展的一定历史阶段相联系"的一方面的含义:"分工起初只是性行为方面的分工,后来是由于天赋(例如体力)、需要、偶然性等等才自发地或'自然地'形成的分工";"分工只是从物质劳动和精神劳动分离的时候起才真正成为分工";真正的分工是"所有制即对他人劳动力支配"的

---

① 《马克思恩格斯选集》第 4 卷,人民出版社,2012 年,第 425—426 页。

起点①。与此相应,(3)阶级的存在总是与一定的生产力和生产关系状况联系在一起,而阶级对抗的实质"不是指个人的对抗,而是指从个人的社会生活条件中生长出来的对抗",即经由分工而固定化了的社会生活条件之间的矛盾冲突②。(4)阶级的划分应当以其赖以生存的社会生活条件的类型划分为依据,阶级的性质也应当以其赖以生存的社会生活条件的前途和命运为判定依据,因此,《共产党宣言》中说,在同资产阶级对立的一切阶级中,"只有无产阶级是真正革命的阶级"即"掌握着未来的阶级";其余的阶级,包括小工业家、小商人、手工业者、农民等在内的中间等级,以及流氓无产阶级,都将"随着大工业的发展而日趋没落和灭亡"③。与此同时,(5)具体的人或阶级完全可能超出自身现存的生存条件而转到"革命的阶级"的立场上来,即"不是维护他们目前的利益,而是维护他们将来的利益"。比如,《共产党宣言》就提到,就他们"行将转入无产阶级的队伍"而言,中间等级也可以是"革命的"。因此,马克思在《哥达纲领批判》中痛斥了"其他一切阶级只组成反动的一帮"这一拉萨尔主义的观点④。

第二,"阶级斗争必然导致无产阶级专政"。

如果说分工、所有制和阶级不过是历史地分化和演变的"社会生活条件"的同义语,那么,马克思说"至今一切社会的历史都是阶级斗争的历史",其含义乃是说,至今一切社会的历史都是建基于不同的社会生活条件之上的不同生存方式之间的矛盾冲突过程。这种矛盾冲突既可以在一定的社会形态之中表现为同一种生产方式下不同社会生活条件之间的斗争,也可以表现为社会革命时期即社会形态更替过程中作为不同生产方式的社会生活条件之间的斗争。在马克思看来,这些矛盾冲突并非是天然的,

---

① 《马克思恩格斯选集》第1卷,人民出版社,2012年,第162—163页。
② 《马克思恩格斯选集》第2卷,人民出版社,2012年,第3页。
③ 《马克思恩格斯选集》第1卷,人民出版社,2012年,第410—411页。
④ 同上书,第411页;《马克思恩格斯选集》第3卷,人民出版社,2012年,第366页。

也不是永恒的,它以分工、所有制和阶级的产生为开端,也将随着所有制、阶级和作为一种外部强制力量的自发分工的瓦解而终结。终结的方式和过程就是无产阶级革命和无产阶级专政。

无产阶级革命作为根本改造社会的历史运动,它的特征"并不是要废除一般的所有制,而是要废除资产阶级的所有制",而"现代的资产阶级的私有制是建立在阶级对立上面、建立在一些人对另一些人的剥削上面的产品生产和占有的最后而又最完备的表现"①。因此,所谓"阶级斗争必然导致无产阶级专政",至少包含着两重基本的含义:(1)迄今为止人类社会的阶级斗争已然到达了这种斗争得以维系的最后的形式即资本主义所有制;(2)从资本主义所有制内部即"资产阶级生存和统治的根本条件"中必然生长出将其彻底颠覆的革命力量即无产阶级。也就是说,无产阶级革命和无产阶级专政的历史必然性是建立在资本主义时代的社会现实的基础上的,这种基础是只有在对社会生活的空洞想象和对历史过程的思辨玄想中才能撇开的现实前提:"资产阶级生存和统治的根本条件,是财富在私人手里的积累,是资本的形成和增值;资本的条件是雇佣劳动。雇佣劳动完全是建立在工人的自相竞争之上的。资产阶级无意中造成而又无力抵抗的工业进步,使工人通过结社而达到的革命联合代替了他们由于竞争而造成的分散状态。于是,随着大工业的发展,资产阶级赖以生产和占有产品的基础本身也就从它的脚下被挖掉了。它首先生产的是它自身的掘墓人。资产阶级的灭亡和无产阶级的胜利是同样不可避免的。"②

第三,无产阶级专政"不过是达到消灭一切阶级和进入无阶级社会的过渡"。

马克思曾经高度评价过资产阶级在历史上所起的"非常革命的作用":

---

① 《马克思恩格斯选集》第 1 卷,人民出版社,2012 年,第 411、414 页。
② 同上书,第 412—413 页。

一方面表现为"在它的不到一百年的阶级统治中所创造的生产力,比过去一切世代创造的全部生产力还要多,还要大";另一方面表现为,"在它已经取得了统治的地方把一切封建的、宗法的和田园诗般的关系都破坏了"。与过去一切阶级统治总是力图"原封不动地保持旧的生产方式"不同,"资产阶级除非对生产工具,从而对生产关系,从而对全部社会关系不断地进行革命,否则就不能生存下去"。由此,"生产的不断变革,一切社会状况不停的动荡,永远的不安定和变动"成为资产阶级时代不同于过去一切时代的地方,由此,"一切等级的和固定的东西都烟消云散了",由此,资产阶级造就了真正意义上的"世界历史"①。

无产阶级革命和无产阶级专政有着比资产阶级革命(政治解放)更伟大和更沉重的历史任务(人类解放),"共产主义革命就是同传统的所有制关系实行最彻底的决裂":一方面,"劳动阶级解放的条件就是要消灭一切阶级,正如第三等级即市民等级解放的条件就是消灭一切等级一样";另一方面,"无产阶级将利用自己的政治统治,一步一步地夺取资产阶级的全部资本,把一切生产工具集中在国家即组织成为统治阶级的无产阶级手里,并且尽可能快地增加生产力的总量"。"当阶级差别在发展进程中已经消失而全部生产集中在联合起来的个人的手里的时候,公共权力就失去政治性质",此时,"代替那存在着阶级和阶级对立的资产阶级旧社会的,将是这样一个联合体,在那里,每个人的自由发展是一切人的自由发展的条件"②。

因此,无产阶级专政的历史使命决不简单地仅仅等同于无产阶级革命的胜利。如果说,无产阶级政党的形成意味着工人阶级真正地组织成为一个具有政治性质的阶级的话,那么,无产阶级专政则意味着无

---

① 《马克思恩格斯选集》第 1 卷,人民出版社,2012 年,第 402—405 页。
② 同上书,第 421、275、421—422 页。

产阶级上升为统治阶级。在马克思看来,无产阶级暴力革命作为无产阶级专政的基本前提,实际上只是共产主义运动的初始目标,并且无产阶级专政本身也只是一个历史性的过渡阶段。巴黎公社的实践经验表明,无产阶级上升为统治阶级,并不意味着可以"简单地掌握现成的国家机器,并运用它来达到自己的目的"①,而是意味着"无产阶级不再在一个个场合同经济特权作斗争,它获得的力量和组织使它足以在同这些阶级作斗争时采取普遍的强制手段",亦即可以"对所有权和资产阶级生产关系实行强制性的干涉"②。并且,马克思特别强调说,无产阶级"只能运用经济手段来消除它作为雇用工人的特性,因而消除它作为阶级的特性;随着它获得彻底胜利,它的统治也就结束了,因为它的阶级性质已经消失了",而这只是说,"阶级统治一旦消失,目前政治意义上的国家也就不存在了"③。

三、马克思、恩格斯在历史实践中阐发的"科学社会主义"

如果我们仅仅满足于从理论上表明马克思、恩格尔创立的社会主义或共产主义学说,作为"科学"包含哪些基本原则,那么只要如前所述那样,提到他们把社会主义或共产主义理论"置于现实的基础之上"这一初始原则,以及作为这一初始原则的重要成果和展开的"唯物主义历史观"和"剩余价值学说"就够了。

但诚如恩格斯所言,马克思不仅是一个"科学家",而"首先是一个革命家";他们"决不想把新的科学成就写成厚厚的书,只向'学术'界吐露",正相反,他们"已经深入到政治运动中",亦即深入到"以这种或那种方式参加推翻资本主义社会及其所建立的国家设施"的"现代无产阶级的解放事业"

---

① 《马克思恩格斯选集》第 3 卷,人民出版社,2012 年,第 95 页。
② 参看同上书,第 339 页;《马克思恩格斯选集》第 1 卷,人民出版社,2012 年,第 421 页。
③ 《马克思恩格斯选集》第 3 卷,人民出版社,2012 年,第 339—340 页。

中去了①。同时,考虑到从理论上揭示的"科学社会主义的基本原则",主要涉及的是一种理论联系实际的科学态度、唯物主义的历史观以及关于资本主义生产方式的深入解剖,而没有包括马克思、恩格斯作为"革命家",在深入"政治运动"之际取得的关于社会主义革命和建设的许多重要的历史经验和理论总结,而这些历史经验和理论总结对于后来世界范围的共产主义运动尤其是对于中国特色社会主义事业的发展来说并不是无足轻重的。因此,接下来,我们将对马克思、恩格斯的这些历史经验和理论总结再做一番简略的考察。

概括地说,马克思、恩格斯深入"现代无产阶级的解放事业"的活动,可以大致划分为1848年欧洲革命时期、1871年巴黎公社运动时期,以及马克思和恩格斯晚年对欧洲尤其是德国和俄国社会主义革命前景的探索时期等几个主要阶段。从马克思、恩格斯在这几个阶段留下的重要文献中,我们可以看到他们关于社会主义革命和建设的原则性思考:

（一）1848年欧洲革命时期

作为无产阶级历史运动最光辉的理论文献和实践纲领的《共产党宣言》,公开发表于1848年欧洲革命爆发前夕。其中,马克思、恩格斯第一次明确提出了"无产者组织成为阶级,从而组织成为政党"的极端重要性,因为这是"无产阶级上升为统治阶级"亦即"用暴力推翻资产阶级而建立自己的统治"的"第一步",是"对所有权和资产阶级生产关系实行强制性的干涉",把"全部生产集中在联合起来的个人的手里",从而同"传统的所有制关系"和"传统的观念"实行"最彻底的决裂",最后建立"每个人的自由发展是一切人的自由发展的条件"的"联合体"的根本政治前提②。

---

① 参见恩格斯:《在马克思墓前的讲话》(《马克思恩格斯选集》第3卷,人民出版社,2012年,第1003页)和《关于共产主义者同盟的历史》(《马克思恩格斯选集》第4卷,人民出版社,2012年,第203页)。
② 参见《马克思恩格斯选集》第1卷,人民出版社,2012年,第400—429页。

马克思在《1848年至1850年的法兰西阶级斗争》中系统总结了1848年欧洲革命时期法国阶级斗争的历史经验,发展了《共产党宣言》中提出的无产阶级必须"组织成为阶级,从而组织成为政党"的思想,首次使用了"无产阶级的阶级专政"这一术语,认为"宣布不断革命"的"革命的社会主义",是"达到消灭一切阶级差别,达到消灭这些差别所由产生的一切生产关系,达到消灭和这些生产关系相适应的一切社会关系,达到改变由这些社会关系产生出来的一切观念的必然的过渡阶段"①。

(二) 1871年巴黎公社运动时期

《法兰西内战》是在巴黎公社运动尚在开展和接近尾声的过程中,马克思为国际工人协会总委员会起草的一篇致欧洲和美国全体会员的宣言,它根据巴黎公社的经验,进一步发展了马克思主义关于阶级斗争、国家、革命和无产阶级专政的学说的基本原理。

其中,最为关键的是指出了"工人阶级不能简单地掌握现成的国家机器,并运用它来达到自己的目的",而认为"巴黎公社"的"真正秘密"就在于:"它实质上是工人阶级的政府,是生产者阶级同占有者阶级斗争的产物,是终于发现的可以使劳动在经济上获得解放的政治形式。"

当马克思说"公社"是"劳动的解放"或"社会解放"的"政治形式",这意味着:(1)"公社要成为铲除阶级赖以存在、因而也是阶级统治赖以存在的经济基础的杠杆",也就是要为"消灭那种将多数人的劳动变为少数人的财富的阶级所有制""剥夺剥夺者""把现在主要用做奴役和剥削劳动的手段的生产资料、即土地和资本完全变成自由的和联合的劳动的工具,从而使个人所有制成为现实"服务;(2)但是,"正如国家机器与议会制只是统治阶级进行统治的有组织的总机构,只是旧秩序在政治上的保障、形式和表现,而不是统治阶级的真正生命,公社也不是工人阶级的社会运动,从而也不

---

① 参见《马克思恩格斯选集》第1卷,人民出版社,2012年,第532页。

是全人类复兴的运动,而只是有组织的行动手段",因此,"公社并不取消阶级斗争,工人阶级正是通过阶级斗争致力于消灭一切阶级,从而消灭一切阶级统治",但"公社提供合理的环境,使阶级斗争能够以最合理、最人道的方式经历它的几个不同阶段";(3)公社实现"劳动的解放"或"社会解放"的"伟大目标",将会是一个相当漫长的过程,——在这个过程中,不仅要进行"政治改造",而且要实行"经济改革","不仅需要改变分配,而且需要一种新的生产组织",而"以自由的联合的劳动条件去代替劳动受奴役的经济条件,只能随着时间的推进而逐步完成"①。

(三)马克思和恩格斯晚年

巴黎公社运动失败之后,马克思、恩格斯又把主要的精力转回到理论研究的工作上来,其中最重要的任务是整理马克思本人此前写下的许多《资本论》研究手稿(马克思逝世以后,这便成了恩格斯最主要的理论工作)。不过,在忙于上述理论工作的同时,他们仍然密切关注欧洲社会革命的发展状况,尤其是在对巴枯宁无政府主义和深受拉萨尔主义影响的"哥达纲领"的批判中,以及在对俄国公社的革命前途问题的研究方面,提出了一系列重要的科学社会主义论断。其中包括:

1. 在《巴枯宁〈国家制度和无政府状态〉一书摘要》中,马克思重申了无产阶级革命的现实条件和无产阶级专政的性质与前途:(1)"彻底的社会革命是同经济发展的一定历史条件联系着的;这些条件是社会革命的前提。因此,只有在工业无产阶级随着资本主义生产的发展,在人民群众中至少占有重要地位的地方,社会革命才有可能";(2)"如果无产阶级本身还是一个阶级,如果作为阶级斗争和阶级存在的基础的经济条件还没有消失,那么就必须用暴力来消灭或改造这种经济条件,并且必须用暴力来加速这一改造的过程";(3)"无产阶级不再在一个个场合同经济特权阶级作斗争,它

---

① 以上论述参见《马克思恩格斯选集》第3卷,人民出版社,2012年,第95、102—103、143页。

获得的力量和组织使它足以在同这些阶级作斗争时采取普遍的强制手段；但是，它只能运用经济手段来消除它作为雇佣工人的特性，因而消除它作为阶级的特性；随着它获得彻底胜利，它的统治也就结束了，因为它的阶级性质已经消失了"；(4)而"阶级统治一旦消失，目前政治意义上的国家也就不存在了"，但是"工人对反抗他们的旧世界的各个阶层实行的阶级统治必须持续到阶级存在的经济基础被消灭的时候为止"①。

2. 在《哥达纲领批判》中，马克思对"共产主义社会的第一阶段"（与政治上的"无产阶级专政时期"相对应）经济生活的性质和界限做出了明确的探讨：(1)在资本主义生产方式下，"劳动者在经济上受劳动资料即生活源泉的垄断者的支配，是一切形式的奴役即一切社会贫困、精神屈辱和政治依附的基础"，与此不同，"在一个集体的、以生产资料公有为基础的社会中……个人的劳动不再经过迂回曲折的道路，而是直接作为总劳动的组成部分存在着"；(2)但"第一阶段"的"共产主义社会"，由于并不是"在它自身基础上已经发展了的"，而是"刚刚从资本主义社会中产生出来的，因此它在各方面，在经济、道德和精神方面都还带着它脱胎出来的那个旧社会的痕迹"，最为关键的是，"这里通行的是商品等价物的交换中通行的同一原则，即一种形式的一定量劳动同另一种形式的同量劳动相交换"，也就是说，"在这里平等的权利按照原则仍然是资产阶级权利"；(3)由于"平等的权利总还是被限制在一个资产阶级的框框里"，所以在"经过长久阵痛刚刚从资本主义社会产生出来的共产主义社会第一阶段"，必然存在这样那样的一些弊病，比如"在提供的劳动相同、从而由社会消费基金中分得的份额相同的条件下，某一个人事实上所得到的比另一个人多些，也就比另一个人富些，如此等等"；(4)相反，只有"在共产主义社会高级阶段，在迫使个人

---

① 《马克思恩格斯选集》第3卷，人民出版社，2012年，第337—339、342页。恩格斯对无政府主义的直接而扼要批判，可以参看《恩格斯致菲·范派顿》，载《马克思恩格斯选集》第4卷，人民出版社，2012年，第558—559页。

奴隶般地服从分工的情形已经消失,从而脑力劳动和体力劳动的对立也随之消失之后;在劳动已经不仅仅是谋生的手段,而且本身成了生活的第一需要之后;在随着个人的全面发展,他们的生产力也增长起来,而集体财富的一切源泉都充分涌流之后,——只有在那个时候,才能完全超出资产阶级权利的狭隘眼界,社会才能在自己的旗帜上写上:各尽所能,按需分配!"①

3. 在《给〈祖国纪事〉杂志编辑部的信》、《给维·伊·查苏利奇的复信》、《共产党宣言》1882年俄文版"序言",以及《〈论俄国的社会问题〉跋》等文献中,马克思、恩格斯集中回答了俄国公社能否成为俄国社会变革的新的生长点,亦即俄国社会是否不可避免要重复西欧资本主义发展道路的问题。这些回答包括两个重要方面的内容:

一方面,关于将马克思在《资本论》中对西欧资本主义生产方式的起源分析直接运用于俄国社会的限度问题。马克思明确表示,"生产者和生产资料彻底分离"的"历史必然性"分析仅限于西欧各国,也就是说,"《资本论》中所作的分析,既没有提供肯定俄国农村公社有生命力的论据,也没有提供否定农村公社有生命力的论据",因此坚决反对把他"关于西欧资本主义起源的历史概述彻底变成一般发展道路的历史哲学理论,一切民族,不管它们所处的历史环境如何,都注定要走这条道路"——马克思说,这种做法"会给我过多的荣誉,同时也会给我过多的侮辱"。

另一方面,关于俄国公社的命运以及俄国社会发展的前景问题,马克思、恩格斯仍然做出了一些实质性的判断:"如果俄国继续走它在1861年所开始走的道路,那它将会失去当时历史所能提供给一个民族的最好的机会,而遭受资本主义制度所带来的一切灾难性的波折";"假如俄国想要遵照西欧各国的先例成为一个资本主义国家……它不先把很大一部分农民

---

① 《马克思恩格斯选集》第3卷,人民出版社,2012年,第360—365页。

变成无产者就达不到这个目的;而它一旦倒进资本主义制度的怀抱,它就会和尘世间的其他民族一样地受那些铁面无情的规律的支配";"农村公社是俄国社会新生的支点;可是要使它能发挥这种作用,首先必须排除从各方面向它袭来的破坏性影响,然后保证它具备自然发展的正常条件",或者说,"假如俄国革命将成为西方无产阶级革命的信号而双方互相补充的话,那么现今的俄国土地公有制便能成为共产主义发展的起点"①。

四、马克思、恩格斯"社会主义"思想的当代意义

众所周知,"社会主义"一词有着两重相关的含义:作为扬弃资本主义所有制的运动和作为对这一运动的条件、进程和一般结果的理论描述。我们上文着重讨论的马克思的"社会主义"思想无疑属于后一个方面,即作为理论的"社会主义"。既然存在着运动和理论的分离,自然就会产生理论是否适合于运动,或者运动是否落后于理论的疑问,对于马克思的"社会主义"思想的考察也不能例外。因此,谈论马克思"社会主义"思想的当代意义,其实首先就是要结合作为一种历史运动的社会主义在当代的发展状况,来检审马克思关于"社会主义"核心观念的现实意义。

事实上,在马克思生前和逝世之后展开的国际共产主义运动,尤其是苏联、东欧,以及中国等一大批国家创建和发展社会主义社会的历史实践,已经向马克思关于"社会主义"的基本思想提出了许多有待澄清的问题。其中,(1)在无产阶级革命胜利之前,问题的焦点是,社会主义和共产主义是否一定要通过无产阶级的暴力革命来实现,以及这种暴力革命是否一定要以至少是各文明国家的共同行动的方式才能取得成功;(2)当无产阶级革命在苏联首次取得成功之后,问题的焦点是,如何建立不同于资本主义

---

① 《马克思恩格斯选集》第 3 卷,人民出版社,2012 年,第 729—730、839—840 页;《马克思恩格斯选集》第 1 卷,人民出版社,2012 年,第 379 页。并参看《马克思恩格斯选集》第 4 卷,人民出版社,2012 年,第 316—317 页。

私有制的国家制度并创造出更高的生产效率和更大的生产力总量；(3)当苏联和东欧的社会主义国家制度纷纷解体之后，问题的焦点是，包括已解体的和现存的社会主义国家在内，所践行的"社会主义"道路是否真正是"马克思主义"的，或者所谓真正的"马克思主义"的"社会主义"道路本身是否是一种纯粹的乌托邦。

马克思自身的主张无疑是明确而坚定的。自从唯物史观确立以来，马克思就一直在同形形色色的虚假的社会主义思潮作斗争。对空想社会主义、蒲鲁东主义、拉萨尔主义和巴枯宁主义的批判，都与是否要将雇用工人团结成一个独立的阶级并上升为统治阶级有关。在1871年拟订的《国际工人协会共同章程》中，第一句话就是："工人阶级的解放应该由工人阶级自己去争取。"同样是在这一章程中，马克思强调，"劳动的解放既不是一个地方的问题，也不是一个国家的问题，而是涉及存在现代社会的一切国家的社会问题，它的解决有赖于最先进的国家在实践上和理论上的合作"①。

19世纪末，列宁提出帝国主义时代资本主义世界发展不平衡和社会主义革命可能在一个国家首先取得胜利的理论。由于十月革命的成功，这一理论被视为对马克思主义的重大发展：一方面实行了马克思无产阶级暴力革命的主张，另一方面又改变了暴力革命首须各文明国家联合行动的判断。不过，历史似乎给人们开了一个沉重的玩笑。苏联、东欧社会主义国家解体以后，列宁主义被许多人看作是对马克思主义的重大偏离，列宁所领导的社会主义革命被看作是马克思意义上的无产阶级革命的严重先天不足的早产儿。由此，一种曾经被马克思批判过的观点又广泛流行开来，即不仅认为资本主义的高度发展是无产阶级革命的必要前提，并且认为在资本主义社会内部完全可以通过民主斗争"和平长入"社会主义社会，从而彻底否定无产阶级暴力革命和无产阶级专政的必要性。更有甚者，如弗朗

---

① 《马克思恩格斯选集》第3卷，人民出版社，2012年，第171页。

西斯·福山等人,则宣称冷战结束意味着马克思主义的社会主义信念的彻底失败,意味着人类历史将终结于资本主义的"千年王国"。

当然,我们完全可以轻松地说,20世纪国际共产主义运动和各社会主义国家的成败得失恰恰印证了马克思关于"社会主义"运动的基本观念。因为,现在看来,经过百余年的曲折发展,世界历史的整体情势似乎离马克思所预见到的使资本主义制度必然崩溃的临界点还早得很。但正如马克思本人所说的,太久没有实现的预言可能被视为谣传。如果我们今天仍然坚持认为马克思的"社会主义"思想具有指引我们的未来的意义,并且像《共产党宣言》中说的那样——"共产党人不屑于隐瞒自己的观点和意图",那么,问题的关键就在于,如何从理论上澄清这一"坚持"的真实根据,而不是停留于一种单纯口号式的激情表达。下面择其要点做一些简略的考察。

首先,关于东方社会主义道路是否真的超出了马克思关于"社会主义"的核心观念的问题。

马克思对东方社会(主要是俄罗斯)发展道路独特性的思考,集中表达在1881年给维·伊·查苏利奇的复信及其四份手稿当中。在那封著名的、简要而审慎的复信里,马克思指出:农村公社要成为"俄国社会新生的支点",其前提是,"首先必须排除从各个方面向它袭来的破坏性影响,然后保证它具备自然发展的正常条件"①。在1882年《共产党宣言》的"俄文版序言"中,这一前提被马克思、恩格斯更清楚地表达为:"假如俄国革命将成为西方无产阶级革命的信号而双方互相补充的话,那么现今的俄国土地公有制便能成为共产主义发展的起点。"②

事隔十一年之后(1893年),恩格斯在给尼·弗·丹尼尔逊的书信中对"序言"的这段话做了进一步的解释:"如果在西方,我们在自己的经济发展

---

① 《马克思恩格斯选集》第3卷,人民出版社,2012年,第840页。
② 《马克思恩格斯选集》第1卷,人民出版社,2012年,第379页。

中走得更快些,如果我们在10年或20年以前能够推翻资本主义制度,那么,俄国也许还来得及避开它自己向资本主义发展的趋势。遗憾的是,我们的进展太慢,那些必然使资本主义制度达到临界点的经济后果,目前在我们周围的各个国家只是刚刚开始发展;……而在这期间你们那里的公社却在衰败,我们只能希望我们这里向更好的制度的过渡尽快发生,以挽救——至少是在你们国家一些较边远的地区——那些在这种情况下负有使命实现伟大未来的制度。但事实终究是事实,我们不应当忘记,这种机会正在逐年减少。"①

现在我们结合东欧剧变之后经济全球化的进程以及《共产党宣言》中对资产阶级征服世界的力量与趋势的初始描述——资产阶级"把一切民族甚至最野蛮的民族都卷到文明中来了","正像它使农村从属于城市一样,它使未开化和半开化的国家从属于文明的国家,使农民的民族从属于资产阶级的民族,使东方从属于西方",——我们似乎完全有理由认为,除非西方各文明国家同时发生无产阶级革命,否则东方社会无论是否已经走上了社会主义发展道路,在资本主义生产方式全球化的压力之下都必然要经历"西方历史发展所经历的那个瓦解过程"②。

其次,关于资本主义的当代发展是否打破了马克思关于阶级斗争和无产阶级革命与无产阶级专政的历史预见的问题。

我们知道,剩余价值学说是马克思对其社会主义核心观念的具体论证之一。根据恩格斯的提法,剩余价值学说的意义在于,揭露了资本主义生产方式"一直还隐蔽着的内在性质":"无偿劳动是资本主义生产方式和通过这种生产方式对工人进行的剥削的基本形式……这种剩余价值归根到底构成了有产阶级手中日益增加的资本量由以积累起来的价值量。"③剩余

---

① 《马克思恩格斯选集》第4卷,人民出版社,2012年,第640页。
② 《马克思恩格斯选集》第1卷,人民出版社,2012年,第404—405、379页。
③ 《马克思恩格斯选集》第3卷,人民出版社,2012年,第797页。

价值的剥削方式以劳动者的人身自由和劳动力与资本之间的等价交换为基础,相对于传统社会以人身压迫为基础的直接剥夺而言是一种历史性的进步,但这种剥削方式所造成的阶级关系或社会生活条件日益简单而明显的对立亦即资产阶级与无产阶级的对立,最终将从内部炸毁这种生产方式本身,这便是它"在一定历史时期存在的必然性"和"灭亡的必然性"①。

从当今资本主义世界的发展状况看来,似乎马克思所说的阶级对立日益简单和明显的趋势不是增强而是减弱了。现在,我们在资本主义生产方式的条件下,也像过去的各个历史时代一样,"几乎到处都可以看到社会完全划分为各个不同的等级[尽管不再具有等级在传统社会所具有的政治性质——引者],看到社会地位分成多种多样的层次"②。并且由于资本主义国家普遍采用了许多对生产和市场进行计划和调控的手段,以及由于一方面迫于工人运动的压力,另一方面也是出于维护整个资本主义生产秩序和经济利益的需要,采用了大量保障劳动者的基本生存条件、增进社会福利的措施,现在也似乎看不到资本主义生产早期所呈现出来的无政府状态、周期性的经济危机和工人生活绝对贫困化的发展趋势。

但是,即便这些现象描述本身都是可靠的,却根本无法否认另一个更加基本的事实,那就是现代资本主义社会无论如何也没有消除从不同的社会生活条件的基础上生长出来的人与人之间的竞争与对抗。正是这种竞争与对抗将人类的绝大部分始终禁锢于为"不断升级"的生活必需品而奋斗的、动物式的生存境地,同时造成包括人的需要、人对人和人对自然的控制手段与技术水平在内的整个社会的强制性"进步"。

再次,关于"中国特色社会主义"发展道路的"马克思主义"方向或"社会主义"性质的问题。

---

① 参见《马克思恩格斯选集》第3卷,人民出版社,2012年,第797页。
② 《马克思恩格斯选集》第1卷,人民出版社,2012年,第400—401页。

如果我们认可马克思关于东方社会主义发展道路的基本思考也适用于中国，即把无产阶级革命在西方资本主义国家共同发生看作是包括中国在内的东方社会真正实现从前资本主义时代到社会主义社会的跨越式发展的必要前提的话，那么就不得不承认，即使是在"中国特色社会主义"的旗帜之下，我们所面对的主要的历史任务仍然是远远落后于马克思所说的无产阶级革命和无产阶级专政的。同样，如果我们认可当今资本主义世界的发展状况仍然落在马克思关于资本主义时代和社会主义运动的基本判断之中的话，那么，也就应当坚持马克思主义的社会主义理想是包括中国在内的人类发展的前途和方向。

事情的艰难之处在于，在一个已经由无产阶级政党掌握政权的国家，如何展开一场自觉地以"马克思主义"的"社会主义"为前途和方向的传统社会瓦解和现代社会建设与改造的运动。由此看来，所谓"中国特色社会主义"的"中国特色"，与其说指社会生活和文化传统的民族特色，不如说主要是指一条有望成功实现上述自觉实行的、瓦解和重建传统社会生活的发展道路。幸运的是，几经曲折，"中国特色社会主义"已经进入"新时代"。应当相信，在以全面建成社会主义现代化强国为基本目标的未来发展中，我们将会明确看到对马克思主义的"社会主义"基本思想的当代回应。

第四章　马克思主义与当代中国发展道路

本章的主要任务,是侧重于从实践的方面考察马克思主义与当代中国之间的有机联系,亦即从马克思的思想视域出发理解当代中国发展道路。既包括对中国道路研究方法论前提问题的反思,也包括对中国发展道路中是否蕴含一种超越西方现代性的更高"普遍性"的探讨,还包括对共产主义的根本旨趣与中国特色社会主义历史使命之间内在关联的思考。

第一节　"文明论"-"普遍历史"视域与中国道路研究

中国特色社会主义发展道路研究,亟须在马克思主义的指引下,从世界历史哲学的层面展开基础性的方法论反思。"文明比较"作为中国道路研究的一种根本视域,实际上是"文明论"与"普遍历史"视角的有机统一。黑格尔、马克思和海德格尔等重要思想家,为我们提供了这种有机统一的基本范例。当代中国道路研究,应当立足于"文明论"基础之上,建构一种能够真正切近中国问题和中国经验的更高意义上的"普遍历史"叙事。

二十一世纪尤其是党的十八大以来,随着中国国际经济社会地位的快速提升,中国特色社会主义发展道路越来越成为海内外学术研究的一个热点问题。我们在此努力倡导一种"文明比较视域下的中国道路研究",这一研究思路的前提性理解或最基本的理论预判在于：从世界历史哲学的基础理论层面进行深层次的视域反思，是真正深入研究中国道路、中国问题和中国经验的思想前提；"文明比较"视域的突出呈现，一方面固然与近年来中国发展道路的自主性高扬以及自身文明基础地位的文化自觉有密切的关系，另一方面也是因为"文明比较"视域中实质性包含着"文明论"和"普遍历史"的双重视角。由此，我们将特别评述黑格尔、马克思和海德格尔等思想家的开拓性工作，对如何在"文明比较"视域中界定"文明论"和"普遍历史"视角的基本内涵，以及如何在当代中国道路研究中贯彻二者的有机统一做出粗浅的探讨。

一、"文明论"与"普遍历史"视域的对立与统一

字面看来，在"文明比较"这个提法中至少包含这样一些基本意思：(1)文明的多样性，预设至少有两种以上的文明主体，才能谈得上"文明"之间的比较；(2)单一文明内部的统一性，作为比较对象的"文明"主体各自成其为一个独立的系统，由此才能成立为相互比较的对象；(3)文明之间的可比较性，一谈到比较，就很容易想到"同"和"异"，而无论是求"同"还是求"异"，无论对"同"或"异"内容做何种理解，至少已经预设了求"同"或求"异"的可能性，预设了某种超出个别"文明"形态之上的判断"尺度"，尽管这个"尺度"的内容本身可能还不够明确。

在对以上三点进行更具体的论述之前，先做一点前提性的反思：真的存在"文明"这样一种既是复数形式同时又具有内在总体性的"对象"，可供我们做一种"比较"研究吗？我们提出"文明比较"这样一种研究"视域"，自然蕴含着对上述疑问的肯定性回答。但真要对这种研究"视域"的合理性做出恰当的说明，却并非是一件容易的事。

在我看来，一个较为方便的路径是向黑格尔-马克思所代表的某种思想传统的复归，而这首先又意味着至少要在哲学基础上应对"黑格尔之后"

西方哲学发展过程中对这一思想传统提出的某些根本性挑战。

简单说来,黑格尔-马克思所代表的这种思想传统,意味着一种"思辨历史哲学"的立场。这种哲学立场预设作为一个总体性认识对象的"历史"是可能的:历史是一个有着内在逻辑、内在必然性或内在合理性的过程,并且我们可以对这种内在的逻辑、内在的必然性或合理性做出正确的认识和描述。这种"思辨历史哲学"的立场,也可以称作是关于"历史"的"形而上学"立场,是一种古典的"历史哲学"立场。

在"黑格尔之后",上述思想立场遭遇到了各种各样的挑战,其中最为核心的挑战来自三个方面:(1)马克思、海德格尔等人所发动的对旧哲学或西方形而上学传统的批判;(2)经验科学的实证主义对思辨形而上学传统的反叛;(3)作为一种哲学立场的后现代主义对所谓"元叙事"的解构。上述三个方面,最复杂也最具理论重要性的是第一个方面。

言其复杂,是因为在马克思主义的历史传承中,曾经一度与第二方面合流,而作为一种哲学立场的后现代主义与海德格尔哲学之间也有着直接的渊源关系,因此,首先要将第一个方面与其余两个方面剥离开来。简单地说,经验科学的实证主义对西方形而上学传统的反叛,实质不过是海德格尔所揭示的传统哲学的"终结"或自我完成;而作为一种哲学立场的后现代主义,不过是马克思所揭示的"政治解放"或新世纪以来人们议论很多的"承认政治"在哲学文化上的反映。

言其重要,是因为在马克思-海德格尔这个方向的挑战中,批判继承了黑格尔思辨历史哲学最基本的内核,从而构成了对黑格尔哲学或西方形而上学传统的一种真正意义上的发展:黑格尔哲学揭示的客观精神或世界精神的发展,在马克思那里演变为关于历史必然性的思想,在海德格尔那里表现为对"世界-历史天命"的领会。

当然,要对上述三个挑战方面进行深入细致的剖析,恐怕需要写一部"后黑格尔"时代的西方哲学史或西方思想史才有可能做到。这里暂且撇开不谈,下面回到正题。

我们知道,黑格尔是坚持思有同一原则的,并且出于"思维经济学"的考虑,把历史归结为思想史,把经验存在的本质性导回到思维本身的范畴推演和概念体系,马克思通过意识形态批判赋予历史实践或人们的感性生活以真正的基础性地位,海德格尔则通过强调"此在"在存在论上的优先地位,强调通过对此在在世的生存论分析来重新理解整个西方形而上学史,后期更通过强调专注于存在本身或存在历史之新开端来探寻一条不同于传统哲学的"思"路。但在我看来,尽管黑格尔、马克思和海德格尔等人对西方历史的具体表述与前途判断不同,甚至后来者对前辈有非常极端的批评,但这并不妨碍他们在基本思想视野上存在十分重要的共通之处,亦即我们所谓的思辨历史哲学的或普遍历史的思想立场。三者之间的这个共通之处或这个普遍历史的基本立场,是我们倡导"文明比较"研究思路时试图特别强调的第一个方面。因为这种普遍历史的基本立场,是我们能够将某个"文明"作为一个整体来理解和认识的思想前提。在此基础上,我们才有可能进行"文明"之间的整体性比较。

因此,事情的实质在于:一旦确认"文明"的独立性、自主性和整体性,我们就已经承诺了某种"普遍历史"的思想视野;而一旦涉及作为独立整体的"文明"系统之间的比较研究,也就承诺了某种"文明论"的思想视野。卡尔·勒维特在《世界历史与救赎历史:历史哲学的神学前提》一书中探讨了普遍历史哲学的一些重要的历史版本及其神学前提,其中包括马克思与黑格尔,但没有提到海德格尔。而在我看来,不要说海德格尔本人,就是对海德格尔思想做出过激励批评的列奥·施特劳斯,其政治哲学也可以看作是普遍历史哲学的一种变形,因为他也致力于对西方文明的历史做一种总体性的把握与判断。至于"文明论"倾向的思想家,我们也可以列出一长串名单,比如斯宾格勒、汤因比、雅斯贝尔斯、亨廷顿,以及中国近代的梁漱溟、梁启超、李大钊等。但我个人最看重的还是黑格尔、马克思和海德格尔等人,虽然他们在"文明论"的立场上持某种非常坚定的"西方中心主义",但他们的确是迄今为止对西方文明的特质与弊病给出了最深刻诊断的人。

为了方便展开我们的论述,这里特别介绍一下复旦大学丁耘教授在其近著《中道之国》中谈到的一个非常有启发性的观点。他化用雅斯贝尔斯的学说,特别强调了"轴心时代"的"文明论"意义:"对于全部人类历史而言,轴心期的古今之变产生的、复数意义上的大现代性,比西欧的小现代性更为重要;理解与解释小现代性要以轴心期的'大现代性'为背景;解决小现代性所蕴含的种种危机和难题,只能回溯到它之所从出的大现代性;轴心期的文明给予了人类更多的'现代'可能。"换句话说,"轴心文明说可发挥出这样的结论:中国、印度、希腊只是大现代文明的不同类型。有差别,有相通。其中只有希腊文明通过文艺复兴的再次突破,衍化出了小现代性。在希腊文明无法克制这个似乎是它召唤出来的、我们意义上的'现代性'之时,人类最有希望的出路可能只是诉诸其他轴心文明,具言之是中国或印度"[①]。

所谓"大现代性"与"小现代性"的区分,的确让我们的思路变得豁然开朗,可以大大减轻由西方现代性对我们的威压所造成的生存焦虑(尽管其本身文明的弊病已经在过去一百多年中有充分的显现)。由此,我们似乎可以从"轴心时代"中华文明与西方文明的"平等"或"平行"地位出发,来重新思考中西文明的交汇问题。也就是说,我们可以尝试着不再把"西方现代性"视为一切"文明"形态都必须经历的一个历史通道,即便是我们也承认我们的"文明"传统需要某种意义上的"现代化"。关于中华文明传统的现代转化,学术界也已经有许多探讨,很多学者试图把这个过程的起点从近代上推到宋明甚至秦汉之际。但关键的问题在于:(1)西方文明内部的大、小"现代性"之间究竟是何种关系,对我们的文明存在方式构成真正挑

[①] 丁耘:《中道之国》,福建教育出版社,2015年,第12—13页。

战的"西方现代性"的本质内涵是什么？（2）如果我们假定中华文明的现代转化，并不完全起始于现代西方文明的挑战，而是有自身文明更长远的基础，而且在应对"西方现代性"挑战时必然要在此基础上谋求自身独特的"现代化"道路的话，那么，这种文明基础及其相应的"现代性"特质究竟是什么？（3）当今中国正在构建的"小现代性"，无论是作为中华文明"大现代性"基础的自我发展或突破，还是作为接受西方文明"大"-"小"现代性挑战或启发的结果，其实质性的内容究竟是什么？（4）马克思主义作为近代以来中华民族伟大复兴的重要的意识形态引导力量，同时作为对西方现代性文明的激烈批判，在中华文明自身的现代转化或当今中国的"小现代性"建构过程中已经发挥和还将发挥怎样的实质性作用？

顺便说一句，上述第（4）小点的内容，是很多讨论中国现代性问题的学者有意无意淡化或忽略的，比如在甘阳先生著名的"通三统"学说中，革命文化传统的根据止于毛泽东思想，但对毛泽东思想内部马克思主义内涵问题语焉不详，对于马克思主义继续中国化或化中国的问题几乎采取了回避的态度。但说白了，如果这一点被回避的话，所谓西方与中国的"大""小"现代性问题，则完全可以演变为与马克思主义传统无关的所谓"古今中西问题"。其中需要核心关注的是如下几个方面：西方文明传统内部的古今之变问题；中华文明的现代转化与自身文明基础的关系问题；中华文明传统现代转化与西方"小"现代性之间的关系问题。

目前看来，面对这一问题，至少有三种基本思路：（1）依循黑格尔、马克思和海德格尔等人在西方文明经验的基础上发展起来的"普遍历史哲学"的路径，把中华文明的现代化看作是受现代西方文明（西方"小"现代性）支配而近乎必然展开的一个历史过程；（2）强调中西方各自文明传统内部的古今同一性，因而强调中西"大"-"小"现代性之间一种在根本意义上的"平行"或"平等"地位，对于二者之间的交互作用及其历史效果采取极其审慎的态度，不急于下结论，或者说留待更遥远的将来，让世界历史本身去做结论;(3)不仅强调中华文明现代转化过程中的自主性,而且强调中西文明交汇之后在中华大地展开的文化结合的锻炼,不仅能够成功化解"西方现代性"的挑战,而且能够在充分占有西方现代文明成果的基础上,呈现出一种超越或包容中西文明基础差异的积极意义,能够为人类社会开启一种新的文明形态。

上述三种思路,第一种可以说是狭义的或原初意义上的"普遍历史"思路,第二种则是与狭义的"普遍历史"思路处于对立地位的狭义的"文明论"思路,第三种是试图超越"普遍历史"与"文明论"思路的一般对立,把"文明论"视角综合到自身之内的更高层面的"普遍历史"思路。三种思路,构成了一种由"西方中心论"到"中西平行论"再到"中国中心论"的递进格局,分别代表着"被动适应""防御相持"和"积极挑战"三种文明心态。从主观愿望来说,我们当然愿意采取第三种思路,并且希望特别突出地强调、观察和描述马克思主义这一思想传统在其中发挥的实质性作用,但就目前中国的实际状况而言,恐怕我们还必须充分尊重和深入思考前两种思路的内在理据。

二、文明论与普遍历史有机结合的思想范例

到此为止,我们好像还只不过是在"普遍历史"和"文明论"这样两个含义不甚分明的词汇引导下,就"古今中西问题"做一种粗浅的排列组合式的文字游戏。下面我们将通过对黑格尔、马克思和海德格尔等人所展示的"普遍历史"思路做一番概括的阐述,尝试着对这些词语的实际内涵做出一些较为具体的说明。

在黑格尔看来,整个一部西方历史,就是"自由"理念展开自身的过程。这个过程大体来说包括三个重要阶段:古希腊的伦理-自由时代(公民或"一群人"的自由);古罗马的私人-自由时代(私人之间无休止的争斗或者毋宁说是自由的反面);现代日耳曼世界的个体-自由时代(个体性自由与

伦理共同体的和谐统一)。不过,与福山提出的"历史的终结"相反,如果严格按照黑格尔《法哲学原理》中的构想来看,现代西方政治制度的发展,走的是霍布斯、洛克等人倡导的契约国家的道路,而不是卢梭、黑格尔等人构想的理性国家的道路。黑格尔把契约国家轻蔑地称之为"外部国家"("需要和理智的国家",《法哲学原理》第183节),而真正的国家乃是"伦理理念的现实",是"绝对自在自为的理性东西",是客观自由("普遍的实体性意志")和主观自由("个人知识和他追求特殊目的的意志")的统一(《法哲学原理》第257—258节)①。

由此,可以引申出一个重要的课题,对现代国家的自我意识及其伦理实存之间的关系做一种批判性的考察。如果黑格尔关于国家在根本上所具有的伦理性质的判断是正确的话,那么在那些主观意识上(包括在国家公民的头脑中和在宪法法律中对国家生活的自觉意识)尚处于"外部国家"状态的国家而言,必然不断生长出伦理实存与主观意识之间的差异与对立。与这种主观意识落后于伦理实体状况相反的情形是,主观意识超前于伦理实体的状况,以抽象思想为基础从外部输入宪法和国家制度:"在一个现实的大国中,随着一切存在着的现成的东西被推翻之后,人们根据抽象思想,从头开始建立国家制度,并希求仅仅给它以想象的理性东西为其基础。又因为这都是缺乏理念的一些抽象的东西,所以它们把这一场尝试终于搞成最可怕和最残酷的事变。"②

马克思提供了一个比黑格尔的"世界历史"更为宏阔的"人类历史"视野:在黑格尔"世界历史"的起点(政治共同体或国家)之前,马克思增加了一个"前政治"的人类社会或者说原始共同体阶段;而黑格尔所谓"世界历史"的终结之处,在马克思那里不过是人类"史前史"(阶级斗争史和异化

---

① 参见黑格尔:《法哲学原理》,商务印书馆,1961年,第198、253—259页。
② 同上书,第255页。

史)的最后阶段亦即资产阶级时代;在此之后,马克思增加了一个真正的"人类社会"阶段,而由资产阶级社会向无产阶级社会或社会主义社会的过渡,不过是真正的人类社会的一个初始的起点。但就目前而言,马克思对我们最大的启发,可能还是他对西方现代社会本身的批判性分析,包括对西方古代社会(前现代社会)的解体过程和现代西方社会(资产阶级社会)诞生过程的历史性分析。与"异化""资本"标志性词汇相比,我更注重马克思在描述人类社会第二大历史形态时使用的"以物为中介的人的独立性"这个短语。它表达了西方现代性社会最本质的特征,揭示西方现代社会发展的源动力和一切社会矛盾的总根源:各个形式上"独立"的个人,通过对"物"的生产与占有来发掘和角逐社会权力。

在我看来,海德格尔也提供了一个关于西方文明史的普遍性叙事,因为他通过对西方形而上学传统及其现实结果(现代西方技术文明)的批判,勾勒出了"哲学的终结"和"历史的终结"的另一个版本:人类社会正受制于一种植根于西欧文明的世界-历史天命,如果没有一种真正的"新开端"的话(纳粹曾经被他想象为一种可能的新开端),人类社会将长期陷入一种"技术的中世纪"——"技术更加明确地铸造和操纵着世界整体的现象和人在其中的地位","表象-计算性思维的操作特性和模式特性获得了统治地位","哲学之终结显示为一个科学技术世界以及相应于这个世界的社会秩序的可控制的设置的胜利。哲学之终结就意味着植根于西方-欧洲思维的世界文明的开端"[①];"无家可归状态变成一种世界命运。因此就有必要从存在历史上来思这种天命。马克思在某种根本的而且重要的意义上从黑格尔出发当作人的异化来认识的东西,与其根源一起又复归为现代人的无家可归状态了。这种无家可归状态尤其是从存在之天命而来在形而上学之形态中引起的,通过形而上学得到巩固,同时又被形而上学作为无家可

---

① 海德格尔:《面向思的事情》,商务印书馆,1999年第2版,第71—72页。

归状态掩盖起来","技术在其本质中乃是沦于被遗忘状态的存在之真理的一种存在历史性的天命","作为真理的一种形态,技术植根于形而上学之历史中。形而上学之历史本身乃是存在之历史的一个突出的和迄今为止唯一可以一目了然的阶段"①;"现代技术之本质居于集置之中。集置归属于解蔽之命运","此命运绝没有把我们囚禁于一种昏沉的强制性中,逼使我们盲目地推动技术,或者——那始终是同一回事情——无助地反抗技术,把技术当作恶魔来加以诅咒。相反地,当我们特别地向技术之本质开启自身时,我们发现自己出乎意外地为一种开放性的要求占有了","然而,集置不仅仅在人与其自身和一切存在者的关系上危害着人。作为命运,集置指引着那种具有订造方式的解蔽。这种订造方式占统治地位之处,它便驱除任何另一种解蔽的可能性","此集置咄咄逼人地把人拉扯到被认为是惟一的解蔽方式的订造之中,并且因而是把人推入牺牲其自由本质的危险之中"②。

对照黑格尔、马克思和海德格尔的相关论述,我们可以提出一些供进一步研讨的关键问题:(1)如何在黑格尔、马克思和海德格尔的论述之间取得融贯一致的理解,从而更好地把握西方现代性文明的本质特征?(2)在黑格尔、马克思和海德格尔的论述中,都包含某种对其"普遍历史"思路的质疑或保留,这些质疑或保留对于理解我们自身文明的特质有何种特殊意义?

关于前者,亦即关于如何在黑格尔、马克思和海德格尔的论述之间取得融贯一致的理解,从而更好地把握西方现代性文明的本质特征。我们知道,黑格尔和海德格尔都在思想原则上将现代西方文明的历史起源上溯到古希腊的智者和苏格拉底时期,黑格尔称之为"主观性自由"的觉醒,海德

---

① 海德格尔:《路标》,商务印书馆,2000年,第400—401页。
② 海德格尔:《演讲与论文集》,三联书店,2005年,第25、27、33页。

格尔称之为西方形而上学传统的奠基,而马克思则以"意识形态批判"的名义拒绝从人类社会一般精神或历史理性的发展来理解和解释现代西方社会的历史起源。对马克思而言,至关重要的事情,是现代市民社会或资产阶级社会的兴起。这个社会的本质特征就是"以物为中介的人的独立性":人们通过物的"平等"交换建立起普遍的相互依赖的关系,从理论原则上说,通过自身的劳动培养对"物"的支配能力亦即培养为他人提供"劳动产品"的能力,是现代人获取社会权力的唯一"合法"渠道。这种"以物为中介的人的独立性"是黑格尔所谓"个性自由"的基础或真相,由此也可以很好地理解海德格尔所揭示的现代社会"控制论"的和"进步强制"的技术本质。

一方面,我们可以说,马克思倾注大半生心血深入剖析的西方现代性社会,在其思想原则或存在领会上已经奠基于古希腊时期:个性自由的理想一开始是以纯粹的主观性亦即意见的形式呈现和被确认的,苏格拉底所标画的"真理"与"意见"的区分,不过是通过独立自主的"反思"给"主观性自由"签发了正式的、合法的(所谓合乎理性的)出生证明,"真理"其实不过就是经过自我确证的"意见","真理"与"意见"共享一个"主观性自由"的存在论前提,与此同时,作为依"主观性"和"个体性"得到理解的人的一个外部镜像发展起来的,是关于"物"和"物性"的存在论学说,是关于存在者的存在论、逻辑学和表象化的形而上学。我们中国古代既不这样理解"人",也不这样理解"物"。

另一方面,我们也可以说,正是近代西方社会的二次突破或西方文明的"小现代性"突破,使得奠基于古希腊的西方文明的关于人与世界的基本理解(古代存在论或形而上学传统)能够展开为一个具体的经济、社会和政治形态。马克思之后,人们对现代西方社会的实际诞生过程,进行了大量的实证研究。但除了或者罗列经验事实,或者归诸历史的偶然性,或者向西方古代文明传统做思想原则的回溯之外,似乎也没有什么更好的办法来揭示这个历史变迁过程的"真相"。马克思的根本解释是,这是一个新社会的诞生,一种新人的诞生。但从思想原则上说,这个新社会和这种新人一点也不新,它在古希腊哲学、自我意识哲学和基督教等历史意识形态中一再被思考、被憧憬,它就是个性自由或个体性生存-劳动自由的具体实现。甚至这种自由个性之间如何结成一个社会,在古希腊的城邦政治生活中都有现成的经验可资借鉴。马克思的卓越之处在于,揭示了这种自由个性或自由劳动者亦即最初的现代社会成员的自我异化过程:由最初主要是带着自己的手艺和动产从封建庄园逃亡到交通要道、渡口或寺院、城堡附近开设作坊的手工业者和工商业者组成的市民社会,"异化"为以生产资料与劳动力相分离为基本前提的资产者和雇佣劳动者组成的现代资产阶级社会。

黑格尔、马克思和海德格尔都分别给出了他们关于西方现代性社会未来发展方向的预判:黑格尔的预判就是超越于上文提到的"契约国家"的"理性国家"构想,实体性原则与个别性原则相统一,个体性的自由意志与国家伦理实体的普遍意志有机统一;马克思的预判是超越于"市民社会"的"人类社会",其中消解了黑格尔意义上的"理性国家"所保留的私有财产和与此相关联的抽象法权,以及一切政治(包括西方古代政治和现代政治)性质的国家,个人在感性活动(生产劳动是其主要形式)中实现着的其个别性与社会性的直接同一,生产劳动因此真正成为人的现实的本质,成为人的"第一需要";海德格尔的预判非常不确定,他一方面期待存在本身(本有、历史天命、上帝等)给出一种"新开端",专注于"存在"本身的人文学术应当为此做准备,另一方面,他又说"技术在本质上是人靠自身力量控制不了的一种东西","留给我们的唯一可能是,在思想与诗歌中为上帝之出现准备或者为在没落中上帝之不出现做准备;我们瞻望着不出现的上帝而没落"[①]。

---

① 海德格尔:《只还有一个上帝能救渡我们》,载《海德格尔选集》(下),上海三联书店,1996年,第1306页。

现在看来,尽管黑格尔对"契约国家"的批判,马克思对资产阶级社会劳资矛盾及其"异化"性质的揭露,海德格尔对新时代"技术"本质的批判,都产生了深远的文化和实践影响,但显然,西方社会本身并没有向他们所预想的历史方向演进,毋宁说更多的是不断向马克思通过"以物为中介的人的独立性"这个短语所揭示的西方现代性社会的本质复归,仍然是围绕着其中包含的经济平等、政治民主和技术进步等基本原则旋转。这也印证了黑格尔的一句老话:"哲学作为有关世界的思想,要直到现实结束其形成过程并完成其自身之后,才会出现"①;哲学的长项在于理解现在和过去,而未来是希望和恐惧的对象,是决断的对象,是实践的对象。

关于后者,亦即如果说在黑格尔、马克思和海德格尔的论述中都包含某种对其"普遍历史"思路的质疑或保留,那么这些质疑或保留对于理解我们自身文明的特质有何种特殊意义。简单来说,这些质疑或保留首先可以看作是对他们"普遍历史"思路的"文明论"补充。

就黑格尔而言,主要是他对中华文明独特性的觉知,而这种"觉知"往往是以"不可理喻"的方式表现出来的:黑格尔眼中的中国历史是极其特殊的——"中国是特别东方的,印度可以和希腊相比,波斯可以和罗马相比";"中国是最古老的国家,同时又是最新的帝国";"中国和印度可以说还在世界历史的局外,而只是预期着、等待着若干因素的结合,然后才能得到活泼生动的进步"②;面对中国的思想时也同样如此,黑格尔认为:"中国人那里存在着最深邃的、最普遍的东西与极其外在的、完全偶然的东西之间的对比。……那最外在最偶然的东西与最内在的东西便有了直接的结合。"③黑格尔的这些观察都有极大的可发挥之处,我们可以从中发掘中国文化传统"外在于"西方文明"普遍历史"进程的特殊性质。

---

① 黑格尔:《法哲学原理》,商务印书馆,1961年,第13—14页。
② 黑格尔:《历史哲学》,上海书店,1999年,第120、123页。
③ 黑格尔:《哲学史讲演录》第1卷,商务印书馆,1959年,第122页。

马克思晚年思考俄国革命的前途命运时,对他自己的"普遍历史"叙事也划出了重要的界限。他多次强调他对"资本主义生产"起源与发展的"历史必然性"分析,其适用范围仅限于"西欧各国":如果人们"一定要把我关于西欧资本主义起源的历史概述彻底变成一般发展道路的历史哲学理论,一切民族,不管它们所处的历史环境如何,都注定要走这条道路,——以便最后都达到在保证社会劳动生产力极高度发展的同时又保证每个生产者个人最全面的发展的这样一种经济形态",那么这样做,"会给我过多的荣誉,同时也会给我过多的侮辱"①。当然,马克思的这个说法也是有前提条件的:如果说他关于资本主义生产方式起源与发展的"历史必然性"学说不适用的话,那是因为所讨论对象的确走的不是西欧的资本主义道路。反过来,马克思与此相关的另一句断言是:"如果俄国继续走它在 1861 年所开始走的道路,那它将会失去当时历史所能提供给一个民族的最好的机会,而遭受资本主义制度所带来的一切灾难性的波折。"②可见,晚年马克思在资本主义生产方式自身的内在发展上依然是持坚定的"普遍历史"思路的,只是对《共产党宣言》中关于资本主义将无条件征服全世界的观点做出了修正,为一种"文明论"的世界历史观留下了余地。

海德格尔一方面认为植根于西欧文明的现代技术社会已经成为一种具有世界历史意义的支配性力量,是"思想"也只能领会却不能扭转的"世界历史天命",但甚至可以说,他对存在历史"新开端"的憧憬本身也可以视为是对"普遍历史"思路的超越,是一种"文明论"的观点。此外,他还设想过对技术力量的驯服,并且认为这种驯服的力量或许可能来自东方:"我认为今天的一个关键问题是,如何能够为技术时代安排出一个——而且是什么样的一个——政治制度来。我为这个问题提不出答案。我不认为答案

---

① 《马克思恩格斯选集》第 3 卷,人民出版社,2012 年,第 730 页。
② 同上书,第 728 页。

就是民主制度";"是不是有朝一日一种'思想'的一些古老传统将在俄国和中国醒来,帮助人能够对技术世界有一种自由的关系呢?我们之中有谁竟可对此作出断言吗"。不过,他很快又否定了这种设想,回到了他以西方文明为中心的"普遍历史"思路上来:"我深信,现代技术世界是在世界上什么地方出现的,一种转变也只能从这个地方准备出来。我深信,这个转变不能通过接受禅宗佛教或其他东方世界观来发生。思想的转变需要求助于欧洲传统及其革新。思想只有通过具有同一渊源和使命的思想来改变。"①

三、立足"文明论"构建新的"普遍历史"叙事

以上关于黑格尔、马克思和海德格尔等人所代表的"普遍历史"叙事及其自我保留或质疑的简单论述,可以看作是以举例的方式对所谓"普遍历史"视角的一种概括说明,也可以看作是我所理解的关于中国道路问题的"普遍历史"视角本身的核心内容。接下来简单交代一下我所理解的关于中国道路问题的"文明论"视角的基本内涵。

从形式上说,坚持关于中国道路问题研究的"文明论"视角,首先是对上述"普遍历史"视角的警惕、反思和包容。一方面,我们应当非常清楚,要坚持完全意义上的"文明平行论"是几乎不可能的,因为文明的交汇已经发生,并且这个交汇过程是以现代西方文明为主导的,迄今为止,我们在文明心态上还留有严重的"被动应战"的痕迹,我们对自身道路、理论、制度和文化的"现代化"程度还缺乏充分而内在的自信,甚至还忧心忡忡;另一方面,我们同样也应当有深刻的体会,在中国被动寻求现代化的一百多年来,走过的的确是一条艰难曲折的道路,造成这种局面的原因当然是多方面的,而其中很重要的一个原因是中华文明自身基础的顽强作用,使得现成接受

---

① 海德格尔:《只还有一个上帝能救渡我们》,载《海德格尔选集》(下),上海三联书店,1996年,第1303—1304、1312—1313页。

任何一种西方"普遍历史"叙事及其现代化策略的做法都必然招致失败。正是在这个意义上,我们说马克思主义的中国化也好,中国特色社会主义的发展道路也好,都决不是一种单纯的修辞,而是的确包含了一种"文明论"视角对"普遍历史"视角的校正,包含了对现代中华文明自身可能具有独特本质的觉察、期待与培育。

从具体内容上说,关于中国道路问题的"文明论"视角,还处于一个在实践中不断生成和有待进行系统性理论建构的过程中。目前我们只能提示一些方便进一步仔细观察、深入研究和反复验证的原则与要点。

首先,要摆正中国道路问题研究中的"源"与"流"的关系。我们现在一般的提法是,"中""西""马"是活跃在当前中国理论话语中三种相互竞争的思想形态,以至于有各种版本的"本末""体用"之争。如果我们以抽象理智的或教条主义的方式来理解的话,"中""西""马"都各自成为一个独立的系统,各有自己的一整套理论与经验,各有自己的"本末"与"体用"。但实际的情形是,相对于近代以来的中国历史而言,尤其是相对于今天我们正在不断开拓的中国特色社会主义发展道路而言,各自作为一个独立的理论系统的"中""西""马"都只是"流",而不是"源"。

其次,实现文明心态上从"被动"到"主动"的转换。不仅要力求摆脱民族文化心灵深处"中""西""马"分离割裂的局面,树立对中国特色社会主义发展道路的根本信心,在综合与提炼实践经验的基础上发展和完善与中国特色社会主义道路内在一致的制度架构和理论理解;而且要以一种积极进取的姿态来重新看待中国与世界的关系,从主要着眼于应对和化解现代西方文明的挑战,逐渐过渡到主要着眼于实现了自身文化传统和生活方式现代转化的中国(或者说"复兴后中国")与未来人类世界的关系,着眼于"复兴后中国"对人类社会和世界历史可能做出的独特贡献。其实质是要从单纯强调"中国特色"意义上的防御性的"文明论"立场,逐渐过渡到一种以"复兴后中国"为实践根据和理论基石的、包含着更高的"普遍性"诉求的

"普遍历史"立场。

再次,理解中华民族复兴之路的关键,是理解当今中国的政治生活尤其是理解中国共产党。如果说,中华民族的伟大复兴之路,将不仅仅是包括经典马克思主义在内的西方"普遍历史"理论的一个简单例证,而且具有"文明论"的重要性的话,那么,这种重要性及其真实内容恐怕也不能从中国古代经典学说中得到现成的理解与说明。当今中国的政治生活和中国共产党的存在实际,可能既承继了中国古代文明基础中亲亲、尊尊的伦理和政治格局,也囊括了现代西方文明发展起来的各种经济生活和社会治理的技术要素,还承载了经典马克思主义关于先进阶级和人类解放的社会理想;但与此同时,又突破了中国古代政治由于生产技术的限制、血统继承和无限任期等因素所造成的王朝更替与治乱循环的历史格局,完全超出了现代西方政治学说和政党学说的理论框架,甚至对经典马克思主义关于生产力决定生产关系、经济基础决定上层建筑的基本原理提出了新的理论挑战。因此,在我看来,观察与理解中国共产党在领导中国进行经济、社会、政治、法治等改革与发展中取得的成就,以及由于变动着的外部作用导致党自身的不断改革与进步,以及中国人在这种客观现实改变与发展过程中形成的思想与行为方式的相应改变,正在逐步生成一种全新的中华现代文明。

又次,在观察中国现实变化的同时,我们也不能忽视观察与理解同中国相对应的西方世界及其在全世界范围内的支配作用与地位正在发生的种种变化。或者直截了当地说,不能忽视二十世纪以来西方文明的"衰落"趋势(按照汤因比的说法,文明的衰落往往与鼎盛同时发生)。在这种文明此消彼长的对照观察中,逐步形成和建构一种符合当前中国实际的、既是"文明论"又可能具有更高"普遍历史"意义的世界历史哲学。

最后,克服理论建构上的急躁心理,清醒认识到真正建立对当前中国道路和中华文明的理论自信,或许将是一个较长的历史过程。尽管党的意识形态创新工作以及中国特色社会主义哲学社会科学的系统性建构工作，已经作为一个明确的历史任务提出了，但在理论建构和完善的过程中，仍然要尽可能保持开放与平和的心态，向不同视角的多样性开放，向实践经验的丰富性开放，向未来进展的可能性开放。对于某些目前没有基础或能力做出最后结论的问题，可以先存而不论。因为中国现代化道路的最后完成，意味着中华民族的伟大复兴，意味着中国真正建成社会主义的现代化国家，而这还需要一段相当长的时期，还需要做极大的努力，并且还要避免犯颠覆性的错误。但理论研究的战略性、前瞻性和系统性，使我们完全有可能根据对中西文明历史的长程观察，尤其是通过对西方世界现代化过程中的经验教训、中国近代所做出的种种曲折探索以及近四十年来所取得的非凡成就等所有这些历史轨迹的深入研究，逐步形成一种中华文明现代化的基础理论体系，内在巩固地建立对中国道路自身的思想自信。

第二节　马克思主义与"普遍主义"问题

"普遍主义"成为"问题"，首先表现为中国在参与全球文化交往过程中是为"普遍主义"辩护还是拒斥"普遍主义"的态度对立问题。粗略看来，对立的双方似乎是一种反思性的关系，也就是说，二者实际上谁也不能真正克服对方，而是表现为同一件事情的既相互矛盾又相互作用的两个极端。一方面，只要不放弃对外开放的基本立场，只要文化间的交往不中断，就必然存在一些使交往得以可能的基本前提，这些前提无法以拒斥"普遍主义"的名义彻底否定；另一方面，无论是在西方社会内部还是在非西方社会，对"西方中心论"乃至"文化中心论"的批判早已蔚然成风，同时，国际和文化间的交往现实也一再表明，以任何一种文化或价值体系为基础的均质化、普遍化的文化交往策略都是不合时宜的。

显然，只要我们停留于对"普遍主义"问题的这样一种抽象的外部反思中，无论是所谓拒斥"普遍主义"还是为"普遍主义"辩护的立场都不可能得到真正彻底的贯彻。因为，二者最终都必须向对方作出让步。拒斥"普遍主义"的观点可能并不反对为文化交往寻求共同的"规范框架"和"伦理底线"，为"普遍主义"辩护的观点可能也仅仅是满足于承认并列举一些基本的、零零碎碎的所谓"普世价值"。互相让步的结果是，争论双方据以出发的立足点以及争论本身都变成了一种虚假的对立。

因此，十分必要超越上述外部反思的抽象对立，从马克思主义的思想视野出发对中国发展的"普遍主义"问题做一番初步的考察。作为我们考察的事先引导，同时也作为考察所要进一步落实的基本环节是：(1)从黑格尔哲学关于"普遍性"原则的理解，来澄清一般所谓"普遍主义"问题的现代性根源；(2)从马克思对黑格尔哲学的批判，引申出一种超越"普遍性"原则以及黑格尔意义上的"世界历史"的思想视野；(3)通过分辨从属于黑格尔与马克思两种思想视野的"普遍主义"问题的实际内涵，来提示马克思主义在中国的实践经验可能具有的超越"普遍性"文化的意义。

一、世界历史进程中的"普遍主义"问题

文化交往中的"普遍主义"问题，无疑直接根源于文化间交往的历史事实。为了一开始就终止向抽象反思不断后退的道路，我们必须强调这个历史事实的历史性。也就是说，我们这里所涉及的文化间交往的历史事实，不可以被等同于或替换为随便什么时代的，因而是抽象掉一切历史情境的两个文明、国家、民族甚至个人之间的交往关系。相反，这个历史事实有着根本的历史性特征，其实质是以发端于欧洲的现代西方资本文明为主导的世界历史进程。

作为当今文化交往的意识形态表现的"普遍主义"问题应当在这个世界历史进程中得到恰当的理解。但在具体地展开这种理解之前，我们还有

必要事先澄清这个世界历史进程本身的来历,而这种澄清势必涉及作为"普遍主义"(Universalism)语源根据的"普遍性"(universal)问题。我们知道,对"普遍性"的追求,是通常所理解的西方哲学传统的真正起点①。问题在于,所谓"普遍主义"问题与传统西方文化的"普遍性"追求之间存在怎样的内在关联? 简要的回答是,如果说"普遍主义"问题应当在上述世界历史进程中才能得到恰当的理解的话,那么这一世界历史进程本身则在西方文化对"普遍性"的追求中有其深刻的根源。

对于后者,作为西方传统哲学集大成者的黑格尔哲学有过深入的论述:"普遍性就其真正的广泛的意义来说就是思想,我们必须说,费了许多千年的时间,思想才进入人的意识。直到基督教时期,思想才获得充分的承认。……基督教是绝对自由的宗教,只有对于基督徒,人才被当作人,有其无限性和普遍性。奴隶所缺乏的,就是对他的人格的承认,而人格的原则就是普遍性。"②

为了明了起见,有必要依据黑格尔的文本对蕴含在上述提法中的基本观点做一些补充和引申:首先,在黑格尔看来,"普遍性"或"思想"是哲学的唯一对象,"什么地方普遍者被认作无所不包的存在,或什么地方存在者在普遍的方式下被把握或思想之思想出现时,则哲学便从那里开始";"真正的普遍"或作为思想的思想,是既不同于"情感、直觉或表象"等意识形式、也不同于"单纯的共同点"的"概念",并且这个普遍者、思想或概念是"自己无限地规定着自己的存在",通过自我区分将自身实现为"绝对理念"或"唯一全体"③。

---

① 依据 The Encyclopedia of Philosophy(Macmillan, Inc. 1967),作为名词的"universal",是 16 世纪以来的英语哲学家使用的词汇,但"universals"(普遍之物,共相)的概念以及由此概念引发的种种问题,则可以经由中世纪的哲学用语"universalia"回溯到亚里士多德的"$\tau\alpha\ \kappa\alpha\theta o\lambda o\nu$"(一般的,普遍的)以及柏拉图的"$\varepsilon\iota\delta o s$"(eidos,形式)和"$\iota\delta\varepsilon\alpha\iota$"(idea,相)。
② 黑格尔:《小逻辑》,商务印书馆,1980 年,第 332—333 页。
③ 参看黑格尔:《哲学史讲演录》第 1 卷,商务印书馆,1959 年,第 93—94 页;黑格尔:《小逻辑》,商务印书馆,1980 年,第 37—38、332—333、426—427 页。

其次,对黑格尔来说,"普遍性"或"思想"不仅仅是主观的或我们的认识,同时是"事物的自身(an sich),或对象性的东西的本质"①。普遍者、思想或概念自我规定、自我建立、自我实现为"绝对理念"的过程固然一方面在黑格尔本人的哲学体系中达到了完全的自觉即获得了完整而纯粹的展示,但黑格尔认为"绝对理念"的这个自我规定、自我建立、自我实现的过程实际上已经先行完成在人类的历史中:"哲学作为有关世界的思想,要直到现实结束其形成过程并完成其自身之后,才会出现。概念所教导的也必然就是历史所呈示的。"②

再次,思维与存在、主观与客观、逻辑与历史的统一,不仅仅体现在作为哲学对象的"普遍性"或"思想"是"事物的自身""对象性的东西的本质"以及历史过程中的"内容"或"真理"的客观表达,而且还体现在以"普遍性"或"思想"为对象的思想活动同时是真正的历史性的活动中,或者说,在黑格尔看来,以"普遍性"的方式思想和行动乃是人类历史内在的发展目标。因为"所谓思维就是把一个对象提高的普遍性的形式",只有当一个民族或文化"以普遍性为意志的对象时"才开始有了"自由",而整个一部世界历史不过是"自由"意识的生成和发展的过程,也就是"普遍性"的思想方式不仅作为思想方式而且作为行动方式成为自觉现实的过程③。

最后,从"普遍性"或"思想"的原则在西方历史中的实现过程来看,其中包含着这样几个关键的环节:(1)智者时期开始觉醒的"反思"要求,在苏格拉底和柏拉图的哲学中被确立为"主观自由的原则"(一切存在都必须经过思维的审查)——在"善""美"等理念中反思到"绝对普遍的内容",同时也就是把"绝对"设定为"主体",因此黑格尔说,"近代的原则便是开始于这

---

① 黑格尔:《小逻辑》,商务印书馆,1980年,第120页。
② 黑格尔:《法哲学原理》,商务印书馆,1961年,第13—14页。
③ 参见黑格尔:《哲学史讲演录》第1卷,商务印书馆,1959年,第93—95页;黑格尔:《历史哲学》,上海书店出版社,1999年,第468页。

个时期——与希腊在伯罗奔尼撒战争中的瓦解同时"①。

(2) 以"主观自由的原则"组织起来的罗马世界,通过斯多噶主义、伊壁鸠鲁主义和怀疑主义等所谓"自我意识"哲学开始孕育主观自由原则的内在化(一种内心的自由),并在基督教中完成为绝对的自由或内在的普遍性:尽管雅典人和罗马公民都知道自己是自由的,但无论是柏拉图、亚里士多德,还是西塞罗以及罗马的立法者都不知道,"一个人本身就是自由的,依照他的本质,作为一个人生来就是自由的";"只有在基督教的教义里,个人的人格和精神才第一次被认作有无限的绝对的价值"②。

(3) 在基督教中培育起来的绝对自由或人格的普遍性原则,只是经过新教改革才真正被彻底化,不仅使人的自由不再依赖于出身、地位和文化程度,而且也不再依赖于任何宗教仪式和宗教机构:"在和上帝发生绝对关系的地方,一切外在性都消失了;一切奴役服从也随同这种外在性、这种自我异化消失干净了。"③当然,经过宗教改革彻底化了的自由原则还必须扬弃其纯粹的内在性而在现实中实现,也就是说,"法律、伦理、国家制度以及一般地属于精神意识的现实性的东西,都应该成为合理的"。在黑格尔看来,这便是以新教原则为基础的日耳曼民族或者说现代世界的历史使命④。

从以上对黑格尔的"哲学"与"历史"观念的简单回顾中可以看出,在黑格尔看来,"普遍性"不仅是西方哲学思考的核心,不仅是西方文明所成就的学问体系的根本特征,而且是现代西方文明组织社会生活的基本原则,是世界历史中的"普遍精神"。并且,我们至今仍然处在这种"普遍精神"的必然发展和自我实现的过程中,因为将要在日耳曼世界完全实现自身的"普遍性"原则已经进展到了"世界精神"的最高形态,或者说,世界历史在

---

① 参见黑格尔:《哲学史讲演录》第 2 卷,商务印书馆,1960 年,第 3—4、63 页。
② 黑格尔:《哲学史讲演录》第 1 卷,商务印书馆,1959 年,第 51 页。
③ 黑格尔:《哲学史讲演录》第 3 卷,商务印书馆,1959 年,第 379 页。
④ 参看同上书,第 240、249 页;黑格尔:《历史哲学》,上海书店出版社,1999 年,第 352—354 页。

精神形态转换的意义上终结了。

尽管黑格尔对西方文明进程的哲学解释常常被人指责为思辨神秘主义和逻辑图式主义,但实际上,黑格尔本人对思辨哲学"事后解释"的性质有着充分的自觉[1]。而所谓"理性统治世界"或"理性的狡计"等提法不过是以一种貌似理性神秘主义的方式道出了历史过程的真相。并且,就其对西方文明进程(黑格尔意义上的世界历史)的正面阐述而言,不得不承认这种阐述仍然是迄今为止最深刻和最凝练的。

当然,一旦我们超出黑格尔意义上的"世界历史"的眼界,那么所谓的"历史终结"以及"普遍性"原则的绝对支配地位都会立刻显示出其虚幻的一面,而马克思可以说是决定性地超出了黑格尔哲学眼界的第一人。正是在马克思对黑格尔哲学的批判中,我们可以看到马克思主义关于"普遍性"以及"普遍主义"问题的基本理解。

二、通过批判黑格尔重论"普遍性"与"世界历史"

在《1844年经济学哲学手稿》中,马克思首先批判了黑格尔哲学对人的唯心主义理解,即"人被看成非对象性的、唯灵论的存在物":"人的本质,人,在黑格尔看来=自我意识。"并且,这种对人的本质的唯心主义设定意味着一种绝对唯心主义,也就是说,不仅主体、不仅单个的人,而且包括对象世界、包括自然界和人类生活的各个环节,都被看作是"自我意识而且是抽象的自我意识的环节"。因此,尽管马克思盛赞黑格尔"抓住了劳动的本质",首次"把人的自我产生看作一个过程",但在黑格尔那里,"劳动"仅仅表现为"抽象的精神的劳动",人通过劳动的自我产生的过程或"全部外化历史和外化的全部消除",仅仅是"抽象的、绝对的思维的生产史,即逻辑的

---

[1] 参看黑格尔:《法哲学原理》,商务印书馆,1961年,第13—14页。

思辨的思维的生产史"①。

不过,马克思批判黑格尔哲学的要害,并不仅仅在于指证了黑格尔哲学对"人的自我产生的行动或自我对象化的行动的形式的和抽象的理解"。因为对于"人"的这种"形式的和抽象的理解"决不仅仅是黑格尔个人的偏见,相反,恰恰是现代西方文明生存原则的自觉表达。用马克思的话说,"本身被抽象化和固定化的自我,是作为抽象的利己主义者的人,他被提升到自己的纯粹抽象、被提升到思维的利己主义"②。如前所述,直到基督教产生,这种"抽象的利己主义者的人"才真正进入了人们的意识;只是到了现代社会,以这种"抽象的自我意识"、纯粹思想或"普遍性"原则作为基本组织方式的社会生活才成为现实。

以这种"抽象的自我意识"或"普遍性"作为生存原则的时代,也就是马克思所说的"以物的依赖性为基础的人的独立性"的资本主义时代③:一方面,在人与自然的关系领域,面对"自然"的"人"被抽象为纯粹的思维(认知)主体,"自然"从而被抽象为纯粹思维的"表象"(物性),自然与人的这种双重抽象蕴含着现代文明在物质生活领域的技术活动方式,亦即包括资本家和工人在内的一切个人联合起来对"自然"的支配和统治;另一方面,在社会关系领域,"人"被抽象为纯粹意志(对自我同一性或人格的无条件肯定),这种纯粹自我的自身同一性及其相互之间的承认是现代法权的"理性"(主体性)依据,而现代法权的具体实现方式意味着"资本"(资本家是资本的人格化)作为积累起来的"死劳动"凭借对"纯粹意志"的普遍确认实行着对"活劳动"(工人、劳动力)的"合理"支配。

马克思对黑格尔批判的要害更在于,指证了在黑格尔哲学所表达的现代社会的支配性原则亦即"思想"或"普遍性"原则的统治之下,始终还存在

---

① 《马克思恩格斯全集》第 3 卷,人民出版社,2002 年,第 317—321 页。
② 同上书,第 333、321 页。
③ 《马克思恩格斯全集》第 30 卷,人民出版社,1995 年,第 107 页。

着一个"思维"或"普遍性"原则无法彻底扬弃的"感性的""对象性"的现实基础,从而指证了上述"以物的依赖性为基础的人的独立性"的生活方式的历史性即暂时性。

在马克思看来,"一个有生命的、自然的、具备并赋有对象性的即物质的本质力量的存在物,既拥有它的本质的现实的、自然的对象,而它的自我外化又设定一个现实的、却以外在性的形式表现出来因而不属于它的本质的、极其强大的对象世界,这是十分自然的。这里并没有什么不可捉摸的和神秘莫测的东西。相反的情况倒是神秘莫测的"①。马克思对人之为人的"对象性的"(以及"物质的""感性的""现实的""自然的""外在性的"等)存在方式的强调,至少包含这样两个基本内涵:

一方面,人作为感性的、对象性的自然存在物,首先是"受动的",并且"因为它感到自己是受动的,所以是一个有激情的存在物。激情、热情是人强烈追求自己的对象的本质力量",而"每一种本质力量的独特性,恰好就是这种本质力量的独特的本质,因而也是它的对象化的独特方式,它的对象性的、现实的、活生生的存在的独特方式",因此,"人不仅通过思维,而且以全部感觉在对象世界中肯定自己"②。

另一方面,由于"只有音乐才激起人的音乐感",也就是说,"只是由于人的本质客观地展开的丰富性,主体的、人的感性的丰富性,如有音乐感的耳朵、能感受形式美的眼睛,总之,那些能成为人的享受的感觉,即确证自己是人的本质力量的感觉,才一部分发展起来,一部分产生出来",而在马克思看来,"不仅五官感觉,而且连所谓精神感觉、实践感觉(意志、爱等等),一句话,人的感觉、感觉的人性,都是由于它的对象的存在,由于人化的自然界,才产生出来的"③。

---

① 《马克思恩格斯全集》第 3 卷,人民出版社,2002 年,第 323 页。
② 同上书,第 325—326、304—305 页。
③ 同上书,第 305 页。

上述两个方面的综合,就是"主观主义和客观主义、唯灵主义和唯物主义、活动和受动"统一于其中的人类实际生活过程,就是"自然界的和人的通过自身的存在",亦即"人通过人的劳动而诞生的过程"和"自然界对人来说的生成过程"。这也便是马克思对"整个所谓世界历史"的全新理解①。

但是,如果我们仍然把资本主义时代造就的人与自然的"科技"(知识、思维)关联以及人与人之间的"法权"(人格、意志)关联看作是这个经过重新理解的"世界历史"过程的实际内容与最终归宿,那么就只不过是完成了对黑格尔意义上的"世界历史"观念的简单颠倒,而马克思创立历史唯物主义学说的所谓革命性意义也将因此荡然无存。

因此,即使当马克思说:"在异化范围内活动的人们仅仅把人的普遍存在,宗教,或者具有抽象普遍本质的历史,如政治、艺术和文学等等,理解为人的本质力量的现实性和人的类活动",而人们实际上既可以把"通常的、物质的工业"理解为"上述普遍运动的一部分,正像可以把这个运动本身理解为工业的一个特殊部分一样,因为全部人的活动迄今为止都是劳动,也就是工业,就是同自身相异化的活动"②,——仍然有待澄清的问题是:为什么说仅仅把"人的普遍存在"理解为"人的本质力量的现实性和人的类活动"乃是一种"异化"时代的观念?以及,把"工业"(迄今为止的"劳动"或"同自身相异化的活动")理解为"人的普遍存在"的一部分与把"人的普遍存在"理解为"工业的一个特殊部分",其间究竟可能存在怎样的重大差别?

简要的回答是,在马克思看来,只要人们的视野仍然局限于黑格尔意义上的"世界历史"即人类社会的"异化"范围内,那么无论是将"工业"理解为"人的普遍存在"的一部分,还是将"人的普遍存在"理解为"工业"或"劳动"的一部分,其间并无实质性的差别。但是,即使是处在"异化范围"内的

---

① 参见《马克思恩格斯全集》第3卷,人民出版社,2002年,第306、310页。
② 同上书,第306页。

工业或劳动以及世界历史,仍然具有其非"异化"的一面,亦即作为"人的本质力量的公开的展示"、作为"自然界的人的本质,或者人的自然的本质"的一面,因此,马克思说,"工业是自然界对人,因而也是自然科学对人的现实的历史关系"。正是"工业"或劳动的这个非"异化"的方面,必然冲破其迄今为止的发展所采取的"异化"方式,而使"自然界"和"自然科学"失去其"抽象物质的方向或者不如说是唯心主义的方向",并且"将成为人的科学的基础,正像它现在已经——尽管以异化的形式——成了真正人的生活的基础一样"①。

进而言之,当"自然界"和"自然科学"失去其"抽象物质的方向或者不如说是唯心主义的方向"并且"成为人的科学的基础"时,人类社会也将扬弃黑格尔以其全部哲学所阐发的"思想"或"普遍性"原则占据统治地位的时代,并使所谓的"历史终结"具有马克思主义的内涵:"资产阶级的生产关系是社会生产过程的最后一个对抗形式,……人类社会的史前时期就以这种社会形态而告终。"②

三、创造一种超越"普遍性"文化的发展方式的可能性

综上所述,从黑格尔立足于"思想"或"普遍性"原则对人类历史的哲学阐释,以及马克思立足于人之为人的"感性""对象性"的存在方式对黑格尔哲学展开的批判中,我们得到了关于"普遍性"以及"世界历史"的两种有着内在关联的理解。现在,让我们由此出发回到所谓中国发展中的"普遍主义"问题。

尽管我们前面着重指明的是,马克思与黑格尔关于"普遍性"以及"世界历史"性质判定上的基本差别,但这里首先需要强调的,反而是这样两种

---

① 《马克思恩格斯全集》第 3 卷,人民出版社,2002 年,第 306—307 页。
② 《马克思恩格斯选集》第 2 卷,人民出版社,2012 年,第 3 页。

判定所依据的基本理解上"内在关联"的方面:这便是以发端于欧洲的现代西方资本文明为主导的世界历史进程历史必然性亦即"思想"或"普遍性"统治的历史必然性。我们的意思是说,即使是在马克思看来,黑格尔所说的"思想"或"普遍性"的统治也决不是思想家的呓语或仅仅是一种理性的迷误,相反,它作为现代社会的现实恰恰在马克思所说的人的"感性的""对象性的"活动方式中有其根据,并且也只有通过这种"感性的""对象性的"活动本身的必然开展来历史地扬弃。

在《共产党宣言》中,我们可以明确看到,马克思对发端于欧洲的现代西方资本文明所主导的"世界历史"进程之于非西方民族、国家和文明的强制性质的描述:"资产阶级,由于一切生产工具的迅速改进,由于交通的极其便利,把一切民族甚至最野蛮的民族都卷到文明中来了。它的商品的低廉价格,是它用来摧毁一切万里长城、征服野蛮人最顽强的仇外心理的重炮。它迫使一切民族——如果它们不想灭亡的话——采用资产阶级的生产方式;它迫使它们在自己那里推行所谓的文明,即变成资产者。一句话,它按照自己的面貌为自己创造出一个世界。"①

也就是说,尽管在马克思主义看来,"思想"或"普遍性"(亦即现代西方资本主义生产方式)的统治,无疑是人类社会生活的一种"异化"形式,但这种"异化"形式的社会生活在世界范围内的无产阶级革命发生之前仍然是占据统治地位的生产方式之一。因为,"无论哪一个社会形态,在它所能容纳的全部生产力发挥出来以前,是决不会灭亡的;而新的更高的生产关系,在它的物质存在条件在旧社会的胎胞里成熟以前,是决不会出现的"②。而只要"思想"或"普遍性"统治亦即现代资本主义生产方式还在"世界历史"中占据支配性地位,并且只要我们还局限于这样的"世界历史"视野中,那

---

① 《马克思恩格斯选集》第 1 卷,人民出版社,2012 年,第 404 页。
② 《马克思恩格斯选集》第 2 卷,人民出版社,2012 年,第 3 页。

么,所谓文化间交往的"普遍主义"问题就必然被视为一种抽象的普遍性与同样抽象的特殊性之间的相互对抗与相互作用的关系。

以关于中国发展的"普遍主义"问题讨论中所谓"文化普遍主义"与"文化特殊主义"思潮的对立为例,我们可以看出:一方面,无论是以西方文化传统还是以其他文化传统的核心价值、或者以有待生成的所谓文化间的价值融合为底色的"文化普遍主义"立场,由于必然受到其他"文化普遍主义"和"文化特殊主义"立场的限制,而不可避免地被指谪为实质上的"文化特殊主义";另一方面,任何一种策略上或实质上的"文化特殊主义"立场,哪怕是拒绝融入西方文明为主导的世界历史进程(资本主义生产方式及其世界体系)的极端"文化特殊主义"立场,也都同样不可避免地被指谪为一种实质上的"文化普遍主义"。

问题的关键在于,尽管这些相互"指谪"本身乃是最无思想的抽象反思,但这种抽象反思恰恰是纯粹"思想"或"普遍性"这一现代社会生活的支配性原则在当代文化交往领域的具体表现。实际上,马克思在《黑格尔法哲学批判》以及《论犹太人问题》等文献中已经对这个现代政治生活中的抽象"普遍性"原则做了深入的剖析。

在马克思看来,一方面,当经过资产阶级革命即"政治解放"的现代国家"宣布出身、等级、文化程度、职业为非政治的差别,当它不考虑这些差别而宣告人民的每一成员都是人民主权的平等享有者,当它从国家的观点来观察人民现实生活的一切要素的时候,国家是以自己的方式废除了出身、等级、文化程度、职业的差别";但事情的另一方面是,"国家还是让私有财产、文化程度、职业以它们固有的方式,即作为私有财产、作为文化程度、作为职业来发挥作用并表现出它们的特殊本质。国家根本没有废除这些实际差别,相反,只有以这些差别为前提,它才存在,只有同自己的这些要素处于对立的状态,它才感到自己是政治国家,才会实现自己的普遍性"。总而言之,"完成了的政治国家,按其本质来说,是人的同自己物质生活相对立的类生活"①。

显然,使所谓"普遍主义"问题或"普遍主义"与"特殊主义""相对主义""历史主义"等思潮的对立得以可能的当今文化交往过程本身,也是完全落在马克思关于现代政治国家的"普遍性"与其"特殊因素"之间关系的基本判断中的:作为支配"世界历史"进程亦即支配当代文化交往过程的"思想"或"普遍性"原则,一方面是超越于作为世界历史进程的"特殊因素"即各个文化、民族、国家、地区和个人之间的差别之上,另一方面又根本没有,不可能、也不必要废除这些差别,而是让它们作为"特殊因素"发挥实际的作用。这种在"世界历史"中、在文化、民族和国家之间发挥作用的"思想"或"普遍性"原则不是别的,就是所谓"国家主权的独立"与"经济全球化"或"统一的世界市场"。

如果说当今文化交往的实际状况毕竟与一国之内的政治状况存在差别的话,那也只是意味着国际关系的政治水平还远远落后于一国之内的政治水平。因此,黑格尔"世界历史"观念的当代继承者们往往以推动严格意义上的"世界政府"和"世界宪法"的成立为己任,而作为完成这个"世界历史"任务的一个基本方面就是在意识形态上为"普遍主义"或"普遍性"原则的支配性地位作辩护。

但是,在马克思主义看来,无论是站在所谓"特殊主义""相对主义"或"历史主义"的立场来反对"普遍主义",还是以一种或积极或消极的"世界主义者"的姿态来讨论"普世价值""底线伦理"等,实际上都已经自觉不自觉地从属于黑格尔意义上的"世界历史"的思想视野,因而都可靠地成为"思想"或"普遍性"原则在我们这个时代仍然占据支配性地位的一个确证。或者说,文化交往中的所谓"普遍主义"问题的出现,本身就是"思想"或"普遍性"原则占据支配性地位的"世界历史"真正展开的一个症候。

---

① 《马克思恩格斯全集》第 3 卷,人民出版社,2002 年,第 172 页。

在这里，我们必须简要地提及依据马克思主义的"世界历史"视野思考所谓"普遍主义"问题所蕴含的另一重积极意义：所谓在马克思主义的思想视野中思考"普遍主义"问题，也就是依其实质把植根于"普遍性"原则之上的现代性文明当作一种在"人类历史"中必将历史地成为问题的事物来对待，这意味着始终专注于如何才能真正扬弃"思想"或"普遍性"原则占据支配性地位的"世界历史"（人类社会"史前时期"）的问题。

因此，如果说今天中国的发展有可能对人类社会作出具有"世界历史"意义的贡献的话，那么，决不会仅仅在于中国的传统或当代文化可能为其他文化和民族贡献所谓"普世价值"或"底线伦理"，而恰恰主要是在"普遍主义"问题的上述积极含义方面，亦即在创造一种真正超越"普遍性"文化的发展方式中。

第三节　共产主义的根本旨趣与中国特色社会主义的历史使命

"每个人的自由发展是一切人的自由发展的条件"，是马克思恩格斯关于人类社会未来前景的纲领性描述，是共产主义学说的凝练表达。共产主义作为一种总体性的历史理论，其根本的立脚点是作为"人类史前史"终结同时又是"人类社会"或"社会化人类"新开端的无产阶级。共产主义作为无产阶级的"感性意识"及其理论表达，一方面是对人类社会"历史之谜"的系统解答，另一方面是无产阶级创造新世界的行动纲领。马克思恩格斯的共产主义学说，以及晚年关于东方社会和俄国公社前途命运的审慎思考，对我们深入理解当今中国发展道路的基本性质和历史使命具有重要的启示意义。站在"新时代"的历史高度回顾共产主义的根本旨趣和展望世界社会主义的前途命运，我们可以更加透彻地把握中国特色社会主义的基本性质和历史使命：中国特色社会主义是马克思主义倡导的人类解放事业的有机组成部分；中国特色社会主义是中华民族历史命脉的有机组成部分；中国特色社会主义是推进当今人类进步事业的有机组成部分；中国特色社会主义既有自己独特的历史贡献和世界意义，也同样有着自身发展阶段的历史局限性。

一、人类社会新纪元的基本纲领

1894年1月3日，意大利社会党人朱泽培·卡内帕（Canepa, Giuseppe）给恩格斯写信，请求他为1894年3月起在日内瓦出版的《新纪元》周刊题词，简短描述未来社会主义纪元的基本思想，以区别于意大利诗人但丁曾经说过的"一些人统治，另一些人受苦难"的旧纪元。恩格斯在回信中说，"要用几句话来概括未来新时代的精神，而又不堕入空想主义或者不流于空泛辞藻，几乎是不可能的"，但要勉为其难的话，则除了《共产党宣言》中的下面这句话之外，"再也找不出合适的了"："代替那存在着阶级和阶级对立的资产阶级旧社会的，将是这样一个联合体，在那里，每个人的自由发展是一切人的自由发展的条件。"①

对今天的人们来说，这句话已经是大家耳熟能详的了。但正如黑格尔所言，熟知非真知。"每个人的自由发展是一切人的自由发展的条件"这个表达的真实含义却未必尽人皆知，甚至常常连思考的重点方向都弄错了。这么说的意思是，人们往往过于专注于探讨什么是"自由发展"和如何"自由发展"，而下意识地将"每个人"这个主词本身忽略了。

按照马克思恩格斯的理解，"每个人的自由发展是一切人的自由发展的条件"，这意味着一个全新的时代原则，意味着人类"史前史"的终结。也

---

① 《马克思恩格斯选集》第4卷，人民出版社，2012年，第647、779页。参见《马克思恩格斯选集》第1卷，人民出版社，2012年，第422页。

就是说,"每个人的自由发展"这个短语中的"每个人"乃是一部人类"史前史"的最高结果,同时是真正的人类社会或"社会化人类"的起点。

正确理解"每个人的自由发展",首先必须破除关于"人"的抽象观点。早在《德法年鉴》时期,确切地说,在《〈黑格尔法哲学批判〉导言》中,马克思已经提出了一个重要的命题:"人不是抽象的蛰居于世界之外的存在物。人就是人的世界,就是国家,社会。"①人们常常根据这一命题,想当然地把青年马克思等同于费尔巴哈意义上的人本主义者。这里不去深入讨论这段思想史上的公案,我们首先可以断定的是,马克思毫无疑问不是任何意义上的神圣创世论者,"人就是人的世界,就是国家,社会",这意味着世界、国家和社会是"人"的内容,而"人"同时是世界、国家和社会的根据,二者是一而二、二而一的关系。

上述命题和马克思《关于费尔巴哈的提纲》第六条有异曲同工之处:"人的本质不是单个人所固有的抽象物,在其现实性上,它是一切社会关系的总和。"人=世界、国家和社会,世界、国家和社会就是"人"的现实性,就是"一切社会关系的总和"。所不同的是,在《关于费尔巴哈的提纲》第六条中,马克思明确要求对所谓"人"的"现实的本质"进行批判性的理解:不能非历史地把"人"固定理解为抽象的、孤立的个体,同样不能把"人"抽象理解为内在的、无声的"类"或"普遍性",恰恰相反,要历史地亦即批判地理解这种抽象的、孤立的个体,以及作为抽象人性的"类"或"普遍性"本身在人类历史中的来龙去脉,理解它们仅仅是人类某一个特定历史阶段的"现实的本质"②。

因此,"人就是人的世界,就是国家,社会",这不仅意味着"人"的世界化,而且意味着"人"的历史化,因为世界、国家和社会都是一部历史的产

---

① 《马克思恩格斯全集》第3卷,人民出版社,2002年,第199页。
② 《马克思恩格斯选集》第1卷,人民出版社,2012年,第135页。

物,而人自身既是这部历史的剧中人,同时又是它的剧作者。

一般来说,黑格尔已经大体上确立了"历史哲学"的基本原则,试图以历史与逻辑相统一的方法,从根本上把握"世界历史"内在必然的展开过程。按照黑格尔的理解,世界历史是"精神"亦即"自由意识"在时间中的展开,而现代理性国家作为"大地上的圣物"是"精神的现实性"或"自由的实现"。因此,世界历史进程具体表现为一系列民族精神或王国类型:(1)以"实体性精神的形态"为原则的"东方王国","个别性"在其中还没有得到独立存在的权力;(2)以"美的伦理性的个体性"为原则的"希腊王国",其中,"个人的个体性"已经出现,但"伦理性"仍然占上风;(3)以"实体性精神"或"伦理生活"的无限分裂为特征的"罗马王国",其中,"私人的自我意识"和"抽象的普遍性"的对立发展到了惊人的程度;(4)以"从无限对立那里返回的精神"为原则的"日耳曼王国",其中,客观真理和主观性自由和解,尘世王国和彼岸世界和解,个别性的自我意识在自身的有机发展中发现它的"实体性的知识和意志的现实性",亦即自觉融合于现代理性国家[①]。

马克思在总体上继承了黑格尔以"实体性"和"个别性"的差异、对立与和解为"世界历史"内在矛盾演进的基本观点,但与黑格尔将"人"等同于"自我意识"(自由意志)不同,马克思将"人"等同于"感性活动"(对象性活动、劳动)。因此,马克思一方面不满于黑格尔从人类一般精神的发展来解释世界历史,而要从对"物质的生活关系的总和"的解剖中去理解"法的关系"和"国家的形式"[②];另一方面,对黑格尔"世界历史"的终结形态,亦即对所谓"日耳曼王国"的现代理性国家提出了尖锐的批评,指证了黑格尔以"国家"理念扬弃"市民社会"从而实现"个体性"与"实体性"原则和解的虚假性和"非批判性",因为"这种思想上的扬弃,在现实中没有触动自己的对

[①] 参见黑格尔:《历史哲学》,上海书店出版社,1999年,第41、59页;黑格尔:《法哲学原理》,商务印书馆,1961年,第356—360页。
[②] 《马克思恩格斯选集》第2卷,人民出版社,2012年,第2页。

象,却以为实际上克服了自己的对象",而现代国家的实情不是所谓"国家决定市民社会",恰恰相反,是"市民社会决定国家"①。

在马克思看来,人类社会的真实根基不是黑格尔所谓纯粹的"自由"意识(意志),而是包含"感性意识"于自身之内的人的"感性活动"(对象性活动、劳动),"整个所谓世界历史不外是通过人的劳动而诞生的过程,是自然界对人来说的生成过程"②;所谓"个别性"和"实体性"在世界历史展开过程中的矛盾,实际上不过是"生产力"与"交往方式"之间的矛盾,"交往方式"的实质乃是个人的发展在其中得以进行的"历史地前后相继的等级和阶级的共同生存条件",而"个人隶属于一定阶级,在那个除了反对统治阶级以外不需要维护任何特殊的阶级利益的阶级形成之前,是不可能消灭的"③。这里所说的"那个除了反对统治阶级以外不需要维护任何特殊的阶级利益的阶级",毫无疑问指的是无产阶级。

与黑格尔"从意识出发,把意识看作是有生命的个人"不同,马克思恩格斯要求"从现实的、有生命的个人本身出发,把意识仅仅看做是他们的意识",要求终止关于"意识"的思辨的空话,而代之以"描述人们实践活动和实际发展过程的真正的实证科学"④。可以说,马克思毕生所从事的政治经济学批判工作,都是力图从现实的个人出发,真正实证地描述人们的实践活动和实际发展过程的新的"历史科学"的尝试。这一新的"历史科学"作为一种总体性的理论,其根本的立脚点正是作为"人类史前史"终结同时又是"人类社会"或"社会化人类"新开端的无产阶级。换句话说,无产阶级正是我们前文提到的"每个人的自由发展是一切人的自由发展的条件"这一表述中的"每个人",而共产主义作为无产阶级的"感性意识"及其理论表

---

① 《马克思恩格斯全集》第 3 卷,人民出版社,2002 年,第 104、113—114、330 页。
② 同上书,第 310—311 页。
③ 《马克思恩格斯选集》第 1 卷,人民出版社,2012 年,第 196、198—199 页。
④ 同上书,第 152—153 页。

达,正是马克思主义世界观和历史观的核心所在。

二、共产主义的理论意义与实践旨趣

正如国民经济学是资产阶级的"学术代表"一样,共产主义是无产阶级新的"感性意识",马克思恩格斯创立的科学社会主义则是这一新的感性意识的理论表达①。概略而言,深入把握共产主义的根本旨趣,至少要透彻地领会以下两方面的内容:

首先,从理论方面来说,共产主义是对人类社会"历史之谜"的系统解答,是关于人之为人最深刻的思想洞见。以往的哲学家往往从意识、宗教或伦理等方面来谈论人与动物的区别,来阐发人之为人的理论根据,马克思恩格斯则要求从劳动,从人的感性的、对象性的活动来理解人,从人对自己物质生活的生产方式来理解人。确认人立足于自身的劳动亦即感性的、对象性的活动创造历史,就从根本上瓦解了形形色色的自然崇拜和神圣创世说,从而建立起一种彻底的人文主义的世界观,同时也是一种彻底唯物主义的历史观。彻底的人文主义和彻底的唯物主义的统一,或者用马克思本人的话来表达,"完成了的人道主义"和"完成了的自然主义"的统一,是"私有财产即人的自我异化的积极的扬弃",是"通过人并且为了人而对人的本质的真正占有",是"人向自身、向社会的即合乎人性的人的复归",也就是"人和自然界之间、人和人之间的矛盾的真正解决",就是"存在和本质、对象化和自我确证、自由和必然、个体和类之间的斗争的真正解决"②。

值得注意的是,所谓彻底的人文主义和彻底的唯物主义的统一,不仅统一于将来,而且统一于"人之为人"的时时刻刻和在在处处。因为从潜能的意义上来看,人类活动自始至终都是感性的、对象性的存在,都是自由自

---

① 《马克思恩格斯选集》第1卷,人民出版社,2012年,第235页。
② 参见同上书,第147页;《马克思恩格斯全集》第3卷,人民出版社,2002年,第207页。

觉的有意识的生命活动。但这种统一进入一种意识上的自觉,则是马克思恩格斯的理论贡献,同时是一部人类"史前史"的发展结果。因为从现实性的角度来看,作为人类社会真正基石的感性-对象性活动(劳动)为保存与发展人类既得的社会生产能力和社会生活财富,从自身出发为自身创造了一系列"历史地前后相继的等级和阶级的共同生存条件",亦即作为"世界""国家"和"社会"的"交往方式"。换句话说,人类"史前史"社会的"史前"性质,恰恰在于人的感性-对象性活动(劳动)及其"交往方式"("世界""国家"和"社会")之间的"异化"性质。并且,这种"异化"并非单纯观念上的迷误,而是深深植根于人类扩展自身感性生命和感性生活的实际需要,只是因为它们反过来制约和限制人的感性-对象性活动亦即人的生命活动-劳动的自由自觉性,才具有"异化"性质。因此,马克思在《1844年经济学哲学手稿》中鲜明指出,"异化和异化的扬弃走的是同一条道路"。一部世界历史的根本目标,就是通过人的"世界""国家"和"社会"存在形态(交往方式)的演变,使马克思和恩格斯的共产主义所直观到的人的本真性存在直接成为感性意识的对象,直接成为人的"现实的本质",亦即使人真正成为人。

其次,从实践方面来说,共产主义是无产阶级创造新世界的行动纲领,是切近将来的"必然的形式"和"有效的原则"。马克思曾经坦言,"要扬弃私有财产的思想,有思想上的共产主义就完全够了。而要扬弃现实的私有财产,则必须有现实的共产主义行动"[①]。马克思恩格斯的共产主义学说之所以是科学社会主义,也正是因为它"决不是以这个或那个世界改革家所发明或发现的思想、原则为根据",而仅仅是对"无产阶级运动的条件、进程和一般结果"的理论描述[②]。

出于对黑格尔哲学尤其是对青年黑格尔派的不满,马克思从独立走上

[①]《马克思恩格斯全集》第3卷,人民出版社,2002年,第331、347页。
[②]《马克思恩格斯选集》第1卷,人民出版社,2012年,第413页。

自己的思想道路开始,就猛烈抨击了关于社会历史变革的主观主义态度。在《德法年鉴》上公开发表的与卢格的通信中,马克思明确提出"意识变革"或"哲学批判"的任务与方向:我们的任务不是"教条地预期未来"或"构想未来并使它适合于任何时候",而是要"通过批判旧世界发现新世界",要"对现存的一切进行无情的批判",要"使世界认清本身的意识",为世界"喊出真正的斗争口号",一句话,要"对当代的斗争和愿望作出当代的自我阐明"①。在稍晚创作但同样是首次公开发表于《德法年鉴》上的《〈黑格尔法哲学批判〉导言》中,马克思进一步提出"批判的武器"(哲学批判)和"武器的批判"(实践批判)相结合的主张:"革命需要被动因素,需要物质基础";"批判的武器当然不能代替武器的批判,物质力量只能用物质力量来摧毁;但是理论一经掌握群众,也会变成物质力量";"哲学把无产阶级当作自己的物质武器,同样,无产阶级也把哲学当作自己的精神武器";因此,人类解放的"头脑是哲学","心脏是无产阶级"②。

如果说《德法年鉴》时期的马克思还只是从原则高度阐述无产阶级的历史使命和人类解放的基本内涵的话,那么,在《共产党宣言》中,马克思恩格斯则为无产阶级的历史运动提出了切近的政治目标:"使无产阶级形成为阶级,推翻资产阶级的统治,由无产阶级夺取政权。"③其中,"使无产阶级形成为阶级"这个短语可谓意味深长:正如封建生产关系中的农奴并不直接成长为资产阶级一样(马克思恩格斯《德意志意识形态》中的研究表明,逃亡农奴是现代资产者的前身),现代资产阶级生产关系中的工人群体也并不直接等同于无产阶级。列宁后来说没有革命的理论就没有革命的运动,卢卡奇对无产阶级意识重要性的极端强调,都和这个深刻的道理密切相关。

---

① 《马克思恩格斯全集》第47卷,人民出版社,2004年,第64、66—67页。
② 《马克思恩格斯全集》第3卷,人民出版社,2002年,第207、209、214页。
③ 《马克思恩格斯选集》第1卷,人民出版社,2012年,第413页。

关于无产阶级革命运动,马克思在 1852 年 3 月给约·魏德迈的信中写道:"无论是发现现代社会中阶级存在或发现各阶级间的斗争,都不是我的功劳。在我以前很久,资产阶级历史编纂学家就已经叙述过阶级斗争的历史发展,资产阶级的经济学家也已经对各个阶级作过经济上的分析。我所加上的新内容就是证明了下列几点:(1)阶级的存在仅仅同生产发展的一定历史阶段相联系;(2)阶级斗争必然导致无产阶级专政;(3)这个专政不过是达到消灭一切阶级和进入无阶级社会的过渡。"①在我看来,十分必要将马克思的这一声明同他 1859 年写的《〈政治经济学批判〉序言》中的相关论述合起来理解:"大体说来,亚细亚的、古希腊罗马的、封建的和现代资产阶级的生产方式可以看作是经济的社会形态演进的几个时代。资产阶级的生产关系是社会生产过程的最后一个对抗形式,这里所说的对抗,不是指个人的对抗,而是指从个人的社会生活条件中生长出来的对抗;但是,在资产阶级社会的胎胞里发展的生产力,同时又创造着解决这种对抗的物质条件。因此,人类社会的史前时期就以这种社会形态而告终。"②

综合马克思以上两段论述,我们至少可以得出以下几点推论:(1)阶级斗争的确切含义是"从个人的社会生活条件中生长出来的对抗";(2)阶级斗争至少包含两种基本类型,其一是特定经济社会形态(诸如亚细亚的、古希腊罗马的、封建的和现代资产阶级)内部的"从个人的社会生活条件中生长出来的对抗",其二是前后相续的经济社会形态之间的"从个人的社会生活条件中生长出来的对抗";(3)阶级斗争既不是天然的也不是永恒的,而是"同生产发展的一定历史阶段相联系",人类社会什么时候开始有"从个人的社会生活条件中生长出来的对抗",什么时候就开始有阶级斗争,反之,什么时候丧失了"从个人的社会生活条件中生长出来的对抗",什么时

---

① 《马克思恩格斯选集》第 4 卷,人民出版社,2012 年,第 425—426 页。
② 《马克思恩格斯选集》第 2 卷,人民出版社,2012 年,第 3 页。

候就消解了阶级斗争;(4)资产阶级社会之所以是人类"史前史"的最后形态,是因为无产阶级革命运动将彻底终结"从个人的社会生活条件中生长出来的对抗",因为共产主义的真实含义乃是人类认识到自身"固有力量"的社会性质并把这种社会性的力量组织起来而不再使之作为"政治力量"同人自身相分离;(5)人类"史前"状态的终结是一个历史过程,这个过程既可以称之为共产主义运动,也可以称之为无产阶级专政,在此过程中将实现同"传统的所有制关系"以及"传统的观念"的"最彻底的决裂";(6)在"最彻底的决裂"完成之后,"社会进化将不再是政治革命",将实现人的个体性和社会性直接统一,从而扬弃个体性与社会性之间的"异化"性质,亦即实现"每个人的自由发展是一切人的自由发展的条件"[①]。

总之,就理论的方面来说,共产主义作为对人的本真性存在的洞见,所把握到的是作为整个世界历史过程亦即经济社会形态变迁的内在根据(感性-对象性活动);就实践的方面来说,共产主义作为终结人类"史前史"的伟大社会变革,是对人类社会内在根据及其历史性的经济社会形态何者为第一性的根本性颠倒。确认这一实践过程的必然性和长期性,包含着马克思主义与资产阶级改良主义及无政府主义的根本差别。

三、中国特色社会主义的基本性质与历史使命

马克思主义诞生之后一百多年来的世界社会主义运动,既书写了波澜壮阔的伟大历史画卷,也留下了不少深刻的历史教训,还引发了许多偏见、短视和急性病,以至于一方面有人动辄凭空臆想不同经济社会形态之间的"阶级斗争",另一方面依然有人视共产主义为洪水猛兽。马克思恩格斯创立的共产主义学说如何与特定民族文化传统及历史条件相结合,开辟出现

---

① 参见《马克思恩格斯选集》第 1 卷,人民出版社,2012 年,第 275、421 页;《马克思恩格斯全集》第 3 卷,人民出版社,2002 年,第 189 页。

实的共产主义运动的独特道路和独特类型,是一切努力践行马克思主义社会革命学说的人始终要面临的一个重大理论与实践问题。

马克思、恩格斯晚年对俄国公社前途命运问题做出的深入思考,迄今为止仍然具有重要的启发性意义。1877年,马克思在《给〈祖国纪事〉杂志编辑部的信》中强调:"一定要把我关于西欧资本主义起源的历史概述彻底变成一般发展道路的历史哲学理论,一切民族,不管它们所处的历史环境如何,都注定要走这条道路,——以便最后都达到在保证社会劳动生产力极高度发展的同时又保证每个生产者个人最全面的发展的这样一种经济形态";这样做,"会给我过多的荣誉,同时也会给我过多的侮辱"①。

1881年,马克思又在《给维·伊·查苏利奇的复信》中更加明确地提出:"在《资本论》中所作的分析,既没有提供肯定俄国农村公社有生命力的论据,也没有提供否定农村公社有生命力的论据,但是,我根据自己找到的原始材料对此进行的专门研究使我深信:这种农村公社是俄国社会新生的支点;可是要使它能发挥这种作用,首先必须排除从各方面向它袭来的破坏性影响,然后保证它具备自然发展的正常条件。"并且,在这封"复信"的草稿中,马克思还多次提到俄国公社可能"不通过资本主义制度的卡夫丁峡谷,而占有资本主义制度所创造的一切积极成果",而所谓"不通过资本主义制度的卡夫丁峡谷",指的是"不经受资本主义生产的可怕波折"。按照马克思《资本论》法文版的论述,所谓"资本主义生产的可怕波折",指的是西欧各国的资本主义生产的起源过程,亦即"个人的分散的生产资料转化为社会的积聚的生产资料,多数人的小财产转化为少数人的大财产,——这种对劳动人民的痛苦的、残酷的剥夺"②。

在《共产党宣言》1882年俄文版序言中,马克思、恩格斯再次讨论了这

---

① 《马克思恩格斯选集》第3卷,人民出版社,2012年,第730页。
② 同上书,第840、825、820—821页。

个问题:"俄国公社,这一固然已经大遭破坏的原始土地公共占有形式,是能够直接过渡到高级的共产主义的公共占有形式呢?或者相反,它还必须先经历西方的历史发展所经历的那个瓦解过程呢?对于这个问题,目前唯一可能的答复是:假如俄国革命将成为西方无产阶级革命的信号而双方互相补充的话,那么现今的俄国土地公有制便能成为共产主义发展的起点。"①

俄国社会主义革命和苏联社会主义建设的历史实践表明,马克思、恩格斯晚年关于东方社会和俄国公社前途命运的审慎思考不仅是必要的,而且有着深刻的理论预见性,可以为我们深入理解当今中国发展道路的基本性质和历史使命提供重要的思想启示:

(1)所谓"俄国革命将成为西方无产阶级革命的信号而双方互相补充"的提法,实际上是对《共产党宣言》提出的一个重要原则的回应——"联合的行动,至少是各文明国家的联合的行动,是无产阶级获得解放的首要条件之一"②。这个"首要条件"表明无产阶级革命所具有的在真正意义上亦即在经济社会发展形态上超越或克服"资产阶级"现代性社会的"后现代"性质,因为所谓"各文明国家"实际上指的就是马克思晚年将他的《资本论》分析所严格限定的西欧资产阶级社会。而无论是苏联还是迄今为止的中国社会主义实践,从国内经济社会生活而言都还不是完全意义上的"后现代",也就是说,在完成了社会主义革命和确立了社会主义基本制度之后,仍然有着相当艰巨的实现经济社会生活现代化的历史任务。与此同时,从外部环境来看,社会主义社会与欧美等发达资本主义社会还将长期和平共处。因此,从整个人类社会的历史处境来说,与马克思、恩格斯当年所预见的"新纪元"或"史前史"终结状态,可能还有相当长的一段历史距离。

(2)所谓东方社会或现代性社会生产方式欠发达地区"不通过资本主

---

① 《马克思恩格斯选集》第1卷,人民出版社,2012年,第379页。
② 同上书,第419页。

义制度的卡夫丁峡谷"而占有"资本主义制度所创造的一切积极成果"的提法,一方面固然是受到摩尔根《古代社会》的启发而引申出的、对人类未来社会制度向前现代社会"复归"的哲学洞察——"现代社会所趋向的'新制度',将是'古代类型社会在一种高级形式下(in a superior form)的复活(a revival)'"①,另一方面也和马克思、恩格斯早年对"共产主义"社会的理论构想一脉相承——"当阶级差别在发展进程中已经消失而全部生产集中在联合起来的个人的手里的时候,公共权力就失去政治性质"②。就马克思、恩格斯的本意而言,实现这种经济社会形态的跨越或复归,仍然是要以所谓"文明国家的联合的行动"为前提条件的,但这一关于古代、现代和未来社会之间关系的具有原则高度的论述,为我们理解苏联社会主义实践的流产和中国特色社会主义道路的成功提供了极其重要的启示:在人类社会的大环境没有实现向未来社会的整体转换之际,一个国家或地区能否走通社会主义道路,核心就在于能否真正以社会主义的方式实现经济社会生活的现代化同时"不经受资本主义生产的可怕波折",在创造性地实现古代社会向现代性社会转换的同时,保留或者说积极占有传统社会某些超越现代性社会的关键要素。

正如马克思所言:"理论在一个国家实现的程度,总是决定于理论满足这个国家的需要的程度。"③马克思主义的中国化,始终是一个马克思主义基本理论与中国革命、建设和改革发展实践进行创造性融合的过程,并且理论上的提炼概括以及命名又往往晚于历史实践本身的发生过程。党的十九大报告指出,"中国特色社会主义是改革开放以来党的全部理论和实践的主题",同时做出了"中国特色社会主义进入新时代"这一重大政治论断。站在"新时代"的历史高度回顾共产主义的根本旨趣和展望世界社会

---

① 《马克思恩格斯选集》第 3 卷,人民出版社,2012 年,第 822 页。
② 《马克思恩格斯选集》第 1 卷,人民出版社,2012 年,第 422 页。
③ 《马克思恩格斯全集》第 3 卷,人民出版社,2002 年,第 209 页。

主义的前途命运,我们可以更加清楚明晰地把握中国特色社会主义的基本性质和历史使命。

首先,我们可以确认,中国特色社会主义是马克思主义倡导的人类解放事业的有机组成部分。马克思主义的世界历史和人类历史视域,是理解、观察和描述中国特色社会主义事业最恢弘的思想坐标。确切地说,中国特色社会主义是经济社会发展形态落后于现代西方的东方古老国家,既占有和吸收现代西方社会积极文明成果又不丧失本民族自身社会和文化传统,将科学社会主义作为内在灵魂和行为方式贯穿于民族伟大复兴与经济社会生活现代化全过程,并以马克思主义的人类解放事业为最终前途方向的独特发展道路。就中国特色社会主义是马克思主义倡导的人类解放事业的有机组成部分而言,中国特色社会主义进入"新时代",这意味着"科学社会主义在二十一世纪的中国焕发出强大生机活力,在世界上高高举起了中国特色社会主义伟大旗帜"。

其次,我们可以确认,中国特色社会主义是中华民族历史命脉的有机组成部分。自近代中西文明交汇以来,西方列强的入侵和国内经济政治社会文化生活的腐朽衰败,使中华民族陷入内忧外患的黑暗境地,战乱频仍、山河破碎、民不聊生几近百年。如果说中国共产党领导中国人民展开的新民主主义革命是建立新中国,实现民族独立和人民解放的必由之路的话,那么,中国共产党领导中国人民开辟的中国特色社会主义则是发展新中国,肩负起中华民族伟大复兴重任的必由之路。无论是革命还是发展,其中的历史必然性就在于,中国共产党在马克思主义指引下团结带领中国人民所进行的卓越斗争,从来没有割断历史传统,也从来不是历史传统的简单延续,而是在通过马克思主义和科学社会主义的中介力量,立足于自身文化和社会命脉,主动消化和吸收西方现代文明积极财富的结果。就中国特色社会主义是中华民族历史命脉的有机组成部分而言,中国特色社会主义进入"新时代",这意味着"近代以来久经磨难的中华民族迎来了从站起来、富起来到强起来的伟大飞跃,迎来了实现中华民族伟大复兴的光明前景"。

再次,我们可以确认,中国特色社会主义是推进当今人类进步事业的有机组成部分。虽然中华民族在近代饱受西方列强的侵凌和压迫,但在实现民族独立和人民解放之后,我们一直奉行的是独立自主的外交政策,走的是一条和平发展的道路。与此同时,我们一直在马克思主义的指引下,立足于自身社会文化传统,以取其精华去其糟粕的健康心态,虚心学习和借鉴现代西方文明的积极成果,开辟了一条中国特色的现代化道路。并且,在中华民族日益走近世界舞台中央的时刻,和那些深陷"国强必霸"的霸权逻辑与"非此即彼"的冷战思维的人不同,我们党和国家心心念念的是如何为人类做更大贡献,是积极呼吁构建人类命运共同体,是高举和平、发展、合作、共赢的旗帜,与世界各国人民携手共建一个持久和平、普遍安全、共同繁荣、开放包容、清洁美丽的世界。就中国特色社会主义是推进当今人类进步事业的有机组成部分而言,中国特色社会主义进入"新时代",这意味着"中国特色社会主义道路、理论、制度、文化不断发展,拓展了发展中国家走向现代化的路径,给世界上那些既希望加快发展又希望保持自身独立性的国家和民族提供了全新选择,为解决人类问题贡献了中国智慧和中国方案"。

最后,我们可以确认,中国特色社会主义既有自己独特的历史贡献和世界意义,也同样有自身发展阶段的历史局限性。一方面,我们要清醒地认识到,中国特色社会主义决不仅仅是社会主义、民族传统和现代性要素的简单叠加,相反是三者的有机融合,是中国人民在中国共产党的领导下,以社会主义的方式完成自己民族社会生活的现代性革新所形成的一种新文明类型,从而牢固树立"四个自信";另一方面,我们也要清醒地认识到,即便中国特色社会主义将来真正走向完善和成熟,与《共产党宣言》揭示的人类社会"史前史"终结意义上的世界历史变革相比,也还有相当遥远的距离,她的内部目标是全面建成社会主义现代化强国,她的外部目标是构建人类命运共同体。就此而言,我们有充分的理由说,马克思的思想遗产决不仅仅是中国的,同时真真切切是世界的。我们期待未来会有更多国家和民族,通过独立自主的历史实践来继承和发扬马克思主义。

后 记

博士毕业之后，一直想改变博士论文"读书笔记"的形式，重新写一遍自己对马克思思想的基本理解。最后发现交出来的产品仍然难以摆脱类似的命运。因此，从严格意义上来说，这本书仍然是一个"自我教化"的产物。但如果同时能在一定程度上激发读者对马克思思想的兴趣，进而动身去阅读马克思的基础文本并对当代中国与世界的基本问题做出自己的思考与判断的话，那就是笔者最大的荣幸了。

本人自2006年7月进入上海社会科学院哲学研究所工作，2012年10月转到中国马克思主义研究所。期间，受教于吴晓明、王德峰、潘世伟、俞宣孟、童世骏、周山、何锡蓉、陆晓禾、方松华、曹泳鑫、黄凯锋、刘杰、胡键、杨卫、邹诗鹏、王金林、丁耘、陈立新、崔唯航等诸多师长与前辈，同时也得益于为"马克思主义中国化研究"学科点硕士、博士生讲授"马克思主义经典研读"课程的经历，在此一并谢过。

要特别感谢徐达华先生资助中国马克思主义研究所开展"文明比较与中国道路研究"（2015—2019）。在组织设施这一课题的过程中，有幸结识了一批年轻有为的同学同道，延请了上海及外地诸多名家来课题组座谈研讨，本书的很多思考从中受益良多。因此，也要特别感谢中国马克思主义研究所各位同事，尤其是陈祥勤、马庆、马丽雅、冯莉、郭丽双、娄雄、纪敏等人在课题实施过程中的支持与帮助。

还要特别感谢本书的责任编辑陈军博士。自 2015 年年初约稿至今已逾三年,感谢陈军博士的耐心、宽容、勉励、支持与辛劳,使本书最终得以付印。

最后感谢家人尤其是我母亲和妻子的默默支持与奉献,使我作为两个男孩的父亲在上海这个生活成本极高的大都市,能够保持一种近乎单身汉一样的自由心境与工作状态。

姜佑福

2018 年 6 月

图书在版编目(CIP)数据

历史之谜的理论解答/姜佑福著. —上海：复旦大学出版社，2018.9
（马克思主义与当代中国问题/吴晓明，陈学明主编）
ISBN 978-7-309-13995-2

Ⅰ.①历… Ⅱ.①姜… Ⅲ.①马克思主义-研究 Ⅳ.①A81

中国版本图书馆 CIP 数据核字(2018)第 236459 号

历史之谜的理论解答
姜佑福　著
责任编辑/陈　军

复旦大学出版社有限公司出版发行
上海市国权路 579 号　邮编：200433
网址：fupnet@fudanpress.com　　http://www.fudanpress.com
门市零售：86-21-65642857　　团体订购：86-21-65118853
外埠邮购：86-21-65109143　　出版部电话：86-21-65642845
常熟市华顺印刷有限公司

开本 787×960　1/16　印张 13.5　字数 180 千
2018 年 9 月第 1 版第 1 次印刷

ISBN 978-7-309-13995-2/A·37
定价：46.00 元

如有印装质量问题，请向复旦大学出版社有限公司出版部调换。
版权所有　侵权必究

中华经典直解

论语直解 下册

来可泓 撰

复旦大学出版社

乡党第十

【解题】

本篇凡一章。编者取本篇首节"孔子于乡党"一句中的"乡党"两字为篇名。宋朱熹《论语集注》将本篇分为十七节。清刘宝楠根据梁皇侃《论语义疏》、宋邢昺《论语注疏》分节原则,分为二十五节。今人杨伯峻《论语译注》分为二十七节。今从之。

本篇是孔子的弟子和再传弟子关于孔子日常言行和社会活动的片断记录。他们受学于孔子,和孔子朝夕相处,对孔子平时的言行观察得极为细致,记录得十分详尽。杨氏(时)说:"圣人之所谓道者,不离乎日用之间也。故夫子之平日,一动一静,门人皆审视而详记之。"(《论语集注》卷五)尹焞说:"甚矣,孔门诸子之嗜学也,于圣人之容色言动,无不谨书而备录之,以贻后世,今读其书,即其事,宛然如圣人之在目也。"(同上)在人们面前展示了孔子的形象。

本篇的记载,围绕着孔子做人循"礼"而行这条主线展开,大致可以分为五个方面。第一,记录孔子在家乡父老面前的仪容、仪态。他尊敬老人,恭敬谦和,从不卖弄学问,夸夸其谈,体现了孝悌原则。第二,记录孔子奉事君主、接待外宾、出使聘问、与同事相处的仪容、仪态。在君主面前他小心翼翼、恭敬谨慎,处处体现尊君、忠君、守礼的原则。他熟谙礼仪,接待外宾、出使聘问,都能如礼而行,符合礼制。第三,记录孔子对祭祀的虔诚态度,他"齐必变食,居必迁坐",符合"祭如在,祭神如神在"的礼神原则。第四,记录孔子结交朋友的诚信行动,为无亲朋友殡葬,拜而受药,符合交友的道义原则。第五,记录了孔子衣、食、住、行的日常生活习惯。他服饰讲究而注意节约；他饮食有节而注意卫生；他居家严肃端庄而又和平舒展；他乘车严肃而注意安全；他遇到特殊人物、特殊自然现象，都变色而作。总之对于衣食住行，都有他自己的要求和喜爱，符合礼的原则。阅读本篇，可以拂去历史为孔子涂抹的重重"神""圣"灵光，恢复其有血有肉的人的形象。

孔子于乡党①，恂恂②如也，似不能言者。其在宗庙朝廷，便便③言，唯谨④尔。

【今译】

孔子在家乡，显得温和恭顺的样子，好像不会说话一样。他在宗庙里、朝堂上，说话明白而流畅，只是说得小心谨慎罢了。

【注释】

① 乡党：家乡。 ② 恂恂(xún xún)：恭顺的样子。 ③ 便便(pián pián)：明白而流畅。 ④ 谨：小心谨慎。

【评述】

本节记叙孔子在乡党、宗庙、朝堂言语、仪态之不同。宋朱熹说："恂恂，信实之貌。似不能言者，谦卑逊顺，不以贤知先人也。乡党，父兄宗族之所在，故孔子居之其容貌辞气如此。便便，辩也。宗庙礼法之所在，朝廷政事之所出，言不可以不明辨，故必详问而极言之，但谨而不放尔。"(《论语集注》卷五)清孙奇逢《四书近指》说："乡党是做人第一步，他日立朝廷、交邻国，俱在此植基。故记者以乡党先之。"孔子在家乡，温和恭顺，好像不会说话一样。这是因为家乡长辈多，孔子行孝悌之义，决不能在长辈面前显露其学问和名声而夸夸其谈。在朝廷、宗庙，则由于职务关系，对于有关政事，必须表明自己的态度，所以便便言，必须辩论清楚，但说话时，仍持慎重态度。

朝①,与下大夫言,侃侃②如也;与上大夫言,訚訚③如也。君在,踧踖④如也,与与⑤如也。

【今译】

孔子上朝的时候,在朝房里,同下大夫交谈,显得温和而快乐的样子;与上大夫交谈,显得正直而恭敬的样子。国君临朝时,显得恭敬而不安的样子,走起路来,从容而安详的样子。

【注释】

① 朝:上朝。 ② 侃侃(kǎn kǎn):温和而快乐。 ③ 訚訚(yín yín):正直而恭敬。 ④ 踧踖(cù jí):恭敬而拘谨。 ⑤ 与与:行步从容而安详。

【评述】

本节记叙孔子在朝堂上对同僚、对君主的言谈、仪态。宋朱熹说:"此节记孔子在朝廷事上接下之不同也。"(《论语集注》卷五)据《论语释故·周礼太宰疏》,周代官制,诸侯三卿:司徒、司马、司空。司徒下二大夫:一小司徒,一小宰;司空下二大夫:一小司空,一小司寇;司马下一大夫:小司马。卿与大夫春秋都称之为大夫。分而言之,卿为上大夫,其他大夫皆为下大夫。孔子为司寇,下大夫。他在朝房里与下大夫言,即与同列言,地位相等,故说话温和而快乐;与上大夫言,即与鲁国四卿谈话,地位比他们低,故说话正直而严肃,表示恭敬。孔子用不同态度对待不同官位的职官。当国君临朝时,则恭敬拘谨,威仪中适,更表现出忠诚、恭敬之心。这些仪态,都是符合事上接下之礼的。

君召使摈①,色勃②如也,足躩③如也。揖④所与立,左右手⑤,衣前后⑥,襜⑦如也。趋进⑧,翼如也⑨。宾退,必复命⑩曰:"宾不顾⑪矣。"

【今译】

国君召唤去接待外国贵宾,孔子的脸色显出庄重严肃的样子,脚步也加快了。向站在一起的人作揖,又向左、向右拱拱手,衣服一俯一仰,显得很整齐。快步向前时,像鸟儿展翅一样。贵宾告退后,孔子一定向国君回报说:"宾客已经离开了。"

【注释】

① 摈(bìn):同"傧"。接待外宾的傧相。 ② 勃:庄重。 ③ 躩(jué):快速。 ④ 揖:作揖。 ⑤ 左右手:向左拱手、向右拱手。 ⑦ 襜(chān):整齐。 ⑧ 趋进:快步前进。 ⑨ 翼如也:像鸟儿展开翅膀一样。 ⑩ 复命:回报国君的命令。 ⑪ 顾:回头看。这里指离开。

【评述】

本节记叙孔子为国君作傧相接待外宾的仪容。孔子奉命接待外宾,仪容端庄肃穆。按礼制:傧有上傧、承傧、绍傧之分。《聘礼》说:"卿为上傧,大夫为承傧,士为绍傧。"傧的多少按诸侯国的等级而定,《周官·大行人》说:"上公傧者五人,侯伯四人,子男三人。"鲁为侯国,当用四人。孔子为大夫,当为承傧,站在上傧和绍傧之间。但清俞樾《群经平议》据清江永《乡党图考》考定:"鲁人重夫子知礼,故使以大夫摄上傧事。"说孔子为上傧,故有趋进相公拜、复命等任务。迎宾仪式据清江永《乡党图考》说:傧相雁行立于东方,西面北上,以南北为左右,东西为前后,宾则相对立于西方。传辞之法,在朝礼则上傧奉主君之命,问宾为什么到来之意。这个提问,上傧揖而传于承傧,承傧揖而传于绍(末)傧,末傧与末介东西相对,则向末介揖而传问,末介揖而传于承介,承介揖而传于上介,上介乃传告于宾客。宾客的回答,仍按这个传递路线返回上傧,上傧向主君禀告,君辞不敢当,如此三次,主君乃进车迎宾。入门时君与宾雁行,傧介皆随后雁行,于是傧相从中庭趋进于阼阶。《聘礼》说:"纳宾,宾入门左,三揖,至于阶,三让,公升二等,宾升西楹西,东面,摈者退中庭,宾致命,公左还北乡,摈者进,公当楣再拜。"礼毕,则由上傧向国君复命,"纾君敬也",让国君放松庄严的仪容,得以休息。从本章看,孔子接待外宾的仪容、仪态符合礼仪,对行礼程序又非常熟悉。

入公门①,鞠躬②如也,如不容③。立不中门,行不履阈④。过位⑤,色勃如也,足躩如也,其言似不足者。摄齐⑥升堂,鞠躬如也,屏气⑦似不息者。出,降一等⑧,逞⑨颜色,怡怡⑩如也。没阶⑪,趋进,翼如也。复其位,踧踖如也。

【今译】
　　孔子走进朝堂大门,显出恭敬而谨慎的样子,好像没有容身之地。站立时,不立在大门中间。行走时,不踩着门槛。经过国君座位时,面色便庄重起来,脚步便快速起来,说话好像气力不足一样。提起衣裳的下摆,走上朝堂,显出恭敬而谨慎的样子。屏住气好像不呼吸一样。走出朝堂,跨下一级台阶,面色舒缓放松,显得自然快乐的样子。走完台阶,加快脚步,像鸟儿展翅一样。回到自己的位置上,显得恭敬而拘谨的样子。

【注释】
　　① 公门:朝堂大门。　② 鞠躬:谨慎恭敬的样子。　③ 容:容纳、容身。　④ 阈(yù):门槛。　⑤ 位:国君的座位。　⑥ 摄齐(zī):提起衣裳下摆。　⑦ 屏(bǐng)气:屏住呼吸。　⑧ 降一等:走下一级台阶。　⑨ 逞:放松。　⑩ 怡怡:自然和舒的样子。　⑪ 没阶:走完台阶。

【评述】
　　此节记叙孔子上朝时的举止仪容。孔子入朝,先进公门,即朝堂大门。关于公门,有五说。清黄式三主库门说,清江永主路门说。清洪颐煊主库、雉、路三门皆为公门说。清王引之以"公"字为衍文。清刘宝楠主庙门说。诸侯有库、雉、路三门。库门为外门,雉门为中门,路门以内即路寝,雉门居其中,悬象魏于此,奇服怪民不得入。孔子进入朝廷大门,态度变得严肃起来。宋朱熹说:"公门高大而若不容,敬之至也。"(《论语集注》卷五)《礼记·曲礼》:"大夫、士出入君门,由阒右,不践阈。"梁皇侃说:"若出入时不得践君之门限也。所以然者,其义有二;一则忽上升限似自高矜,二则人行跨限,已若履之则污限,污限则污跨者之衣也。"(《十三经注疏·乡党第十》)过位,《集解》东汉包咸说:"过君之空位。"(同上)这里的君位指治朝之位。清俞樾《群经平议》说:"人君每日视朝,在治朝惟与群臣揖见而已,议论政事皆在路寝之朝,故视朝退适路寝,则治朝之位虚。"孔子虽过治朝君主空位,也十分恭敬,态度严肃,似有君主在位的样子。然后撩起衣服下摆,登路寝面朝君主。宋朱熹说:"礼,将升堂,两手抠衣,使去地尺,恐慑之而倾倒失容也。屏,藏也;息,鼻息出入者也。近至尊,气容肃也。"(《论语集注》卷五)面君以后,退回原位。梁皇侃说:"出,降一等,谓见君已竟,而下堂至阶第一级时也。初对君时既屏气,故出降一等而申气,气申则颜色亦升,故颜容怡怡也。没,犹尽也。尽阶,谓下诸级尽至平地时也,既去君远,故又徐趋而翼如也。"(《十三经注疏·乡党第十》)

  此节宋朱熹认为是记孔子在朝之容:由外朝而治朝而燕朝,通记之也。外朝在库门内,由是入雉门而治朝,入路门而燕朝。故先记入公门之容,入治朝则雉门外有君位,入燕朝则路门外有君位,故次记过位之容。外朝以询万民,唯治朝、燕朝君与大夫发令谋政,故次记言容。燕朝在路寝,有阶有堂,君听政于此,则臣有告君之政可知,故次记升堂之容。告毕还位治事,故次记复位之容。由此可见,本节完整地记载了孔子上朝参见君主的整个过程和仪容仪态。

执圭①,鞠躬如也,如不胜②。上如揖,下如授③。勃如战色④,足蹜蹜⑤如有循⑥。享礼,有容色。私觌⑦,愉愉如也。

【今译】

孔子出使到外国去,参加典礼时,他捧着国君的圭,显得恭敬、谨慎,好像拿不动似的。将圭献给外国君主,向上举,像作揖,向下拿,像交给别人,脸色严肃、庄重,好像在战栗。小步行走,好像循着一定的轨迹。行聘之后,举行享礼,呈献礼物时,脸色和悦。以私人身分与外国君主、大臣见面时,显得轻松愉快的样子。

【注释】

① 执圭:拿着玉圭。圭:玉器名,古代朝聘、祭祀、丧葬时拿在手里的礼器。 ② 胜(shēng):承担得起。 ③ 授:交给。上级交给下级称授。 ④ 战色:战栗的神色。 ⑤ 蹜蹜(suō suō):小步行走。 ⑥ 循:顺着、遵循。 ⑦ 私觌(dí):私人会见。

【评述】

本节记孔子出使外国的仪态、仪容。宋朱熹说:"圭,诸侯命圭,聘问邻国,则使大夫执以通信。享,献也。既聘而享,用圭璧,有庭实。有容色,和也。私觌,以私礼见也。愉愉则又和矣。"(《论语集注》卷五)本节记孔子奉君命聘问邻国的过程。首先捧着国君的圭,恭敬、谨慎,好像拿不动似的。其次,到了邻国,举行聘礼。捧着圭,献于邻国国君,脸色十分庄重。其三,行聘之后,举行享礼,互赠礼物,脸色和悦,心情开朗。最后以私人身份与邻国君臣相见,显得轻松愉快。出使之时,行聘之时,享礼之时,私觌之时,态度各不相同,恰如其分,可见孔子熟知出使聘问之礼。

君子不以绀緅①饰,红紫不以为亵服②。当暑,袗絺绤③,必表④而出之。缁衣⑤,羔裘;素衣,麑裘⑥;黄衣,狐裘。亵裘长,短右袂⑦。必有寝衣⑧,长一身有半。狐貉之厚以居⑨。去丧,无所不佩。非帷裳⑩,必杀⑪之。羔裘玄冠不以吊。吉月⑫,必朝服而朝。

【今译】

君子不用天青色和铁红色的织品做镶边,不用红色和紫色的织品做便服。当夏季节,穿粗麻布或细麻布做的单衣,但一定穿在外面,里面衬着内衣。黑色罩衣配上羔羊皮袍,白色罩衣配上小鹿皮袍,黄色罩衣配上狐裘皮袍。家常穿的皮袍比较长,右边的袖子要短些,便于干活。睡觉一定要有小被,长度是身高的一倍半。用狐貉的厚皮来做坐垫。丧期满了以后,什么东西都可以佩戴。如果不是上朝和祭祀穿的礼服,一定要裁去多余的布料。不穿黑羔羊皮袍、不戴黑色礼帽去吊丧。每月初一,一定穿着朝服去参拜君主。

【注释】

① 绀缁(gàn zōu):天青色和铁红色。 ② 亵服:便服,内衣。 ③ 袗绤绤(zhěn chī xì):穿着细葛布或粗葛布的单衣。绤:细葛布。绤:粗葛布。 ④ 表:表面。指穿在外面。 ⑤ 缁衣:黑衣。 ⑥ 麑(ní)裘:白色小鹿皮。 ⑦ 袂(mèi):袖子。 ⑧ 寝衣:小被。 ⑨ 居:坐。指坐垫。 ⑩ 帷裳:礼服。上朝和祭祀时穿。 ⑪ 杀(shài):减少、裁去。 ⑫ 吉月:每月初一。

【评述】

本节记叙孔子的衣服穿着。宋吕大临《论语解》说:"言孔子衣服之变。"本节集中地记叙了孔子的衣被服饰并注意礼制。首先,有礼服、常服。夏衣有麻布衣,冬衣有皮袍。有罩衣,有被褥,有坐垫。一应齐备。第二,注意颜色配合协调。如黑色罩衣配紫羔皮袍,白色罩衣配小鹿皮袍,黄色罩衣配狐裘皮袍,不用天青色、铁灰色织品镶边。

《集解》汉孔安国说:"服皆中外之色相称也。"(《十三经注疏·乡党第十》)宋朱熹说:"缁,黑色。羔裘用黑羊皮。麑,鹿子,色白。狐色黄,衣以裼裘,欲其相称。"(《论语集注·卷五》)非常讲究颜色的调和。第三,注意节约。常服裁去下边的围裙。常服右边的袖子做得短些,既节约用料,又便于做事。朱熹说:"长欲其温,短右袂所以便作事。"(《论语集注》卷五)第四,注意穿衣的礼节。不用红色、紫色布做便服,不穿着羔羊皮袍、戴黑色帽子去吊丧。服丧期满什么都可佩戴,每月初一穿朝服上朝。晋杜(预)注:"紫衣,僭君也。"(《左传》哀公十七年)朱熹说:"红紫,间色不正,且近于妇人女子之服也。"(《论语集注》卷五)由此可见,孔子的服饰非常讲究、注意美观、实用、合礼。显示出一派贵族的雍容华贵气度。

齐①,必有明衣②,布。齐必变食③,居必迁坐④。

【今译】

斋戒沐浴时,一定要有浴衣,用布做成。斋戒一定改变饮食,居住一定要迁移卧室。

【注释】

① 齐:同"斋"。斋戒。 ② 明衣:浴衣。 ③ 变食:改变饮食,即不饮酒、不吃荤,吃素食等。 ④ 迁坐:从内室迁到外室,不与妻妾同房。

【评述】

本节记叙孔子斋戒前沐浴时的服饰和斋戒期间的生活。在我国古代,把祭祀与战争看作两件大事,祭祀必敬、必诚。孔子虽不迷信鬼神,但"祭如在,祭神如神在",对祭祀的态度是严肃认真的。祭前要沐浴,披浴衣。黄式三《论语后案》:"明衣之制,于礼无见。"《御览》五百三十引郑注:"明衣,亲身衣,所以自洁清也,以布为之。"梁皇侃说:"谓斋浴时所著之衣也。浴竟,身未燥,未堪著好衣,又不可露肉,故用布为衣,如衫而长身也,著之以待身燥。"(《十三经注疏·乡党第十》)斋戒期间,要吃素食,不饮酒,不吃荤;要夫妻分床。《集解》汉孔安国说:"改常馔,易常处。"(同上)宋朱熹说:"变食谓不饮酒,不茹荤;迁坐,易常处也。"(《论语集注》卷五)清金鹗《求古录礼说》:"古人将祭必斋。斋者,致精明以交鬼神也。故君子之斋,沐浴以洁其身,严肃以澄其心,不御内,不听乐,居必迁于外寝,服必明衣玄端,皆所以致其精明。"孔子就是按此礼制要求沐浴斋戒而祭神的。

食不厌精,脍①不厌细。食饐而餲②,鱼馁而肉败,不食。色恶,不食。臭③恶,不食。失饪④,不食。不时,不食。割不正,不食。不得其酱,不食。肉虽多,不使胜食气⑤。唯酒无量,不及乱⑥。沽酒市脯⑦,不食。不撤姜食,不多食。

【今译】

孔子粮食不嫌舂得精细,鱼、肉不厌切得细。食物发臭和变味,鱼变质和肉腐败,不吃。食物颜色不新鲜,不吃。食物气味难闻,不吃。食物烹调不当,不吃。用餐不到规定时间,不吃。肉切割得不方正,不吃。没有适当的调味酱醋,不吃。肉虽然多,吃肉的量不超过吃饭的量。只有酒不限量,但不喝醉。从市场上买来的酒和干肉,不吃。每次吃饭离不开姜,但也不多吃。

【注释】

① 脍(kuài):细切的鱼肉。 ② 食饐(yì)而餲(ài):食物经久而腐臭、变味。饐:食物经久而腐臭。餲:食物经久而变味。 ③ 臭(xiù):气味。 ④ 失饪:烹调不当。 ⑤ 胜食气:超过主食的量。气:同"饩"。 ⑥ 乱:酒醉。 ⑦ 沽酒市脯:买来的酒和干肉。

【评述】

本节记叙孔子的饮食习惯。概括起来讲了五个方面。(1)讲究食物的精细。"食不厌精,脍不厌细。"米要舂得白,面要磨得细,鱼肉要切得碎,做得精,讲究饮食。(2)注意卫生,不吃腐败变质的食物。不吃馊饭,不吃变质的鱼肉。还"不时不食"。关于"不时",有两种理解。朱熹认为是指不成熟的果实之类。汉郑玄说是指"非朝夕日中之时",即不到规定用餐的时间。均之两说以郑说为长。(3)饮食有节制。以主食为主,肉虽多,吃肉的量不超过主食。酒因与人合欢,故不限量,但以不喝醉为节。姜去秽恶,每饭必有姜,但适可而止,注意节制饮食。(4)过高的烹饪要求。肉割得不方正不吃;食物烹调得不够味不吃;没有酱醋等调料不吃。对厨师的要求未免太苛刻了一些。(5)不吃买来的酒和干肉。关于这一点,大家都这样说,并未提出过异议。仔细推敲恐怕不符合孔子原意。据清翟灏《四书考异》说,不吃买来的酒和干肉,是指斋戒之期而言,平时则不是这样的。孔子作过大夫,享受高级官员的待遇,家中一定自己酿酒,所谓"孔府家酒"。祭祀必敬、必洁,就一定要用家酒。平时则不是这样,如果一生从不"沽酒市脯",则是不合情理的。由上可知,孔子的饮食习惯,是反映了春秋时期贵族士大夫的生活现实的。

祭于公①,不宿②肉。祭肉③不出三日,出三日,不食之矣。

【今译】

　　孔子参加宗庙的祭祀,带回来的祭肉不放过夜。家庙祭祖先的肉不超过三天,超过三天,就不吃它了。

【注释】

　　① 公:国家宗庙的祭祀大典。　② 宿:第二天。　③ 祭肉:家祭的胙肉。

【评述】

此节记孔子注意肉食保鲜食用。从公家分回的胙肉,祭祀用的牲体已搁了好多天,所以拿回来当天就要处理掉,以免变质。至于家祭牲体,现杀现祭,必较新鲜,可保存数天。但三天以后也会腐败变质而不可食用,故必须加紧处理。

食①不语,寝②不言。

【今译】

孔子吃饭时不与人交谈,睡觉时不说话。

【注释】

① 食:吃饭。　② 寝:睡觉。

【评述】

本节记孔子吃饭、睡觉时不说话的良好习惯。《说文》:"直言曰言,论难曰语。"疏:"直言曰言,谓一人自言。答难曰语,谓二人相对。"元陈天祥《四书辨疑》:"此章本无深意。食不语,止是口中有物,故不多语;寝不言,止是心欲安静,故不多言。"

虽疏食①菜羹②,必祭,必齐③如也。

【今译】

孔子即使是吃糙米饭、青菜汤,一定要祭一祭发明熟食的人,祭时像斋戒一样恭敬、虔诚。

【注释】

① 疏食:糙米饭、粗食。　② 菜羹:菜汤。　③ 齐:同"斋"。指像斋戒那样恭敬。

【评述】

本节记载孔子对例行祭祀的认真态度。我国古代吃饭以前,常在饭菜中拣出少许,供在桌上,祭祀发明火和熟食的先人,以示饮水思源,不忘根本。南宋朱熹曰:"古人饮食,每种各出少许,置之豆间之地,以祭先代始为饮食之人,不忘本也。"(《论语集注》卷五)孔子知礼,虽薄物必祭,表示诚敬之心,不忘根本。

席^①不正,不坐。

【今译】

坐席铺得不端正,孔子就不坐。

【注释】

① 席:席子。古人无桌椅,在地上铺上席子,席地而坐。

【评述】

本节记孔子坐席时注意礼仪。古人席地而坐,席子不铺正,不合于礼,故孔子不坐。梁皇侃《论语义疏》引范宁说:"正席所以恭敬也。"(《十三经注疏·乡党第十》)说明孔子处处循礼而行。

乡人饮酒^①,杖者^②出,斯出矣。

【今译】

行乡饮酒礼毕,拄杖的老人离开后,孔子才出去。

【注释】

① 乡人饮酒:即举行乡饮酒礼。　② 杖者:指代老人、长辈。

【评述】

本节记叙孔子尊敬乡里中的老人、长辈。我国古代每年举行乡饮酒礼。《十三经注疏·礼记正义·乡饮酒义》:"凡有四事:一则三年宾贤能,二则乡大夫饮国中贤者,三则州长习射饮酒也,四则党正蜡祭饮酒。总而言之,皆谓之'乡饮酒'。"这里指党正蜡祭饮酒,主于敬长。《集解》汉孔安国说:"杖者,老人也。乡人饮酒之礼主于老者,老者礼毕出,孔子从而后出。"(《十三经注疏·乡党第十》)梁皇侃说:"乡人饮酒,谓乡饮酒之礼也。礼,五十杖于家,六十杖于乡,故呼老人为杖者也。乡人饮酒者贵龄崇年,故出入以老人者为节也。"(同上)孔子在举行乡饮酒礼时,注意尊长之礼。

乡人傩①,朝服而立于阼阶②。

【今译】

乡亲们举行迎神驱鬼的活动时,孔子穿上朝服,立在东面的台阶上。

【注释】

① 傩(nuó):古代一种迎神驱鬼的风俗。　② 阼(zuò)阶:东面的台阶。古代礼制,主人站在东面的台阶上,即居于主位。

【评述】

本节记叙在家乡举行迎神驱鬼的傩戏时,孔子的诚敬态度。关于孔子为什么要朝服而立于阼阶。有两种说法:一种认为恐其惊先祖五祀之神,欲其依己而安也。《礼记·郊特性》:"乡人裼,孔子朝服立于阼,存室神也。"一种认为表示诚敬。宋朱熹说:"傩所以逐疫,《周礼》方相氏掌之。阼阶,东阶也。傩虽古礼,而近于戏。亦必朝服而临之者,无所不用其诚敬也。"均之两说,以后说为长。表达了孔子对祖先的诚敬之心。

问①人于他邦②,再拜③而送之。

【今译】

托人向住在别国的朋友问候,对受托人拜上两次,然后送别。

【注释】

①问:问候、问好。 ②他邦:外国。 ③再拜:拜两次,表示礼重、尊敬。

【评述】

本节记叙孔子遣人之礼。《集解》汉孔安国说:"拜送使者,敬也。"(《十三经注疏·乡党第十》)孔子托人到外国问候朋友和馈送礼物,一定要拜两拜为使者送别,既是对使者的尊重,更主要的是对住在外国的朋友的尊重。可见孔子的知礼。

康子馈①药,拜而受之。曰:"丘未达②,不敢尝。"

【今译】

季康子送孔子药物,孔子拜谢后接受。说:"我不了解这种药的药性,不敢盲目服用。"

【注释】

①馈:送、赠。 ②未达:不了解。

【评述】

本节记孔子慎重服药。《集解》汉孔安国说:"未知其故,故不尝,礼也。"(《十三经注疏·乡党第十》)清黄式三《论语后案》:"夫子既能拜受而答,药非馈于疾急之时,正是今日一种丸散补剂通用。子云未达者,凡药加减必应病而后有益,不能以一药通治诸人之疾。"宋杨氏说:"大夫有赐,拜而受之,礼也。未达不敢尝,谨疾也。必告之,直也。"(《论语集注》卷五)说明孔子拜受以礼,慎重用药。

厩①焚。子退朝,曰:"伤人乎?"不问马。

【今译】

　　马棚失火焚烧。孔子退朝回来,问道:"伤了人吗?"没有问马的情况。

【注释】

　　① 厩:马棚、马房。

【评述】

　　本节记孔子重人轻物。《集解》汉郑玄说:"重人贱畜也。退朝者,自鲁之朝来归也。"(《十三经注疏·乡党第十》)梁皇侃说:"厩是养马处,而孔子不问伤马,唯问伤人乎?是重人贱马,故云不问马也。"(同上)宋朱熹说:"非不爱马,然恐伤人之意多,故未暇问。盖贵人贱畜,理当如此。"(《论语集注·卷五》)朱熹的分析比较符合当时孔子提问的心情,并非不爱马,而是马与人比较起来,以人命为重。

君赐食,必正席①先尝之。君赐腥②,必熟而荐③之。君赐生④,必畜⑤之。侍食于君,君祭,先饭。

【今译】

　　国君赐给熟食,孔子一定摆正席位先尝一尝。国君赐给生肉,孔子一定煮熟了先供奉祖先。国君赐给活牲口,孔子一定豢养它。陪同国君吃饭,国君饭前祭祀初造食之神时,孔子先吃饭,不吃菜。

【注释】

　　① 正席:摆正坐位,表示恭敬。　② 腥:生肉。　③ 荐:追荐。进奉祖先。　④ 生:活的牲口。　⑤ 畜:豢养。

【评述】

　　本章记叙孔子对待国君赐食及陪饭的礼仪。宋朱熹说:"正席先尝,如对君也。熟而荐之祖考,荣君赐也。畜之者,仁君之惠,无故不敢杀也。君祭,则己不祭而先饭,若为君尝食然,不敢当客礼也。"(《论语集注》卷五)本节先记国君赐食的礼仪。赐熟食、赐生食、赐活口,孔子用不同礼节对待。再说陪君用餐,君祭,报昔初造食者时,不必助祭,故先尝饭。《仪礼·士相见礼》:"君赐之食,则君祭,先饭。"梁皇侃曰:"当君正祭食之时,而臣先取饭食之,故云先饭。饭,食也。所以然者,示为君先尝食,先知调和之是非者也。"(《十三经注疏·乡党第十》)从孔子事君之礼中,充分反映了他的尊君、忠君思想。

疾①,君视之。东首②,加朝服,拖绅③。

【今译】

孔子生病,国君前来探望他。他脸向东躺着,把朝服盖在身上,拖着大带。

【注释】

① 疾:生病。　② 东首:面朝东,迎接从阼阶上走来的国君。③ 绅:腰间大带。

【评述】

本节记孔子患病时奉侍国君探望之礼。《集解》东汉包咸说:"夫子疾,处南牖下,东首,加其朝服,拖绅。绅,大带也。不敢不衣朝服见君也。"(《十三经注疏·乡党第十》)病者常居北牖下,为君来探视,则暂时迁至南牖下,东首,令君得南面而视之。以病不能穿朝服、束腰带,又不敢不穿朝服见君,故加朝服于身,加大带于上,这是符合事君之礼的。由此反映了孔子的忠君思想。

君命召,不俟驾①行矣。

【今译】

君主下令召见,不等车辆驾好马,便急忙步行赶去。

【注释】

① 驾:驾好马车。

【评述】

本节记孔子奉君召命之礼。《荀子·大略》:"诸侯召其臣,臣不俟驾,颠倒衣裳而走,礼也。"《集解》东汉郑玄说:"急趋君命,行出而车驾随之。"(《十三经注疏·乡党第十》)清刘宝楠说:"《说文》:'驾,马在轭中也。'轭加于马头,马在轭中,则为驾车。可知大夫不可徒行,而此承君命召,急迫先行,其家人亦必速驾,随出及之。"(《论语正义·乡党第十》)孔子听到国君召见,不俟驾而匆忙登程,其急君之事,忠君之心,跃然纸上。

入太庙①**,每事问。**

【今译】

孔子走进太庙,每件事情都要向人请教。

【注释】

① 太庙:开国君主之庙。指周公庙。

【评述】

本节记孔子谦逊、好学的态度。本节与《八佾》第十五章重复。梁皇侃说:"前是记孔子对或人之时,此是录平生常行之事,故两出也。"(《十三经注疏·乡党第十》)太庙中的礼仪、祭器,孔子均知之,犹每事复问,说明孔子谦逊、好学,恭慎之至。

朋友死,无所归①**,曰:"于我殡**②**。"**

【今译】

朋友死了,没有亲人来收殓,孔子说:"由我来殡葬吧。"

【注释】

①归:归宿。指收殓、埋葬。　②殡:殡葬、主丧。

【评述】

本节记孔子对朋友的道义。《集解》汉孔安国说:"重朋友之恩也。无所归,无亲昵也。"(《十三经注疏·乡党第十》)清焦袁熹《此木轩四书说》:"无所归,曰于我殡,不特仁之至,亦见义之尽。"可见孔子重朋友的恩义,恻隐同情之心于此可见。

朋友之馈①,虽车马,非祭肉,不拜。

【今译】

朋友的馈赠,即使是贵重的车辆、马匹,只要不是祭肉,孔子接受时就不拜。

【注释】

①馈:送、赠。

【评述】

本章记叙孔子接受朋友礼物的不同礼节。宋朱熹说:"朋友有通财之义,故虽车马之重不拜。祭肉则拜者,敬其祖考,同于己亲也。"(《论语集注》卷五)清李沛霖《四书异同条辨》:"人惟重财,乃重车马。圣人只见通财为朋友之当然,无可拜处。若祭肉虽微,圣人见祭肉如见其所祭之祖考,安得不拜?"从孔子接受朋友赠礼的不同态度看,他重祭祀而轻财物,重人而轻物。

寝不尸①,居不容②。

【今译】

孔子睡觉时不像死尸那样直挺挺地伸着四肢。家居时态度和舒,不过分严肃。

【注释】

①尸:挺直睡觉。　②容:威仪、仪容。

【评述】

本节记叙孔子居家时的生活态度。《集解》东汉包咸说:"不偃卧四体,布展手足,似死人也。"(《十三经注疏·乡党第十》)汉孔安国说:"不容,为室家之敬难久也。"(同上)孔子睡觉时侧身而卧,不仰面朝天,四肢布展,符合卫生要求。在家时态度温和,并不严肃。关于"居不容",六朝以前各本作"居不客"。"容"与"客"形近而误。六朝以后,有作"容"之本。宋邢昺《论语注疏》:"其居家之时,则不为容仪,为室家之敬难久,当和舒也。"《四书集注》:"容,仪容。"朱熹也作"容"。今从之。

见齐衰者,虽狎①,必变②。见冕者与瞽者,虽亵,必以貌。凶服③者式④之。式负版⑤者。有盛馔⑥,必变色而作⑦。迅雷⑧风烈⑨必变。

【今译】

孔子看见穿丧服的人,即使是极亲密的友人,面色一定变得很严肃。看见戴着礼帽的人和盲人,即使经常见面,一定有礼貌地对待他们。坐车外出,看见送死人衣服的人,就低着头,双手伏在车横木上,表示同情。看见背负国家图籍的人,也要低着头,双手伏在车横木上,表示敬意。遇到有丰盛的肴馔,一定改变神色,恭敬地站起来。碰到突然打雷,刮大风,也一定改变脸色,表示不安。

【注释】

①狎:亲密。　②必变:脸色一定变得严肃。　③凶服:送终葬服。收殓死人穿的衣服。　④式:同"轼",车前横木。作动词用。指

低头俯身、双手伏在车横木上,表示敬意。 ⑤ 负版者:背着国家图籍的人。 ⑥ 盛馔:丰盛的筵席。 ⑦ 作:站立。 ⑧ 迅雷:突然打雷。 ⑨ 风烈:刮大风。

【评述】

本节记孔子守礼,在不同情况下,面部表情的变化。梁皇侃说:"亵谓无亲而卑数者也。尊在位,恤不成人,故必以貌,以貌变色对之也。"(《十三经注疏·乡党第十》)宋朱熹说:"式,车前横木,有所敬则俯而凭之。负版,持邦国图籍者。式此二者,哀有丧,重民数也。"(《论语集注》卷五)《集解》汉孔安国说:"作,起也,敬主人之亲馈也。"(《十三经注疏·乡党第十》)东汉郑玄说:"敬天之怒也,风疾雷为烈。"(同上)孔子的学生们对孔子的观察是那么的细致,那么的深刻,记录了孔子在不同人事面前的脸色变化。一方面说明孔子依礼而行,一方面说明孔子感觉的敏锐、感情的丰富。

升车①,必正立执绥②。车中不内顾③,不疾言,不亲指④。

【今译】

　　孔子登车后,一定端正地站好,拉着扶手带。坐在车里,不东张西望,不高声谈话,不用手指指点点。

【注释】

　　① 升车:登车。 ② 绥:扶手带。 ③ 顾:回头看。引申为东张西望。 ④ 亲指:用手指指点点。

【评述】

本节记孔子乘车的礼仪。孔子乘车,既注意礼貌,也注意安全。《集解》东汉周说:"必正立执绥,所以为安也。"(《十三经注疏·乡党第十》)梁皇侃《论语义疏》:"内,犹后也。顾,回头也。升在车上,不回头后顾也。后人从己者不能常正,若转顾见之,则掩人私不备,非大德之所为,故不为也。疾,高急也。在车上言易高,故不疾言,为惊于人也。车上既高,亦不得手有所亲指点,为惑下人也。"

色斯举矣①,翔而后集②。曰:"山梁雌雉,时哉③时哉!"子路共④之,三嗅⑤而作。

【今译】

孔子与子路在山路上看见一群野鸡,野鸡见子路神色不善,就飞向天空,飞了一阵,又聚集在一起。孔子叹道:"山梁上的野母鸡呀,懂得时势啊!懂得时势啊!"子路误会了孔子的意思,射下野鸡,烧熟了奉献给孔子。孔子不忍辜负子路好意,用鼻子闻了三次,便站起来走了。

【注释】

① 色斯举矣:神色不善的样子。　② 翔而后集:飞翔后停在一起。　③ 时哉:懂得时势啊。　④ 共:通"供"。供奉。　⑤ 嗅(jù):当作"臭"。闻。

【评述】

本节记孔子通过自然现象来谈人事,告诫人们处于乱世,善处其身。这是一篇情景交融,生动形象,节奏明快的散文,可惜有缺文,有些地方很费解。宋朱熹说:"言鸟见人之颜色不善则飞去,回翔审视而后下止。人之见几而作,审择所处,亦当如此。然此上下必有缺文。"(《论语集注》卷五)关于"子路共之,三嗅而作",有两种理解。一种认为子路向野鸡拱拱手,野鸡张开双翅飞去了。近人杨伯峻说:"共,同拱。子路向他们拱拱手,他们又振一振翅膀飞去了。"(《论语译注·乡党篇第十》)一种认为子路杀野鸡为肴奉献孔子,孔子闻了三闻,站起来走了。宋邢氏说:"子路不达,以为时物而共具之,孔子不食,三嗅其气而起。"(《论语集注》卷五)《集解》魏何晏说:"子路以其时物,故共具之。非本意,不苟食,故三嗅而作。"(《十三经注疏·乡党第十》)后说颇符合子路鲁莽而诚敬孔子性格,又反映孔子与子路间亲密关系,比较合理。本节孔子通过自然现象来谈人事。人应该像野鸡一样,提高警惕,可止则止,可行则行,见机而作,去危免祸。《孟子》说:"可以仕则仕,可以止则止,可以久则久,可以速则速,孔子也。"(《孟子·公孙丑上》)梁皇侃《论语义疏》说:"言人遭乱世,翔集不得其所,是失时矣。而不如山梁间之雉,十步一啄,百步一饮,是得其时,故叹之也。"可见这是有感而发的。

先进第十一

【解题】

本篇共二十六章。编者取本篇首章"子曰:'先进于礼乐'"一句中的"先进"两字作为篇名。宋朱熹在《论语集注》中将第二、三两章合并为一章,共二十五章。清刘宝楠《论语正义》则把第十八、十九章合并为一章,把第二十、二十一章合并为一章,共二十四章。今人杨伯峻《论语译注》为二十六章。今从之。其中,记孔子直接论述十六章,记孔子与大夫、学生对话十章。

本篇主要记叙孔子学生的言行以及孔子对他们的评价。大致论述了四个方面的问题。一、赞扬学生的才能。如赞扬闵子骞"孝哉""言必由中"。颜渊好学,安贫乐道。南容"三复白圭"。子路有志于军事,其学问登堂而未入室。冉有有志于政事,公西赤有志于外交。曾点有志于"浴沂舞雩",超然于物外。二、善意指出学生的缺失。如指出颜回不对自己提出相反的、有助益的意见。婉转指出门人厚葬颜回失礼。"柴也愚,参也鲁,师也辟,由也喭。""师也过,商也不及。"三、痛悼颜回早死。"天丧予!天丧予!"为之哭之恸。四、责备冉有为季氏聚敛,刻剥人民,"非吾徒也",竟然要将他逐出师门。在赞扬、批评、评价学生中还展示了孔子以下观点:(1) 主张"学而优则仕",反对公卿士大夫子弟"仕而优则学"。(2) 循礼而行,反对越礼。责备冉有,实质是责备鲁国权臣季氏剥削人民。贬冉有、子路之才能为具臣之才,实质是反对季氏以家为国的僭越行为。婉转拒绝颜路请以自己的车为颜回之椁,实质是维护士的葬礼。(3) 在思想上,主张实行中庸之道,无过无不及。在教学上，主张分科教学，各有专业侧重，主张因材施教，发展学生才智。

子曰："先进于礼乐①，野人②也；后进于礼乐，君子③也。如用④之，则吾从先进。"

【今译】

孔子说："先学习礼乐，然后做官，这是普通在野的人士；先做官，然后学习礼乐，这是卿大夫等贵族子弟。如果要我选用人才，我主张选用先学习礼乐的人。"

【注释】

① 先进于礼乐：先学习礼乐，然后做官。 ② 野人：指普通士人。 ③ 君子：指卿大夫子弟，依靠门荫入仕者。 ④ 用：选用、任用。

【评述】

本章论述孔子主张选用"学而优则仕"的人。历代学者对这番话有不同理解。《集解》东汉包咸说："先进、后进，谓士之先后辈也。礼乐因世损益，后进与礼乐俱得时之中，斯君子矣。先进有古风，斯野人也。将移风易俗，归之淳素，先进犹近古风，故从之。"(《十三经注疏·先进第十一》)梁皇侃说："此孔子将欲还淳反素，重古贱今，故称礼乐有君子、野人之异也。先进后进者，谓先后辈人也。"(同上)宋程子说："先进于礼乐，文质得宜，今反谓之质朴而以为野人。后进之于礼乐，文过其质，今反谓之彬彬而以为君子。盖周末文胜，故时人之言如此，不自知其过于文也。用之，谓用礼乐。孔子既述时人之言，又自言其如此，盖欲损过以求中也。"(《论语集注》卷六)宋邢昺说："此章孔子评其弟子之中仕进先后之辈也。'先进于礼乐，野人也'者，先进谓先辈仕进之人，准于礼乐，不能因世损益，而有古风，故曰朴野之人也。'后进于礼乐,君子也'者,后进谓后辈仕进之人也,准于礼乐,能因时损益,与礼乐俱得时之中,故曰君子之人也。'如用之,则吾从先进'者,言如其用之以为治,则吾从先辈朴野之人,夫子之意,将移风易俗,归之淳素。先进犹近古风,故从之也。"(《十三经注疏·先进第十一》)清宋翔凤《论语发微》:"先进为士民有德者登进为卿大夫,自野升朝之人;后进谓诸侯卿大夫皆世爵禄,生而富贵,以为民上,是谓君子。"今人杨伯峻说:"先学习礼乐而后做官的是未曾有过爵禄的一般人;先有了官位而后学习礼乐的是卿大夫的子弟,如果要我选用人才,我主张选用先学习礼乐的人。"(《论语译注》)

以上诸说中,以宋翔凤、杨伯峻说较符合孔子原意。本章孔子论述用人问题,他主张"学而优则仕",先学习礼乐,掌握一定的学问后,才能去做官治民。而对于当时卿大夫子弟承袭父兄庇荫,先做官,再去学习礼乐的情况表示不满。所以说:"如用之,则吾从先进。"他的用人观点是非常鲜明的。

子曰:"从我于陈①、蔡②者,皆不及门③也。"

【今译】

孔子说:"跟我在陈国、蔡国共患难的学生,如今都不在我身边。"

【注释】

① 陈:春秋时陈国,妫姓,在今河南东部及安徽一部分。 ② 蔡:春秋时蔡国,姬姓,在今河南上蔡一带。 ③ 不及门:不在师门。即不在身边。

【评述】

本章孔子怀念当年和他一起在陈、蔡共患难的学生。关于"及门",有四说:一说弟子不及仕进之门。梁皇侃说:"弟子从我而厄于陈、蔡者,皆不及仕进之门而失其所也。"(《十三经注疏·先进第十一》）一说不在自己身边。宋朱熹说："孔子尝厄陈、蔡之间,弟子多从之者,此时皆不在门,故孔子思之,盖不忘其相从于患难之中也。"(《论语集注》卷六)一说孔子弟子无仕陈、蔡之门。清刘宝楠说："孔子弟子无仕陈、蔡者,故(郑)《注》以为不及仕进之门。"一说仕卿大夫之私门。清焦循《论语补疏》："郑(玄)以门为卿士之家,则及门者谓仕于卿大夫之私朝也。"本章是孔子晚年怀念当年一起蒙难于陈、蔡的学生,故"不及门"释为他们如今不在自己身边为宜,其他各说似有穿凿之嫌。

　　孔子周游列国时,在陈绝粮,学生饿得爬不起来,经历了绝大的磨难。据《史记·孔子世家》载："吴伐陈,楚救陈,军于城父。闻孔子在陈、蔡之间,楚使人聘孔子。孔子将往拜礼,陈、蔡大夫谋曰：'孔子贤者,所讥刺皆中诸侯之疾。今者久留陈、蔡之间,诸大夫所设行皆非仲尼之意。今楚大国也,来聘孔子。孔子用于楚,则陈、蔡用事大夫危矣。'于是乃相与发徒役围孔子于野。不得行,绝粮,从者病,莫能兴。孔子讲诵弦歌不衰。"处于危急之中,幸而楚庄王派兵来迎接,使孔子和弟子们免于祸难。孔子晚年回忆共患难的弟子,这是很自然的事。

　　德行[①]：颜渊、闵子骞、冉伯牛、仲弓；言语[②]：宰我、子贡；政事：冉有、季路；文学[③]：子游、子夏。

【今译】

　　品德行为好的学生有颜渊、闵子骞、冉伯牛、仲弓；能言善辩的学生有宰我、子贡；擅长政事的学生有冉有、季路；熟悉古代文献的学生有子游、子夏。

【注释】

　　① 德行：品德行为。　② 言语：能言善辩。　③ 文学：古代文献。

【评述】

本章叙述孔子德行、言语、政事、文学四科学生中的代表人物。孔子因材施教,所以弟子各有专长。孔子的弟子们根据他平时的评论和印象,将十位成就最高的弟子按专长分为四科。梁皇侃《论语义疏》引范宁说:"德行百行之美也。四子俱虽在德行之目,而颜子为其冠。言语,谓宾主相对之辞也。政事,谓治国之政也。文学,谓善先王典文。"宋朱熹说:"弟子因孔子之言,记此十人,而并目其所长,分为四科。孔子教人各因其材,于此可见。"唐开元时据此立十哲之名。孔子划分专业,分科教育,在我国教育发展史上,有首创之功,虽较原始、粗疏,但有重要参考价值。

子曰:"回也,非助①我者也,于吾言无所不说②。"

【今译】

孔子说:"颜渊这个人,不是帮助我的人啊!对于我的话没有不心悦诚服的。"

【注释】

① 助:帮助。 ② 说:通"悦"。心悦诚服。

【评述】

本章孔子对颜回的赞美中委婉地加以批评。梁皇侃说:"圣人为教,须贤启发。游、参之徒,闻言辄问,是助益于我,以增晓道,而颜渊嘿识,闻言说解,不尝口谘,于我教化无益。"(《十三经注疏·先进第十一》)宋朱熹说:"助我,若子夏之起予,因疑问而有以相长也。颜子于圣人之言默识心通,无所疑问,故夫子云然。其辞若有憾焉,其实乃深喜之。"(《论语集注》卷六)魏徐幹《中论·智行》:"仲尼亦奇颜渊之有盛才也,颜渊达于圣人之情,故无穷难之辞,是以能独获亹亹之誉,为七十子之冠。"颜渊是孔子最得意的学生,七十子之冠,他对于孔子的话默识心通、闻一知十,无所不悦而不提出问疑责难,这对喜欢教学相长,希望从学生的辩难诘问中得到启发,增智进益的孔子来说,未免是一种遗憾。"非助我者也",是对颜渊委婉的批评,但在批评中仍充满着喜爱和赞美。

子曰:"孝哉,闵子骞!人不间①于其父母昆弟②之言。"

【今译】
　　孔子说:"闵子骞真孝顺啊!对于他父母兄弟称赞他孝的话,人们都无可挑剔。"

【注释】
　　① 间:间隙。引申为挑剔。　② 昆弟:兄弟。

【评述】
本章孔子赞美闵子骞的孝行。据《韩诗外传》载:"子骞早丧母,父娶后妻,生二子,疾恶子骞,以芦花衣之,父察之,欲逐后母。子骞曰:'母在一子寒,母去三子单。'父善之而止,母悔改之,遂成慈母。"闵子骞是一个大孝子,孔子称赞他。关于"人不间于其父母昆弟之言",有两种理解。一种认为闵子骞以德感化他父母昆弟,使人们无非议他们之言。《后汉书·范升传》:"间,非也。言子骞之孝,化其父母兄弟,言人无非之者。"一种认为父母兄弟称其孝友,人家都相信他们的话。宋朱熹说:"父母兄弟称其孝友,人皆信之无异词者。"(《论语集注》卷六)孔子提倡孝道,但不提倡唯母父之命是从。天下有不是之父母,作为子女应委婉进谏,闵子骞正是这样做了,使家庭没有分裂,又教育其母成为慈母,所以孔子称赞他的孝行,也为后人留下了好的传统。

南容三复①白圭②,孔子以其兄之子③妻之。

【今译】

南容反复诵读《白圭》诗,孔子把自己哥哥的女儿嫁给他。

【注释】

① 三复:多次重复。 ② 白圭:指《诗经·大雅·抑》中的"白圭之玷,尚可磨也,斯言之玷,不可为也"四句话。 ③ 子:指女儿。

【评述】

本章孔子赞美南容说话谨慎,道德日进。《集解》汉孔安国说:"《诗》云:'白圭之玷,尚可磨也,斯言之玷,不可为也。'南容读《诗》至此,三反复之,是其心慎言也。"(《十三经注疏·先进第十一》)宋朱熹说:"南容一日三复此言,事见《家语》,盖深有意于谨言也。此邦有道所以不废,邦无道所以免祸,故孔子以兄子妻之。"(《论语集注》卷六)古话说:"一言既出,驷马难追。"说话不可不慎。孔子赞赏南容能谨其言语,谨慎处身,邦有道不废其位,邦无道免于刑戮,是一个会做人的难得的人才,所以将侄女许配给他。

季康子问:"弟子孰①为好学?"孔子对曰:"有颜回者好学,不幸短命死矣,今也则亡②。"

【今译】

季康子问孔子:"您的学生中谁最喜爱学习?"孔子回答道:"有一个叫颜回的学生最喜爱学习,不幸短命死了,现在就没有这样好学的学生了。"

【注释】

① 孰:谁、哪一个。 ② 亡:通"无",没有。

【评述】

本章孔子赞颜回好学,惜颜回早逝。鲁哀公和季康子都向孔子问过弟子中谁最好学的问题,孔子的问答有详有略,引起后人的讨论。梁皇侃说:"此与哀公问同而答异者,旧有二通。一云缘哀公有迁怒贰过之事,故孔子因答以箴之也。康子无此事,故不烦言也。又一云哀公是君之尊,故须具答,而康子是臣为卑,故略以相酬也。"(《十三经注疏·先进第十一》)清刘宝楠据《大戴礼·虞戴德》"丘于君唯无言,言必尽,于他人则否"一句考察,认为皇侃所引后说较为合理。清宦懋庸《论语稽》说:"按哀公、康子问同,而孔子之答不同,不但君臣之分也。哀公有为之君,得贤可以自辅,故以颜子之学详告之。康子权臣,其延揽贤才,盖欲为强私弱公之助,故夫子只惜颜子之死而更无余辞。"其实,本章孔子在答季康子的问话中表达了对颜回赞美和痛惜之情,至于答话之详略是无关宏旨的。

颜渊死,颜路①请子之车以为之椁②。子曰:"才③不才,亦各言其子也。鲤④也死,有棺而无椁。吾不徒行⑤以为之椁。以吾从大夫之后,不可徒行也。"

【今译】

　　颜渊死了,他父亲颜路请求孔子变卖坐车替颜渊做外椁。孔子说:"不管有才能还是没有才能,总说是自己的儿子吧。我的儿子鲤也死了,也只有内棺而没有外椁。我不能卖掉车子步行来替他做外椁。因为我曾经做过大夫,按礼,是不能徒步行走的。"

【注释】

　　① 颜路:颜渊之父,名无繇(yóu),字路,也是孔子学生。 ② 椁(guǒ):外棺。 ③ 才:才能。 ④ 鲤:孔子之子,字伯鱼。 ⑤ 徒行:步行。

【评述】

本章记叙颜路爱子以情,孔子爱子以义。宋朱熹说:"颜路,渊之父,名无繇,少孔子六岁,孔子始教而受学焉。椁,外棺也。请为椁,欲卖车以买椁也。鲤,孔子之子伯鱼也,先孔子卒。言鲤之才虽不及颜渊,然己与颜路以父视之,则皆子也。孔子时已致仕,尚从大夫之列,言后,谦辞。"(《论语集注》卷六)

颜回死,颜路家贫,向孔子要求卖掉车子为颜回买椁。亲子之爱,出自内心。孔子对颜回之死,也是悲痛万分,但据《礼记·檀弓》:孔子在回答颜路因家贫而"死无以为礼"时,提出了"称其家之财物所有以送终,此谓之礼"的主张,认为对死者应行薄葬,盖住死者手足,不使形体外露即可,超过自己财力负担借贷营葬是不合礼的。《孟子·公孙丑》:"礼,丧事不外求,不可称贷而为悦也。"孔子守礼,没有卖车买外椁以葬孔鲤,说明孔子爱子以义。关于"颜路请子之车以为之椁",历代注家都认为是颜路请孔子卖掉车子替颜回买椁。据清宦懋庸《论语稽》考证,是殡时之椁,非葬时之椁,殡时用车,不合于礼。王懋庸说:"《王制》:'大夫、士、庶人三日而殡,三月而葬。'颜子,士也。三日之后,三月未葬之前,当殡于西序,其殡也,当掘肂见衽,帷其上而涂之,不当用车。颜路请车为椁,盖欲殡时以孔子之车菆塗为椁,非葬时之椁也。"说明并不是卖孔子之车买椁,而是用卿大夫之礼殡颜回,不合于礼,孔子又恐伤颜路之心,故委言拒绝。这个考证发前人之未发,可备一说。

颜渊死。子曰:"噫①!天丧予②!天丧予!"

【今译】

颜渊死了。孔子说:"咳!老天爷要我的命呀!老天爷要我的命呀!"

【注释】

① 噫:咳!叹词。　② 天丧予:天要我的命了。

【评述】

本章孔子痛惜颜回夭亡,悲叹圣道将无人继承。《集解》何(晏)说:"天丧予者,若丧己也。再言之者,痛惜之甚也。"(《十三经注疏·先进第十一》)颜渊是孔子最得意的学生,少孔子四十岁,孔子视之如子,冀其大有作为,是可以传道的人,不幸早逝,使孔子失去了继承人,悲痛万分,呼天唤地,老泪纵横,在"天丧予"的重复呼唤中,哀痛之情,历历可见,处处可闻,扣人心弦。

颜渊死,子哭之恸①。从者②曰:"子恸矣!"曰:"有恸乎?非夫人③之为恸而谁为?"

【今译】

　　颜渊死了,孔子哭得很伤心。跟随孔子去吊丧的学生们说:"老师太悲伤了!"孔子说:"真的太伤心了吗?我不为这个人伤心,又为谁伤心呢?"

【注释】

　　①恸:哀伤过甚。　②从者:跟从孔子的学生。　③夫人:这个人。

【评述】

本章记孔子吊颜回之丧时哀恸之情。梁皇侃说:"颜渊死,子往颜家哭之也。弟子随孔子往颜渊家,有见孔子哀甚,故云:'子恸矣!'初既不自知,又问诸弟子明所以恸意也。"(《十三经注疏·先进第十一》)孔子到颜回家吊丧,哭得很伤心,而他自己却不觉得,感情太投入了。学生们劝他,他回答说:"非夫人之为恸而谁为?"正是孔子,才能识颜渊之才之德,正是颜渊,才能赢得孔子的哀痛热泪。可见孔子与颜回师弟情深,犹若父子之情。

颜渊死,门人欲厚葬①之。子曰:"不可。"门人厚葬之。子曰:"回也视予犹②父也,予不得视犹子也。非我也,夫二三子③也。"

【今译】

颜渊死了,孔子的学生们想丰厚地埋葬他。孔子说:"不可以这样做。"学生们仍然丰厚地埋葬了他。孔子说:"颜回啊!你待我像父亲一样,但我不能待你像儿子一样。这不是我的过失,是你的同学们要这样做的呀。"

【注释】

①厚葬:丰厚地埋葬。 ②犹:像,好比。 ③二三子:指学生们。

【评述】

本章叙述孔子爱颜回以礼。颜渊死,门人要想厚葬颜渊,孔子爱人以德,循礼而行。认为厚葬不合于礼,也不符合生活一贯朴素的颜回的愿望。但颜路同意门人厚葬,所以孔子说了这番话,表示爱人必以礼。《集解》东汉马融说:"言回自有父,父意欲听门人厚葬,我不得制止,非其厚葬,故云耳。"(《十三经注疏·先进第十一》)梁皇侃《论语义疏》引范宁说:"厚葬非礼,故不许也。门人欲厚葬何也?缘回父有厚葬之意,故欲遂门人之深情也。言回虽以父事我,我不得以子遇回,虽曰师徒,义轻天属,今父欲厚葬,岂得制止。言厚葬非我之教,出乎门人之意耳。此以抑门人而救世弊也。"都说明厚葬颜回不符合于礼,孔子爱人以礼,所以表示反对。

季路问事①鬼神。子曰:"未能事人,焉②能事鬼?"曰:"敢问死。"曰:"未知生,焉知死?"

【今译】

　　子路问怎样奉侍鬼神。孔子说:"活人还不能奉侍,怎么能去奉侍死人呢?"子路又说:"我大胆地请教死是怎么回事?"孔子说:"生的道理还没有弄懂,怎么知道死是什么呢?"

【注释】

　　① 事:奉事。　② 焉:怎么。

【评述】

　　本章孔子教育子路应重人事而轻鬼神。《集解》魏陈群说:"鬼神及死事难明,语之无益,故不答也。"(《十三经注疏·先进第十一》)子路问鬼、问死之事,神鬼、生死,是人生的两大问题,不是一二句话可以说清楚的。孔子回答得很巧妙,他认为鬼神是属于天道问题,"天道远,人道迩",人本身的问题都还没有探讨清楚,怎么去谈那些遥远的天道呢?至于生死问题,更难说了,既没弄清楚人怎么会生,哪里知道怎么会死呢?可见孔子重视人生现实,所以也教育学生,从现实出发,重视人事,切切实实地做学问,追求仁德。

　　闵子侍侧①,訚訚②如也;子路行行③如也;冉有、子贡,侃侃④如也。子乐。"若由也,不得其死⑤然。"

【今译】

　　闵子骞侍立在孔子身旁,显得正直而恭敬的样子;子路显得刚强而勇武的样子;冉有、子贡,显得温和而快乐的样子。孔子很高兴。接着叹息说:"像仲由这样的人,恐怕不能善终吧!"

【注释】

　　① 侍侧:站在孔子旁边。　② 訚訚(yín yín):恭敬而正直。　③ 行行(hàng):刚强而勇武。　④ 侃侃:温和而快乐。　⑤ 不得其死:不能善终。

【评述】

本章记叙闵子骞、子路、冉有、子路各有自己的性格,以及孔子对子路的深刻了解。闵子骞、子路、冉有、子贡侍立在孔子周围,闵子骞正直而恭敬,说话温和而有条理;子路刚强而勇敢,说话直率而简单;冉有、子贡温和而快乐,胸怀宽广而远大。他们学有所专,形于颜色,孔子得天下英才而乐育之,感到非常高兴。但看到子路刚强勇敢,预言他不得善终,果然被孔子不幸而言中了。子路在卫国的内乱中被杀身亡。当孔子闻卫乱时,就一直惦记子路的安危,他曾说子羔是会回来的,子路则死了。可见孔子对学生太了解了,从他们的行为表现,看到他们的结局,也可见孔子与学生关系的密切。

鲁人①为长府②。闵子骞曰:"仍旧贯③,如之何?何必改作?"子曰:"夫人不言,言必有中④。"

【今译】

鲁国的执政打算改建金库。闵子骞说:"仍旧照老制度做吧?怎么样?何必一定要改建呢?"孔子说:"闵子骞这个人平常不大说话,一说话便很中肯。"

【注释】

① 鲁人:指鲁国的执政大臣。　② 长府:金库名。　③ 仍旧贯:照老样子、老制度做。　④ 中:中肯。

【评述】

本章孔子赞扬闵子骞施政崇尚节约,爱惜民力。鲁国人要建造长府。关于长府有几种解释。一种认为是鲁昭公别馆。鲁昭公曾在此伐季氏。《左传》昭公二十五年:"公居于长府。"杜预注:"'长府,官府名。'九月戊戌,伐季氏,遂入其门。"昭公失败出逃后,鲁人拆除他的防御设备。一说为藏货财的库房。郑玄说:"长府,藏名也。藏财货曰府。"(《十三经注疏·先进第十一》)一说为扩充旧居。清包慎言《温故录》说:"鲁人为长府,盖欲扩其旧居,以壮观瞻。"均之三说以建藏财物之府库为善。闵子骞认为新建金库,加重民力,不如稍加修理,注意节约为好。孔子赞扬他说得合理。

子曰:"由之瑟①奚为于丘之门?"门人不敬子路。子曰:"由也升堂矣,未入于室②也。"

【今译】

孔子说:"仲由弹瑟,为什么弹到我们门口来呢?"因此学生们不尊敬子路。孔子又说:"子路呀,他的学问已经升堂了,但还没有进入内室。"

【注释】

① 瑟(sè):古代的一种弦乐器。　② 升堂入室:表示做学问的几个阶段。升堂:指学问已很不错。入室:指学问非常精深。

【评述】

本章孔子批评子路鼓瑟不合《雅》《颂》,又赞扬他学问已高,但仍须努力。据《孔子家语·辨乐解》载:"子路鼓瑟有北鄙杀伐之声。""子路鼓琴,孔子闻之,谓冉有曰:'甚矣由之不才也!夫先王之制音也,奏中声以为节,入于南,不归于北。南者,生育之乡。北者,杀伐之域。故君子之音温柔居中,以象生育之气,忧愁之戚不加于心也,暴厉之动不在于体也,夫然者乃所谓治安之风也。小人之风则不然,亢厉微末以象杀伐之气,中和之感不载于心,温和之动不存于体,夫然者乃所以为乱之风。今由也匹夫之徒,曾无意于先王之制,而习亡国之声,乌能保其六七尺之体也哉?'冉有以告子路,子路惧而自悔,静思不食,以至骨立。夫子曰:'过而能改,其进矣乎。'"

由于子路气质刚勇而不足于中和,所以孔子常常抑制他。这次以鼓瑟不合《雅》《颂》,有杀伐之声而批评他。学生们不了解孔子批评子路的本意,不敬重子路。所以孔子又替学生解释,子路的学问已经"升堂",但未"入室"罢了。宋朱熹说:"门人以夫子之言,遂不敬子路,故夫子释之。升堂入室,喻入道之次第,言子路之学已造乎正大高明之域,特未深入精微之奥耳,未可以一事之失而遽忽之也。"(《论语集注》卷六)可见孔子对子路的评价是很高的,学至升堂,已经很不容易了。清黄式三《论语后案》:"升堂岂易许哉?喜告,过则改之,诚恐有闻,则勉之。"可见孔子对学生的关切爱护。

子贡问:"师与商也孰与?"子曰:"师也过①,商也不及②。"曰:"然则师愈与③?"子曰:"过犹不及④。"

【今译】

子贡问孔子:"子张与子夏两人谁好一些?"孔子说:"子张做事有些过头,子夏做事有些赶不上。"子贡说:"那么,还是子张好一些吧?"孔子说:"过分和达不到同样不好。"

【注释】

① 过:过头,过分。　② 不及:赶不上,达不到。　③ 愈与:更好一些。　④ 过犹不及:过分和达不到同样不好。犹:同。

【评述】

本章孔子评论"师也过、商也不及",主张中庸之道。《礼记·仲尼燕居》:"子曰:'师,尔过,而商也不及。'子贡越席而对曰:'敢问将何以为此中者也?'子曰:'礼乎礼。夫礼所以制中也。'"宋朱熹说:"子张才高意广而好为苟难,故常过中。子夏笃信谨守而规模狭隘,故常不及。愈,犹胜也。道以中庸为至,贤智之过虽若胜于愚不肖之不及,然其失中则一也。"(《论语集注》卷六)

孔子主张中庸之道,在本章中作了具体阐述,用"过犹不及"加以概括。"过犹不及"这句成语源出于此。既不超过,也不要不及,合乎中,才符合中庸之道。《中庸》说:"道之不明也,我知之矣,知者过之,愚者不及也。道之不明也,我知之矣,贤者过之,不肖者不及也。"

季氏富于周公①,而求也为之聚敛②而附益③之。子曰:"非吾徒④也,小子⑤鸣鼓而攻之,可也!"

【今译】

季孙氏比周公还富有,而冉有还替他不断搜括增加他的财富。孔子说:"冉求不是我的学生了,你们可以大张旗鼓地挞伐他!"

【注释】

① 周公:一说周公旦,一说泛指周天子的卿士。 ② 聚敛:搜括。 ③ 附益:增加。 ④ 徒:学生。 ⑤ 小子:学生。

【评述】

本章孔子痛恨冉有为季氏聚敛钱财,为虎作伥,损害人民的行为。冉求为季氏家臣,据《左传》哀公十一年载:"季氏欲以田赋,使冉有访诸仲尼。曰:'丘不识也。'三发,卒曰:'子为国老,待子而行,若之何子之不言也?'仲尼不对,而私于冉有曰:'君子之行也,度于礼,施取其厚,事举其中,敛从其薄,如是则以丘亦足矣。若不度于礼而贪冒无厌,则虽以田赋,将又不足。且子季孙若欲行而法,则周公之典在,若欲苟而行,又何访焉?'"季氏不听,于鲁哀公十二年春王正月用田赋,即历史上著名的鲁国实行"初税亩"。冉有替季氏具体执行收田赋的任务,所以孔子十分恼怒,对冉有提出了严厉批评,几乎不承认他是学生,要将他逐出门墙,还让其他学生鸣鼓而攻之,大张挞伐,声势可谓盛矣。孔子对冉有的谴责,实际是对季氏的谴责。孔子是主张仁政的,他主张"施取其厚",即对人民的施予要丰厚。"事举其中",即对人民处事要公平。"敛从其薄"即向人民索取要微薄,认为"苛政猛于虎"。所以他对季氏厚敛于民的暴政是深恶痛绝的。然而孔子不理解实行初税亩,正是春秋时期生产力发展的结果,是新的生产关系适应新的生产力的表现,是历史发展的一个进步。所以孔子反对鲁国实行初税亩,是他保守思想的反映。

柴①也愚,参也鲁②,师也辟③,由也喭④。

【今译】

高柴愚笨,曾参迟钝,子张偏激,子路鲁莽。

【注释】

①柴:孔子学生高柴,字子羔。　②鲁:迟钝。　③辟:偏激。　④喭(yàn):鲁莽。

【评述】

本章孔子指出四位学生的弱点。明葛寅亮《四书湖南讲》:"此必夫子平时零碎议论,门人汇记于此。故不用'子曰'字冠首。"这个说法是有道理的,符合实际的。孔子对学生的性格、才能、优缺点知之甚深。在这里,他概括而尖锐地指出四个学生愚、鲁、辟、喭的缺点。梁皇侃《论语义疏》引王弼说:"愚,好仁过也;鲁,质胜文也;辟,饰过差也;喭,刚猛也。"孔子知人而教,有知人之明。

子曰:"回也其庶乎①,屡空②。赐不受命③,而货殖④焉,亿⑤则屡中。"

【今译】

孔子说:"颜回呀,他的道德修养已经差不多了,可惜他的生活经常匮乏、贫穷。端木赐不接受天命的安排,从事商业活动,他判断市场行情,往往很正确。"

【注释】

①其庶乎：差不多。　②屡空：常常匮乏、贫穷。　③不受命：不接受上天的命运安排。　④货殖：从事商业活动。　⑤亿：猜测、判断。

【评述】

本章孔子对颜回和端木赐的性格和德才作评价。《集解》："言回庶几圣道，虽数空匮而乐在其中矣。赐不受教命，惟财货是殖，亿度是非。盖美回所以励赐也。"（《十三经注疏·先进第十一》）宋朱熹说："颜回不以贫窭动心而求富，故屡至于空匮也。言其近道，又能安贫也。子贡不如颜子之安贫乐道，然其才识之明亦能料事而多中也。"（《论语集注》卷六）《史记·货殖列传》："子贡既学于仲尼，退而仕卫。发贮鬻财曹鲁之间，七十子之徒最为饶。而颜渊箪食瓢饮，在于陋巷，子贡结驷连骑，束帛之币，聘享诸侯，所至，国君无不与之分庭抗礼。然孔子贤颜渊而讥子贡。"在本章中，孔子对颜回安贫乐道赞扬备至，而对子贡在赞扬其智谋之余，微有讥评其不服安贫乐道之意。由此看出孔子重义轻利的思想倾向。

子张问善人之道①。子曰："不践迹②，亦不入于室③。"

【今译】

子张问孔子做一个善人的原则。孔子说："善人不循着前人的脚印走，但他的学问道德也难以精深。"

【注释】

①道：原则、准则。　②践迹：循着前人的脚印。　③入于室：进入内室，引申为学问精深。

【评述】

本章孔子认为善人依着天性生活，但难以入圣人之室。清陈澧

《东塾读书记》:"此言善人之道,当践迹乃能入圣人之室。如不践迹,亦不能入室。言质美未可恃也。"清孔广森《经学卮言》:"言问善人之道,则非问何如而可以为善人,乃问善人当何道以自处也。故子告以当效前言往行以成其德。"子张问的善人,是指资质极好的人,似乎与凡人不同,可以直达于圣。而孔子否定他的看法,主张善人也应循序渐进地学习,当效前言往行以成其德,不能不学而成。

子曰:"论笃①是与②,君子者乎? 色庄③者乎?"

【今译】

孔子说:"赞扬言论笃实的人,但要辨识他是君子呢? 还是外表庄重的人呢?"

【注释】

①论笃:言论笃实、诚实。 ②与:赞扬、赞许。 ③色庄:伪装脸色庄重。

【评述】

本章孔子注重人的内在美,反对以言貌取人。梁皇侃《论语义疏》承何晏《论语集解》以本章与上章合并为一章,认为:"子曰云云者,此亦答善人之道也,当是异时之问,故更称子曰;俱是答善,故共在一章也。"朱熹《论语集注》认为皇疏穿凿,而另为一章。清潘维城《论语古注集笺》:"节首别著'子曰'字,又其语气非似答问者,疑当别为一章。今从朱子。"由于合章与分章的不同,故对内容的理解有不同。前者认为"论笃""君子""色庄"也都是善人之道。《集解》:"论笃者,谓口无择言。君子者,谓身无鄙行。色庄者,不恶而严,以远小人。言此三者皆可以为善人。"(《十三经注疏·先进第十一》)后者认为孔子教人不应以言貌取人。宋朱熹说:"但以其言论笃实而与之,则未知其为君子者乎? 为色庄者乎? 言不可以言貌取人也。"(《论语集注》卷六)宋郑汝谐《论语原意》:"色庄者,不践履其实也。君子者,躬行而不务外也。论其笃实而与之,抑与君子乎?抑与色庄乎?言必与君子。此又因子张而言也。"

听其言而观其行,不以言貌取人,这是孔子一贯的主张,本章体现了孔子这一观点,对于言论笃实的人,还要观其行,是君子呢?还是伪装以蒙骗人呢?元陈天祥《四书辨疑》:"君子不以言举人,谓不专信其言,听言未得其实,而又必观其行也。不知言,无以知人也,正患不能辨其言之真伪耳,果知其言虚伪不情,则当待为小人而不取。果知其言笃实无妄,则当待为君子而取之。"听其言而观其行,才能对人有全面的了解。

子路问:"闻斯行诸①?"子曰:"有父兄在,如之何其闻斯行之?"冉有问:"闻斯行诸?"子曰:"闻斯行之。"公西华曰:"由也问'闻斯行诸',子曰:'有父兄在';求也问'闻斯行之',子曰:'闻斯行之'。赤也惑②,敢问。"子曰:"求也退,故进之;由也兼人③,故退之。"

【今译】

子路问孔子:"听到有好事,就行动吗?"孔子说:"有父亲、兄长在,怎么可以听到就行动呢?"冉有问孔子:"听到有好事,就行动吗?"孔子说:"听到好事,就行动吧!"公西华说:"子路问您'听到有好事,就行动吗?'您说'有父亲兄长在。'冉有问您'听到有好事,就行动吗?'您说:'听到好事,就行动吧!'这使我感到迷惑,大胆地提出来向您请教。"孔子说:"冉有生性迂缓,遇事退缩,所以促进他。子路生性急躁,勇于作为,所以促退他。"

【注释】

① 闻斯行诸:听到了好事就实行。诸:同"之"。　② 惑:怀疑。

③兼人:超人,一人抵得过很多人,指勇于作为。

【评述】

本章具体阐明孔子因材施教原则。子路问"闻斯行诸"。那么,闻到什么,实行什么呢?文中没有说,前人都认为是朋友贫乏,去救助之事。所以《正义》认为是"论施予之礼"。《集解》东汉包咸说:"振穷救乏之事。"(《十三经注疏·先进第十一》)子路听到朋友有了困难,因为朋友有通财之义,所以问孔子是否马上去资助呢?孔子的回答是有父兄在。意思是要问过父母,同意了才可去做。有父母在,人子岂可自专?清钱大昕《潜研堂文集》:"《曲礼》:'父母在,不许友以死,不有私财。'《檀弓》:'未仕者不敢税人,如税人,则以父兄之命。'注云:'不专家财也。'"《白虎通》说:"朋友之道,亲存不得行者二:不得许友以其身,不得专通财之恩。友饥,则白之于父兄,父兄许之,乃称父兄与之,不听即止。"

三国时吴国全琮,奉父全柔之命运米数千斛到吴贸易。全琮将粮食全部资助给当地士大夫,空船而回。论者以为诚非子道,非尽父子之礼(见《三国志·吴志·全琮传》)。以上所论并非本章重点,其重点应是孔子为什么问同答异。子路和冉有都问同一问题,而孔子回答各异,引起公西华的疑惑,孔子作了解答,原来孔子在执行因材施教,他针对子路与冉有不同的性格特点而进行教学,为后人提供了一堂因材施教的示范课。《集解》东汉郑玄说:"言冉有性谦退,子路务在胜尚人,各因其人之失而正之。"(《十三经注疏·先进第十一》)

子畏①于匡②,颜渊后③。子曰:"吾以女为死矣。"曰:"子在,回何敢死?"

【今译】

孔子被囚禁在匡地,师生失散,颜渊最后赶到。孔子说:"我以为你已经死了。"颜渊回答说:"老师在,我怎么敢死呢?"

【注释】

①畏:囚禁。 ②匡:地名。在今河南长垣县西南。 ③后:最后到达。

【评述】

本章体现孔子与颜渊师生之间患难与共的深厚感情。唐韩愈《解论语笔》说:"'死'当为'先'之误也。上文云'颜渊后',下文云'回何敢先',其义自明,无死理也。"宋朱熹说:"后,谓相失在后。何敢死,谓不赴斗而必死也。"(《论语集注》卷六)宋胡氏说:"颜渊之于孔子,恩义兼尽,又非他人之为师弟子者而已。即夫子不幸而遇难,回必捐生以赴之矣。"(同上)

孔子在匡地,因他貌似阳虎,产生误会,被匡人包围而蒙难,形势十分危急。颜渊走在后面,匆匆赶了上来与孔子相见。本章是师生在患难中会面的感人情景的真实记录。孔子在颜回未回之前,心情万分焦急,所以一见面脱口而出:"吾以女为死矣。"颜回对孔子非常信赖,所以回答:"子在,回何敢死?"只要先生在,我怎么会死呢?反映了师生之间真挚深厚的感情。诚如宋赵顺孙《四书纂疏》说:"当问答之时,为师者知弟子必能赴义,而己不疑其重死以求生;为弟子者亦不以死为难,但以死而合于义为难。"

季子然①问:"仲由、冉求可谓大臣与?"子曰:"吾以子为异之问②,曾③由与求之问。所谓大臣者,以道事君,不可则止④。今由与求也,可谓具臣⑤矣。"曰:"然则从⑥之者与?"子曰:"弑父与君,亦不从也。"

【今译】

季子然问孔子:"仲由、冉求可以称得上是大臣吗?"孔子说:"我以为你问别的什么人,原来是问仲由和冉求呀!所谓大臣,应该用正道奉事君主，做不到，宁可辞职。今天仲由和冉求，只可说是备位充数的臣僚罢了。"季子然又问："那末，他们会顺从季氏吗？"孔子说："杀害父亲和君主的事，他们是不会顺从的。"

【注释】

① 季子然：鲁国大夫季孙氏的同族人。　② 异之问：问别的人。　③ 曾：竟然、原来。　④ 止：停止。指辞职不干。　⑤ 具臣：备位充数的一般臣僚。　⑥ 从：顺从，服从。

【评述】

本章孔子通过对子路、冉有的评价，表明对权臣季氏的不满态度。清宦懋庸《论语稽》："季氏歌《雍》舞佾，窃鲁政，直与其家混而为一。子然为其子弟，岂知鲁之尚有君哉？其以由、求为大臣，盖俨然视季之家为鲁之国矣。夫子显揭大臣之义以示之曰：'以道事君，不可则止。'而抑由、求以仅备臣数，正所以抑季氏也。乃子然误会其意，以为二子受吾豢养，将如鹰犬之从吾指使，吾将得其死力，中情叵测，流露口吻。故夫子又揭君父大义以折之，其维持纲常名教之意亦深切矣。"

季子然问子路、冉有其才是否称得上大臣。孔子对季氏歌《雍》舞佾，把持鲁国政权的僭越行为是相当不满的，而对子路、冉有为季氏家臣，屈从于季氏，不能谏阻祭泰山、伐颛臾；冉有还替季氏聚敛，征收田赋，增加人民负担，也是相当不满的。所以不以大臣相许，有意压低他们的才能。只说他们不过是备位充数的一般具臣。刘敞《春秋意林》："具臣者，其位下，其责薄，小从可也，大从罪也。"季氏已经化家为国，视鲁国为其一家之私物，故又问，他们是否会一概服从季氏意志。孔子又义正辞严地回答："弑父与君，亦不从也。"说明他们虽为具臣，但君臣之道还是分得清的，不会从逆的。由此表明孔子不满季氏僭越的鲜明态度。

子路使子羔为费宰①。子曰："贼②夫人之子。"子路曰：

"有民人③焉,有社稷④焉,何必读书,然后为学?"子曰:"是故恶夫佞者⑤。"

【今译】

子路让子羔去担任费地的行政长官。孔子说:"他学业未完,你岂不是害了人家的子弟吗?"子路说:"那里有老百姓,有政权机关,都可以学习,为什么一定要读书,才算是学习呢?"孔子说:"所以,我最厌恨那些强词夺理的人。"

【注释】

① 费宰:费地的行政长官。费为季孙氏的食邑。　② 贼:残害。　③ 民人:平民和贵族,这里偏指老百姓。　④ 社稷:土地和五谷。代表政权。　⑤ 佞者:强辩的人。

【评述】

本章孔子批评子路,强调为官主持政务,必须具备一定的学问。子路为季氏宰,推举同学子羔出任费宰。《史记·仲尼弟子列传》:"为费、郈宰。"是时费、郈俱堕,故欲以子羔镇抚之。孔子以子羔学业未成,故不予同意。《集解》东汉包咸说:"子羔学未熟习而使为政,所以为贼害也。"(《十三经注疏·先进第十一》)梁皇侃《论语义疏》引张凭说:"季氏不臣,由不能正,而使子羔为其邑宰。直道而事人,焉往不致弊;枉道而事人,不亦贼夫人之子乎?"宋朱熹说:"言子羔质美而未学,遽使治民,适以害之。"(《论语集注》卷六)子路性鲠直,不服气,回答说:"治民、为政,也是学习,何必一定要读书才算学习呢?"

一般来说,子路的说法并没有错,读书是学习,从政、实践又何尝不是学习呢?《集解》汉孔安国说:"言治民事神,于是而习之,亦学也。"(《十三经注疏·先进第十一》)由于孔子主张"学而优则仕","如用之,则吾从先进",反对世卿子弟不由学任官,所以斥责子路强辩。《集解》汉孔安国说:"疾其以口给应,遂己非而不知穷者也。"(同上)宋朱熹说："治民事神固学者事，然必学之已成，然后可仕，以行其学。若初未尝学，而使之即仕以为学，其不至于慢神而虐民者几希矣。子路之言，非其本意，但理屈词穷，而取辩于口以御人耳。故夫子不斥其非，而特恶其佞也。"(《论语集注》卷六)"子路非谓不学而可以为政，但谓为学不必读书耳。"(《朱子文集·答陈明仲》)其实，孔子并不反对子羔去做官，而是主张"学而优则仕"。子羔学业未成，不宜出仕；更不愿子羔为季氏所用，故借责备子路强辩，反对季氏僭越。

子路、曾皙①、冉有、公西华侍坐②。

子曰："以吾一日长③乎尔，毋吾以也。居④则曰：'不吾知也！'如或⑤知尔，则何以哉？"

子路率尔⑥而对曰："千乘之国，摄⑦乎大国之间，加之以师旅⑧，因⑨之以饥馑⑩。由也为之，比⑪及三年，可使有勇，且知方⑫也。"

夫子哂⑬之。

"求！尔何如？"

对曰："方六七十⑭，如五六十，求也为之，比及三年，可使足民。如其礼乐，以俟⑮君子。"

"赤！尔何如？"

对曰："非曰能之，愿学焉。宗庙之事，如会同⑯，端⑰章甫⑱，愿为小相⑲焉。"

"点！尔何如？"

鼓瑟希⑳，铿尔㉑，舍瑟而作㉒，对曰："异乎三子者之撰㉓。"

子曰："何伤㉔乎？亦各言其志也。"

曰："莫㉕春者，春服既成，冠者㉖五六人，童子㉗六七人,浴乎沂㉘,风乎舞雩㉙,咏㉚而归。"

夫子喟然叹曰:"吾与㉛点也!"

三子者出,曾皙后。曾皙曰:"夫三子者之言何如?"

子曰:"亦各言其志也已矣。"

曰:"夫子何哂由也。"

曰:"为国以礼,其言不让㉜,是故哂之。"

"唯求则非邦也与?"

"安见㉝方六七十如五六十而非邦也者?"

"唯赤则非邦也与?"

"宗庙会同,非诸侯而何? 赤也为之小,孰㉞能为之大?"

【今译】

子路、曾皙、冉有、公西华陪孔子坐着。孔子说:"因为我比你们年纪大一些,老了,没有人任用我了。你们平常说:'别人不了解我呀!'如果有人了解你们,准备起用你们,那你们怎么办呢?"

子路不加思索地回答道:"一个拥有一千辆兵车的大国,夹在大国中间,受到邻国军队的侵犯,加上国内又闹饥荒,让我去治理的话,等到三年时间,可以使人们勇敢善战,而且懂得道义。"

孔子微微笑了一笑。

孔子又问:"冉求,你怎么样啊?"

冉求回答道:"方圆六七十里或五六十里的小国家,让我去治理的话,等到三年时间,可以使人民富足。至于修明礼乐制度,那只有等待贤人君子来教化人民了。"

孔子又问:"公西赤,你怎么样啊?"

公西赤回答说:"我不敢说自己很有本领了,只是愿意学习而已。在宗庙祭祀和诸侯会盟的时候,我愿意穿着礼服,戴着礼帽,做个小小的傧相。"

孔子又问:"曾点!你怎么样啊?"

这时曾点弹瑟正接近尾声,瑟声渐渐缓下来,铿的一声把瑟放下,站起来回答说:"我的志向和他们三位所讲的不同。"

孔子说:"那有什么妨碍呢?不过是自己谈谈个人的志向而已。"

曾皙便说:"暮春三月,穿上春装,同五六个成年人,六七个小孩子,在沂水中洗澡,在舞雩台上吹吹风,然后唱着歌回家。"

孔子长叹一声说:"我赞同曾点的志向。"

子路、冉有、公西华走了出来,曾皙落在后面,曾皙问孔子道:"刚才三位同学的话怎么样啊?"

孔子说:"也不过是各人谈谈自己的志向罢了。"

曾皙说:"您为什么哂笑子路呢?"

孔子说:"治理国家应该讲求礼让,可是他的话一点也不谦虚,所以笑他。"

曾皙说:"难道冉有讲的就不是国家吗?"

孔子说:"怎见得方圆六七十里或者五六十里的地方就不是国家呢?"

曾皙说:"难道公西赤讲的就不是国家吗?"

孔子说:"有宗庙,能会盟诸侯,不是国家又是什么呢?公西赤很懂礼仪,他只做小傧相,那又有谁能做大傧相呢?"

【注释】

① 曾皙:孔子学生。名点,字子皙,曾参之父。 ② 侍坐:陪坐。 ③ 长:年长。 ④ 居:平常。 ⑤ 或:有人。 ⑥ 率尔:不加思索,草率、马虎的样子。 ⑦ 摄:介、夹。 ⑧ 师旅:军队。 ⑨ 因:加、加上。 ⑩ 饥馑:饥荒。 ⑪ 比(bì):等到、及到。 ⑫ 方:指礼义。 ⑬ 哂(shěn):微微一笑,含轻蔑之意。 ⑭ 方六七十:纵横各六七十里的小国。 ⑮ 俟:等待。 ⑯ 会同:一般指诸侯朝见天子。这里指两国国君相见。 ⑰ 端:古代的礼服名。 ⑱ 章甫:古代的礼帽名。

⑲ 相:傧相,协助国君行礼的人。　⑳ 希:稀疏。指弹瑟接近尾声。
㉑ 铿尔:象声词。放瑟时弦振颤所发出的声音。　㉒ 作:站起来。
㉓ 撰:述、想法。　㉔ 伤:妨碍。　㉕ 莫:通"暮",晚。　㉖ 冠者:成年人。　㉗ 童子:小孩子。　㉘ 沂:沂水。在今山东曲阜县南。　㉙ 舞雩:鲁国祭天求雨的地方。在今山东曲阜县。　㉚ 咏:唱歌。　㉛ 与:赞同、赞成。　㉜ 不让:不谦虚。　㉝ 安见:怎见得。　㉞ 孰:谁。

【评述】

本章记孔子询问学生志向而对他们作出适当的评价。本章在《论语》中文字最长,是一篇优美的、文学性很强的散文,从子路、冉有、公西华、曾点各自的言志中,展示了各自的性格特点,展示了孔子和学生们亲密无间的师生关系。

孔子教育学生强调立志。从四人的言志中,他们的志向与自己的才能是一致的。子路志在治军,从治军中展示其"比及三年,可使有勇,且知方也"的才能;冉有志在从政,从为政中展示其"比及三年,可使足民"的才能;公西赤志在外交,从外交中展示其"宗庙之事,如会同,端章甫,愿为小相焉"的才能。由于孔子哂笑子路不谦逊,所以冉有、公西华一个比一个讲得谦虚,但他们有一点是共同的:"学为世用",自己为国家做出力所能及的贡献。

至于曾皙他确实有点与众不同,别人在言志,他还在鼓瑟,等到孔子点到他时,才"鼓瑟希,铿尔",在放瑟时瑟声振颤的余音中慢吞吞地说了"浴乎沂,风乎舞雩"的志向,却偏偏得到孔子的赞赏。宋朱熹说:"曾点之学,盖有以见夫人欲尽处,天理流行,随处充满,无少欠缺。故其动静之际,从容如此,而言其志,不过即其所居之位,乐其日用之常,初无舍己为人之意,而其胸次悠然,直与天地万物上下同流,各得其所之妙,隐然自见于言外。视三子之规模于事为之末者,其气象不侔矣。故夫子叹息而深许之。"(《论语集注》卷六)关于曾点之志,朱熹的学生在《朱子语类》中开展了热烈的讨论。如宋黄卓曾问朱熹"夫子令四子言志,故三子皆言用,夫子卒不取,而取无用之曾点,何也!"朱熹答道:"三子之志趣,皆正于所能,而曾点气象又大、志趣又别,极其所用,当不止此也。"(《朱子语类·论语二十二》)这场讨论在朱熹的影响下,概括曾点的志向具备"尧舜气象"。

朱熹"尧舜气象"之说,可能也是有所本的,据《后汉书·仲长统传》说:"统常以为:凡游帝王者,欲以立名扬身耳,而名不常存,人生易灭;优游偃仰,可以自娱……濯清水,追凉风;钓游鲤,弋高鸿;讽于舞雩之下,咏归高堂之上;安神闺房,思老氏之玄虚;呼吸精和,求至人之仿佛;与达者数子论道讲书,俯仰二仪,错综人物,弹南风之雅操,发清商之妙曲;逍遥一世之上,睥睨天地之间;不受当时之责,永保性命之期;如是,则可以陵霄汉,出宇宙之外矣。岂羡夫入帝王之门者。"这种说法有人表示赞同,认为是"太平社会的理想"。这种理想与孔子"大同社会理想"相符合,所以孔子赞许他。唐李翱说:"仲尼与点,盖美其乐王道也。"(《解论语笔》)近人杨树达说:"孔子所以与曾点者,以点之所言为太平社会之缩影也。"(《论语疏证·先进篇第十一》)

但也有人表示反对,认为曾点是孔门之狂者,无意于世,孔子所以赞许他,只是遭时不遇,与汝偕隐之意。宋黄震说:"曾晳,孔门之狂者也,无意于世者也。夫子以行道救世为心,而时不我与。方与二三子私相讲明于寂寞之滨,乃忽闻曾晳浴沂归咏之言,若有得其浮海居夷之意,故不觉喟然而叹,盖其所感者深矣。所与虽点,而所以叹者岂惟与点哉!继答曾晳之问,则力道三子之美,夫子岂以忘世自乐为贤,独与点而不与三子者哉?"《黄氏日抄》明杨慎说:"后世谈虚好高之习胜,不原夫子喟叹之本志,不详本章所载之始末,单撷与点数语而张皇之,遗落世事,指为道妙,但欲推之过高,而不知陷于谈禅,其失岂小哉!"(《升庵全集》)杨慎还在《丹铅录》中指朱熹自言"尧舜气象"之失:"朱子易箦之前,悔不改浴沂注一章,留为后学病根。"(《升庵全集·丹铅录》)

其实,曾点何曾有尧舜气象,不过是隐士的气象,超然物外而已。孔子是一个积极用世的人,他周游列国,寻求施展其抱负的机会;不为世用之后,仍回鲁国授徒讲学,删《诗》《书》,定《礼》《乐》,赞《周易》,作《春秋》,整理古代文献,何尝有出世消极情绪。孔子之所以赞许曾点,不过是感慨身世,自伤不遇于时罢了。

颜渊第十二

【解题】

本篇共二十四章。编者取本篇首章"颜渊问仁"一句中的"颜渊"二字为篇名。其中,记孔子直接论述四章,记孔子答国君、大夫、学生问十六章,记子夏答司马牛一章,记子贡答棘成子一章,记有若答哀公一章,记曾子论友一章。

本篇是《学而》《为政》两篇的发挥,围绕个人道德修养,论述孔子求仁和为政以德的仁政思想。主要讲了以下问题。一、论述仁的含义及其实施内容。本篇在《论语》中相对集中地论述了仁的含义。如"克己复礼为仁";"己所不欲,勿施于人";"仁者其言也讱";"仁者,爱人"。多侧面、多视角地展示了仁的含义。并阐述仁和礼的关系,仁是纲,礼是目;仁是核心,礼是仁的外在表现。求仁在己,只要净化自己内心心理、行为,循礼而行,就能崇德、修慝、辨惑,达到仁的境界。二、论述为政以德的仁政学说。为政者必须正己而后正人;为政以德而不用刑杀,用道德风化人民;为政应正纲纪人伦;为政必须举贤才而退不肖;为政必须减轻人民负担、藏富于民;为政必须勤政、爱民,取信于民。在阐述中,体现了孔子以下思想观点:(1)为政以德的仁政思想,己帅而正,以德化民。(2)为仁在己,从个人的修养入手,循礼而行,成为一个仁人、君子。(3)对学生因材施教,实行启发教育。

颜渊问仁。子曰:"克己复礼①为仁。一日克己复礼,天下归仁②焉。为仁由己③,而由人乎哉?"颜渊曰:"请问其目④。"子曰:"非礼勿视,非礼勿听,非礼勿言,非礼勿动。"颜渊曰:"回⑤虽不敏⑥,请事⑦斯语矣。"

【今译】

颜渊问孔子什么是仁。孔子说:"克制自己,使言行符合于礼就是仁。一旦言行符合于礼,天下的人都会称许你是仁人了。实行仁完全在自己,难道还靠别人吗?"颜渊说:"请问实施仁的细目。"孔子说:"不合礼的事不看;不合礼的话不听;不合礼的话不说;不合礼的事不做。"颜渊说:"我虽然不聪明,让我照您的话去实行吧!"

【注释】

① 克己复礼:克制自己,使言行都符合于礼。 ② 归仁:归仁于你,即称赞你有仁德。 ③ 由己:全靠自己。 ④ 目:具体的细目。 ⑤ 回:颜渊的名字。 ⑥ 不敏:不聪明,不敏惠。 ⑦ 事:实行、实践。

【评述】

本章孔子论仁的含义及其实施的具体内容,为汉学、宋学争论的焦点。关键在一个"己"字的理解上。《集解》东汉马融说:"克己,约身也。"(《十三经注疏·颜渊第十二》)汉孔安国说:"复,反也。身能反礼,则为仁矣。"(同上)清俞樾《群经平议》:"己复礼者,身复礼也,谓身归复于礼也。能身复礼,即为仁矣。故曰克己复礼为仁。"他们把"己"解释为"身",即自身。而宋朱熹说:"己,谓身之私欲也。复,反也。礼者,天理之节文也。为仁者所以全其心之德也。盖心之全德莫非天理,而亦不能不坏于人欲。故为仁者必有以胜私欲而复于礼,则事皆天理,而本心之德复全于我矣。"(《论语集注》卷六)他们把"己"理解为"私欲"。

清代朴学家尊重汉学而轻义理,故赞成汉学释"己"为"身"之说。

清阮元《揅经说集·论语孟子仁说》:"颜子克己,己字即是自己之己,与下文'为人由己'相同。若以克己'己'字解为'私欲',则下文'为仁由己'之己断不能再解为私,与上文辞气不相属矣。且克己不是胜己私也,克己复礼本是成语,夫子既引此语以论楚子,今又引以告颜子,虽其间无解,而在《左传》则明有不能自克,作克己对解。克者约也,抑也。己者,自也。何尝有己身私欲重烦战胜之说?"近人程树德说:"解经须按古人时代立言,孔子一生言礼不言理,全部《论语》并无一个理字。盖朱子欲申其天理人欲之说,而不知孔氏言礼不言理也。"(《论语集释·颜渊上》)

仁是孔子伦礼思想的核心,心目中的最高道德标准。本章颜渊问仁。孔子指出"克己复礼为仁",这是对"仁"下的一个定义。什么是仁呢? 孔子认为,约束自身,也就是净化自身的思想、心理、行动,反于礼中,则为仁也。换句话说人能循礼而行,就可达到仁的境界。梁皇侃说:"言若能自约俭己身,返反于礼中,则为仁也。一云:身能使礼反返身中,则为仁矣。"(《十三经注疏·颜渊第十二》)由此可见,求仁是一个思想修养问题,求仁的功夫,就是循礼而行的功夫! 所以求仁与否完全在于自己而不在于别人。

其次,颜渊"请问其目"。孔子回答的非礼"勿视、勿听、勿言、勿动"则是阐明仁与礼的关系,也就是实施仁的内容。仁与礼的关系是什么呢? 仁是内容,礼是形式;仁是内在核心,礼是外在表现;仁是纲领,礼是细目。只要视、听、言、动都合乎礼,行乎正道,仁也就达到了。

仲弓问仁。子曰:"出门如见大宾[1],使民[2]如承[3]大祭。己所不欲[4],勿施于人[5]。在邦[6]无怨,在家[7]无怨。"仲弓曰:"雍[8]虽不敏,请事斯语矣。"

【今译】

仲弓问孔子什么是仁。孔子说:"出门好像去会见贵宾,役使人民好像承当重大祭祀。自己所不喜欢的东西,不要强加于人。在朝廷做官没有怨恨,在家赋闲也没有怨恨。"仲弓说:"我虽然不聪明,让我照您的话去实行吧!"

【注释】

①大宾:贵宾、宾客。 ②使民:役使人民、使用人民。 ③承:承当、承办。 ④己所不欲:自己所不喜欢的东西。 ⑤勿施于人:不强加给别人。 ⑥在邦:指在朝廷做官。 ⑦在家:在家赋闲。一说在卿大夫家任职,也通。 ⑧雍:仲弓名字。

【评述】

本章孔子为仲弓论仁的内涵和实施内容。教他恭敬、宽厚待人。梁皇侃《论语义疏》说:"恕己及物,则为仁也。先二事明敬,后一事明恕,恕敬二事,乃为仁也。"宋朱熹说:"敬以持己,恕以及物,则私意无所容而心德全矣。内外无怨,亦以其效言之,使以自考也。"(《论语集注》卷六)本章孔子回答仲弓问仁,提出三方面实施仁的内容。首先,对人、对事要恭敬和谨慎。出门待人接物、使用人民,都要像接待贵宾、承办祭祀一样,恭敬谨慎。《左传》僖公三十三年:"晋臼季曰:'臣闻之,出门如宾,承事如祭,仁之则也。'"第二,对人要实行恕道,"己所不欲,勿施于人",推己及人。这是具有仁人之心的表现。《韩诗外传》:"己恶饥寒焉,则知天下之欲衣食也。己恶劳苦焉,则知天下之欲安佚也。己恶衰乏焉,则知天下之欲富足也。知此三者,圣王所以不降席而匡天下。"第三,在朝廷、在家里都受到人们的欢迎、爱戴。清孔广森《论语补注》:"在家无怨,仁及乎一家矣。在邦无怨,仁及乎一国矣。"而这三者的核心,则又是实行恕道,做到"己所不欲,勿施于人"。清孙奇逢《四书近指》:"圣人论仁,俱从应用处操存此心,出门使民以至人己家邦,处处与天下相操。人情物理上透不过,毕竟功夫有漏。六句非一片小心,是一片真心,能行于天下为仁。"强调了仁的实践性。

司马牛①问仁。子曰："仁者,其言也讱②。"曰："其言也讱,斯谓之仁已乎?"子曰："为之难③,言之得无讱乎?"

【今译】

司马牛问孔子什么是仁。孔子说："仁德的人,说话舒缓而谨慎。"司马牛说:"说话舒缓而谨慎可以称之为仁了吗?"孔子说:"做起来困难,说它时能不谨慎吗?"

【注释】

① 司马牛:孔子学生司马耕,字子牛。　② 讱(rèn):说话缓慢而谨慎。　③ 为之难:做起来困难。

【评述】

本章孔子为司马牛论仁,教他说话迟钝,谨慎小心。清刘逢禄《论语述何》:"讱者,谓其辞之委曲烦重,心有所不忍,而不能径遂其情,故言之亦多重难。"宋朱熹说:"讱,忍也、难也。仁者心存而不放,故其言若有所忍而不易发,盖其德之一端也。夫子以牛多言而躁,故告之以此,使其于此而谨之,则所以为仁之方,不外是矣。"(《论语集注》卷六)孔子针对司马牛喜欢多言而又性情急躁的特点,告诉他求仁之道在于说话谨慎,切勿夸夸其谈。司马牛觉得仁道是非常高远的,孔子谈的只是日常小事,所以反诘说:"说话谨慎,可算是实行仁吗?"于是孔子又教育他不能言过其行。朱熹说:"牛意仁道至大,不但如夫子之所言,故夫子又告之以此。"(同上)孔子一贯主张一个有仁德的君子要"耻其言而过其行","古者言之不出,耻躬之不逮也"。不要言过其实,要多做少说,先做后说。由此可见,孔子教人求仁,主要是从守礼、敬慎、少言等日常生活等事做起,积善成德,也就可以达到仁的境界。"仁远乎哉,我欲仁,斯仁至矣!"所以求仁在己,而不在乎人。

司马牛问君子。子曰:"君子不忧不惧。"曰:"不忧不惧,斯谓之君子已乎?"子曰:"内省不疚①,夫何忧何惧?"

【今译】

司马牛问孔子,怎样的人才算是君子。孔子说:"君子不担忧,也不畏惧。"司马牛说:"不担忧、不畏惧,这就可以叫做君子了吗?"孔子说:"从内心省察而不感到惭愧,那还有什么可忧愁、可惧怕的呢?"

【注释】

① 内省不疚:从内心省察而不感到惭愧。疚:病、愧。

【评述】

本章孔子从司马牛问君子中教育他要胸怀宽广,无忧无惧。《集解》汉孔安国说:"牛兄桓魋将为乱。牛自宋来学,常忧惧,故孔子解之。"(《十三经注疏·颜渊第十二》)清陆陇其《松阳讲义》:"'内省不疚'一语,意味深长,朱子以平日所为无愧于心,补夫子言外之意。"司马牛问君子,孔子针对他常忧其兄桓魋将为乱而灭族,故答以"不忧不惧"即是君子。嘱咐他心怀坦荡,自己平日所为无愧于心,就可以摆脱忧惧的困扰。进而言之,一个不忧不惧的人,是具备仁、勇二德的人,岂不是君子吗?清刘宝楠说:"不忧不惧,即'仁者不忧,勇者不惧'之义。"(《论语正义·颜渊第十二》)宋郑汝谐《论语原意》:"夫子之言虽为牛设,然不忧,仁也;不惧,勇也。仁且勇,虽死生之变,怡然处之,非君子而何?"

司马牛忧曰:"人皆有兄弟,我独亡①。"子夏曰:"商②闻之矣:死生有命③,富贵在天。君子敬而无失④,与人恭⑤而有礼。四海之内⑥,皆兄弟也。君子何患乎无兄弟也?"

【今译】

司马牛忧心忡忡地说:"别人都有兄弟,唯独我没有。"子夏说:"我听说过:死和生都是由命运决定的,富和贵都是由上天安排的。作为君子,办事严肃认真而没有过失,待人谦恭而有礼貌,那么,普天之下的人,都是自己的兄弟。君子何必担心没有兄弟呢?"

【注释】

①亡:同"无"。没有。 ②商:子夏的名字。 ③死生有命:死和生都由命运安排。 ④失:过失。 ⑤恭:谦恭。 ⑥四海之内:全国范围内、普天之下。

【评述】

本章子夏根据孔子的见解消除司马牛无兄弟的忧虑,同时劝他提高自己的品德修养。司马牛担心自己没有兄弟。其实,司马牛兄弟是很多的,据清方观旭《论语偶记》考证,向魋、向巢、子颀、子车都是他的兄弟,他们在宋国专权,臭味相投,而且又将发动叛乱。因而司马牛感到凄然孤立而有无兄弟之忧。实质上,司马牛之忧是忧向魋等为乱而灭族,自己遭到株连。清李惇《群经识小》:"魋奔齐,牛复适吴。吴人恶而反之,赵简子召之,陈成子亦召之,因过鲁而卒于鲁郭门之外,此忧想当其时。"所以司马牛的话是预感向魋等即将叛乱前说的,故子夏根据孔子的教导加以安慰,教他敬贤礼友,安身立命,不断进德,内心无愧,则四海之内皆兄弟也。《集解》东汉包咸说:"君子疏恶而友贤,九州之人皆可以礼亲也。"(《十三经注疏·颜渊第十二》)宋朱熹说:"既安于命,又当修其在己者。故又言苟能持己以敬而不间断,接人以恭而有节文,则天下之人皆敬爱之如兄弟矣。"(《论语集注》卷六)"效其行,修其礼,千里之外,亲如兄弟。"(清毛奇龄《四书改错》)他们都对子夏的话加以发挥,于是"四海之内,皆兄弟也"这句话对后世产生了一定影响。

子张问明①。子曰:"浸润之谮②,肤受之愬③,不行④焉,可谓明⑤也已矣。浸润之谮,肤受之愬,不行焉,可谓远⑥也已矣。"

【今译】

　　子张问孔子怎样才算明白事理。孔子说:"逐渐渗透而起作用的谗言,直接身受的诽谤,在你那里都行不通,可以叫做明白事理了。逐渐渗透而起作用的谗言,直接身受的诽谤,在你那里行不通,可以叫做有远见了。"

【注释】

　　① 明:明辨是非、明白事理。　② 浸润之谮:逐渐渗透而起作用的谗言。谮:说坏话诬陷别人。　③ 肤受之愬:直接身受的诬告。愬:诽谤。　④ 不行:不起作用。　⑤ 明:明白、明辨。　⑥ 远:有远见。

【评述】

　　本章孔子针对子张的弱点,教育他不为谗言、不为毁谤所动。子张问孔子如何明以知人的问题。孔子作了能察"浸润之谮""肤受之愬"就可以明以知人、远以明人的回答。任人唯贤,这是摆在统治者面前的一个大问题,要任贤,首先要辨忠、奸。奸臣为了陷害忠臣,往往向统治者进蜜糖包裹砒霜的谗言,而统治者不察而听之,忠臣受到陷害而提出申诉,统治者又不加深察,导致忠臣被杀、被害、被逐。宋朱熹说:"毁人者渐渍而不骤,则听者不觉其入而信之深矣。愬冤者急迫而切身,则听者不及致详而发之暴矣。二者难察,而能察之,则可见其心之明而不蔽于近矣。此亦必因子张之失而告之。"(《论语集注》卷六)清刘宝楠说:"谗邪之所以并进者,由上多疑心。既已用贤人而行善政,如或谮之,则贤人退而善政还。夫执狐疑之心者,来谗贼之口;持不断之意者,开群枉之门。谗邪进则众贤退,群枉盛则正士消。"(《论语正义·颜渊第十二》)如唐高宗逐褚遂良就是一个典型的例子。褚遂良、长孙无忌受唐太宗顾命,辅佐唐高宗。唐太宗曾对高宗说:"无忌、遂良在,汝勿忧天下。"又对遂良说:"无忌尽忠于我,我有天下,多其力也,我死,勿令谗人间之。"后唐高宗欲废王皇后,立武则天为后,褚遂良力谏。高宗听信许敬宗、武则天谗言,欲置褚遂良于死地,因是顾命大臣,将他贬为潭州都督。可见孔子对子张的教育,不仅是对子张,即使对统治者来说都是有借鉴意义的。

子贡问政①。子曰:"足②食、足兵、民信③之矣。"子贡曰:"必不得已而去④,于斯三者何先?"曰:"去兵。"子贡曰:"必不得已而去,于斯二者何先?"曰:"去食。自古皆有死,民无信不立⑤。"

【今译】

子贡问如何治理国家。孔子说:"要有充足的粮食储备,要有充足的军备,人民对政府的信任。"子贡说:"如果必不得已要去掉一项的话,在这三项之中先去掉哪一项呢?"孔子说:"去掉军备。"子贡又问:"如果必不得已要去掉一项的话,在这二项之中先去掉哪一项呢?"孔子说:"去掉粮食。从古以来人都有一死,失去人民的信任,国家就难以存在了。"

【注释】

①政:政事。指治理国家。 ②足:充足。 ③民信:人民对国家信任。 ④去:去掉。 ⑤立:立国、存立。

【评述】

本章孔子论述为政、治国取信于民的重要性,体现了孔子的仁政思想。宋朱熹说:"言仓廪实而武备修,然后教化行而民信于我,不离叛也。"(《论语集注》卷六)梁皇侃说:"今推其二事,有死自古而有,无信立国自古而无,今宁从其有者,故曰云去食也。"(《十三经注疏·颜渊第十二》)本章子贡问治国之道,孔子的回答:去兵、去食而存民信,体现孔子的仁政思想,贯穿着爱民、富民、藏富于民、取信于民的民本思想。清李塨《论语传注》:"韩信驱市人以战,非素拊循士卒,是谓去兵。时势穷促,食信不可并得,如张巡枵腹致死,而守睢阳,是谓去食。盖食足信乎,虽空拳持挺,可使挞坚;君民一心,虽罗雀掘鼠,可与图存。如其无信,则子弃其父,臣背其君,丧无日矣,何立之有?"但孔子去兵、去食的强调似乎有些绝对化。去食存信,虽欲为信,人已死矣,信又立于何处? 故东汉王充对此提出质难:"使治国无食,民饿,弃礼义;礼义弃,信安所立?'让生于有馀,争生于不足。'夫去信存食,虽不欲信,信自生矣;去食存信,虽欲为信,信不立矣。"(《论衡·问孔篇》)说得颇有道理。

棘成子①曰:"君子质②而已矣,何以文③为?"子贡曰:"惜乎④,夫子之说君子也,驷不及舌⑤。文犹⑥质也,质犹文也。虎豹之鞟⑦犹犬羊之鞟。"

【今译】

棘成子说:"君子只要本质好就可以了。何必要讲求文采呢?"子贡说:"可惜呀,先生论君子的话说错了,一言既出,驷马难追啊!文采和本质一样重要,本质和文采也一样。如果把虎豹色彩斑烂的毛拔掉的话,虎豹的皮同犬羊的皮有什么差别呢?"

【注释】

① 棘成子:卫国大夫。 ② 质:本质、质朴。 ③ 文:文采。指形式、仪式。 ④ 惜乎:可惜呀。 ⑤ 驷不及舌:一句话说出口,四匹马拉的车也追不回来了。即成语:"一言既出,驷马难追。" ⑥ 犹:还。 ⑦ 鞟(kuò):去毛的兽皮。

【评述】

本章叙述子贡矫正棘成子的偏见,阐明文采和本质、形式与内容同样重要。宋朱熹说:"棘成子,卫大夫,疾时人文胜,故为此言。"(《论语集注》卷六)《邓析子·转辞篇》:"一声而非,驷马难追;一言而急,驷马不及。"子贡引用邓析子的话批评棘成子失言。并举例为棘成子解释文、质同样重要的道理,其实质是论述质和文的关系,即内容和形式的关系。棘成子认为,有质即可,不必有文采。这种说法是片面而极端的,所以子贡举"虎豹之鞟,犹犬羊之鞟"为例,说明内容和形式两者同样重要。但子贡说的与孔子说的有些区别,孔子认为文质兼备,文质彬彬然后君子。如果不可得兼,宁取质而舍文。

哀公问于有若曰:"年饥①,用②不足,如之何?"有若对曰:"盍③彻④乎?"曰:"二⑤,吾犹不足,如之何其彻也?"对曰:"百姓足,君孰与⑥不足?百姓不足,君孰与足?"

【今译】

鲁哀公向有若请教说:"年成不好,国用不足,怎么办呢?"有若回答说:"何不实行十分抽一的彻法呢?"哀公说:"十分抽二的税我还不够用,怎么可以实行十分抽一的彻法呢?"有若回答说:"百姓富足了,国君怎么会不富足?百姓不富足,国君怎么会富足?"

【注释】

① 年饥:年成不好、歉收。 ② 用:国用。 ③ 盍:何不。 ④ 彻:彻法。这是古代一种十分抽一的税法。 ⑤ 二:指抽十分之二的税。 ⑥ 孰与:怎么会。

【评述】

本章有若秉承孔子重民思想,规劝鲁哀公富国先要富民,民富而后国强。本章记载与《说苑·政苑·政理》所载略同。"鲁哀公问政于孔子。对曰:'政有使民富。'哀公曰:'何谓也?'孔子曰:'薄赋敛,则民富矣。'公曰:'若是,则寡人贫。'孔子曰:'《诗》云:"恺悌君子,民之父母。"未见其子富而父母贫者也。'"据清吴昌宗《四书经注集证》:"春秋哀公十二年(前483)春,用田赋。其冬十二月,有螽。十三年九月,有蠡。十二月,又有蠡。又连年用兵于邾,又有此灾,所谓'年饥,用不足'也。有若之问,当在此时。"有若教鲁哀公用"彻"法,"彻"是井田制十一收税之法,即在公田上取十分之一的税。鲁宣公十五年(前594)鲁国实行初税亩,向私田"履亩而税"。鲁哀公所说的二,除在公田上收十一税外,又在私田上取十分之一的田赋,合起来为十分之二。鲁哀公认为收十分之二的税还不够用,于是有若便根据孔子的观点,教育哀公:百姓富足,国君怎么不富足;百姓不足,国君怎能富足?宋朱熹说:"民富则君不至独贫,民贫则君不至独富。有若深言君民一体之意,以止公之厚敛,为人上者所宜深念也。"(《论语集注》卷六)

子张问崇德辨惑①。子曰:"主忠信,徙义②,崇德也。爱之欲其生,恶③之欲其死。既欲其生,又欲其死,是惑也。'诚不以富,亦祇以异④。'"

【今译】
　　子张问孔子怎样提高品德修养和辨别疑惑能力。孔子说:"以忠诚、信实为主,追求正义,这就可以提高品德。喜欢他时,希望他活着,厌恶他时,希望他死去。既希望他活着,又希望他死去,这不是疑惑了吗?《诗经》说:'确实不是因为他富有,只是因为见异思迁。'"

【注释】
　　① 崇德辨惑:提高品德,辨别疑惑。　② 徙义:追求正义。闻义而照着他做。　③ 恶(wù):厌恨。　④ 诚不以富,亦祇以异:语出《诗经·小雅·我行其野》,意为不是因为他富,只是见异思迁。

【评述】
　　本章孔子教育子张如何崇德、辨惑。子张向孔子请教两个问题,一是如何崇德,即如何提高个人的道德品质修养。二是如何辨惑,即如何端正自己的思想方法。孔子对第一个问题的回答时要求子张做到两点,首先是"主忠信",自己以忠、信为主,也要亲近忠、信的人。其次要闻义而徙,即改变自己不合于义的言行,追求正义。这样就能提高自己的道德品质。《集解》汉包咸说:"徙义,见义则徙意而从之。"(《十三经注疏·颜渊第十二》)宋朱熹说:"主忠信则本立,徙义则日新。"(《论语集注》卷六)孔子对第二个问题的回答是要求子张不能凭自己主观意志,感情用事。"爱之欲其生,恶之欲其死",陷于矛盾的不拔之中而不能明辨是非。清刘台拱《论语骈枝》:"爱之欲其生,恶之欲其死,犹言进人若将加诸膝,退人若将堕之渊。"言其反复无常。《集解》包咸说:"爱恶当有常。一欲生之,一欲死之,是心惑也。"(《十三经注疏·颜渊第十二》)梁皇侃说:"爱憎生死,起于我心,我心不定,故为惑矣。"(同上)最后,孔子还告诉子张"诚不以富,亦祇以异"。

关于这句引自《诗经·小雅》的话,宋程颐认为:"此错简,当在第十六篇'齐景公有马千驷'之上,因此下文亦有'齐景公'字而误也。"(《论语集注》卷六)而宋杨氏曰:"堂堂乎张也,难与并为仁矣,则非诚善补过不蔽于私者,故告之如此。"(同上)则认为并非错简。这句话的意思是道德学问的修养,虽不是有形的富有,其实是真正的富有。因为你拥有崇高的人格修养和自己内心的安详,这正是极富有的大业,不过不同于财富的富有而已。所以只要坚持守德、不见异思迁,就能获得精神的富有。

齐景公①问政于孔子。孔子对曰:"君君②,臣臣,父父,子子。"公曰:"善哉③!信如④君不君,臣不臣,父不父,子不子,虽有粟⑤,吾得⑥而食诸?"

【今译】

齐景公向孔子请教政事。孔子回答说:"君主要像个君主,臣子要像个臣子,父亲要像个父亲,儿子要像个儿子。"齐景公说:"说得好呀!诚如你所说:如果君主不像君主,臣子不像臣子,父亲不像父亲,儿子不像儿子,即使有了粮食,我能吃得着吗?"

【注释】
①齐景公:春秋时齐国国君,姓姜,名杵臼。 ②君:君要像君。 ③善哉:好呀。 ④信如:诚如。 ⑤粟:小米。泛指粮食。 ⑥得:能。

【评述】
本章孔子认为人伦纲常是治国的根本,体现了孔子的正名思想。据清钱坫《论语后录》说:"夫子以昭公之二十五年(前517)至齐,当景公三十年。是时陈僖子乞专政,行阴德于民,景公弗能禁,是不能君君臣臣也。"清刘逢禄《论语述何》说:"时景公宠少子舍而逐阳生。后阳生因陈乞弑舍而立,大乱数世,国移陈氏,是不能父父子子,以致臣得篡国也。夫子早见及此,故其对深切如此。"宋朱熹说:"鲁昭公末年,孔子适齐。是时景公失政,而大夫陈氏厚施于国,景公又多内嬖而不立太子。其君臣父子之间,皆失其道,故夫子告之以此。"(《论语集注》卷六)

鲁昭公被季氏三家击败,奔齐。孔子自鲁至齐,为齐大夫高昭子家臣。当时齐国政治腐败,大夫陈乞用"大斗出,小斗进",收买民心,阴谋篡夺,而齐景公好色,内宠甚多,欲废太子阳生而立少子舍,君臣父子,均失其道。所以当齐景公问孔子如何治国时,孔子答以正人伦之常,是治国的根本,这是有针对性的。齐景公一听就明白,故复述其言,认为齐国确实存在君不君、臣不臣、父不父、子不子的弊病。可惜齐景公不能整顿人伦关系,陈氏果然代齐。《管子·形势》:"君不君,则臣不臣,父不父,则子不子。"君、父,是矛盾的主要方面,君、父不能正,下梁自然就歪了。田氏代齐,原因在于齐景公。

子曰:"片言①可以折狱②者,其由也与?"子路无宿诺③。

【今译】

孔子说:"根据一方面的话可以判决案件的人,大概只有子路吧?"子路答应的事,从来没有过了一夜才去办的。

【注释】

① 片言:单方面的话。　② 折狱:判案、断案。　③ 无宿诺:答应的事,没有过一夜才去办的。宿:过夜。形容办事迅速、认真。

【评述】

本章孔子赞扬子路直率的性格和诚实的态度,受到人们信任。孔子称赞子路能"片言折狱"。折狱即是断案。判案必须听被告、原告两造陈述,然后作出判决。而子路听了单方面的话就能判案,这是什么原因呢?对此,有两种解释。一种认为片言是一方面的话,片言之片为偏,听原、被告中一方面的话来判案。《集解》孔安国说:"片,犹偏也。听讼必须两辞以定是非,偏信一言以折狱者,惟子路可也。"(《十三经注疏·颜渊第十二》)一种认为片言为半言,子路还没有说完,别人就信服。宋朱熹说:"片言,半言。子路忠信明决,故言出而人信服之,不待其辞之毕也。"而宋邢昺将这两种说法都加以引征,认为都有道理。"夫判辨狱讼,必须两家对辞。子路既能果断,故偏听一辞而能折狱也。一云:子路性直,情无所隐者。若听子路之辞,则一辞亦足也。"(《论语注疏》)此外,也有人认为子路为人直率、侠义、诚恳,办事无宿诺,受到别人的信任,因而能片言折狱。清汪烜《四书诠义》说:"此称子路有服人之德,非称子路有断狱之才也。"清宦懋庸《论语稽》说:"此由子路平日不轻然诺,积久而人信服之。"正因为子路具有侠义心肠,人服其德,非谓子路有折狱之才,这种说法倒是颇有见地的。

子曰:"听讼①,吾犹②人也。必也使无讼乎!"

【今译】

孔子说:"审理案件,我和别人差不多。一定要做到没有诉讼发生才好!"

【注释】

① 听讼:审理案件。　② 犹:同。

【评述】

本章孔子论述作为司法长官必须教化人们息讼。体现孔子为政以德,以德化民思想。鲁定公十一年(前499)孔子五十三岁,在鲁国担任大司寇,主管民事、刑事诉讼的司法工作。这话可能是这时说的,反映了孔子一贯的德治思想,主张"导之以德,齐之以礼,有耻且格"。认为一个司法长官,能正确断案固然必要,但重要的是要通过教化,使人民化于德,习于礼,无争无讼,才是圣善。《集解》魏王弼说:"使无讼,化之在前。"(《十三经注疏·颜渊第十二》)宋杨氏说:"子路片言可以折狱,而不知以礼逊为国,则未能使民无讼者也。故又记孔子之言,以见圣人不以听讼为难,而以使民无讼为贵。"(《论语集注》卷六)《潜夫论·德化》:"导之以德,齐之以礼,务厚其情而明则务义,民亲爱则无相害伤之意,动思义则无奸邪之心。夫若此者,非律之所使也,非威刑之所强也,此乃教化之所致。"他们都阐发了孔子为政以德,以德化民的为政思想。

子张问政。子曰:"居①之无倦,行②之以忠。"

【今译】

子张向孔子请教政事。孔子说:"在工作岗位上不要懈怠,执行政令,要用忠诚。"

【注释】

① 居:在工作岗位上。　② 行:执行政令。

【评述】

本章孔子教育子张为政应当勤勉、忠诚。《集解》魏王弼说:"言为政之道,居之于身,无得解倦,行之于民,必以忠信。"(《十三经注疏·颜渊第十二》)程子说:"子张少仁无诚心,爱民则必倦而不尽心,故告之以此。"(《论语集注》卷六)子张向孔子问怎样为政。孔子提出了两点意见。一是"居之无倦",即忠于职守,一直做下去,始终如一,不要懈怠。世界上有始无终的人多得很,他们是不会有成就的。一个人往往开始谨慎,有了一点成绩,就会骄傲自满起来,不谦虚了、不谨慎了,最后导致失误、失败,唐玄宗就是一个例子。二是"行之以忠",忠于事业、忠于人民,对人讲忠信,表里如一,取得人民的信任。周公旦"一沐三握发,一饭三吐脯",也是一个例子。这两句话看似简单,做起来是很不容易的。

子曰:"博①学于文,约之以礼,亦可以弗畔②矣夫!"

【今译】

孔子说:"广泛地学习文化知识,用礼来约束自己,也就可以不离经叛道了!"

【注释】

① 博:广博、广泛。　② 畔:同"叛"。离经叛道。

【评述】

本章孔子教人学习文献,以礼约束自己的求仁方法。本章与《雍也》篇第二十七章重复。孔子认为广泛地学习文献,获得丰富的知识,再用礼来约束自己,就可以不违反正道而达到仁的境界。这既是求仁的途径,也是求仁的方法。

子曰:"君子成人之美,不成人之恶①。小人反是②。"

【今译】

　　孔子说:"君子成全人家的好事,不促成人家的坏事。小人则与此相反。"

【注释】

　　① 恶:坏事。　② 反是:与这一个相反。

【评述】

　　本章孔子分析君子、小人对人对事的不同道德、心态、方法。孔子引古人成语分析有道德的君子和无德的小人在对待人和事中的不同心态、方法。宋朱熹说:"成者,诱掖奖劝以成其事也。君子小人所存既有厚薄之殊,而其所好又有善恶之异,故其用心不同如此。"(《论语集注》卷六)清孙奇逢《四书近指》:"君子常欲以有余者及人,小人每至以不足者忌物,故美者君子所有,而小人所无也。一成一不成,各自肖其本心。"《大戴礼·曾子立事》:"君子己善,亦乐人之善也。己能,亦乐人之能也。君子不说人之过,成人之美。存往者,在来者。朝有过,夕改则与之;夕有过,朝改则与之。"君子自己好,也希望别人好,总是鼓励别人前进。看到别人有过失则规劝、开导,使之改过,而小人有嫉忌之心,自己好,不希望别人超过自己,常常利用别人的缺点而扩大其错误,陷人于恶。君子、小人之心,反差竟如此之大。

　　季康子问政于孔子。孔子对曰:"政者,正①也。子帅②以正,孰敢不正?"

【今译】

　　季康子问孔子什么是政? 孔子回答说:"政,就是正道。你带头走正道,谁敢不走正道呢?"

【注释】

　　① 正:正道。　② 帅:带头。

【评述】

本章孔子论述居上位者在为政中的表率作用。《集解》东汉郑玄说:"季康子,鲁上卿,诸臣之帅也。"(《十三经注疏·颜渊第十二》)宋范氏说:"未有己不正而能正人者。"(《论语集注》卷六)清宦懋庸《论语稽》说:"正即《大学》修身之义。一身正而后一家正,一家正而九族之丧祭冠昏皆正,由是而百官以正,吉凶军宾嘉官守言责亦正,而万民亦无不正矣。"孔子答季康子问政是有针对性的。季康子为鲁国司徒,诸臣之帅。他带头僭礼、欺君,而他的陪臣又背叛他,导致鲁国政局混乱,上下弥漫着不正之风。所以孔子教育他只有端正自己,才能端正别人,治理好国家。为政者必须起表率作用,这是孔子治国的一个根本原则。他认为在上位者的模范作用是十分重要的,身教重于言教,自己行为端正,别人亦不敢越轨。自己僭礼越礼,奢侈淫佚,又怎能扫除别人的歪风邪气呢?所以为政必须从修己入手,提高自己的道德修养,起带头作用,这是最要紧的。

季康子患盗①,问于孔子。孔子对曰:"苟②子之不欲③,虽赏④之不窃⑤。"

【今译】

季康子苦于鲁国盗贼猖獗,向孔子请教。孔子回答说:"如果你不贪得无厌,即使奖励偷盗,也不会有人偷盗了。"

【注释】

① 患盗:担心盗贼猖獗。　② 苟:假如、如果。　③ 欲:贪欲。　④ 赏:奖励。　⑤ 不窃:不干偷窃的事。

【评述】

本章承上章,孔子教育季康子以自身的廉洁去净化社会、感化民众。《汲冢项语》:"鲁国多盗,季康治之,获一人焉。诘之曰:'汝何以盗?'对曰:'子大夫为政不能不盗,何以诘吾盗?'"《左传》鲁桓公二年:"国家之败,由官邪也,官之失德,宠赂章也。"清李中孚《四书反身录》:"苟子之不欲,虽赏之不窃,此拨乱反治之大机,救时定世之急著也。盖上不欲则源清,本源一清,斯流无不清,在在皆清。岳武穆有言:'文官不爱钱,武官不怕死,天下自然太平矣。'确哉言乎!图治者尚其鉴于斯。"鲁国多盗贼,孔子以一个政治家的犀利目光,尖锐地指出:这是季康子纵欲贪财,横行暴敛的结果,问题在下面,根子在上面。上面自身廉洁,以德化民,虽欲奖赏、鼓励为盗,而民众也知耻而不愿为盗。孔子的话至今还有强大的生命力,可以供为政治国者参考。

季康子问政于孔子曰:"如杀无道①,以就②有道,何如?"孔子对曰:"子为政,焉③用杀?子欲善而民善矣。君子之德风,小人之德草,草上之风,必偃④。"

【今译】

季康子向孔子请教政事,说:"如果杀掉无道的坏人,亲近有道的好人,怎么样?"孔子回答说:"你治理国家,怎么采用杀人的办法?你要想行善,老百姓也就向善了。君子的行为像风,小人的行为像草,风吹在草上,草必然顺风倒伏。"

【注释】

① 无道:没有道德的坏人。 ② 就:靠近、亲近。 ③ 焉:怎么。
④ 偃:倒伏。

【评述】

本章孔子告诫季康子施德政、省刑罚,以自己的表率作用感化民众,体现一贯的为政以德的仁政思想。宋朱熹说:"为政者民所视效,何以杀为?欲善,则民善矣。"(《论语集注》卷六)《盐铁论·疾贪》:"百姓不治,有司之罪也。《春秋》刺讥不及庶人,责其率也。故古者大夫将临刑,声色不御,刑已当矣,犹三巡而嗟叹之,耻其不能以化而伤其不全也。政教暗而不著,百姓颠蹶而不扶,犹赤子临井焉,听其入也。若此,则何以为民父母?故君子急于教,缓于刑。"季康子意欲多杀以止奸,孔子不同意刑杀,认为你若为善,则民亦化之。并用"君子之德风,小人之德草,草上之风必偃"为喻,说明上行下效之理,以德化民,实行仁政。其关键,则在于统治者自己正身、修德。

子张问:"士何如斯可谓之达①矣?"子曰:"何哉,尔所谓达者?"子张对曰:"在邦②必闻③,在家④必闻。"子曰:"是闻也,非达也。夫达也者,质直⑤而好义⑥,察言而观色,虑以下人⑦。在邦必达,在家必达。夫闻也者,色取仁⑧而行违⑨,居⑩之不疑,在邦必闻,在家必闻。"

【今译】

子张问孔子:"知识分子怎样做才算通达呢?"孔子说:"你所说的通达是什么意思呢?"子张回答说:"在朝廷做官时一定要有名望,在大夫家做事时也一定要有名望。"孔子说:"这是名望,不是通达。所谓通达,它的意思是品质正直而且喜欢正义,善于分析别人的言论,而且善于观察别人的脸色,常常考虑谦逊待人。这样的人在朝廷做官一定行得通,在大夫家做事时也一定行得通。所谓闻者,表面上似乎实行仁德,而行动上却违背仁德。可是自己竟以仁人自居而不加疑惑,这样的人,在朝廷做官时一定会骗取名望,在大夫家做事时也一定会骗取名望。"

【注释】

① 达:通达、行得通。 ② 在邦:在朝廷做官。 ③ 闻:名望、名声。 ④ 在家:在卿大夫家做事。 ⑤ 质直:品质正直。 ⑥ 好义:喜欢正义。 ⑦ 虑以下人:常常考虑对别人谦逊。 ⑧ 色取人:表面实行仁德。 ⑨ 行违:行动上违背仁德。 ⑩ 居:处。指以仁人

自居。

【评述】

本章孔子答子张问，论述名望与通达之间的差别，勉励子张实事求是，不尚虚名，体现了孔子的启发教学原则。梁皇侃说："闻者，达之名。达者，闻之实。而殉为名者众，体实者寡，故利名者饰伪，敦实者归真，是以名分于闻，而道隔于达也。"（《十三经注疏·颜渊第十二》）宋朱熹说："达者，德孚于人而行无不得之谓。子张务外，夫子盖已知其发问之意，故反诘之，将以发其病而药之也。闻与达相似而不同，乃诚伪之所以分，学者不可不分也。内主忠信而所行合宜，审于接物，而卑以自牧，皆自修于内，不求人知之事。善其颜色以取于仁，而行实背之，又自以为是而无所忌惮，此不务实而专务求名者，故虚誉虽隆，而实德则病矣。"（《论语集注》卷六）宋尹氏说："子张之学，病在乎不务实。故孔子告之，皆笃实之事，充乎内而发乎外者也。"（同上）

子张问孔子一个知识分子怎样才能到处行得通。孔子善于进行启发教育，让子张先谈谈看法。子张认为士在国在家都有名声才是通达。显然，子张的理解表面化，只看到表象，没有看到实质。孔子针对子张为学不务实的特点，分析了"闻"与"达"的差异，鼓励子张注重品德修养，内主忠信，行事合礼，而不欺世盗名，崇尚虚名。

樊迟从游于舞雩之下，曰："敢问崇德、修慝①、辨惑。"子曰："善哉问②！先事后得③，非崇德与？攻④其恶，无攻人之恶，非修慝与？一朝之忿⑤，忘其身，以及其亲，非惑⑥与？"

【今译】

樊迟跟随孔子在舞雩台下游玩。说："敢于请问怎样提高品德、修正错误、明辨是非的问题。"孔子说："问得好呀！先做事，后得益，这不是提高品德了吗？批判自己的错误，不苛责别人的过失，不就消除了无形的邪恶了吗？由于一时的气愤，忘记了自己，甚至连累自己的亲人，这不就迷惑了吗？"

【注释】

① 修慝(tè)：消除隐匿的邪恶。　② 善哉问：问得好呀。问善的倒装句。　③ 先事后得：先做事，后得益。　④ 攻：批判。　⑤ 忿：忿恨。　⑥ 惑：迷惑，疑惑。

【评述】

本章孔子教育樊迟崇德、修慝、辨惑的方法，以提高自身的品德修养。樊迟提出了如何进行崇德、修慝、辨惑三个思想品德修养问题。孔子根据樊迟勇而志于学，质朴而狭隘的个性特点，一一加以指导。

首先，孔子认为"先事后得"就能崇德。先付出代价，然后得到收获，也就是"仁者先难而后获。"《集解》汉孔安国说："先劳于事，然后得报也。"(《十三经注疏·颜渊第十二》)宋朱熹说："先事后得，犹言先难后获也。为所当为，而不计其功，则德日积而不自知矣。"(《论语集注》卷六)

第二，孔子认为"攻其恶，无攻人之恶"，就能修慝。就是要严以律己，宽以待人，自然能消除自己思想上的污点，消除别人对自己的怨恨。清宦懋庸《论语稽》说："以责人之心责己，则寡悔；以恕己之心恕人，则寡尤也。"朱熹说："专于治己而不责人，则己之恶无所匿矣。"(《论语集注》卷六)

第三，孔子认为"一朝之忿，忘其身，以及其亲"，就会产生疑惑。就是要具有清醒的头脑，克制自己，不要感情用事，一时冲动而造成于己于亲都不利的严重后果。朱熹说："知一朝之忿为甚微，而祸及其亲为甚大，则有以辨惑而惩其忿矣。"(《论语集注》卷六)宋范氏说："感物而易动者莫如忿，忘其身以及其亲，惑之甚者也。惑之甚者，必起于细微，能辨之于早，则不至于大惑矣，故惩忿所以辨惑也。"(同上)孔子针对学生的性格特征、学识深浅,因人施教,是值得借鉴的。

樊迟问仁。子曰:"爱人。"问知。子曰:"知人①。"樊迟未达②。子曰:"举直错③诸枉④,能使枉者直。"樊迟退,见子夏曰:"乡⑤也吾见于夫子而问知,子曰:'举直错诸枉,能使枉者直。'何谓也?"子夏曰:'富⑥哉言乎!舜有天下,选于众,举皋陶⑦,不仁者远⑧矣。汤有天下,选于众,举伊尹⑨,不仁者远矣。"

【今译】

樊迟问孔子,什么是仁。孔子说:"爱别人。"又问知。孔子说:"了解别人。"樊迟没有完全理解。孔子补充说:"选拔正直的人放在邪恶的人上面,能够让邪恶的人变得正直。"樊迟走了出来,遇到子夏。便对子夏说:"刚才我见到老师,请教什么是知,老师说:'选拔正直的人放在邪恶的人上面,能使邪恶的人变为正直。'这是什么意思呢?"子夏说:"这句话的内涵多么深刻呀!舜统治天下,在众人中选拔人才,把皋陶选拔出来,不仁德的人就远远地离开了。商汤统治天下,在众人中选拔人才,把伊尹选拔出来,不仁德的人也远远地离开了。"

【注释】

① 知人:了解别人。　② 未达:没有完全理解。　③ 错:置、放。　④ 枉:不正直。　⑤ 乡:同"向"。刚才。　⑥ 富:丰富。　⑦ 皋陶(yáo):舜的贤臣。　⑧ 远:离开。　⑨ 伊尹:汤的大臣。

【评述】

本章孔子谈论"仁""知"的含义。子夏加以发挥,进一步阐明仁与知的关系。《集解》东汉包咸说:"举正直之人用之,废置邪枉之人,则皆化为直。"(《十三经注疏·颜渊第十二》)梁皇侃说:"樊迟既未晓知人之旨,故孔子又为之说也。言若举正直之人,在位用之,而废置邪枉之人不用,则邪枉之人皆改枉为直,以求举也。"(同上)《大戴礼·王言》:"孔子曰:'仁者莫大于爱人,知者莫大于知贤。'"宋朱熹说:"爱人,仁之施。知人,知之务。迟以夫子之言专为知者之事,又未达所以能使枉者直之理。不仁者远,言人皆化而为仁,不见有不仁者,若其远去尔,所谓使枉者直也。子夏盖有以知夫子之兼仁知而言矣。"(《论语集注》卷六)

  本章孔子答樊迟问仁、问知两个问题。第一,孔子认为"仁者,爱人"。仁是孔子伦理思想的核心,孔子对仁的内容的解释是多层次的,内涵非常丰富,这里孔子提出仁者爱人,可以看作是孔子仁学思想的核心,是孔子重民思想的反映。第二,孔子认为知是了解人。提拔贤人来教育不善之人,使之改恶返善,言知,其实也包含着仁的精神。知人的问题,对统治者来说是至关重要的。舜和汤用人得当,取得施政的成功;桀和纣用人不当,终至亡国。这些历史经验教训,都有借鉴意义。

  子贡问友①。子曰:"忠告②而善道③之,不可则止,毋自辱④焉。"

【今译】

  子贡问孔子怎样对待朋友。孔子说:"忠心地劝告他,善意地开导他,他不肯听从,也就算了,不要自取其辱。"

【注释】

  ① 友:朋友。 ② 忠告:忠心地劝告。 ③ 善道:"道"通"导"。善意地开导。 ④ 辱:侮辱。

【评述】

  本章孔子论述交友的原则,既要忠于朋友,又要保全友谊。《集解》东汉包咸说:"忠告,以是非告之也。以善道导之,不见从则止,必言之，或见辱。"(《十三经注疏·颜渊第十二》)宋朱熹说："友所以辅仁，故尽其心以告之，善其说以道之。然以义合者也，故不可则止，若以数而见疏，则自辱矣。"(《论语集注》卷六)元陈天祥《四书辨疑》："朋友有过，固当尽心无隐，竭忠以告之，然其告之之际，须当心平气和，善其辞色以为言，不从则止，无得峻数，以取自辱也。"孔子教子贡交友之道，说了两点。首先对朋友要忠诚，见到朋友有过错，应该提出忠告，积极开导，使他改恶从善。其次，要适可而止，见朋友不接受意见，不要强劝，弄得对方下不了台，一片好心不为人所理解，反而自取其辱。孔子的话是从生活实践中积累起来的处世哲学。

曾子曰："君子以文会友①，以友辅仁②。"

【今译】

曾子说："君子用文章来会聚朋友，用朋友来帮助自己培养仁德。"

【注释】

① 以文会友：用文章来会聚朋友。　② 辅仁：辅助培养仁德。

【评述】

本章曾子论述结交朋友的方法及其好处。《集解》汉孔安国说："友以文德合也。友有相切磋之道，所以辅成己之仁。"(《十三经注疏·颜渊第十二》)宋邢昺说："君子之人以文德会合朋友，朋友有相切磋琢磨之道，所以辅成己之仁德也。"(同上)宋朱熹说："讲学以会友，则道益明。取善以辅仁，则德日进。"(《论语集注》卷六)清李中孚《四书反身录》："君子以文会友，可见古人会友亦必以文，舍文则无以会友。会友以收摄身心，此学人第一切务。"本章曾子论述交友之道，以文会友，切磋琢磨于义理之会，这样既提高学术水平，又提高道德修养，这是正确的交友原则。

子路第十三

【解题】

本篇共三十章。编者取本篇首章"子路问政"一句中的"子路"二字为篇名。其中,记孔子直接论述十六章,记孔子答国君、大夫、学生问十四章。

本篇主要论述如何为政,可以看作是《为政》篇的继续和发挥,展示了孔子"为政以德""以礼治国"的仁政思想,大致论述了以下观点。一、为政以德,在为政施治上,孔子首先强调为政者的表率作用。"先之,劳之","其身正,不令而行;其身不正,虽令不从","不能正其身,如正人何?"特别是君主,要好礼、好义、好信,知为君之难而谦虚谨慎、修己以安百姓。其次,强调正名。"名不正,则言不顺,言不顺,则事不成。"再次,强调举贤才。"举尔所知"。知人善任,毋求全责备。同时,还强调注意工作方法和实施步骤。"先有司,赦小过,举贤才。""毋欲速,毋见小利",持之以恒。先庶之,再富之,后教之。二、为政以德,在经济上孔子主张富民。先使人民安居乐业,然后招徕人口,"近者悦,远者来",在人口"庶矣哉"繁盛的基础上"富之",使人民富裕起来,藏富于民,民富而后国强。三、为政以德,在军事上主张训练军队、加强国防;培养教育人民懂得军事知识,具有军事才能。"善人教民七年,亦可以即戎矣","以不教民战,是谓弃之"。四、为政以德,在文化教育上,主张在"富民"的基础上"教民""爱民"。"王者必世而后仁","善人为邦百年,亦可以胜残去杀矣"。以德化民,仁政行于天下。总之,本篇展示了孔子在政治上、经济上、军事上、文化教育上为政以德的种种思想观点。至于本篇所涉及的思想品德的修养,也都是围绕为政治国作论述的。

子路问政。子曰:"先之①,劳之②。"请益③。曰:"无倦④。"

【今译】

子路问孔子怎样治理国家。孔子说:"领导做在老百姓前面,起表率作用,然后让人民勤勉地工作。"子路请求再增加一点内容。孔子说:"坚持做下去,不要懈怠。"

【注释】

① 先之:走在前面,起表率作用。 ② 劳之:让老百姓勤勉地工作。 ③ 益:增加。 ④ 倦:倦怠、懈怠。

【评述】

本章孔子教育子路为政者必须起带头作用,吃苦在先,而且坚持一直做下去。孔子提出为政治国的三个领导原则。首先是"先之",强调领导者的带头作用。有事,自己带头执行;有利,先让给人家。做到"先天下之忧而忧,后天下之乐而乐。"《礼记·月令》:"以道教民,必躬亲之。"《大戴礼·子张问入官》:"故躬行者,政之始也。君子欲政之速行也者,莫若以身先之也。"领导带头,军民受到鼓舞,莫不奋勇争先。所以为政之道贵在率身先行,所谓"其身正,不令而行"。其次是"劳之"。强调在带头作用下,然后役使人民。"君子信而后劳其民。择可劳而劳之。"(《语论正义·子路第十三》)"凡以劳苦之事役使人,自家须一面与它做,方可率得它。如劝课农业等事,须是自家不惮勤劳,亲履畎畝,与他勾当,方得。"(《朱子语类·论语二十五》)《鲁语·敬姜》说:"夫民劳则思,思则善心生。"领导者以身劳之,则人民虽勤而不怨,从而培养勤劳勇敢的作风。第三是"无倦",坚持做下去。这事看似容易，做到实难。事事带头，自然辛苦，有始易，有始有终则难。元胡炳文《四书通》说："大凡事使人为之则易，身亲为之则惮其难，先之劳之，皆不便于己之事，所以易倦。"故孔子教育子路要不懈怠地做下去。

仲弓为季氏宰，问政。子曰："先有司①，赦小过②，举贤才。"曰："焉知③贤才而举之？"子曰："举尔所知；尔所不知，人其舍④诸？"

【今译】

仲弓担任季氏的总管，向孔子请教政事。孔子说："先给下属官吏作榜样，赦免他们小的过失，荐举贤良人才。"仲弓说："怎样识别优秀人才而把他们选拔出来呢？"孔子说："选拔你所知道的；你所不知道的，人家难道会舍弃他吗？"

【注释】

① 先有司：做在工作人员前面。　② 过：过失。　③ 焉知：怎么知道。　④ 舍：舍弃。

【评述】

本章孔子教仲弓为政必须率先带头，分工有序，御下以宽，选拔贤才。孔子为仲弓提出为政的三个原则。第一，先有司，即领导带头，分工有序的原则。重视每个工作人员的职权，分工有序，制度化。切勿"言出法随"，任意干预工作人员的具体职务。《集解》魏王弼说："先有司，言为政当先任有司，而后责其事。"（《十三经注疏·子路第十三》）宋朱熹说："有司，众职也。宰兼众职，然必先之于彼，而后考其成功，则己不劳而事毕举矣。"（《论语集注》卷七）清刘宝楠说："言先有司信任之，使得举其职也。"（《论语正义·子路第十三》）第二，赦小过，即御下以宽原则，宽则得众。下属在工作中出现过错，不必计较，承担领导责任就是。《汉书·东方朔传》说:"水至清则无鱼,人至察则无徒。冕而前旒,所以蔽明;黈纩充耳,所以寒聪。明有所不见,聪有所不闻,举小德,赦小过,无求备于一人之义也。"宋朱熹说:"大者于事或有所害,不得不惩,小者赦之,则刑不滥而人心悦矣。"(《论语集注》卷七)清刘宝楠说:"有司或有小过,所犯罪至轻,当宥赦之,以劝功襃化也。"(《论语正义·子路第十三》)第三,举贤才。即选贤原则,得人者治,这是孔子治国的一个重要原则,十分注意人才的选拔。宋朱熹说:"贤有德者,才有能者,举而用之,则有司皆得其人而政益修矣。"(《论语集注》卷七)清刘宝楠说:"贤才谓才之贤者。有贤才,可自辟举,为己辅佐。若有盛德之士,更升进之,不敢私蔽之也。"(《论语正义·子路第十三》)在举贤才时会发生一个问题,在众多下属中选谁好呢?孔子则告诉他:只荐举你所了解的,你不知道的,难道人家会遗弃他吗?《集解》汉孔安国说:"女所不知者,人将自举其所知,则贤才无遗。"(《十三经注疏·子路第十三》)梁皇侃《论语义疏》引范宁说:"仲弓亦非不欲举才,识昧不知人也。孔子以所知者则举之,尔不知者,他人自举之,各举所知,则贤才岂弃乎?"

子路曰:"卫君待子而为政,子将奚先①?"子曰:"必也正名②乎!"子路曰:"有是哉,子之迂也③!奚其正?"子曰:"野④哉,由也!君子于其所不知,盖阙如⑤也。名不正,则言不顺;言不顺,则事不成;事不成,则礼乐不兴⑥;礼乐不兴,则刑罚不中⑦;刑罚不中,则民无所措⑧手足。故君子名之必可言也,言之必可行⑨也。君子于其言,无所苟⑩而已矣。"

【今译】

子路对孔子说:"卫国国君等待您去治理国家,先生准备把什么放在第一位?"孔子说:"一定要先端正名分吧!"子路说:"有这样做的吗?先生太迂腐了!为什么要端正名分呢?"孔子说:"仲由,你真粗野啊!君子对于自己所不知道的事,一般取存疑态度。要知道名分不正,言语就不顺;言语不顺,事情就办不成;事情办不成,礼乐制度就不能兴起;礼乐制度不能兴起,刑罚就不会适当;刑罚不适当,人民就惶惶不安,连手脚都无处安放。所以君子确定一个名分,一定可以说出一个道理来,说出的道理也一定可以行得通。只是君子对于自己所说的话,从不苟且罢了。"

【注释】

①奚先:以何为先。奚:何、什么。疑问词。 ②正名:端正名分。 ③迂:迂腐。 ④野:粗野、鲁莽。 ⑤阙如:"阙"同"缺"。指存疑。 ⑥礼乐不兴:礼乐制度不能兴起。 ⑦不中:不适当。 ⑧措:放、置。 ⑨行:实行。 ⑩苟:苟且、马虎。

【评述】

本章孔子论述正名在为政治国中的重要性,认为这是社会安定与否的重要因素。正名是孔子政治思想中的一个重要原则,是针对春秋时期礼崩乐坏,等级、名分混乱而提出来的一个为政治国措施,以端正名分,调整人与人之间的关系,安定社会。本章是孔子正在卫国,针对卫出公与其父蒯聩争夺君位而发的。蒯聩是卫灵公世子,应该继承君位。由于他暗杀灵公宠姬南子未遂,逃亡到宋国,再转到晋国。卫灵公死,蒯聩不在国内,于是由其子蒯辄即位,是谓卫出公。当时晋国赵简子发兵护送蒯聩回国,进到宿地。卫出公便派大夫石曼姑和齐国大夫国夏组成联军,抗拒晋军,阻蒯聩入卫。因而孔子提出正名主张,在他看来,卫出公以子拒父,是违反礼教名分的,名不正,则言不顺,他的意思是要卫出公退位。故子路批评孔子迂。《史记·孔子世家》:"是时,卫公辄父不得立,在外,诸侯数以为让。而孔子弟子多仕于卫,卫君欲得孔子为政。"清全祖望《鲒埼亭集·正名论》说:"惟蒯聩未尝为灵公所废,特以得罪而出亡,则闻丧而奔赴,卫人所不可拒也。蒯聩之归有名,而卫人之拒无名也。"孔子认为子路粗野,进一步对正名主张作了具体分析,并阐明其意义。《集解》汉孔安国说:"礼以安上,乐以移风,二者不行,则淫刑滥罚。"(《十三经注疏·子路第十三》)宋杨氏说:"名不当其实,则言不顺;言不顺,则无以考实而事不成。"(《论语集注》卷七)宋范氏说:"事得其序之谓礼,物得其和之为乐。事不成则无序而不和,故礼乐不兴,礼乐不兴,则施之政事皆失其道,故刑罚不中。"(同上)孔子并主张君子必须名实相符,循名责实。"名实相须,一事苟,则其余皆苟矣。"(同上)"子路终不喻也,故事辄不去,卒死其难。徒知食焉不避其难之为义,而不知食辄之食为非义也。"(同上)

樊迟请学稼①。子曰:"吾不如老农。"请学为圃②。曰:"吾不如老圃。樊迟出。子曰:"小人哉,樊须也!上③好礼④,则民莫敢不敬;上好义,则民莫敢不服;上好信,则民莫敢不用情⑤。夫如是,则四方⑥之民襁负⑦其子而至矣,焉用稼?"

【今译】

樊迟向孔子请教怎样学种庄稼。孔子说:"我不及老农民。"又请教种菜。孔子说:"我不及老菜农。"樊迟出来后。孔子说:"樊迟真是个小人呀!在上位的人讲究礼节,那么,老百姓就没有人敢不恭敬;在上位的人讲究道义,那么,老百姓就没有人敢不服从;在上位的人讲究信用,那么,老百姓就没有人敢不说真话。如果这样,四面八方的老百姓都会背着自己的小孩来归附。哪里用得着种庄稼呢?"

【注释】

① 学稼:学习种庄稼。　② 为圃:种蔬菜。　③ 上:在上位的

人,统治者。 ④ 好礼:讲究礼节。 ⑤ 用情:讲实话,衷心爱戴。
⑥ 四方:天下、全国。 ⑦ 襁(qiǎng)负:用布包袱把婴儿包起来背在背上。

【评述】

本章樊迟向孔子请教种田、种菜以农治国的道理。孔子开导樊迟要着眼于礼、义、信等大事。樊迟向孔子请教种田、种菜的目的是什么? 有人认为是打算以农治国。清毛奇龄《四书賸言》说:"迟以为世好文治,民不信从,不如以本治治之,此亦时近战国,几几有后此神农之言之意,特非并耕耳,然而小人之用矣。古凡习稼事者皆称小人。"清宋翔凤《论语发微》说:"此商治道也。稼圃者,井田之法,一夫百亩,所以为稼;五亩之宅,所以为圃。樊迟欲以井田之法行于天下,后世学者当深究其理,农家者流,即出于此。"近人程树德说:"迟问稼圃,夫子即以上好礼等词为教,何其针锋之不相对,所答非所问。自古注以来,均不得其解。学稼之请,即欲习农家之书也。孔子告以止须用礼治则民自服,不必采用农家之说,如此一问一答,方可衔接。"(《论语集释·子路上》)这个分析是有道理的,所以樊迟请学稼圃,并非学种谷种菜,而是习农家之书,以农治国。孔子主以礼治国,所以回答樊迟,用礼、义、信来治理国家、教育人民,则天下之人都会纷纷前来归附,不必习农家之书,走以农治国的道路。

子曰:"诵《诗》①三百,授②之以政,不达③;使④于四方,不能专对⑤;虽多,亦奚⑥以为?"

【今译】

孔子说:"熟读了《诗经》三百篇,交给他政治任务,却不能完成;派他出使到外国去,又不能随机应变,独立应对;书虽然读得多,又有什么用处呢?"

【注释】

①《诗》:《诗经》。我国古代人说话,往往引《诗经》为根据。②授:交给。 ③不达:办不好。 ④使:出使。 ⑤不能专对:不能随机应变,独立应对。古代使节出使,"受命不受辞",遇到问题要随机应变,独立地进行外事活动。 ⑥奚:什么。

【评述】

本章孔子主张学习知识应与实践活动相结合,学以致用。孔子教育的基本内容之一是学《诗》,学《诗》陶冶情操,提高说话能力。"不学诗,无以言。"在我国古代为政治国,特别是外交活动中,往往用赋诗的形式来表达自己的意见,驳斥别人的观点。如鲁襄公八年(前565)晋范宣子士匄聘问鲁国,告之将出兵攻郑,希望鲁国发兵相助。在宴享时,宣子赋《摽有梅》,寄望于鲁及时出兵。季武子以草木为喻,赋《角弓》,喻两国情同一体,欣喜承命出兵。宣子将出,武子赋《彤弓》,意在希望晋悼公继续晋文公的霸业。所以孔子重视《诗》教,而且主张学以致用,学不能用,虽多,也是没有意义的。宋朱熹说:"《诗》本人情,该物理,可以验风俗之盛衰,见政治之得失,其言温厚和平,长于风谕,故诵之者必达于政而能言也。"(《论语集注》卷七)

子曰:"其身正①,不令②而行;其身不正,虽令不从。"

【今译】

孔子说:"在上位的人本身正派,不发命令,人民会遵照去做;他本身不正派,虽然发布强制性命令,也不会服从。"

【注释】

①正:端正、正派。 ②令:命令。

【评述】

本章孔子主张为政者必须以身作则,身先百姓。这是孔子针对当时各国政令繁多,而执政者却不遵守的现实而发的。宋邢昺说:"上之人其身若正,不在教令,民自观化而行之,其身若不正,虽教令滋章,民亦不从也。"(《十三经注疏·子路第十三》)清宦懋庸《论语稽》说:"下之事上也,不从其所令,从其所好。上好是物,下必有甚焉者。"《中庸》说:"尧舜帅天下以仁,而民从之;桀纣帅天下以暴,而民从之。其所令反其所好,而民不从。"梁皇侃《论语义疏》引范宁说:"上能正己以率物,则下不令而自从也。上行理僻,制下使正,犹立邪表责直影,犹东行求郢,而此终年不得也。"这些话都阐发了本章的精神。

子曰:"鲁卫①之政,兄弟②也。"

【今译】

孔子说:"鲁国和卫国的政治像兄弟一样,相差不远。"

【注释】

① 鲁卫:鲁国和卫国。　② 兄弟:指相差不远。

【评述】

本章孔子评论鲁、卫两国的政治衰落程度不相上下。鲁国是周公之后,卫国是康叔之后,他们始封者为兄弟,衰微程度也如兄弟而不相上下。宋苏轼《论语解》说:"是时鲁哀公七年,卫出公五年也。卫之政,父不父,子不子;鲁之政,君不君,臣不臣。卒之哀公孙邾而死于越,出公奔宋而亦死于越,其不相远如此。"

关于这句话,有不同理解,有人认为这是歌颂鲁国和卫国之政。清武亿《群经义证》引《汉书·冯立传》:"野王、立相代为太守,歌之曰:'政如鲁、卫德化钧,周公、康叔犹二君。'师古引《论语》言:'周公、康叔,亲则兄弟,治国之政又相似。'"有人认为是叹鲁卫之政衰微。清刘逢禄《论语述何》:"鲁之君臣不正,卫之父子不正,政本皆失,故发此叹。"宋朱熹说:"是时衰乱,政亦相似,故夫子叹之。"(《论语集注》卷七)有人认为既有歌颂,又有叹息。清陆陇其《四书困勉录》说:"鲁秉周礼,卫多君子,尽有好处,可惜无人振起,有望之之意,有惜之之意。"孔子周游历国时,在卫国住的时间比较久,卫君也多次想任用孔子,所以孔子对卫国有比较深切的了解。这句话是在卫出公时说的,当时政局动荡,言下之意,以感慨叹息其政治衰落较合孔子原意。

子谓卫公子荆①:"善居室②。始有③,曰:'苟合④矣。'少有,曰:'苟完⑤矣。'富有,曰:'苟美⑥矣'。"

【今译】

孔子谈到卫国的公子荆,说:"他善于治家。开始有点家业,就说:'差不多够用了。'稍微多一点,就说:'差不多完备了。'当财产富足时,就说:'差不多完美了'。"

【注释】

① 卫公子荆:卫献公儿子,卫国的公子,字南楚。 ② 居室:治家。 ③ 始有:刚有一点财产。 ④ 苟合:差不多够用。合:用。 ⑤ 完:完备。 ⑥ 美:完美、十全十美。

【评述】

本章孔子赞美卫公子荆的俭朴、知足,借以讽刺当权者的贪婪、奢侈。《颜氏家训》说:"欲不可纵,志不可满。"清李中孚《四书反身录》:"公子荆以世家豪胄,居室不求华美,其居心平淡可知,真翩翩浊世之佳公子也。世有甫入仕而宅舍一新,宦游归而土木未已。以视子荆,其贤不肖为何如耶?"孔子赞美卫公子荆,初看起来没什么大不了,但含有深意,一个世家公子能修养到"知足常乐",只求温饱,实在是难能可贵的。孔子赞美公子荆,实质上在讽刺、讥评当时卫国统治者的贪婪、纵欲。

子适①卫,冉有仆②。子曰:"庶矣哉③!"冉有曰:"既庶矣,又何加④焉?"曰:"富之。"曰:"既富矣,又何加焉?"曰:"教之。"

【今译】

　　孔子到卫国去,冉有替他驾车。孔子说:"卫国的人口真多啊!"冉有说:"人口已经多了,下一步该怎么办呢?"孔子说:"让他们富裕起来吧!"冉有说:"已经富起来了,下一步该怎么办呢?"孔子说:"教育他们吧!"

【注释】

　　① 适:到。　② 仆:驾马车。　③ 庶矣哉:人真多啊!　④ 加:增加、增益。

【评述】

　　本章孔子教冉有治国教民的方法和步骤。《管子·治国》:"凡治国之道,必先富民。民富则易治也,民贫则难治也。奚以知其然也?民富则安乡重家,安乡重家,则敬上畏罪,敬上畏罪则易治也。民贫则危乡轻家,危乡轻家则敢陵上犯禁,陵上犯禁则难治也。"在人口增长之后,孔子认为,必须让人民富裕起来。富裕之后则进行文化、礼义教育,提高道德水平。光富而不教,就会贪婪而不知耻。孔子庶之、富之、教之治国教民的三步骤,至今还有一定的参考价值。

子曰:"苟①有用我者,期月②而已可也,三年有成③。"

【今译】

　　孔子说:"如果有人用我主持政事,治理国家,一年就差不多可以改变面貌,三年便能成功。"

【注释】

　　① 苟:如果。　② 期(jī)月:指一年。　③ 有成:很有成绩,

成功。

【评述】

本章孔子自信治国教民的才能。孔子这话是在卫国说的。《史记·孔子世家》:"灵公老,怠于政,不用孔子。孔子喟然而叹。"说了这番话。可见孔子对自己治国之才能充满信心,三年即可大成。为什么说三年有成呢?因为古代三年一考绩,孔子认为到考绩时一定会取得显著成效。

子曰:"'善人为邦①百年,亦可以胜残去杀②矣。'诚哉③是言也!"

【今译】

孔子说:"'善人连续治国一百年,也就可以克服残暴,免除刑杀了。'这句话说得真对呀!"

【注释】

① 为邦:治理国家。 ② 胜残去杀:克服残暴,免除刑杀。 ③ 诚哉:确实。

【评述】

本章孔子认为长期用善道教民一定可以使社会安定、民风淳朴。实行仁政,不能急于求成。《集解》魏王弼说:"胜残,胜残暴之人使不为恶也。去杀,谓民化于善,不用刑杀也。"(《十三经注疏·子路第十三》)汉孔安国说:"古有此言,孔子信之。"(同上)梁皇侃说:"善人,谓贤人也。为者,治也。为邦,谓为诸侯也。胜残,谓政教理胜而残暴之人不起也。去杀,谓无复刑杀也。言贤人为诸侯已百年,则残暴不起,所以刑辟无用。"(同上)孔子治国的最高理想是实现博施于民而能济众的仁政,实现不独亲其亲,不独子其子,外户而不闭,盗窃贼乱而不作的大同世界。但实现这个理想是很不容易的,让善人来治理,做到胜残去杀也非百年不可,不能急于求成。

子曰:"如有王者①,必世②而后仁③。"

【今译】

孔子说:"如果有圣王在位,一定要经过三十年的治理,才能使仁政大行于天下。"

【注释】

① 王者:圣王。如尧舜等。　② 世:三十年。古代以三十年为一世。　③ 仁:仁政。

【评述】

本章孔子认为圣王治理国家,三十年即可实现仁政于天下。《集解》汉孔安国说:"三十年曰世,如有受命王者,必三十年仁政乃成。"(《十三经注疏·子路第十三》)清刘宝楠说:"三十年之间,道德和洽,制礼兴乐,灾害不生,祸乱不作。"(《论语正义·子路第十三》)孔子认为让王者治理天下,三十年乃见功效,可以行仁政于天下。王者,指尧舜那样的圣君。由此可见,孔子一则认为圣王比善人要高明得多,所以治国成效亦快。二则认为仁政也有高低不同的阶段之分。善人只能"胜残去杀",而王者则可以达到"仁"的境界。

子曰:"苟正①其身矣,于从政乎何有②? 不能正其身,如正人③何④?"

【今译】

孔子说:"如果国君能端正自身,对于治理国家有什么困难呢? 如果不能端正自身,又怎么能端正别人呢?"

【注释】

①正:端正。 ②何有:有什么困难?"何有"为"有何"的倒装句。 ③正人:端正别人。 ④何:什么。

【评述】

本章孔子强调君主治国必须正身以教人,身教重于言教,起表率作用。梁皇侃《论语义疏》引江熙说:"从政者,以正人为事也。身不正,那能正人乎?"端正自身,是为国当政者的一个先决条件,所以也是孔子对为政者的一贯要求。宋王应麟《困学纪闻》:"申屠嘉不受私谒,则可以折幸臣。董仲舒正身率下,则可以事骄王。魏相以廉正,霍氏不能诬。袁安、任隗以素行,窦氏无以害。"这些人都是汉代能正身而治国者,值得在上位者参考。

冉子退朝。子曰:"何晏①也?"对曰:"有政②。"子曰:"其事③也,如有政,虽不吾以④,吾其与闻⑤之。"

【今译】

冉有退朝回来。孔子说:"为什么这样迟呀?"冉有回答说:"有政务要商量。"孔子说:"只是一般的事务吧?如果国家有重大政事,即使不让我参加,我也会知道的。"

【注释】

①晏:迟、晚。 ②有政:有政治任务。 ③事:事务。 ④以:用。 ⑤与闻:知道其事。

【评述】

本章孔子严格分清公、私的名分,教育学生勿为权臣谋私利。冉有退朝回来得较晚,孔子问他何故?冉有回答商量政事。孔子立即纠正冉有的说法,是讨论私事而非讨论国事。《国语·鲁语》:"自卿以下,合官职于外朝,合家事于内朝。"韦昭注:"外朝,君之公朝也。内朝,家朝也。"冉有为季氏家臣,他退朝是季氏的家朝,这时鲁国季氏越权专政,国家大事在家朝中和家臣商量。孔子是十分讲究名分的,所以立即加以纠正。汉郑玄说:"君之教令为政,臣之教令为事也。"(《十三经注疏·子路第十三》)清刘宝楠说:"当以政、事有公、私之别,故夫子辨之,亦正定名分之意。"(《论语正义·子路第十三》)孔子这样说实质上在讥评季氏以国为家,僭越违礼。另一方面也说明孔子十分关心政治。回鲁国后虽在著书立说,但仍关心政治。而鲁国有问题时也往往向他咨询。《左传》襄公十一年:"季氏欲以田赋,使冉有访之仲尼曰:'子为国老,待子而行。'"可见孔子与闻国政的话,并非虚言。

定公①问:"一言②而可以兴邦,有诸③?"孔子对曰:"言不可以若是其几④也。人之言曰:'为君难,为臣不易。'如知为君之难也,不几乎⑤一言而兴邦乎?"

曰:"一言而丧邦⑥,有诸?"孔子对曰:"言不可以若是其几也。人之言曰:'予无乐⑦乎为君,唯其言而莫予违⑧也。'如其善而莫之违也,不亦善乎?如不善而莫之违也,不几乎一言而丧邦乎?"

【今译】

鲁定公问孔子说:"一句话就可以振兴国家,有这样的事吗?"孔子回答说:"话不能说得这样绝对、刻板。有人说过:'当国君很难,当臣子也不容易。'如果知道做君主艰难,谨慎工作,不是差不多一句话就可以振兴国家了吗?"

鲁定公又问:"一句话就可以丧失国家,有这样的事吗?"孔子回答说:"话不能说得这样绝对、刻板。有人说过:'我当国君没有什么快乐,只有我讲的话没有人敢违抗。'如果他说的话正确而没有人违抗,不也是很好的吗?如果他的话不正确而没有人敢反对,不是差不多一句话就可以丧失国家吗?"

【注释】

① 定公：鲁国国君，名宋。昭公之弟。 ② 一言：一句话。 ③ 有诸：有这样的事吗？诸，通"之"。 ④ 几：指简单、刻板。 ⑤ 几乎：差不多。 ⑥ 丧邦：丧失国家。 ⑦ 乐：快乐。 ⑧ 莫予违：没有人敢违抗我。是莫违予的倒装句。

【评述】

本章孔子教育鲁定公，君主对于国事是恭敬、勤勉，还是疏慢、放纵，关系到国家的兴衰存亡。鲁定公问孔子一句话兴邦、一句话丧邦的问题，很耐人寻味。孔子乘机教育鲁定公，说得很具哲理。是否可以一言兴邦呢？孔子说，知道"为君难，为臣不易"就能一言兴邦，含义是极其深长的。《集解》汉孔安国说："事不可以一言而成，如知此则可近也。"（《十三经注疏·子路第十三》）宋朱熹说："因此言而知为君之难，则必战战兢兢，临深履薄，而无一事之敢忽。"（《论语集注》卷七）因此国君知为君之难，一言一语关系到国家的命运，知道创业难，守成不易，时时怀恭敬谨慎之心而不懈怠，即使取得成就，颂声四溢，也能保持清醒头脑，虚怀若谷，国家自会长治久安，立于不败之地。

那么是否会一言丧邦呢？孔子说："唯其言而莫予违也"，就足以丧邦。作为君主，如果凭借自己的权力，不接受人家的意见，个人说了算，就会导致事业的失败，国家的灭亡。这样的事历史上还会少吗？吴王夫差就是其中的一个。《国语·吴语》："申胥曰：'今王播弃黎老，而近孩童焉比谋。'曰：'余令而不违。'夫不违，乃违也；夫不违，亡之阶也。"《韩非子·外储说》："晋平公与群臣饮，饮酣，乃喟然叹曰：'莫乐为人君，惟其言而莫之违。'师旷侍坐于前，援琴撞之，曰：'哑！是非君人者之言也。'"楚汉相争，刘邦之所以成功，是愿意听从别人的建议，改正自己的错误决定。项羽之所以失败，是不接受别人的意见，刚愎自用，主观独断。唐太宗能勇于纳谏，群策群力，以致形成贞观之治。所以孔子的话说出了事物发展的规律性，饱含丰富的哲理。

叶公问政。子曰:"近者说①,远者②来。"

【今译】

叶公向孔子请教政事。孔子说:"让国内人民安居乐业,使国外的人前来归附。"

【注释】

① 说:通"悦"。高兴。　② 远者:指国外的人。

【评述】

本章孔子教育叶公为政必须得民心。《韩非子·难》:"叶公子高问政于仲尼,仲尼曰:'政在悦近而来远。'叶都大而国小,民有背心,故曰:'政在悦近而来远。'言使近民欢说,则远人来至也。"《墨子·耕柱》:"叶公子高问政于仲尼曰:'善为政者若之何?'仲尼对曰:'善为政者,远者近之,而旧者新之。'"梁皇侃《论语义疏》说:"言为政之道,若能使近民欢悦,则远人来至也。"叶公问政于孔子,孔子有针对性地给以回答。因春秋时期,地广人稀,各国都要招徕人口,发展生产。而当时叶国的情况是叶都大而国小,老百姓不能安居乐业,有背叛之心。所以孔子教育他,首先要减轻自己统治下的老百姓的负担,使之安居乐业,然后才能招集远人,使之归附。能做到这两点,就是为政最大的成功了。

子夏为莒父①宰,问政。子曰:"无欲速②,无见小利。欲速,则不达③;见小利,则大事不成。"

【今译】

子夏担任莒父的行政长官,向孔子请教政事。孔子说:"不要图快,不要贪求小利。图快,反而不能达到目的;贪图小利,就办不成大事。"

【注释】

① 莒(jǔ)父：鲁国的城邑名。在今山东高密县东南。　② 欲速：要想速度快。　③ 不达：不能达到预定的目的。

【评述】

本章孔子教育子夏，为政要目光远大，不能急于求成，不要贪小失大。《集解》汉孔安国说："事不可以速成，而欲其速则不达矣。小利妨大，则大事不成也。"(《十三经注疏·子路第十三》)宋朱熹说："欲事之速成，则急遽无序，而反不达，见小者之为利，则所就者小，而所失者大矣。"(《论语集注》卷七)子夏为莒父宰，问孔子施政方针。因莒父是鲁下邑，其政久废，子夏急欲取得成效，可能操之过急。《韩非子·十过》载：晋献公想向虞国借一条路，出兵攻打虢国，便派荀息为使将垂棘的玉璧和屈地出产的好马送给虞公。虞公贪璧与马而即将答应借道。宫之奇进谏，虞公不听，于是借道给晋国。荀息攻打虢国，并吞了它。过了三年，讨伐虞国，虞国贪小利而被晋国灭亡了。据《战国策·中山国》载：中山君宴饷立功武臣，每人赐一杯羊羹，偏偏不给司马子期，司马子期大怒，一气之下逃到楚国，怂恿楚王攻打中山，中山君遭受攻击，只好慌忙逃走。小小一杯羊羹，竟遭亡国之祸，因小失大。孔子针对子夏此时此地心情，告诫他要目光远大，切勿急功近利。清黄式三《论语后案》说："莒父下邑，政久废弛，民亦无多望于上之安全尽善者。子夏急图改弦更张，或以规近，效期小康，则迫而致之，苟而安之矣。"欲速与见小利，表现虽不同，实质都是出于私心，想为官一任，树碑立传。清李光地《论语劄记》："欲速者心之躁，见小利者心之私，二者有阴阳之不同，而其病亦相因。"急躁冒进，求快反慢，贪图小利，反而失大。确有内在的辩证意味，很能发人深省。

叶公语①孔子曰："吾党②有直躬③者，其父攘④羊，而子证⑤之。"孔子曰："吾党之直者异于是⑥：父为子隐⑦，子为父隐,直在其中矣。"

【今译】

叶公告诉孔子说:"我们家乡有一个正直的人,他的父亲顺手偷了别人的羊,他便去检举揭发。"孔子说:"我们家乡正直的人却不是这样,父亲替儿子隐瞒,儿子替父亲隐瞒,正直就体现在这里面了。"

【注释】

① 语:告诉。 ② 吾党:我们家乡。 ③ 直躬:胸怀直率。躬:身子。 ④ 攘(rǎng):偷、盗。 ⑤ 证:告发。检举揭发。 ⑥ 异于是:与这个不同。 ⑦ 隐:隐瞒。

【评述】

本章孔子在回答叶公如何为直时,阐明法律思想与法理思想的关系,即法与情的关系。梁皇侃《论语义疏》说:"夫所谓直者,以不失其道也。若父子不相讳隐,则伤教破义,长不孝之风。焉以为直哉?故相隐乃可谓直耳。今王法则许期亲以上得相为隐,不问其罪,盖合先王之典章。"孔子的话,说明了法和情的矛盾。按法律讲,父亲偷了东西,儿子前去揭发,并没有错,是合理的行为,儿子确实正直。但从感情看,是合法而不合情。在我国常有所谓法律不外乎人情的思想。这个思想在封建社会里作为一个根据定了下来。汉宣帝曾下诏说:"自今子首匿父母,妻匿夫,孙匿大父母,皆勿坐。其父母匿子,夫匿妻,大父母匿孙,殊死皆上请。"(《论语正义·子路第十三》)这种思想至今还在影响人们。所以法与情的关系,是一个很值得研究的问题。

樊迟问仁。子曰:"居①处恭②,执事③敬,与人忠。虽之④夷狄⑤,不可弃⑥也。"

【今译】

樊迟问什么是仁。孔子说:"平日闲居态度端庄,办事认真严肃,对人忠实诚信。即使到边远的少数民族地方去,这些原则也是不可抛弃的。"

【注释】

① 居:平常、平时。　② 恭:态度端庄。　③ 执事:办事。　④ 之:到。　⑤ 夷狄:指边远的少数民族地区。　⑥ 弃:抛弃。

【评述】

本章孔子教樊迟求仁的方法。宋朱熹说:"恭主容,敬主事。恭见于外,敬主乎忠。之夷狄不可弃,勉其固守而勿失也。"(《论语集注》卷七)清李中孚《四书反身录》:"居处恭,执事敬,与人忠,此操存之要也。独居一有不恭,遇事一有不敬,与人一有不忠,便是心之不存。不论有事无事,恒端谨无欺,斯无放逸。"樊迟问仁,孔子上一次回答"爱人",是从仁的本体来说的,这次回答恭、敬、忠,这是从实用来说的。为人处世必须掌握恭、敬、忠三个原则。恭,是对平日自处而言,言行要恭敬而谨慎,保持严肃的态度;敬,是对处事而言,对工作要尽心尽责,切勿马虎草率;忠,是对上级、交友而言,对君主、对朋友、对下属都要忠实诚信。这几个原则在任何场合下都不能放弃,就可以达到仁的境界了。

子贡问曰:"何如斯可谓之士①矣?"子曰:"行己②有耻,使③于四方④,不辱君命⑤,可谓士矣。"曰:"敢问其次⑥。"曰:"宗族⑦称孝⑧焉,乡党⑨称弟⑩焉。"曰:"敢问其次。"曰:"言必信,行必果⑪,硁硁然⑫小人哉,抑⑬亦可以为次矣。"曰:"今之从政者何如?"子曰:"噫⑭!斗筲之人⑮,何足算也?"

【今译】

子贡问道:"怎么样的人才可以叫做士呢?"孔子说:"对自己的行

为抱有羞耻之心,出使到外国去,不辱没国君的使命,可以叫做士了。"子贡说:"请问次一等的呢?"孔子说:"宗族中称赞他孝顺父母,家乡的人称赞他敬爱兄长。"子贡说:"请问再次一等的呢?"孔子说:"说话一定守信用,办事一定果断,这虽是浅陋固执的小人,但也可算是再次一等的士了。"子贡又问:"现在执政的人怎么样呢?"孔子叹息说:"唉!这些胸怀狭窄、见识短浅的人,算得了什么呢?"

【注释】

① 士:读书人。一般指知识分子。 ② 行己:自己的行为。 ③ 使:出使。 ④ 四方:各国、各地。 ⑤ 不辱君命:不辱没君主的使命,指顺利完成任务。 ⑥ 次:下一等。 ⑦ 宗族:同一祖先的血缘家族。 ⑧ 孝:孝顺父母。 ⑨ 乡党:家乡。 ⑩ 弟:通"悌",敬爱兄长。 ⑪ 果:果决,果断。 ⑫ 硁硁(kēng kēng)然:浅陋固执的样子。 ⑬ 抑:大概。 ⑭ 噫:叹词。表示轻蔑。 ⑮ 斗筲(shāo)之人:胸怀狭隘、见识短浅的人。筲:古代的饭筐。一说:车载斗量之人。

【评述】

本章孔子论述"士"的品德和才能的差别。我国古代的士,必须内在有道德,外在有才学。一般地说他们都受过礼、乐、射、御、书、数的六艺教育,有食田,常为国家的小官吏和卿大夫家臣。子贡请教孔子怎样的人才叫做士,孔子分三个层次回答了士的类别。

第一类是德才兼备的士,他们在道德方面是"行己有耻"。清李中孚《四书反身录》:"有耻则砥德砺行,顾惜名节,一切非礼非义之事,自羞而不为,惟恐有浼乎生平。"在才能上能使于四方,不辱君命。担任外交大使而很好地完成任务。《汉书·苏武传》载:汉武帝派苏武持节出使匈奴,被匈奴扣留,关在大窖中。天雨雪,苏武卧在窖里,吞雪与旃毛并咽之,数日不死。便将他移到北海上无人处,让他放牧公羊,说等到公羊生了小羊才放他回去。苏武在海上,没有粮食,掘野鼠挖草根度日,手里拿着汉节牧羊,节旄尽落。经过十九年,汉与匈奴和亲,苏武才回到长安,壮年出使,回来时鬚发尽白了。使于四方,不辱君命,苏武是当之无愧的。清刘宝楠说:"当春秋时,最重邦交,故能不辱使命,乃为士之上矣。"(《论语正义·子路第十三》)子贡善外交,故孔子以此勉之。

第二类是有德而才不足的士。宗族称孝,乡党称弟,是孝顺父母,友爱兄长的人,孝弟是百行之首,是根本的道德,但没有什么才能。清刘宝楠说:"称孝称弟,即孟子所谓'一乡之善士',此虽德行之美,然孝弟为人所宜尽,不必待学而能。故夫质性之善者,亦能行之,而非为士职分之所尽也,故以为次。"(《论语正义·子路第十三》)

第三类是说话守信,办事可靠,但器识褊狭,不问大义的士。清刘宝楠说:"言必信,行必果,谓不度于义,而但守小忠小信之节也。"(《论语正义·子路第十三》)至于今之从政者,孔子认为是鄙薄浅陋之辈,是算不得士的。清刘宝楠说:"言今之从政,但事聚敛也。"(同上)孔子以德才为标准,将士这个阶层的人进行分类、剖析,是有参考价值的。

子曰:"不得中行①而与②之,必也狂狷③乎! 狂者进取,狷者有所不为④也。"

【今译】

孔子说:"我不能得到言行合乎中庸之道的人而与之交往,只有与激进的人和耿直的人交往了! 激进的人锐意进取,耿直的人是不肯做坏事的。"

【注释】

① 中行:行为合乎中庸之道。 ② 与:相处。 ③ 狂狷(juàn):激进和狷介。狂:激进;狷:耿直。 ④ 不为:指不干坏事。

【评述】

本章孔子不得中庸之德的人传道,只好取权宜态度与狂狷之人结交。清凌鸣喈《论语解义》:"中行者,依中庸而行者。孚化万邦,中庸鲜能,故不得。隐怪乡愿又不可与,故必也狂狷乎。"《后汉书·独行传序》:"此盖失于周全之道,而取诸偏至之端者也。然则有所不为,亦将有所必为者矣。既云进取,亦将有所不取者矣。"中行之人,是具有中庸之道的人。这种人实在太少了,孔子只好退而求其次,欣赏狂、狷之士。他们虽有过与不及之偏,但狂者进取,狷者有所不为,只要加以培养,还是可以改正缺点而进于道的,所以孔子赞赏他们。清宦懋庸《论语稽》说:"狂似太过,狷似不及,皆美才也。中行无过不及,得天独优,较易裁成,然不可得。惟就地取才,培之植之,至于有成,亦与中行无异。"

子曰:"南人①有言曰:'人而无恒②,不可以作巫医③。'善夫!'不恒其德,或承之羞④。'"子曰:"不占⑤而已矣。"

【今译】

孔子说:"南方人说过这样的话:'人如果没有恒心,连巫医也做不了。'这话说得真好啊!《易经·恒卦》说:'不能长久保持德操,总会招致羞辱。'"孔子说:"这话是叫没有恒心的人,不必去占卜罢了。"

【注释】

① 南人:南方人。指吴、楚等国的人。 ② 恒:恒心。 ③ 巫医:古代用祈祷、占卜之术替人治病的人。 ④ 不恒其德,或承之羞:语见《易·恒卦》的爻辞。意思是不能长久保持仁德,总要招致羞辱。 ⑤ 占:占卜。

【评述】

本章孔子论述品德的修养和事业的成就都必须持之以恒。在这里,孔子论述恒心的问题,分两方面。第一,引用南方谚语,论述学贵有恒。并举学巫这一贱业为例,说明有恒之必要。梁皇侃《论语义疏》引卫瓘说:"言无恒之人,不可以为巫医,巫医则疑误人也,而况其余乎?"第二,孔子引用《易·恒卦》,论述反复无常的人,缺乏恒心,是不会有好结果的。《集解》汉孔安国说:"言德无常则羞辱承之。"(《十三经注疏·子路第十三》)东汉郑玄说:"无恒之人,《易》所不占也。"(同上)综合孔子这两方面的论述,在于鼓励人们在品德修养和事业追求中持之以恒。

子曰:"君子和①而不同,小人同②而不和。"

【今译】

孔子说:"君子和谐而不苟同,小人苟同而不和谐。"

【注释】

① 和:和谐。　② 同:苟同。

【评述】

本章孔子论述君子、小人不同的交友原则。《集解》:"君子心和,然其所见各异,故曰不同。小人所嗜好者则同,然各争利,故曰不和。"(《十三经注疏·子路第十三》)清刘宝楠说:"和因义起,同由利生。义者宜也,各适其宜,未有方体,故不同。然不同因乎义,而非执己之见,无伤于和。利者,人之所同欲也。民务于是,则有争心,故同而不和。此君子、小人之异也。"(《论语正义·子路第十三》)和而不同,是一种中庸之道。和与同是有区别的。先秦时期,人们把承认差异(矛盾)的对立面,通过思想斗争,最后取得和谐叫做和。不承认矛盾对立双方的差异,唯唯诺诺,苟合取容叫做同。《左传》昭公二十年,齐侯与晏子讨论和与同的问题,辨梁丘据是否具有"和"之事。晏子认为"和"与"同"不同,他举厨师烹鱼肉为例说明和与同的原则区别,表现在对待君主的态度上,和者"君所谓可,而有否焉,臣献其否,以成其可。君所谓否,而有可焉,臣献其可,以去其否。是以政成而不干,民无争心"。同者"君所谓可,据亦曰可,君所谓否,据亦曰否。"惟言莫违,无唱不和,此小人之同也。孔子的观点与晏子相同,君子和而不同,就是自己要有中心的思想,能够调和左右矛盾的意见,而自己的中心思想还是独立而不移。小人就相反,容易受别人的影响,阿比取容,到了利害冲突,就不能融洽相处,同而不和了。梁丘据就是这样的小人,同而不和。

子贡问曰:"乡人皆好①之,何如?"子曰:"未可也。""乡人皆恶②之,何如?"子曰:"未可也。不如乡人之善者好之,其不善者恶之。"

【今译】
　　子贡问孔子说:"全乡的人都称赞他,这个人怎么样?"孔子说:"还不可以下结论。"子贡又问:"全乡的人都厌恶他,这个人怎么样?"孔子说:"还不可以下结论。最好是全乡的好人都喜欢他,全乡的坏人都厌恶他。"

【注释】
　　① 好:喜欢。　② 恶(wù):厌恶。

【评述】
本章孔子论述评价人要持慎重态度,不但要看好人对他的评价,也要看坏人对他的评价。《集解》汉孔安国说:"善人善己,恶人恶己,是善善明,恶恶著也。"(《十三经注流·子路第十三》)梁皇侃说:"不如择乡人善者与之亲好,若不善者与之为疏恶也。"(同上)孔子十分重视选拔人才,但认为识人与选贤是很难的事,对于群众的反映,要持慎重态度,不可轻下结论。如果乡人都说他好,都喜欢他,也不可以随便附和。如果乡人都说他坏,也不可以随便对他作结论,必须经过考察。

孔子认为,倒不如全乡中好人喜欢他,全乡中坏人讨厌他来辨识善恶为好。这种看法是比较科学的。

子曰:"君子易事①而难说②也。说之不以道③,不说也;及其使人④也,器⑤之。小人难事而易说也。说之虽不以道,说也;及其使人也,求备⑥焉。"

【今译】

孔子说:"君子容易共事而难以讨他喜欢。不用正当方式讨他欢喜,他是不会欢喜的;等到用人时,他能量才任用。小人难以共事却容易讨他欢喜。即使用不正当的方式去讨他欢喜,他是会欢喜的;等到用人时,却求全责备。"

【注释】

① 易事:容易共事。　② 说:通"悦"。高兴、喜欢。　③ 道:方式。　④ 使人:用人。　⑤ 器:器皿。指不同器皿派不同用场,比喻根据德才加以任用。　⑥ 求备:求全责备。

【评述】

本章孔子论述君子与小人在待人、用人上的不同作风。清翟灏《四书考异》转引《先听斋讲录》说:"君子厚重简默,苟于义分不宜说,有相对终日不出一言者,似乎深沉不可测;而使人平易,绝无苛求。小人喋喋然,议论蠭发,非义所当说亦说之,而一经使人,便苛求不已。"宋辅广《论语答问》:"君子贵重人才,随材器而使之,而天下无不可用之人。小人轻视人才,故求全责备,而卒之无可用之人。"孔子认为与君子共事容易得很,因为君子爱人,平易近人,容易相处。但要想他真的心里很高兴,就难以做到了。至于用不光明正当的手段讨好他,那更不可能了。他总是按才能大小使用人才,而不求全责备。至于小人就很难共事,但是摸到他的心理去迎合他,他就高兴了。但用人时却百般挑剔,求全责备。这番话是孔子人情世故的经验总结,对领导者很有参考价值。

子曰:"君子泰①而不骄②,小人骄而不泰。"

【今译】

孔子说:"君子安详舒坦而不骄气凌人,小人骄气凌人而不安详舒坦。"

【注释】

① 泰:安详舒泰。　② 骄:骄气凌人。

【评述】

本章孔子论述君子、小人内在的思想品德修养不同,因而外在的仪态也不同。梁皇侃说:"君子坦荡荡,心貌怡平,是泰而不为骄慢也。小人性好轻凌,而心恒戚戚,是骄而不泰也。"(《十三经注疏·子路第十三》)清焦循《论语补疏》:"君子不自矜而通之于世,小人自以为是而不据通之于人,此骄泰之分也。"君子思想品德修养高,私心少,胸襟开阔,气度宽宏,因而安详舒泰而绝不骄傲。小人思想品德修养差,私心重,患得患失,因而常常局促忧虑,既骄傲,又自卑,不能安详舒泰。换句话说,就是孔子所谓"君子坦荡荡,小人长戚戚"。

子曰:"刚①、毅②、木③、讷④,近仁⑤。"

【今译】

孔子说:"刚强、坚毅、朴质、语言谨慎,具有这四种品德的人接近于仁道了。"

【注释】

① 刚:刚强。　② 毅:坚毅。　③ 木:朴质。　④ 讷:言语谨

慎。　⑤近仁:接近于仁德。

【评述】

本章孔子论述接近仁的四种品质。《集注》魏王弼说:"刚无欲,毅果敢,木质朴,讷迟钝。有斯四者近于仁。"(《十三经注疏·子路第十三》)梁皇侃说:"言此四事与仁相似,故云近仁。刚者性无求欲,仁者静,故刚者近仁也。毅者性果敢,仁者必有勇,周穷济急,杀身成仁,故毅者近仁也。木者质朴,仁者不尚华饰,故木者近仁也。讷者言语迟钝,仁者慎言,故讷者近仁也。"(同上)本章孔子认为刚、毅、木、讷四种品德接近于仁。刚,无欲。孔子说:"申枨欲,焉得刚。"可见刚是无私欲。毅,果敢。曾子曰:"士不可以不弘毅。"《中庸》说:"力行近乎仁。"可见毅是见义勇为,勇于力行。木,质朴。《汉书·周勃传》说:"勃为人木强敦厚。"《汉书·周昌传》说:"周昌,木强人也。"唐颜师古注:"强直如木石。"可见木为质朴。讷,迟钝。孔子说:"仁者其言也讱。"唐李贤注:"讱,忍于言也。"可见讷是语言迟钝,不敢妄说。那么这四者为什么说只能接近于仁呢？因为这四者是仁的质,还应该有礼乐的熏陶。在具有仁的本质的基础上,再文之以礼乐,才可以达到仁的境界。唐李贤曰:"四者皆仁之质,若加文,则成仁矣。故曰近仁。"(《后汉书·吴汉传》论注)

子路问曰:"何如斯可谓之士矣？"子曰:"切切偲偲①,怡怡②如也,可谓士矣。朋友切切偲偲,兄弟怡怡。"

【今译】

子路问孔子说:"怎样的人才可以叫做士呢？"孔子说:"友爱地互相批评,和睦相处,可以说是士了。朋友之间要互相友爱地开展批评,兄弟之间要和睦相处。"

【注释】

①切切偲偲(sī)：友爱地互相批评。　②怡怡：和睦顺遂的样子。

【评述】

本章孔子教育子路力行中庸和平的德行。宋胡氏说："切切，恳到也。偲偲，详勉也。怡怡，和悦也。皆子路所不足，故告之。又恐其混于所施，则兄弟有贼恩之祸，朋友有善柔之损，故又别而言之。"(《论语集注》卷七)清刘宝楠说："朋友以义合，兄弟以恩合。处之各有所宜，此尽伦之事，非凡民不学者所能，故如此乃可称士也。"(《论语正义·子路第十三》)子路问士，孔子针对子路好勇而缺乏中庸和平之道，故告以如何处理好朋友和兄弟关系。朋友以道义合，互勉互励。兄弟以恩合，兄爱弟敬，和睦相处。这样做，也就合于士的行为了。

子曰："善人教民七年，亦可以即戎①矣。"

【今译】

孔子说："善人教人民七年时间，就可以让他参军作战了。"

【注释】

①即戎：作战。即：靠近。戎：兵。

【评述】

本章孔子认为以道教化人民，是建设军队的根本措施。这是孔子关于为政者如何教育人民，建设军队，用兵应敌的思想。用善人来领导人民，只要七年时间，就可以富国强兵。春秋时期战争频繁。孔子反对侵略战争，但不反对保卫国家，抵御侵略的战争。所以对于如何作战，如何教育人民作战，还是有所研究的。他在教学计划中列有射、御等科，既研究军事理论，又从事实战训练。公元前484年，齐鲁作战中，他的学生冉求曾统率鲁军左师，打败齐师，取得大胜。事后季康子问他,你的军事才能是天生的还是学来的。冉求回答说:"学之于孔子。"(《史记·孔子世家》)可见孔子是非常注意军队建设,研究作战方略,加强国防力量的。

子曰:"以①不教民②战,是谓弃③之。"

【今译】

孔子说:"用不经过教育、训练的人民去作战,就叫做抛弃他们。"

【注释】

① 以:用、拿。　② 教民:教育、训练人民。　③ 弃:抛弃、丢弃。

【评述】

本章孔子重视对人民的军事教育和训练。孔子认为一个国家,无论如何不能忘记国防、忘记军队、忘记教育人民掌握军事知识,否则等于把自己的国家、人民丢掉。所以"弃之"一词,既指抛弃士兵,也指抛弃国家。孔子在许多地方表面上看起来不大赞成战争,但他对于国防和战备其实是非常重视的。个人修养也如此,他会射箭、御车,具有勇武精神。公元前500年,鲁定公与齐景公会于夹谷,孔子以大夫身份为定公相礼。会前他建议说:"有文事者,必有武备。"以军队随行。齐果然欲以武力劫持定公,孔子大义凛然,以礼相质,又有武备,齐景公为之心折,遂订盟约,终于归还侵占鲁国的郓、汶阳、龟阴之田,并且表示歉意(《史记·孔子世家》)。但孔子对于战争,则持慎重态度,"子之所慎,齐、战、疾"。强调"临事而惧,好谋而成"。不打无准备之仗,教民而后战。

宪问第十四

【解题】

本篇共四十四章。编者取本篇首章"宪问耻"一句中的"宪问"二字为篇名。南宋朱熹在《论语集注》中题为四十七章。他把第一章自克、伐、怨、欲以下别为一章;把第二十章自"曾子曰"以下别为一章;把第三十七章自"子曰作者"以下别为一章,故为四十七章。清刘宝楠《论语正义》、近人杨伯峻《论语译注》均作四十四章,今从之。其中,记孔子直接论述二十三章,记孔子答弟子、或人、使者等问十九章,记晨门者、荷蒉者评孔子各一章。

本篇论三王二霸之迹,诸侯大夫之行,知耻、修己、安民等问题。主要在评论人物中阐明仁道,可以看作是《里仁》篇的发挥和引申。围绕知人论世展开论述,阐述了以下几个问题。第一,以仁为标准评论各种人物。如评南宫适为君子,子产为惠人,子西为彼哉,管仲为仁人,孟公绰无欲,臧武仲要君,晋文公谲而不正,齐桓公正而不谲,公叔文子为"文",阙党童子为"速成者"。知人论世,一语中的,体现了孔子丰富的处世经验。第二,孔子以仁为标准,对各种人物提出要求。对于士,要志在四方,不能怀居。对于成人,要具备知、廉、勇、艺的品质,再文之以礼乐,退一步也要具备"见利思义,见危授命,久要不忘平生之言"的品德。对于君子,要具备知、仁、勇的品德,做到修己以敬,修己以安人。体现了孔子以仁统摄诸德的思想。第三,孔子不轻易以仁许人,克、伐、怨、欲未行,只是难能可贵,未达于仁。而对管仲则多次肯定他为仁人。管仲"相桓公霸诸侯,一匡天下,民到于今受其赐",

"桓公九合诸侯,不以兵车,管仲之力也"。管仲在尊王攘夷,为民造福中作出贡献,故孔子称赞说,这就是他的仁。体现了孔子救世爱民,建功立业的事功思想。第四,孔子以仁为标准,要求人们加强自身修养。如要求知耻,要求有德有言,要求贫而无怨,要求爱之能劳、忠焉能诲,要求学者为己,其目的是为将来能"博施于民而能济众"作好准备。我们从晨门者、荷蒉者对孔子的批评中,还可以看出孔子坚持修身以行其道,"知其不可为而为之",积极用世,推行仁政的精神。

宪问耻。子曰:"邦有道①,谷②;邦无道③,谷,耻也。""克④、伐⑤、怨⑥、欲⑦不行焉,可以为仁矣?"子曰:"可以为难⑧矣,仁则吾不知也。"

【今译】
原宪问什么是耻辱。孔子说:"国家政治清明时,做官食俸禄;国家政治黑暗时,也做官食俸禄,这是耻辱。"原宪又问:"好胜、自夸、怨恨、贪欲都没有的人,可以算做仁人了吗?"孔子说:"可以说是难得的了,至于是不是仁人,我就不知道了。"

【注释】
① 有道:指政治清明。　② 谷:小米。即俸禄,这里指代做官。　③ 无道:指政治黑暗。　④ 克:好胜。　⑤ 伐:自夸。　⑥ 怨:怨恨。　⑦ 欲:贪欲。　⑧ 难:难得。

【评述】
本章孔子认为君子既要有操守,又要有作为,食禄而无为是可耻的,并强调仁难以做到。《集解》汉孔安国说:"谷,禄也。邦有道当食其禄也。君无道,而在其朝食其禄,是耻辱也。"(《十三经注疏·宪问第十四》)东汉马融说:"克,好胜人。伐,自伐其功。怨,小忌怨也。欲,贪欲也。"(同上)东汉包咸说:"四者行之难,未足以为仁。"(同上)

明焦竑《焦氏笔乘》:"克、伐、怨、欲不行焉,夫子叹其难,不许其仁。"

原宪是孔子学生中一个游侠式人物。司马迁在《史记·游侠列传》中提到他:"及若季次、原宪,闾巷人也,读书怀独行君子之德。义不苟合当世。……终身空室蓬户,褐衣疏食不厌。"孔子任大司寇时,他曾任孔子家宰。"孔子卒,原宪遂亡在草泽中。子贡相卫,而结驷连骑,排藜藿入穷阎,过谢原宪。宪摄敝衣冠见子贡。子贡耻之。曰:'夫子岂病乎?'原宪曰:'吾闻之,无财者谓之贫,学道而不能行者谓之病。若宪,贫也,非病也。'子贡惭。不怿而去,终身耻其言之过也。"(《史记·仲尼弟子列传》)原宪问孔子两个问题,先问耻,后问仁。孔子分别作了答复。在原宪看来,邦无道,在朝食俸禄是可耻的;而邦有道,在朝食俸禄,未必可耻。孔子则从一个知识分子对国家、社会的责任出发看问题,不管在安定的社会,还是在动乱的社会,都要尽知识分子的责任,对社会作出贡献,如果没有贡献,都是可耻的,显然孔子的认识比原宪要高出一头。在原宪看来,一个人的自我修养达到克、伐、怨、欲不行的地步,可以算得上是仁人了。而孔子心目中的仁是最高的道德标准,所以从不轻易许人。只指出原宪提出的四条是个人的道德修养,能做到这些是难能可贵的,至于仁,则还没有达到。

子曰:"士而怀居①,不足②以为士矣。"

【今译】

孔子说:"读书人而贪恋安逸,就不配做读书人了。"

【注释】

① 怀居:贪恋故乡、贪恋安逸。 ② 不足:不够、不配。

【评述】

本章孔子勉励士人立志求道,勿为物欲所累。《集解》:"士当志道不求安,而怀其居,非士也。"(《十三经注疏·宪问第十四》)在孔子心目中士是有抱负、有理想的人,应志在四方,驽马恋短豆,就不是士了。《左传》僖公二十三年载,晋文公转辗流亡到齐国,受到齐桓公优待,乐不思归。其妻齐姬劝其勿贪恋安逸,以事业为重,离开齐国。她说:"怀与安,实败名。"晋文公离开齐国,在秦穆公的帮助下,成为晋国国君,终成霸业。清刘宝楠引吴氏英《经句说》:"士初生时,设弧于门左,为将有事于四方也。膂力方刚,经营四方,士之志也。若系恋所居,乃偷安而无意人世者,故孔子警之。"教育士应志在四方、建功立业。

子曰:"邦有道,危言危行①;邦无道,危行言孙②。"

【今译】

孔子说:"国家政治清明时,说话正直,行为正直;国家政治黑暗时,行为正直,而说话委婉谨慎。"

【注释】

① 危言危行:讲话正直,行为正直。危:正。 ② 言孙:说话委婉谨慎。孙:谨慎。

【评述】

本章孔子教人处世的方法。宋饶鲁《论语石洞纪闻》:"言有时而或孙,所谓国有道,其言足以兴;国无道,其默足以容。"清宦懋庸《论语稽》:"邦无道则当留有用之身匡济时变,故举动虽不可苟,而要不宜高谈以招祸也。汉之党锢、宋之元祐党、明之东林党,皆邦无道而言不孙者也。"孔子教育人们处治世与处乱世在说话态度上应有所不同,以避免祸患,确是善于处世的经验之谈。

子曰:"有德者必有言①,有言者不必有德。仁者必有勇,勇者不必有仁。"

【今译】

　　孔子说:"有道德的人,一定有著作、言论,有著作、言论的人不一定有道德。有仁德的人,一定勇敢,勇敢的人不一定有仁德。"

【注释】

　　① 言:言论、著作。

【评述】

　　本章孔子论述德与言、仁与勇的关系。宋朱熹说:"有德者和顺积中,英华发外,能言者或便佞口给而已。仁者心无私累,见义必为,勇者或血气之强而已。"(《论语集注》卷七)就德与言来说,真正有道德、有修养的人一定会有文字著作、名言留给后世。如尧、舜、禹、汤、文、武、周公,他们都有德又有言,但有些有著作的人,文章写得好,理论说得好,但没有德行,没有气节,这种人比比皆是。就仁与勇来说,仁者无私、爱人,能见义勇为,杀身成仁,能将仁与勇完美结合。而凭一己之勇的人,就很难说他具有仁德了。

　　南宫适①问于孔子曰:"羿②善射,奡③荡舟④,俱不得其死然。禹、稷⑤躬稼⑥而有天下。"夫子不答。南宫适出,子曰:"君子哉若人⑦! 尚德哉若人!"

【今译】

　　南宫适问孔子说:"羿善于射箭,奡擅长水战,但都不得好死。禹、稷亲自种庄稼,而得到了天下。这是什么道理呢?"孔子没有回答。南宫适出去后,孔子说:"这个人真是君子啊! 这个人真崇尚道德啊!"

【注释】

　　① 南宫适(kuò):孔子学生,字子容。　② 羿(yì):夏代有穷国国君,传说善于射箭,当时有十个太阳,酷热难挡,被羿射下九个,只剩现在的一个。他被臣下寒浞(zhuó)所害。　③ 奡(ào):寒浞的儿子,又

作浇。　④ 荡舟:擅长水战。一说能在陆上拖舟。　⑤ 稷:传说中舜、禹时的农官,周朝的祖先。　⑥ 躬稼:亲身下田种地。　⑦ 若人:这个人。

【评述】

本章表达孔子崇尚仁义,反对武力侵暴的思想。宋朱熹说:"南宫适,即南容也。羿,有穷之君,善射,灭夏后相而篡其位,其臣寒浞又杀羿而代之。奡,《春秋传》作浇,浞之子也,力能陆地行舟,后为夏后少康所诛。禹平水土,暨稷播种,身亲稼穑之事。禹受舜禅而有天下,稷之后至周武王亦有天下。适之意盖以羿、奡比当世之有权力者,而以禹稷比孔子也。故孔子不答。然适之言如此,可谓君子之人而有尚德之心矣,不可以不与,故俟其出而赞美之。"(《论语集注》卷七)清黄三式《论语后案》:"尚德一赞,赞其心,即赞其言也。"南容向孔子提了两个问题:崇尚武力者,俱不得善终;崇尚德行者,俱有天下。在问题中就包含着以力服人,不如以德服人的思想,所以孔子无须回答。知道南容已认识到了为政以德、以德服人的问题,因而受到孔子的赞扬。

子曰:"君子而不仁①者有矣夫,未有小人②而仁者也。"

【今译】

孔子说:"君子之中有不仁德的人吧,但小人之中却不会有仁德的人的。"

【注释】

① 仁:仁德。　② 小人:老百姓。

【评述】

本章孔子论述仁道至难,勉励君子而贬斥小人。宋谢氏说:"君子志于仁矣,然毫忽之间,必不在焉,则未免为不仁也。"(《论语集注》卷七))清宦懋庸《论语稽》:"君子偶不仁,无害其为君子。小人偶或仁,终见其为小人。况小人之仁,其暂也,其迹也,而其心则断断然不仁矣。"孔子从不轻易以仁许人,他认为有的君子尚未达到仁的水准,至于小人自然更不足道了。他勉励君子追求仁德,而对于小人则认为他们是不具备求仁的条件的。

子曰:"爱①之,能勿劳②乎?忠焉③,能勿诲④乎?"

【今译】

孔子说:"喜爱他,能够不让他劳苦吗?忠于他,能够不教诲他吗?"

【注释】

① 爱:喜爱。 ② 劳:勤劳。 ③ 忠焉:忠于他。焉:他,作代词用。

【评述】

本章孔子论述爱和忠的原则。《集解》汉孔安国说:"言人有所爱,必欲劳来之。有所忠,必欲教诲之。"(《十三经注疏·宪问第十四》)梁皇侃《论语义疏》引李充说:"爱之不能不劳心,尽忠不能不教诲。"本章孔子谈论爱和忠的原则,但对象为谁,未曾言明。有人认为爱之的"之"是指老百姓。《盐铁论·授时》:"县官之于百姓,若慈父之于子也。"有人认为"之"是指儿子。宋苏氏说:"爱而勿劳,禽犊之爱也。"(《论语集注》卷七)清康有为说:"爱子至者,欲其成就,则劝勉之,如慈父之教子,督责备至。"(《论语注》)也有人认为可以理解为爱子、爱弟、爱友、爱人民,忠君、忠父、忠友。明蔡清《四书蒙引》:"爱不但父之爱子,兄之爱弟,士爱友,君爱臣民,师爱弟子,亦有如此者。忠不但臣之忠君,子亦有尽忠于父处,士亦有尽忠于友处,凡为人谋亦有尽其忠处,但不必贯忠爱而一之也。"蔡清的分析,似乎符合孔子原意。不必拘泥于儿子、百姓一个意思。

子曰:"为命①,裨谌②草创③之,世叔④讨论之,行人⑤子羽⑥修饰之,东里⑦子产润色⑧之。"

【今译】

孔子说:"郑国创制外交政令,先由裨谌起草,再交世叔讨论,提出意见,再由外交官子羽修饰,最后由东里子产在文字上加工润色完成。"

【注释】

① 命:指外交政令。　② 裨谌(bì chén):郑国大夫。　③ 草创:起草。　④ 世叔:郑国大夫,名游吉。　⑤ 行人:官名。外交官。　⑥ 子羽:郑国大夫公孙挥。　⑦ 东里:郑国地名。在今郑州市。　⑧ 润色:文字上加工修改。

【评述】

本章孔子叙述郑国外交政令的形成过程,赞扬他们能集思广益,博采众长。《集解》汉孔安国说:"裨谌,郑大夫氏名也。谋于野则获,谋于国则否。郑国将有诸侯之事,则使乘车以适野,而谋作盟会之辞。"(《十三经注疏·宪问第十四》)东汉马融说:"世叔,郑大夫游吉也。讨,治也。裨谌既造谋,世叔复治而论之,详而审之。行人,掌使之官,子羽,公孙挥。子产居东里,因以为号。更此四贤而成,故鲜有败事。"(同上)清陆陇其《四书困勉录》说,此章即郑之为命,以见事之贵详审,而又见能得人能用人之效。群贤之和衷,子产之不自用,共有五意。又由为命而推之凡事,由郑国而推之凡为国者。"《左传》襄公三十一年:"子产之从政也,择能而使之:冯简子能断大事,子太叔美秀而文,公孙挥能知四国之为,而辨于其大夫之族姓、班位、贵贱、能否,而又善为辞令。裨谌能谋,谋于野则获,谋于邑则否。郑国将有诸侯之事,子产乃问四国之为于子羽,且使多为辞令;与裨谌乘以适野,使谋可否;而告冯简子使断之。事成,乃授子太叔使行之,以应对宾客,是以鲜有败事。"郑国在春秋之初,曾称霸中原,至春秋中期逐渐衰落,且介于晋、楚两大国之间,搞好外交工作是立国的大事。公元前543—前522年子产执政时,充分发挥了他的政治才能,在外交政令的制订中,他非常慎重,经过几个专门家的反复讨论、修改,然后定稿,鲜有败事。这种慎重的作风,受到孔子的赞扬。

或问子产。子曰:"惠人①也。"问子西②。曰:"彼哉③!彼哉!"问管仲。曰:"人④也。夺伯氏⑤骈邑⑥三百,饭疏食,没齿⑦无怨言。"

【今译】
有人问子产是怎样一个人?孔子说:"他是一个宽厚慈惠的人。"问子西是怎样一个人?孔子说:"他呀!他呀!"问管仲是怎样一个人?孔子说:"他算得上一个仁者。他剥夺了齐大夫伯氏骈邑三百户采地,使伯氏只能吃粗粮度日。但伯氏到死都没有一句怨恨的话。"

【注释】
① 惠人:宽厚慈惠的人。　② 子西:楚国令尹,名申,字子西。　③ 彼哉:他呀。含轻蔑之意。　④ 人:通"仁",仁人。　⑤ 伯氏:齐国大夫。　⑥ 骈邑:伯氏的采邑。　⑦ 没齿:借指年老。

【评述】
本章记叙孔子对春秋时期子产、子西、管仲三位执政的不同评价。先评郑国执政子产是惠人,有恩惠于百姓的人。《集解》汉孔安国说:"惠,爱也。子产,古之遗爱。"(《十三经注疏·宪问第十四》)宋朱熹说:"子产之政,不专于宽,然其心则一以爱人为主,故孔子以为惠人,盖举其重而言也。"(《论语集注》卷七)子产是郑国著名政治家,为政尚猛,厉行改革,有益于人民。《说苑·贵德》:"郑子产死,郑人丈夫舍玦珮,妇人舍珠珥,夫妇巷哭,三月不闻竽瑟之声。"孔子闻子产卒,也流涕说:"古之遗爱也。"(《左传》昭公二十年)可见他深受人民爱戴,所以孔子赞扬他是惠人。

次评楚国执政子西。"彼哉!彼哉!"说得非常含蓄,持保留态度。《集解》东汉马融说:"彼哉!彼哉!言无足称。"(《十三经注疏·宪问第十四》)宋朱熹说:"子西,楚公子申,能逊楚国,立昭王,而改纪其政,亦贤大夫也。然不能革其僭王之号,昭王欲用孔子,又沮止之。其后卒召白公以致祸乱,则其为人可知矣。彼哉者,外之之辞。"(《论语集注》卷七)子西是楚国公子,楚平王死后,他让位给昭王。但在执政期间政绩平平,无足称道。他不能黜退贪污误国的囊瓦;阻挠楚昭王重用孔子;不听叶公劝阻,从吴国召回太子建之子白公胜,让他掌兵,结果白公胜发动兵变,将他杀死。故孔子对他含有轻蔑之意。

最后评齐国执政管仲。管仲是春秋时期大政治家,孔子说他是"人也"。意思是一个具有仁的人。并举例说:他没收了伯氏食邑三百户为公,使伯氏终身穷困到只能以蔬菜淡饭度日,但至死而心服口服毫无怨言。说明管仲处事之公,问事之明,是一位仁人。《集解》汉孔安国说:"伯氏,齐大夫。骈邑,地名。齿,年也。伯氏食邑三百家,管仲夺之,使至疏食,而没齿无怨言,以其当理也。"(《十三经注疏·宪问第十四》)宋朱熹说:"盖桓公夺伯氏之邑以与管仲,伯氏自知己罪,而心服管仲之功,故穷约以终身而无怨言。"(《论语集注》卷七)康有为《论语注》:"管仲真有存中国之功,虽夺人邑而人不怨言,功业高深,可为一世之伟人也。孔子极重事功,累称管仲,极词赞叹。"清汪烜《四书诠义》:"三节随问随答,无分重轻,然于子产则因其事而愿其心。于子西则置之不议不论,于管仲则略其罪而与其功。"孔子根据他们的政绩,对他们作出不同的评价。

子曰:"贫而无怨①难,富而无骄②易。"

【今译】

　　孔子说:"贫穷而没有怨言,难以做到。富有而不骄傲,容易做到。"

【注释】

　　① 怨:怨言。　② 骄:骄傲、骄纵。

【评述】

　　本章孔子谈论人生社会的心态,勉励人们善处逆境,安贫乐道。勉励统治者,实行富民政策,解决衣食问题,再加以教育,使之"衣食足而知荣辱"。宋朱熹说:"处贫难,处富易,人之常情。然人当勉其难,而不可忽其易也。"(《论语集注》卷七)元陈天祥《四书辨疑》:"能安于贫,然后无怨贫之心。不恃其富,斯可无骄富之气。"清刘宝楠则从安定民众的角度说:"孟子谓:'制民之产,仰足事父母,俯足畜妻子,然驱而之善,故民之从之也轻。'驱而之善,则无骄也。轻者,易也。言此者,明在位者当知小人之依,先其难者,后其易者,富之而后教之也。"可见孔子这句话是针对当时统治阶级剥夺人民而说的,希望他们执行富民政策,既富之后教以礼义,使仁政行于天下,人民安居乐业。

子曰:"孟公绰①为赵、魏②老③则优,不可以为滕、薛④大夫。"

【今译】

　　孔子说:"孟公绰担任晋国赵、魏二卿的家臣则才力有余,但不能胜任滕国和薛国的大夫。"

【注释】

　　① 孟公绰:鲁国大夫。　② 赵、魏:晋国的卿赵氏、魏氏。③ 老:大夫的家臣、总管。　④ 滕、薛:滕国和薛国,春秋时小国。

【评述】

本章孔子评价孟公绰的才干。宋朱熹说:"老,家臣之长。大家势重而无诸侯之事,家老望尊而无官守之责,优,有余也。滕、薛国小政烦,大夫位高责重,然公绰盖廉静寡欲而短于才者也。"(《论语集注》卷七)清宦懋庸《论语稽》:"孔子言此,盖以人各有能有不能,国家用人,宜量其所长而用之也。如公绰之贤,尚有能有不能,其他可知。"孟公绰是一个廉静寡欲的人,让他担任赵、魏家臣,望尊而无实事,比较合适,如果让他担任滕、薛等小国的大夫,处理政务,既要应付大国的侵略,又要安抚百姓,就会才短力绌。从孔子对孟公绰才能的评价中体现了孔子量才录用,使人才各得其所的用人原则。

子路问成人①人。子曰:"若臧武仲②之知,公绰之不欲③,卞庄子④之勇,冉求之艺⑤,文⑥之以礼乐,亦可以为成人矣。"曰:"今之成人者何必然⑦?见利思义,见危授命⑧,久要⑨不忘平生之言,亦可以为成人矣。"

【今译】

子路问孔子怎样才算是一个完美的人?孔子说:"像臧武仲那样聪明,像孟公绰那样清心寡欲,像卞庄子那样勇敢,像冉求那样多才多艺,再用礼乐加以熏陶,也就可以成为完人了。"孔子又说:"不过现在的完人,何必这样呢?能够看到财利想到道义,见到危难愿意付出生命,长期处在贫困之中,都不忘记平生的诺言,这也就可以算是完美的人了。"

【注释】

① 成人:完美的全人、完人。 ② 臧武仲:鲁国大夫,臧孙氏,名纥。 ③ 不欲:没有贪欲。 ④ 卞庄子:齐国的勇士,曾刺死老虎。 ⑤ 艺:多才多艺。技艺。 ⑥ 文:文采。引申为熏陶、文饰。 ⑦ 何必然:何必要这样呢。 ⑧ 授命:把生命交给国家。 ⑨ 久要:长久

的贫困。"要"通"约",贫困。

【评述】

本章孔子论述完人的标准,教育子路做一个品德完备的人。宋朱熹说:"成人,犹言全人。言兼此四子之长,则知足以穷理,廉足以养心,勇足以力行,艺足以泛应,而又节之以礼,和之以乐,使德成于内,而文见乎外,则才全德备,浑然不见一善成名之迹,中正和乐,粹然无复偏倚驳杂之蔽,而其为人也亦成矣。"(《论语集注》卷七)清黄式三《论语后案》:"知、廉、勇、艺,四人分得之,则为偏才,一人合得之,几于全德。故四人之品不及子路,而子路不能及四子之专长,且不能兼有之,夫子因以是勉之也。"

孔子对于成人的标准似乎有高低不同之分。据《说苑·辨物》:"颜渊问于仲尼曰:'成人之行何若?'孔子曰:'成人之行,达乎情性之理,通乎物类之辨,知幽明之故,睹游气之源,若此而可谓成人。既知天道,行躬以仁义,饬躬以礼乐。夫仁义礼乐,成人之行也。穷神知化,德之盛也。'"这是成人中最高的一等。孔子回答子路的成人标准是具备知、廉、勇、艺四种德行之外,又加以礼乐熏陶,这是降一等而论。子路礼乐不足、勇力有余,所以孔子勉励他向这方面努力。至于再次一等的成人,便是见利思义,见危授命,讲忠信的人,不必及于礼乐了。

子问公叔文子①于公明贾②曰:"信③乎,夫子不言,不笑,不取④乎?"公明贾对曰:"以⑤告者过⑥也。夫子时⑦然后言,人不厌其言;乐然后笑,人不厌其笑;义然后取,人不厌其取。"子曰:"其然?岂⑧其然乎?"

【今译】

孔子向公明贾询问公叔文子的情况:"他老先生不说话,不笑,也不要财物，真的是这样吗？"公明贾回答说："这是传话的人说错了。他老先生该说的时候就说，人家不厌恶他的话；高兴时就笑，人家不厌恶他的笑；符合道义的财物他才要，人家不厌恶他取财。"孔子说："是这样的吗？难道真是这样的吗？"

【注释】

①公叔文子：卫国大夫。卫献公之孙，名拔。　②公明贾：卫国人。　③信：真的、的确。　④取：拿。　⑤以：此。　⑥过：错。　⑦时：时候。　⑧岂：难道。

【评述】

本章叙述孔子不轻信他人言辞过分的话，而必求其实。公叔文子是卫国大夫。汉孔安国说他叫公孙拔，宋朱熹考证为公孙枝，清阮元校勘为公子发。他是卫国颇孚名望的贤者，故孔子向公明贾打听他不言、不笑、不取的情况。公明贾作了补充说明，孔子称赞其说得有理，但嫌其言之未尽，没有涉及他的品德问题。《集解》汉孔安国说："美其得道，嫌其不能悉然也。"(《十三经注疏·宪问第十四》)朱熹说："文子为人，其详不可知，然必廉谨之士，故当时以三者称之。厌者，苦其多而恶之辞。事适其可，则人不厌而不觉其有是矣，是以称之。或过而以为不言、不笑、不取也。然此言也，非礼义充溢于中，得时措之宜者不能，文子虽贤，疑未及此。但君子与人为善，不欲正言其非也，故曰：'其然？岂其然乎？'盖疑之也。"(《论语集注》卷七)清焦袁熹《此木轩四书说》："'时然后言'云云，亦非公明贾虚造此言。彼见文子言、笑、取皆无差忒，便谓己能如此。自夫子闻之，则以为得时措之宜，苟有一毫未至，即不足当之，故不敢轻信。"

子曰："臧武仲以防①求为后②于鲁，虽曰不要③君，吾不信也。"

【今译】

孔子说:"臧武仲凭借采邑防城,要求鲁襄公立其子弟嗣为鲁国卿大夫,虽然有人说不是要挟国君,我是不会相信的。"

【注释】

① 防:臧武仲的封地,在今山东费县东北。 ② 后:后代。 ③ 要:要挟。

【评述】

本章孔子揭露臧武仲以武力要挟鲁君立后嗣的非礼行为。《集解》汉孔安国说:"防,武仲故邑。为后,立后也。鲁襄公二十三年,武仲为孟氏所潜,出奔邾。自邾如防,使为以大蔡纳请,曰:'纥非能害也,知不足也。非敢私请,苟守先祀,无废二勋,敢不避邑。'乃立臧为。纥致防而奔齐。此所谓要君也。"(《十三经注疏·宪问第十四》)宋郑汝谐《论语原意》:"武仲之请,其辞甚逊,当时未有言其非者。夫子正其要君之罪,《春秋》诛意之法也。"臧武仲凭借防地请求立臧为为后,当时人对他表示同情,而孔子从正名、守礼的立场出发,揭露他要挟君主。

子曰:"晋文公①谲②而不正,齐桓公③正而不谲。"

【今译】

孔子说:"晋文公狡诈而不正派;齐桓公正派而不狡诈。"

【注释】

① 晋文公:晋国国君,姓姬名重耳,春秋五霸之一。 ② 谲(jué):狡诈。 ③ 齐桓公:齐国国君。姓姜名小白,春秋五霸之首。

【评述】

本章孔子评价晋文公与齐桓公的不同作风。《集解》东汉郑玄说:"谲,诈也。谓召天子而使诸侯朝之。仲尼曰:'以臣召君,不可以训。'

故书曰：'天子狩于河阳。'是讳而不正也。"（《十三经注疏·宪问第十四》）东汉马融说："伐楚以公义，责包茅之贡不入，问昭王南征不还，是正而不谲也。"（同上）宋朱熹说："二公皆诸侯盟主，攘夷狄以尊周室者也。虽其以力假仁，心皆不正。然桓公伐楚，仗义执言，不由诡道，犹为彼善于此；文公则伐卫以致楚，而阴谋以取胜，其谲甚矣。二君他事亦多类此，故夫子言此以发其隐。"（《论语集注》卷七）齐桓公与晋文公是春秋两霸，他们打着尊王攘夷旗号，会盟诸侯，都取得了成就。齐桓公曾率师伐楚，责问楚子不向周天子进贡包茅和周昭王南巡不回的问题，义正而辞严，故孔子说他正而不谲。晋文公曾召周天子至河阳而朝诸侯，以臣召君，是非礼之举，城濮之战又弄权术而致胜，故孔子说他谲而不正。晋文公为何多施诡诈，玩弄权术呢？这和他家庭遭受变故，流亡在外十九年有关。晋文公在流亡时曾艰苦备尝，深深了解人心的险恶，老于世故，所以便懂得如何使用权术。而齐桓公是贵公子，没有这种经历，所以孔子说他比晋文公要好一些。

子路曰："桓公杀公子纠①，召忽②死之，管仲不死。"曰："未仁乎？"子曰："桓公九合诸侯③，不以兵车④，管仲之力也。如其仁⑤，如其仁！"

【今译】
　　子路说："齐桓公杀了他哥哥公子纠，公子纠的谋臣召忽自杀殉节，而管仲却没有自杀殉节。"子路问孔子说："管仲没有仁德吧？"孔子说："齐桓公多次与诸侯会盟，但不使用武力，完全是管仲的力量。这就是他的仁德，这就是他的仁德啊！"

【注释】
　　① 公子纠：齐桓公的哥哥，在争夺王位中被齐桓公杀死。② 召忽：公子纠的谋士。　③ 九合诸侯：打出"尊王攘夷"旗号，多次会合诸侯。　④ 兵车：士兵和战车。借指武力。　⑤ 如其仁：这就是

管仲的仁德。

【评述】

本章孔子从事功角度全面地评述管仲,认为管仲爱人,不用武力,具备仁德。《集解》汉孔安国说:"齐襄公立,无常。鲍叔牙曰:'君使臣慢,乱将作矣。'奉公子小白出奔莒。襄公从弟公孙无知杀襄公。管夷吾、召忽奉公子纠出奔鲁。齐人杀无知。鲁伐齐,纳子纠。小白自莒先入,是为桓公。乃杀子纠,召忽死之。"(《十三经注疏·宪问第十四》)宋朱熹说,桓公"使鲁杀子纠而请管、召,召忽死之,管仲请囚。鲍叔牙言于桓公,以为相。子路疑管仲忘君事仇,忍心害理,不得为仁也。"(《论语集注》卷七)"不以兵车,言不假威力也。如其仁,言谁如其仁者。又再言以深许之。盖管仲虽未得为仁人,而其利泽及人,则有仁之功矣。"(同上)在本章中,孔子对管仲作了积极的肯定。充分肯定了他"九合诸侯,不以兵车"的功业。这主要从管仲不用武力,具有"爱人"这一仁的本质为出发点。认为他具备了仁者的行动,对他加以赞赏。

子贡曰:"管仲非仁者与?桓公杀公子纠,不能死,又相①之。"子曰:"管仲相桓公,霸诸侯,一匡天下②,民到于今受其赐③。微④管仲,吾其被发左衽⑤矣。岂若匹夫匹妇⑥之为谅⑦也,自经⑧于沟渎⑨而莫之知也?"

【今译】

子贡说:"管仲不是一个有仁德的人吧?齐桓公杀死了公子纠,他不殉节而死,反而辅佐齐桓公。"孔子说:"管仲辅佐齐桓公,称霸诸侯,天下的一切都得到匡正,人民直到现在还受着他的恩赐。假使没有管仲,我们早就披散头发,衣襟向左开了。难道要像普通男女一样拘守小信小节,自己在山沟里上吊死去,而没有人知道吗?"

【注释】

①相:辅佐、帮助。 ②一匡天下:天下的一切都得到匡正。 ③赐:恩赐。 ④微:假若没有。 ⑤被发左衽(rèn):披散头发,衣襟向左开。这是少数民族的服饰打扮。借指中原沦为少数民族的附庸。 ⑥匹夫匹妇:一男一女,指普通老百姓。 ⑦谅:诚实。 ⑧自经:自己上吊而死。 ⑨沟渎(dú):沟渠。

【评述】

本章孔子从大节着眼,肯定管仲的功业,认为他具有仁德,是位仁人。梁皇侃《论语义疏》说:"桓公与子纠争国,管仲射桓公中钩带。子纠死,管仲奔鲁。初鲍叔牙与管仲同游南阳,极相敬重。叔牙后相桓公,而欲取管仲还。无渐,既因告老辞位。桓公问叔牙:'谁复堪为相者?'牙曰:'唯管仲堪之。'桓公曰:'管仲射朕钩带殆近死,今日岂可相乎?'牙曰:'在君为君,谓忠也。至君有急,当射彼人钩带。'桓公从之,遣使告鲁不欲放杀管仲。遣使者曰:'管仲射我君钩带,君自斩之。'鲁还之,遂得为相。"子贡认为管仲作为公子纠的谋臣,不能死节,反而辅佐公子纠的仇敌齐桓公,这是不仁的表现。但孔子则认为管仲相桓公霸诸侯,造福于人民,如果没有管仲,中原文化将会沦丧,这是他的大节,这是他的功业。所以教育子贡,要看大节,不能拘泥于小节。

公叔文子之臣①大夫僎②与文子同升③诸公④。子闻之曰:"可以为'文'矣。"

【今译】

公叔文子的家臣大夫名僎的人,由于公叔文子的推荐,与公叔文子一起被提升为卫国大臣。孔子听到这事后说:"公叔文子当得起'文'这个谥号了。"

【注释】

①臣：家臣。　②僎(xún)：人名。公叔文子的家宰。　③升：提升、提拔。　④公：大臣，即大夫。

【评述】

本章孔子赞美公叔文子举荐贤能的美德。清陆陇其《四书困勉录》："人臣之病有二：一忌后来之贤此后功名出我之上，一自尊卑人，不肯与若辈同列。此皆暧昧私情。文子休休有大臣风度，光明俊伟，故曰可以为文。"孔子非常重视选拔贤才，为国家所用。公叔文子能将自己家臣推荐为大夫，与己同列，是难能可贵的。孔子热情地赞扬他坦荡的胸怀和宏伟的气魄，同意他得到"文"的谥号。

子言卫灵公①之无道也，康子曰："夫如是，奚而不丧②？"孔子曰："仲叔圉③治④宾客，祝鮀治宗庙，王孙贾治军旅⑤。夫如是，奚其丧？"

【今译】

孔子谈到卫灵公昏庸无道时，季康子说："既然这样，卫国为什么不灭亡呢？"孔子说："卫国有仲叔圉接待宾客，掌管外交事务，有祝鮀管理宗庙祭祀，有王孙贾统帅军队。正因为这样，卫国怎么会灭亡呢？"

【注释】

①卫灵公：卫国国君，名元，昏庸无道。　②丧：亡国。　③仲叔圉(yǔ)：即孔文子，卫国大夫。　④治：管理。　⑤军旅：军队。

【评述】

本章孔子认为卫国用人得当，各方面有人掌舵，国君虽然昏庸无道，也不至于败亡。体现了孔子任贤治国的思想。梁皇侃《论语义疏》："或问曰：'灵公无道，焉得有好臣？'答曰：'或是先人老臣未去者也，或灵公少时所得良臣，而后无道，故臣未去也。'"明王夫子《四书训义》："卫多君子,夫子屡称之,三臣在位而免于丧,使蘧史诸贤能尽其用,其为益不更宏多乎? 故曰人才关于国运。"孔子认为卫国内政、军事、外交均有贤人掌政,故不因卫灵公无道而败亡。可见孔子关于举贤治国,人才关于国运的观点,无疑是正确的。

子曰："其言之不怍①,则为之②也难。"

【今译】

孔子说："他夸夸其谈不怕惭愧,那么,实行起来就不容易了。"

【注释】

① 怍(zuò):惭愧。　② 为之:实行它。

【评述】

本章孔子警告喜欢大言不惭的人,教育他们多做少说,言必符行,言行一致。《集解》东汉马融说："怍,惭也。内有其实,则言之不惭。积其实者为之难也。"(《十三经注疏·宪问第十四》)清陆陇其《四书困勉录》："凡人志于为者,必顾己之造诣力量时势事机,决不敢妄发言。如言之不怍,非轻言苟且,即大言欺世。为难即在不怍时见。"孔子对于言过其实,夸夸其谈的人是十分反感的,因而常常告诫人们先行而后言,其言也讱,言行一致。

陈成子①弑简公②。孔子沐浴而朝③,告于哀公曰："陈桓弑其君,请讨④之。"公曰："告夫三子⑤。"孔子曰："以吾从大夫之后,不敢不告也。君曰:'告夫三子'者。"之⑥三子告,不可。孔子曰："以吾从大夫之后,不敢不告也。"

【今译】

陈恒杀了齐简公,孔子斋戒沐浴然后上朝,向鲁哀公报告说："陈恒杀了他的君主,请您出兵讨伐他。"哀公说:"你去向孟孙、叔孙、季孙三家大夫报告吧!"孔子退出来说:"因为我曾经做过大夫,不敢不报告。但君主却说'向三家大夫报告吧!'"孔子又到三家大夫家报告,他们不同意出兵。孔子说:"因为我做过大夫,这样的大事,我不敢不来报告啊!"

【注释】
　　① 陈成子:齐国大夫陈恒。"成"是谥号。　② 简公:齐国国君,姓姜名壬。　③ 朝:上朝。　④ 讨:声讨、讨伐。　⑤ 三子:指鲁国当时的执政孟孙氏、叔孙氏、季孙氏。　⑥ 之:到。

【评述】
本章孔子明君臣大义,疾篡弑之徒。公元前481年,齐国大夫陈恒杀了齐简公。陈恒的祖先是陈国公族,陈公子敬仲因避祸逃到齐国,为齐桓公收留。传至第七代陈乞时,他收买民心,势力渐大,联合鲍氏,消灭了国、高两大家族。陈恒是陈乞的儿子,齐简公时他与监止为左右相,形成对峙局面,监止想收买陈恒远族陈豹,消灭陈氏家族,陈豹向陈恒告密,陈恒有了准备,监止兵败被杀。齐简公不安出走,在徐州被陈氏武装杀死。在孔子看来这是一件有乖人伦的大事,故请鲁哀公出兵讨伐。但这时鲁国公室衰微,哀公大权旁落,政在三家。故哀公叫孔子向三家请示,三家不同意。孔子只好说:"以吾从大夫之后,不敢不告"的话自慰,表示自己已尽到责职。

子路问事君①。子曰:"勿欺②也,而犯③之。"

【今译】
　　子路问孔子怎样奉侍君主。孔子说:"不要欺骗他,但应该向他当面直言规谏。"

【注释】
　　① 事君:奉侍君主。　② 欺:欺骗。　③ 犯:冒犯、触犯。指直

言敢谏。

【评述】

本章孔子教子路奉侍君主原则。《集解》汉孔安国说:"事君之道,义不可欺,当能犯颜谏争。"(《十三经注疏·宪问第十四》)宋范氏说:"犯非子路之所难也,而以不欺为难,故夫子教以先勿欺而后犯也。"(《论语集注》卷七)"子路性勇,凡言于人君,要其听,或至于说得太过,则近乎欺。"(《朱子语类·论语二十六》)孔子教子路事君之道,一方面要尊君、忠君,不能阳奉阴违地欺骗国君;另一方面,对于君主的过失,要直言敢谏,甚至要犯颜敢谏。这两方面结合起来,就是奉侍君主的原则。

子曰:"君子上①达②,小人下③达。"

【今译】

孔子说:"君子通达于崇高的仁义,小人通达于追求财利。"

【注释】

① 上:指崇尚仁义。　② 达:通达。　③ 下:指追求财利。

【评述】

本章孔子论述君子、小人的不同修养和追求。梁皇侃说:"上达者,达于仁义也。下达,谓达于财利,所以与君子反也。"(《十三经注疏·宪问第十四》)明焦竑《焦氏笔乘》:"形而上者谓之道,形而下者谓之器,非二物也。君子上达,故大道可受,小人下达,故小道可观。"孔子从君子、小人的不同情趣、追求中,告诫人们由于追求目标不同,便会产生上达与下达的分歧。君子追求仁义,故境界日高;小人追求财利,为物欲所累,故境界日低。

子曰:"古之学者为己①,今之学者为人②。"

【今译】

孔子说:"古代学者注意个人道德品质修养,不图虚名,今之学者为了炫耀自己,务求虚名。"

【注释】

① 为己:提高自己的学识和德行。　② 为人:指装饰自己,给别人看。

【评述】

本章孔子称道古人求学的态度笃诚,勉励学生上进。《荀子·劝学》:"君子之学也,入乎耳,著乎心,布乎四体,形乎动静,端而言,蠕而动,一可以为法则。小人之学,入乎耳,出乎口,口耳之间,则四寸耳,曷足以美七尺之躯哉?君子之学也以美其身,小人之学也以为禽犊。"宋程子说:"为己,欲得之于己也。为人,欲见知于人也。"(《论语集注》卷七)孔子在本章中提出了为学的两种态度,一是为己,就是为了提高自己的道德品质修养,身体力行,学以致用。一是为人,就是不求实学,装饰门面,炫耀于人。孔子赞成前者,反对后者,鼓励学生学习前者,反对后者。

蘧伯玉①使人②问于孔子。孔子与之坐而问焉,曰:"夫子③何为?"对曰:"夫子欲寡④其过而未能也。"使者出,子曰:"使乎⑤!使乎!"

【今译】

蘧伯玉派人来探望孔子。孔子与使者对坐而问他说:"蘧老先生现在在做什么?"使者回答说:"老先生想减少自己的过失但尚没有做到。"使者出去后。孔子说:"好一位使者!好一位使者!"

【注释】

① 蘧伯玉:卫国大夫,名瑗。孔子在卫国时曾住过他家。

② 使人:派人。　③ 夫子:指蘧伯玉。　④ 寡:少。　⑤ 使乎:好一位使者。

【评述】

本章孔子称道蘧伯玉的使者对答得体,具有较高的文化修养。宋朱熹说:"蘧伯玉,卫大夫,名瑗。孔子居卫,尝主于其家。既而反鲁,故伯玉使人来也。言其但欲寡过而犹未能,则其省身克己常若不及之意可见矣。使者之言愈卑约,而其主之贤益彰,亦可谓深知君子之心而善于辞令者矣,故夫子再言使乎以重美之。"(《论语集注》卷七)

孔子离开卫国回国,蘧伯玉派使者来探望孔子。孔子问起蘧伯玉的情况,使者回答说:"夫子欲寡其过而未能也。"古者奉使,受命不受辞,使者要随机应变,回答询问。使者的回答非常得体,既符合蘧伯玉品德修养的实际,又在谦逊的言辞中表达了蘧伯玉之贤。据《庄子·则阳》载,蘧伯玉平常注意道德品德修养。"蘧伯玉行年六十而六十化,未尝不始于是之而卒诎之以非也。未知今之所谓是之非五十九非也。"常进行自我反省。所以孔子对使者的回答大加赞赏。

子曰:"不在其位①,不谋②其政。"曾子曰:"君子思不出③其位。"

【今译】

　　孔子说:"不处在那个职位上,不考虑那些政事。"曾子说:"君子考虑问题不超出自己的工作岗位。"

【注释】

　　① 位:工作岗位。　② 谋:考虑,参与。　③ 出:超出。

【评述】

本章孔子勉励学生谨守职位,不要越职处事。宋朱熹《论语集注》认为,此章上句与《泰伯》篇第十四章重复,并将下句另列为一章。清毛奇龄《四书改错》认为前句非重出，二句应合为一章。宋邢昺说："言若己不在此位，则不得谋议此位之政事也，曾子遂曰：'君子思谋当不出己位。'言思虑所及不越其职也。"(《十三经注疏·宪问第十四》)孔子主张循名责实，不担任这个工作，就不应去干预这个工作。从守礼的角度看，越俎代庖，超越自己的职权，这是越礼行为。从工作效果看，你对这一工作不熟悉，贸然干预，必然办不好事情。所以孔子的话和曾子的补充是包含着深刻的哲理的。

子曰："君子耻其言而①过②其行。"

【今译】
　　孔子说："君子以自己的言语超过自己的行动为可耻。"

【注释】
　　① 而：用法同"之"。　② 过：超过。

【评述】
　　本章孔子勉励学生要做到言行一致，言符其行。梁皇侃说："君子之人，顾言慎行，若空出言而不能行遍，是言过其行也，君子耻之。"(《十三经注疏·宪问第十四》)宋邢昺说："君子言行相顾，若言过其行，谓有言而行不副，君子所耻也。"(同上)《礼记·杂记》："有其言而无其行，君子耻之。"宋张栻《南轩论语解》说："言过其行，则为无实之言，是可耻也。耻言之过行，则其笃行可知矣。"孔子一贯主张言行一致，多做少说或做了不说。在本章中强调君子少做多说为可耻，勉励学生言副其行。

子曰："君子道①者三，我无能焉：仁者不忧，知者不惑，勇者不惧。"子贡曰："夫子自道②也。"

【今译】

孔子说:"君子有三条道德标准,我却没能做到:具有仁德的人不忧愁,具有智慧的人不迷惑,具有勇敢的人不畏惧。"子贡说:"这是老师自己说的。"

【注释】

① 道:道德、正道。　② 自道:自己述说。

【评述】

本章孔子从智、仁、勇三者严格要求自己,以成仁道。梁皇侃《论语义疏》引江熙说:"圣人体是极于冲虚,是以忘其神武,遗其灵智,遂与众人齐其能否,故曰我无能焉。子贡识其天真,故曰夫子自道也。"宋朱熹说:"自责以勉人也。"(《论语集注》卷七)孔子提出智、仁、勇三者作为衡量君子的道德标准,他自谦说尚未做到。其目的在于勉励学生,从智、仁、勇三个方面去培养仁德,成为仁人。

子贡方人①。子曰:"赐也贤②乎哉?夫我则不暇③。"

【今译】

子贡在背后议论别人。孔子说:"端木赐,你就那么好吗?我就没有闲工夫议论别人。"

【注释】

① 方人:在背后议论别人。"方"同"谤",诽谤、议论、批评。② 贤:好。　③ 不暇:没有空闲。

【评述】

本章孔子批评子贡背后论人短长的缺点。子贡爱议论别人,也有进行比较的习惯。他曾议论管仲不仁,比较子张与子夏谁强。这也不是大缺点,孔子为什么要批评他呢?首先,孔子治学强调加强自身修养,先求诸己而后求诸人,不要先驰心于外,议论别人。宋朱熹说:"比方人物而较其长短,虽亦穷理之事,然专务为此,则心驰于外,而所以自治者疏矣。"(《论语集注》卷七)明黄宗羲《明儒学案》引吴康斋说:"日夜痛自检点且不暇,岂有暇检点他人?责人密,自治疏矣,可不戒哉!"第二,要恰如其分评人,实在不易,讥评不当还会招祸。《三国志·王昶传》:"夫毁誉,爱恶之原而祸福之机也,是以圣人慎之。……以圣人之德,犹尚如此,况庸庸之徒而轻毁誉哉?"所以孔子批评子贡,教育他讥评别人要持慎重态度。

子曰:"不患①人之不己知②,患其不能③也。"

【今译】

孔子说:"不担心人家不了解自己,只担心自己没有能力。"

【注释】

① 患:担忧。　② 不己知:不知己的倒装句。不了解自己。③ 不能:没有能力。

【评述】

本章孔子勉励学生进德修业,这才是处世之本,不必担心别人不了解自己。明王肯堂《论语义府》:"学之而成谓之能,既己能之而人莫之知,则其能亦无自而展矣。然能不能在己,知不知在人。在人者非吾所能预,而在己者当自勉也。"这个问题孔子曾经讲过多次,反复陈述,他总是谆谆告诫人们,加强自身修养,勤业进德,掌握治国的本领,这是第一位的;别人是否了解自己,起用自己,则是第二位的。自己有了才能,不怕无用武之地。

子曰:"不逆诈①,不亿②不信,抑亦先觉③者,是贤乎!"

【今译】

　　孔子说:"不事先怀疑别人欺诈,不凭空猜想别人会不守信用。但能及早事先察觉,这就是贤人呀!"

【注释】

　　① 逆诈:事先怀疑别人欺诈。　② 不亿:不凭空猜想。　③ 先觉:事先察觉。

【评述】

　　本章孔子论述贤者的气度与明智。梁皇侃《论语义疏》引李充说:"物有似真而伪,亦有似伪而真者。信僭则惧及伪,人诈滥则惧及真。人宁信诈,则为教之道弘也。"宋朱熹说:"人有诈不信,吾之明足以知之,是谓先觉。彼未必诈而逆以诈待之,彼未必不信而先亿度其不信,此则不可。"(《朱子语类·论语二十六》)"言虽不逆不亿,而于人之情伪自然先觉,乃为贤也。"(《论语集注》卷七)《大戴礼·曾子立事》:"君子不先人以恶,不疑人以不信。"

　　本章孔子论述贤人的为人处世问题,前提是待人以诚。第一,不轻易怀疑别人欺诈,不守信用。第二,遇到真的欺诈和不守信者又能事先察觉,提高警惕,不致上当受骗。这两者结合起来,就可以称之为贤者了。当然要将这两者结合好,是颇不容易的。汉昭帝时,燕王告霍光谋反,昭帝认为燕离长安远,燕王怎会知道霍光谋反。没有相信,霍光免遭杀戮,故称昭帝为贤者,有知人之明。曹操秉性多疑,竟将好意待他的吕伯奢一家杀死,犯了"逆诈"的毛病,都是适例。

微生亩①谓孔子曰:"丘何为是栖栖②者与?无乃为佞③乎?"孔子曰:"非敢为佞也,疾固④也。"

【今译】

　　微生亩对孔子说:"孔丘呀,你为什么这样忙忙碌碌,莫不是想表现你能言善辩的口才吗?"孔子说:"我怎么敢逞口才,我是痛恨那些顽固不化的人呀!"

【注释】

①微生亩:人名。姓微生,名亩,年老隐士。 ②栖栖:奔走忙碌的样子。 ③佞:能言善辩,有口才。 ④疾固:痛恨顽固不化的人,即痛恨昧于仁义道德的人。疾:疾恨、痛恨。

【评述】

本章从孔子回答微生亩的问话中,表达了其忧国忧民的心情。宋朱熹说:"亩名呼夫子而辞甚倨,盖有齿德而隐者。栖栖,依依也。为佞,言其务为口给以说人也。疾,恶也。固,执一而不通也。圣人之于达尊礼恭而言直如此,其警之亦深矣。"(《论语集注》卷七)孔子周游列国,风尘仆仆,以推行仁道为己任。清康有为说:"数十年羁旅之苦,车马之尘,万世当思此大圣至仁之苦心也。"(《论语注》)但他知其不可为而为之的行动,不为人们所理解,微生亩就是其中的一个,以为他是表现自己的口才。从孔子的回答中,可见他欲行其道而未能实现的忧国忧民心情。

子曰:"骥①不称②其力,称其德③也。"

【今译】

孔子说:"不是称赞千里马的气力,而是称赞它的品德。"

【注释】

①骥:良马、千里马。 ②称:称赞、称道。 ③德:品德。

【评述】

本章孔子用比喻方式说明君子把德放在第一位,把才放在第二位。东汉郑玄说:"骥,古之善马。德者,谓有五御之威仪。"(《十三经注疏·宪问第十四》)宋邢昺说:"此章疾时尚力取胜,而不重德。骥是古人之善马名,人不称其任重致远之力,但称其调良之德也。"(同上)孔子以千里马为喻,表明其以德为主、以才为辅的人才观。

或曰:"以德报怨①,何如?"子曰:"何以报德? 以直②报怨,以德报德。"

【今译】

有人问孔子:"用恩德来报答怨仇,怎么样?"孔子说:"用什么报答恩德呢? 应该用正直报答怨仇,用恩德来报答恩德。"

【注释】

① 怨:怨仇。　② 直:正直。

【评述】

本章孔子教人对待怨与德,要恰如其分,符合中庸之道。梁皇侃《论语义疏》:"所以不以德报怨者,若行怨而德报者,则天下皆行怨以要德报之,如此者,是取怨之道也。"有人问孔子,"以德报怨"怎么样？"以德报怨"是道家的思想,《道德经·恩始》说:"大小多少,报怨以德。"所以孔子不作正面回答。只讨论了用什么报怨、报德的方法。孔子认为以德报德,这是应该的,至于怎么报怨呢？ 以德报怨,太过分了;以怨报怨,又不及;以直报怨,符合中庸之道,是是非非,应该明辨,这是孔子对报怨、报德所持的态度和方法。宋朱熹说:"德,谓恩惠也。言于其所怨既以德报之矣,则人之有德于我者又将何以报之乎？ 于其所怨者,爱憎取舍,一以至公而无私,所谓直也。于其所德者,则必以德报之,不可忘也。"(《论语集注》卷七)朱熹的理解还是符合孔子原意的。

子曰:"莫我知①也夫!"子贡曰:"何为其莫知子也?"子

曰:"不怨天,不尤人②,下学③而上达④。知我者,其天乎?"

【今译】

孔子说:"没有人了解我呀!"子贡说:"为什么没有人了解您呢?"孔子说:"不怨恨天,不责怪人,学习普通知识而能了解深奥的道理。了解我的,大概只有天了?"

【注释】

① 莫我知:莫知我的倒装。没有人了解我。 ② 不尤人:不责备人。尤:责备,责怪。 ③ 下学:学习普通知识,即学习人事。 ④ 上达:透彻了解深奥的道理,即了解天命。

【评述】

本章孔子感叹仁道难以实行。孔子为在天下实行仁道而周游列国,终于不为时用而回鲁国教育学生,整理古籍。公元前481年,鲁哀公狩猎于大野。叔孙氏车子鉏商获一奇兽,以为是不祥之兆。孔子看后说,这是麒麟呀。传说麒麟是仁兽,只有圣王出时它才出现。现在非时而出,引起孔子无限感慨,"及西狩见麟,曰:'吾道穷矣!'喟然叹曰:'莫知我夫!'"(《史记·孔子世家》)经过子贡的插问,孔子说了以上这番话,对自己一生的追求作了简洁的概括。孔子出身贫苦,从基础的学识、艰苦的人生经验起步,不为现实所困,升华而走入形而上的境界。他那身处逆境自强不息,失败了"不怨天,不尤人"的精神,对后世知识分子产生了深远的影响。

公伯寮①愬②子路于季孙。子服景伯③以告,曰:"夫子固有惑④志于公伯寮,吾力犹能肆⑤之市朝⑥。"子曰:"道⑦之将行也与,命⑧也;道之将废也与,命也。公伯寮其如命何!"

【今译】

　　公伯寮在季孙面前毁谤子路。子服景伯把这件事告诉孔子,说:"季孙氏的思想已经被公伯寮迷惑了。但凭我的力量还能把公伯寮的尸体陈列到街上去示众。"孔子说:"我的主张将实行吗?这决定于天命;我的主张将被废弃吗?这也决定于天命。公伯寮对天命将怎样呢!"

【注释】

　　① 公伯寮:孔子学生,字子周。　② 愬:同"诉"。诽谤。　③ 子服景伯:鲁国大夫,名何。　④ 惑:迷惑。　⑤ 肆:暴露尸体。　⑥ 市朝:街市和朝廷。古代把罪人的尸体或放在街市,或放在朝廷示众。　⑦ 道:主张、观点。　⑧ 命:天命、命运。

【评述】

本章孔子认为仁道之是否行得通,全在于天命,人力是无法阻挡的。宋朱熹说:"公伯寮,鲁人。子服氏,景,谥,伯,字,鲁大夫子服何也。夫子指季孙言,其有疑于寮之言也。肆,陈尸也,言欲诛寮。"(《论语集注》卷七)清刘宝楠说:"势力者,言景伯是孟孙之族,当有势力,能与季孙言也。辨子路之无罪,欲季孙知寮之愬,然后使季孙诛寮,以国之常刑杀之也。"(《论语正义·宪问第十一》)鲁定公十一年(前499)孔子为鲁大司寇,建议鲁定公堕毁鲁国三大家族的都城,让子路去执行。子路顺利地堕毁了叔孙氏的郈城、季孙氏的费城,正在关键时刻,公伯寮在季孙面前诽谤子路,进行破坏。子服景伯是孟孙氏同族,颇有力量,赞同孔子堕三都、强公室的观点,便向孔子报告了公伯寮的背叛行径,并自告奋勇要去处置公伯寮。但孔子姿态甚高,认为道之行或废是由天命决定的,一个公伯寮是起不了什么作用的。可见孔子行道意志的坚定和不运用权力来处置别人的宽大胸怀。

　　子曰:"贤者辟世①,其次②辟地③,其次辟色④,其次辟言⑤。"子曰：作者⑥七人⑦矣。"

【今译】

孔子说："贤德的人避开黑暗社会而隐居，次一等的，避开混乱的地方，再次一等的，避开人家难看的脸色，再次一等的，避开人家难听的话。"孔子说："这样做的已经有七个人了。"

【注释】

① 辟世："辟"通"避"。逃避黑暗的社会而隐居。　② 其次：第二等。　③ 辟地：避开这个地方。　④ 避色：避开难看的脸色。　⑤ 避言：避开难听的恶言。　⑥ 作者：这样做的人。　⑦ 七人：指伯夷、叔齐、虞仲、夷逸、朱张、柳下惠、少连七人。

【评述】

本章孔子感叹世风日下，贤德的人纷纷避世隐退。宋朱熹说："天下无道而隐，若伯夷、太公是也。去乱国，适治邦，礼貌衰而去，有违言而后去也。"(《论语集注》卷七)关于避世隐居的七人，有四种说法，东汉包咸认为是长沮、桀溺、丈人、晨门、荷蒉、仪封人、接舆七人。东汉郑玄认为是避世者伯夷、叔齐、虞仲，避地者荷蓧、长沮、桀溺，避色者柳下惠、少连，避言者荷蒉、楚狂接舆，"七"当为"十"之误。魏王弼认为是伯夷、叔齐、虞仲、夷逸、朱张、柳下惠、少连七人。宋张载《正蒙》认为是伏羲、神农、黄帝、尧、舜、禹、汤七人。以上各种说法未免穿凿，不如宋李氏说得合理："言起而隐去者今七人矣，不知其谁何？必求其人以实之，则凿矣。"(《论语集注》卷七)不必实求其人。孔子所说的"四避"，可以看作古代知识分子处世的方针。在"邦无道"的情况下，宁可退守隐居，洁身自好，不愿同流合污。孔子是反对隐士思想和行动的，他也曾被长沮、桀溺等人骂得很难堪。但孔子认为他们是贤者，比之于当政的斗筲之徒要高尚得多。

子路宿于石门①。晨门②曰:"奚自?"子路曰:"自孔氏。"曰:"是知其不可而为之者与?"

【今译】

子路在石门宿了一夜。第二天进城来,早晨,看守城门的人问他:"你从哪里来?"子路回答说:"从孔家来。"守城门的人说:"就是那个明知做不到而强要去做的人吗?"

【注释】

① 石门:鲁国都城外的城门。　② 晨门:早晨守城门的人。

【评述】

本章从看城门人的话中,说明孔子为学、传道的坚定信心。宋朱熹说:"石门,地名。晨门,掌晨启门,盖贤人隐于抱关者也。自,从也。问其何所从来也。晨门知世之不可而不为,故以是讥孔子,然不知圣人之视天下无不可为之时也。"(《论语集注》卷七)孔子周游在外,使子路归鲁,宿在鲁之城外石门,故与晨门有此问答,可见孔子传道救世之决心。清黄式三《论语后案》:"知其不可而为之,正指圣人周流列国,知道不行,而犹欲挽之,晨门知圣也。"

子击磬①于卫,有荷蒉②而过孔氏之门者,曰:"有心③哉,击磬乎!"既而曰:"鄙④哉,硁硁⑤乎,莫己知也,斯己⑥而已矣。'深则厉⑦,浅则揭⑧。'"子曰:"果⑨哉!末⑩之难矣。"

【今译】

孔子在卫国,有一天,他正在敲磬。有一个挑草筐的人走过孔家门口,说:"真是个有心人呀!他在敲磬。"接着又说:"鄙陋呀,浅陋而固执的样子。好像在说没有人了解自己呢?那就守身为己算了。水深就和衣淌过去,水浅就撩起衣服走过去。"孔子说:"这个避世的人真坚决呀!简直无法说服他了。"

【注释】

① 磬(qìng):一种石制或铜制的打击乐器。 ② 荷蒉(kuì):挑着装土的草包。蒉:装土的草包。 ③ 有心:有思想、有抱负。 ④ 鄙:鄙陋。 ⑤ 硁硁(kēng kēng):浅陋而固执的样子。 ⑥ 斯己:守身为己。 ⑦ 深则厉:水深就和衣淌过去。 ⑧ 浅则揭:水浅就撩起衣裳过去。 ⑨ 果:果决、坚决。 ⑩ 末:通"没"。没有。

【评述】

本章记叙荷蒉隐士讥讽孔子在世道衰微时还时时不忘行道救世。宋朱熹说:"以衣涉水曰厉,摄衣涉水曰揭。此两句《诗经·卫风·匏有苦叶》之诗也,讥孔子人不知己而不止,不能适深浅之宜。"(《论语集注》卷七)清刘宝楠说:"言夫子知世不可,而犹为之,不能适深浅之宜。"(《论语正义·宪问第十四》)孔子在卫国住的时间最长,那里君子多,人口多,是推行仁政比较理想的地方。但由于卫灵公年老,倦于政事,不能用孔子,所以孔子在击磬时寄托了感慨和愁思。荷蒉隐士从孔子击磬声中体察了孔子知其不可为而为之的心情,于是对孔子进行讥讽,并引用《诗经·卫风·匏有苦叶》中的两句诗批评孔子不知深浅。孔子听到后说:"简直无法说服他了。"

子张曰:"《书》①云:'高宗②谅阴③,三年不言。'何谓也?"子曰:"何必高宗,古之人皆然。君薨④,百官总己以听于冢宰⑤三年。"

【今译】

子张说:"《书经》上说:'殷代高宗武丁守丧,三年不谈政事。'这是什么意思呢?"孔子说:"何必一定要殷高宗武丁呢?古代的人都是这样,国君去世了,文武百官处理自己的本职工作,三年之内服从宰相的命令。"

【注释】

①《书》:《书经》,即《尚书》。 ②高宗:指殷王武丁。 ③谅阴:守孝时所住的房子,又叫"凶庐"。 ④薨(hōng):国君死称薨。 ⑤冢宰:宰相。

【评述】

本章孔子为子张解释古代君主守丧之礼。梁皇侃《论语义疏》:"孔子答子张古之人君也,言古之人君有丧者皆三年不言,何必独美高宗,即此言亦激时人也,说人君之丧其子得不言之由。"在我国古代,父母去世,要守丧三年,自天子、诸侯、卿大夫、士以至于庶人,都是如此。令子张不解的是,殷高宗守丧,三年不言,岂非误了政事。孔子对此作了解释,三年之内有宰相统率百官,处理政务,不会妨碍政务的。宋胡氏说:"位有贵贱,而生于父母无以异者,故三年之丧,自天子达于庶人。子张非疑此也,殆以为人君三年不言,则臣下无所禀令,祸乱或由以起也。夫子告以听于冢宰,则祸乱非所忧矣。"(《论语集注》卷七)

子曰:"上①好礼,则民易使②也。"

【今译】

孔子说:"在上位的人循礼而行,那么老百姓就容易使唤了。"

【注释】

①上:在上位的统治者。 ②使:使唤。

【评述】

本章孔子强调以礼治国和君主的表率作用。宋谢氏说:"礼达而分定,故民易使。"(《论语集注》卷七)《春秋繁露·立元神》说:"夫为国,其化莫大于崇本。崇本则君化若神,不崇本则君无以兼人。天本、地本、人本三者皆奉,则民如子弟,不敢自专。邦如父母,不待恩而爱,不须严而使。"孔子十分重视统治者的表率作用,这里从礼的角度说明上守礼,以礼治国,人民自然就守礼而容易役使了。

子路问君子。子曰:"修己以敬①。"曰:"如斯而已乎?"曰:"修己以安人②。"曰:"如斯而已乎?"曰:"修己以安百姓。修己以安百姓,尧舜其犹病③诸!"

【今译】

子路问怎样才算君子。孔子说:"修养自己,严肃认真地工作。"子路说:"这样做就够了吗?"孔子说:"修养自己,使九族安乐。"子路说:"这样做就够了吗?"孔子说:"修养自己,使天下老百姓都安乐。修养自己,使天下老百姓都安乐,即使像尧、舜那样的圣君,恐怕还难以做到呢!"

【注释】

① 修己以敬:修养自己,认真工作。　② 安人:使九族安乐。③ 病:困乏。指难以做到。

【评述】

本章孔子认为君子应当终身修养自己的品德,以造福于人民,要做到这种程度是不容易的。宋朱熹说:"修己以敬,夫子之言至矣尽矣。而子路少之,故再以其充积之盛自然及物者告之,无他道也。人者对己而言,百姓则尽乎人矣。尧舜犹病,言不可以有加于此,以抑子路,使反求诸近也。"(《论语集注》卷七)清刘宝楠说:"君子,谓在位者也。修己者,修身也。以敬者,礼无不敬也。安人者,齐家也。安百姓,则治国平天下也。"(《论语正义·宪问第十四》)子路问孔子怎么样的人才是君子?孔子回答他"修己以敬",要他不断进行自我修养,达到对人对事恭敬而又谨慎。子路以为这样未免太容易了。孔子便告诉他"修己以安人",这是作为君子的第二步,在修己的基础上齐家,做到士大夫的九族亲睦。最后孔子告诫子路,作为君子的第三步,要"修己以安百姓",这是治国平天下的大事,即使尧舜,要做到"修己以安百姓"恐怕也是有困难的。这番话,体现了孔子修身、齐家、治国平天下的一贯思想,既是对子路的教育,也是对自己的鞭策,应从修身出发,做到"博施于民而能济众",行仁政于天下。

原壤①夷俟②。子曰:"幼而不孙弟③,长而无述④焉,老而不死,是为贼⑤。"以杖叩其胫⑥。

【今译】

原壤叉开两条腿坐着。孔子责备他说:"你小时候不敬爱兄长,长大了一事无成,老了又不早死,真是一个害人的人。"说着,用手杖敲着他的小腿。

【注释】

①原壤:鲁国人,孔子的朋友。 ②夷俟:叉开两脚而坐。这是一种倨傲无礼的行为。 ③孙弟:"孙"通"逊",同"逊悌"。对兄长不恭敬。 ④无述:没有值得讲述的事。 ⑤贼:害人的人。 ⑥胫:小腿。

【评述】

本章记叙孔子对原壤的斥责,责其不守礼法,无所作为。《集解》东汉马融说:"原壤,鲁人,孔子故旧。夷,踞;俟,待也。踞待孔子。"(《十三经注疏·宪问第十四》)魏何晏说:"贼,谓贼害。"(同上)汉孔安国说:"叩,击也。胫,脚胫。"(同上)原壤是什么人,据《礼记·檀弓》:"孔子之故人曰原壤,其母死,夫子助之沐椁。"可见是孔子的故旧。据宋朱熹《论语集注》说:"原壤,孔子之故人,母死而歌,盖老氏之流,自放于礼法之外者。"清刘宝楠说:"原壤母死,登木而歌,夫子若为弗闻而过之。"(《论语正义·宪问第十四》)他的母亲死了,蹲在棺材上唱歌,可能是一个不拘礼法,愤世嫉俗的狂人。据近人程树德说:"原壤盖习为吐故纳新之术者,故孔子以老而不死讥之。"(《论语集释·宪问下》)由上可知原壤是孔子的故旧,是一个不守礼法的人。

孔子对原壤的责备,一是责备他没有礼貌,不遵礼教。在家不敬爱兄长,又开两脚蹲倨着以傲慢的态度接待孔子。二是责备他无所作为,默默无闻。毫无功业可言,作了一辈子人,与草木同腐,不能垂名于后世。所以孔子讥其"老而不死,是为贼",亦即是一个对社会、对国家毫无用处的人。

阙党①童子将命②。或问之曰:"益者③与?"子曰:"吾见其居于位④也,见其与先生并行也。非求益者也,欲速成者⑤也。"

【今译】

阙党的一个童子奉命来向孔子传话。有人问孔子说:"这是个要求上进的孩子吗?"孔子说:"我看见他坐在成人的位置上,我看见他与长辈并肩而行。这不是一个要求上进的孩子,而是一个急于求成的人。"

【注释】

① 阙党:地名,又叫阙里,孔子居住的地方。 ② 将命:传话。 ③ 益者:要求上进的人。 ④ 居于位:坐在位子上。 ⑤ 速成者:急于求成的人。

【评述】

本章孔子责备阙党童子不知礼,急于求成。《集解》魏何晏说:"童子隅坐无位,成人乃有位也。"(《十三经注疏·宪问第十四》)东汉包咸说:"先生,成人也。并行,不差在后也,违礼。欲速成人者,则非求益者也。"(同上)宋黄榦《论语注义问答通释》:"礼之于人大矣,老者无礼,则足以为人害;少者无礼,则足以自害。夫子于原壤、童子皆以是教之,述《论语》者以类相从,所以著人无老少皆不可以无礼义也。"阙党的一个童子奉命来向孔子传话。孔子从他坐在不该坐的成人位子上、与成人并肩而行这两件事情中,指出这是一个不知礼而求速成的人。可见孔子教人以礼,事事循礼而行。

卫灵公第十五

【解题】

本篇共四十二章。朱熹《论语集注》把第一、二章并为一章,故为四十一章。梁皇侃《论语义疏》作四十二章,今从之。编者取本篇首章"卫灵公问陈于孔子"一句中的"卫灵公"三字为篇名。其中,记孔子直接论述三十六章,记孔子答国君、弟子问五章,记孔子帮助师冕一章。

本篇从孔子不答卫灵公问陈开始,到帮助残疾人结束,主要论述为人处世问题,围绕国家的根本在礼乐的精神展开,说明了他以下几个观点:

第一,为国以礼,无为而治,先礼后兵,去乱就治。如他回答卫灵公"俎豆之事,则尝闻之矣;军旅之事,未之学也"。他教育颜渊"行夏之时,乘殷之辂,服周之冕,乐则韶舞",以礼乐文化教育人民、治理国家,反对战争,反对侵略。

第二,为人处世,循礼而行。要求人们:(1)要求仁。"志士仁人无求生以害仁,有杀身以成仁。""民之于仁也,甚于水火。"以仁守知,"当仁不让于师"。(2)要求道。"君子谋道不谋食","忧道不忧贫",安贫乐道。实行"己所不欲,勿施于人"的恕道,发挥人的主观能动作用,弘扬正道,直道而行。(3)要求名。"君子疾没世而名不称焉","君子病无能焉",主张立德、立功、立言,名垂后世。(4)要修身。"躬自厚而薄责于人",对人则无所毁誉,遇事要忍耐,"小不忍,则乱大谋"。有错要改。"过而不改,是谓过矣。"总之,为人处世,要主忠信,行笃敬,动之以礼,礼以行之,循礼而行,符合于礼。

第三,善于学习,有教无类。他时时勉励人们勤于学习,学思结合。"吾尝终日不食,终夜不寝,以思,无益,不如学也。""学也,禄在其中矣。"至于教人,主张"有教无类",表达了他不分阶级、不分地域、不分智愚,只要肯受教,便孜孜不倦地进行教育的精神。

卫灵公问陈①于孔子。孔子对曰:"俎豆之事②,则尝闻之矣;军旅③之事,未之学也。"明日遂行。

【今译】

卫灵公向孔子请教军队列阵作战的方法。孔子回答说:"祭祀礼仪的事,我曾经听说过;行军打仗的事,我没有学习过。"第二天就离开卫国走了。

【注释】

① 陈:通"阵"。布列军阵。 ② 俎豆之事:指祭祀礼仪之事。俎豆:古代祭祀时盛肉食的器皿,借指礼仪之事。 ③ 军旅:军队。指行军作战。

【评述】

本章记叙孔子不满卫灵公妄图实行霸道,不施仁政的行为。表现了孔子讲礼,反对战争的思想。宋尹氏说:"卫灵公无道之君也,复有志于战伐之事,故答以未学而去之。"(《论语集注》卷八)清刘宝楠说:"太公《六韬》有天陈、地陈、人陈、云鸟之陈,皆军行陈列之名。春秋时,诸侯多别制陈法,如郑有鱼丽、鲁有支离、楚有荆尸类,皆是。"(《论语正义·卫灵公第十五》)

卫灵公问阵于孔子,孔子不答。是孔子不懂军事吗? 其实孔子是懂军事的。卫国蒲城发生叛乱,卫灵公曾问过孔子如何处置,孔子分析了形势后,主张用兵。但卫灵公优柔寡断,没有采纳。冉有在齐鲁郎之战中,率领鲁国左师大败齐军。当季康子问他军事才能从何而来时,他回答是向孔子学习的。可见孔子是懂军事的。是卫灵公对孔子礼遇不周吗?也不然。孔子辞去鲁国司寇后到了卫国,卫灵公非常高兴,多次想重用他,给他在鲁国一样的高薪。"卫灵公问孔子:'居鲁得禄几何?'对曰:'奉粟六万。'卫人亦致粟六万。"(《史记·孔子世家》)待遇不可谓不厚了。那么孔子为什么不答复卫灵公呢?第一,孔子鉴于卫灵公昏庸无道,突然心血来潮问及军事,妄想实行霸道,岂非痴人说梦。所以孔子推说不知,暗示他仁政未能实行,妄想行霸道,是要碰壁的。第二,孔子一贯主张礼乐文化,反对战争,认为应先礼而后兵,故推说只知礼仪,不懂军事。第二天,便离开了卫国。"明日,与孔子语,见蜚鸿,仰视之,色不在孔子。孔子遂行,复如陈。"(同上)

在陈绝粮,从者病①,莫能兴②。子路愠③见曰:"君子亦有穷乎?"子曰:"君子固穷④,小人穷斯滥⑤矣。"

【今译】

孔子在陈国断绝了粮食,跟随的人都饿病了,没有人能站起来。子路满脸不高兴地来见孔子说:"君子也有穷困的时候吗?"孔子说:"君子虽然穷困,但还能固守。小人一穷困,就无所不为了。"

【注释】

①病:饥饿而生病。 ②兴:站起来。 ③愠:恼怒、内心不悦形于脸色。 ④固穷:固守贫穷。 ⑤滥:乱。

【评述】

本章记叙孔子在极度贫困中守志不移,安贫乐道的精神。《集解》汉孔安国说:"从者,弟子。兴,起也。孔子去卫如曹,曹不容,又至宋。遭匡人之难,又之陈。会吴伐陈,陈乱,故乏食也。"(《十三经注疏·卫灵公第十五》)《荀子·宥坐》:"孔子南适楚,厄于陈、蔡之间,七日不火食,藜羹不糁,弟子皆有饥色。"据《史记·孔子世家》载:孔子离开陈国到蔡国,住了一段时间,吴国起兵伐陈,楚国出兵往救,部队驻扎在城父。楚昭王派人礼聘孔子,陈、蔡大夫思孔子之才,便派兵包围孔子断绝了粮食供应,致有七日不火食之难。随从的弟子都饿得爬不起来。在极端困难的条件下,孔子仍"讲诵弦歌不衰"。子路带着情绪向孔子提出疑问。孔子教育子路君子应该有守穷精神,处在贫穷之中仍坚定信仰不动摇,不能像小人那样,一穷便无所不为了。

子曰:"赐也,女以予为多学而识①之者与?"对曰:"然,非与?"曰:"非也,予一以贯之②。"

【今译】

孔子说:"子贡呀,你以为我是广泛地学习而牢固地记住知识的人吗?"子贡回答说:"是呀,难道不是这样吗?"孔子说:"不是的,我是用一个道理来贯穿自己的学说。"

【注释】

① 识(zhì):记住。　② 一以贯之:用一个道理贯穿着。

【评述】

本章孔子教子贡掌握求学的根本。《集解》魏何晏说:"善有元,事有会,天下殊塗而同归。百虑而一致。知其元,则众善举矣。故不待多学,以一知之。"(《十三经注疏·卫灵公第十五》)梁皇侃说:"言我所以多识者,我以一善之理贯穿万事,而万事自然可识,故得知之。故云子一以贯之也。"(同上)清焦循《论语补疏》:"孔子以一贯语曾子,曾子即发明之云:'忠恕而已矣。'忠恕者何? 成己以成物也。"清孔广森《经学卮言》:"告子贡之一贯与告曾子之一贯语意不同,彼以道之成体言,此以学之用功言也。"

关于一贯是什么的讨论,诸家说法不一。明王阳明认为是知良知,宋程颐认为是穷理,梁皇侃认为是多学而识,清孔广森认为是指学之用功言,恐怕均不符合孔子原意。孔子所持的"一",是很难解释清楚的,可能就是一个本质的东西。只要掌握了本质的东西,就一通百通了。那么这个本质的东西是怎样得来的呢?是知识一点一点积累起来吗?孔子已加以否定,这是学,不是一。我们可以从老子的话中得到启发,加以理解。老子说:"为学日益,为道日损,损之又损,以至于无为。"(《老子·德经·第四十一章》)为学日益,就是一天一天积累知识,这是学。而为道呢?就是要一天一天减损,一切私心杂念统统丢掉,最后人性本原的一就出来了。坚持这个体现本性的一,就可以把一切贯穿起来了。

子曰:"由①!知德者鲜②矣。"

【今译】

孔子说:"仲由,知道仁德的人很少了。"

【注释】

① 由:仲由,字子路。 ② 鲜:少。

【评述】

本章孔子感叹知德的人很少,勉励子路进德。《集解》魏王肃说:"君子固穷,而子路愠见,故谓之少于知德。"(《十三经注疏·卫灵卫第十五》)清陈沣《东塾读书记》:"夫子告子路,言知德之人鲜,犹言中庸之为德,其至矣乎,民鲜能久矣。彼言能者鲜,此言知者鲜,其意一也。"本章注疏家认为是孔子针对子路在陈绝粮时发牢骚而言,教育子路要知德,面对生死、祸福、得丧时不能乱其所守,要把握道德,达到仁人的修养高度。

子曰:"无为而治①者,其舜也与?夫何为哉?恭己②正南面③而已矣。"

【今译】

孔子说:"无所作为而使天下大治的人,大概只有舜吧?他做了些什么呢?他只是庄严端正地坐在王位上罢了。"

【注释】

① 无为而治:无所作为而使天下大治。 ② 恭己:端正自己。 ③ 南面:面向南。指古代帝王坐位,坐北朝南。

【评述】

本章孔子论述舜能无为而治,达到太平盛世的原因。宋朱熹说:"无为而治者,圣人德盛而民化,不待其有所作为也。独称舜者,绍尧之后,而又得人以任众职,故尤不见其有为之迹也。恭己者,圣人敬德之容,既无所为,则人之所见如此而已。"(《论语集注》卷八)大舜是孔子心目中的圣王,赞扬他无为而治。孔子指出舜能无为而治的原因有三:第一,是"恭己",即修己以敬,用恭敬谨慎的态度修养自己,提高自己的圣德,然后德化于民。第二,继承圣王尧的帝位,执行尧制订的政策措施。第三,能得贤人而治,用帝尧的臣禹、皋陶等辅佐。由于具备以上三个条件,故能垂拱而治,以致太平。

子张问行①。子曰:"言忠信,行笃敬②,虽蛮貊③之邦,行矣。言不忠信,行不笃敬,虽州里④,行乎哉?立⑤则见其⑥参⑦于前也,在舆⑧则见其倚于衡⑨也,夫然后行。"子张书诸绅⑩。

【今译】

子张问孔子怎样使主张行得通的道理。孔子说:"说话忠诚守信,行为严肃恭敬,即使到了不开化的地方,主张也能行得通。说话不忠诚守信,行动不严肃恭敬,即使在本乡本土,主张能行得通吗?站着时,好像看到'忠信笃敬'在面前参拜;坐在车上,好像看见'忠信笃敬'

靠在车前横木上。能这样,你的主张就到处行得通了。"子张把这些话写在衣带上。

【注释】

① 行:行得通。 ② 笃敬:严肃认真。 ③ 蛮貊之邦:不开化的国家。 ④ 州里:指本乡本土。 ⑤ 立:站立。 ⑥ 其:指代忠信、笃敬。 ⑦ 参:参拜、拜见。 ⑧ 舆:车。 ⑨ 衡:车前横木。 ⑩ 绅:衣服的大带。

【评述】

本章孔子答子张如何使主张行得通的处世之道。宋朱熹说:"子张意在得行于外,故夫子反于身而言之。言其于忠信笃敬念念不忘,随其所在常若有见,虽欲顷刻离之而不可得,然后一言一行自然不离于忠信笃敬,而蛮貊可行矣。"(《论语集注》卷八)据《史记·仲尼弟子列传》:"子张从在陈、蔡间,因问行。"子张随孔子困在陈、蔡,感到世道艰难,又将外行,故有此问。孔子教育他只要做到"言忠信,行笃敬",即取信于人,踏踏实实地工作,就能到处行得通,实现自己的主张。孔子说得形象、生动,所以格外吸引人。"言思念忠信,立则常想见,参然在目前;在舆,则若倚车轭也。"(《十三经注疏·卫灵公第十五》)子张十分重视,将这句话记在衣带上,作为格言、警句,终身奉行。

子曰:"直①哉史鱼②!邦有道,如矢③;邦无道,如矢。君子哉蘧伯玉!邦有道,则仕;邦无道,则可卷而怀之④。"

【今译】

孔子说:"正直啊,史鱼!国家政治清明,他好像射出去的箭那样直;国家政治黑暗,他也好像射出去的箭那样直。君子啊,蘧伯玉!国家政治清明,他就做官;国家政治黑暗,他就把才能收藏起来退隐。"

【注释】

①直：正直。　②史鱼：卫国大夫史鳅，字子鱼，临死时嘱咐其子不要在正室治丧，劝谏卫灵公任用蘧伯玉，斥退弥子瑕。　③如矢：像箭一样。　④卷而怀之：卷起来，收藏它。借指隐居。

【评述】

本章孔子赞扬卫国大夫史鱼直道而行；蘧伯玉邦有道则仕，邦无道则隐。史鱼是卫国的贤大夫，据《孔子家语·困誓》载："史鱼病将卒，命其子曰：'吾在卫朝，不能进蘧伯玉，退弥子瑕，是吾为臣不能正君也。生而不能正君，则死无以成礼。我死，汝置尸牖下，于我毕矣。'其子从之。灵公吊，怪而问焉。其子以告。公愕然失容曰：'是寡人之过也。'于是命之殡于客位，进蘧伯玉而用之，退弥子瑕而远之。孔子闻之，曰：'古之谏者，死则已矣，未有若史鱼死而尸谏，忠感其君者也，可不谓直乎！'"孔子赞扬史鱼不管在邦有道或邦无道情况下，都刚正不阿，直道而行。即使至死，也以尸谏，使卫灵公受到感动而进用蘧伯玉，斥退弥子瑕。

蘧伯玉是卫国的又一位贤大夫，经历卫国献、殇、襄、灵四君。据《列女传·仁智》载："卫灵公与夫人夜坐，闻车声辚辚，至阙而止，过阙复有声。公问夫人曰：'知此谓谁？'夫人曰：'此蘧伯玉也。'公曰：'何以知之？'夫人曰：'妾闻礼下公门，式路马，所以广敬也。夫忠臣与孝子不为昭昭变节，不为冥冥惰行。蘧伯玉，卫之贤大夫也，仁而有智，敬于其上，此其人必不以暗昧废礼，是以知之。'公使视之，果伯玉也。"蘧伯玉与孔子交情甚深，孔子在卫国时，曾住在他家中。在这里，孔子赞扬他善于处治世和乱世，特别是善于处乱世。据《左传》襄公十四年载：卫国发生孙林父放逐卫君之变，《左传》襄公二十六年载：卫大夫宁喜弑君、专国，而蘧伯玉均能应付裕如，离开卫国，避免卷入。他的作风，与孔子处治世和乱世的观点一致，所以称之为识时世的君子。

子曰:"可与言而不与之言,失人①;不可言而与之言,失言②。知者③不失人,亦不失言。"

【今译】
　　孔子说:"可以同他谈论正道而不与他交谈,就是失去人才;不可同他谈论正道而与他交谈,就是浪费语言。聪明的人不失去人才,也不浪费语言。"

【注释】
　　① 失人:失去人才。　② 失言:浪费语言。　③ 知者:聪明的人。

【评述】
　　本章孔子论述知者既不失人又不失言的知人之明。梁皇侃《论语义疏》说:"谓此人可与共言,而己不与之言,则此人不复见顾,故是失于可言之人也。言与不可言之人共言,是失我之言者也。唯有智之士则备照二途,则人及言并无所失也。"《说苑·谈丛》:"钟子期死而伯牙绝弦破琴,知世莫可为鼓也;惠子卒而庄子深瞑不言,见世莫可与语也。"《中论·贵言》:"君子必贵其言。贵其言,则尊其身;尊其身,则重其道;重其道,所以立其教。言费则身贱,身贱则道轻,道轻则教废。故君子非其人则弗与之言。"明顾梦麟《四书说约》:"人才难遇,觌面而失,岂是小事?然恐失人遂至失言者,势也,两病只是一根,只为不识人耳,故智者得之。"孔子教育人们说话要看对象,要有知人之明。可以谈的人而不与他谈,便失了人才,不值得谈的人而与他交谈,是浪费语言。《管子·形势》也说:"毋与不可,毋强不能,毋告不知。与不可,强不能,告不知,谓之劳而无功。"

子曰:"志士仁人,无求生①以害②仁,有杀身以成仁③。"

【今译】

孔子说:"有志之士和仁德的人,决不会贪生怕死而损害仁德的,只有牺牲自己而成全仁德的。"

【注释】

① 生:生存、贪生。　② 害:危害、妨碍。　③ 杀身以成仁:牺牲自己而成全仁德。

【评述】

本章孔子教人具有求仁的牺牲精神。宋张栻《论语解》说:"人莫不重于其生也,君子亦何异于人哉?然以害仁,则不敢以求生。以成仁,则杀身而不避。盖其死有重于生故也。"仁是孔子最高的道德追求。生命诚可贵,但为了仁,无求生以害仁,有杀身以成仁,可以献出宝贵的生命。伯夷、叔齐,饿死于首阳山下,孔子赞许他为仁人。比干苦谏纣王,被剖心而死,孔子也赞许他为仁人。管仲有大功于天下,虽不曾死,孔子仍赞许他为仁人。孔子这种思想影响十分深远。中国有多少英雄儿女在强敌面前威武不屈,杀身成仁,体现了中华民族的浩然正气。宋文天祥就是其中之一。他临刑时衣带诏上写着:"孔曰成仁,孟曰取义。唯其义尽,所以仁至。读圣贤书,所学何事?而今而后,庶几无愧。"(《宋史·文天祥传》)以死实践了孔子求仁的名言。所以杀身成仁、舍生取义就作为成语流传至今。

当然,求仁也未必一定要杀身。清焦循《雕菰楼文集》说:"杀身成仁,解者引比干之谏,夷、齐之饿,固矣。然杀身不必尽刀锯鼎镬也。舜勤众事而野死,冥勤其官而水死,为民御大灾、捍大患,所谓仁也。以死勤事,即是杀身成仁。苟自爱其身,则禹不胼胝,颜色不黧黑,窍气不塞,足不偏枯,而水不平,民生不遂,田赋不能成,即是不能成仁,则为求生以害仁也。管仲不死而相桓公,霸诸侯,一匡天下,民到于今受其赐,是成仁不必杀身。夫圣贤之死不死,审乎仁不仁,非谓仁必死也,非谓死则仁也。"这个理解也有一定道理。

子贡问为仁①。子曰:"工②欲善其事,必先利其器③。居是邦也,事④其大夫之贤者,友⑤其士之仁者。"

【今译】

子贡问怎样培养仁德。孔子说:"工匠要想做好他的工作,首先一定要把工具磨锋利。住在那个国家里,应该奉侍那个国家大夫中有贤德的人,与那个国家中有仁德的士人交朋友。"

【注释】

① 为仁:培养仁德。 ② 工:工匠。 ③ 器:工具。 ④ 事:奉事、奉侍。 ⑤ 友:交朋友。

【评述】

本章孔子用比喻教子贡求仁之道,要求结交有仁德的人来培养自己的仁德。子贡有一个缺点,喜欢结交不及自己的人做朋友,显示自己的才能。而且喜欢议论别人,所以孔子针对其如何培养仁德的提问,用工匠使用工具以成事为喻,因势利导,教育他一个人要修养仁德,一定要结交贤者,得到师友的切磋琢磨之助,切勿自以为是,自视过高。

颜渊问为邦①。子曰:"行夏之时②,乘殷之辂③,服周之冕④,乐则《韶》⑤舞。放⑥郑声⑦,远佞人⑧。郑声淫⑨,佞人殆⑩。"

【今译】

颜渊问怎样治理国家。孔子说:"实行夏朝的历法,乘坐殷朝的车子,戴上周朝的帽子,奏乐则用《韶》乐。抛弃郑国的音乐,疏远花言巧语的小人。郑国的音乐淫乱,花言巧语的小人危险。"

【注释】

① 为邦:治理国家。　② 时:历法。　③ 辂:车子。　④ 冕:帽子。　⑤《韶》:《韶》乐。　⑥ 放:放逐、抛弃。　⑦ 郑声:郑国的音乐。　⑧ 佞人:花言巧语的谄媚小人。　⑨ 淫:淫乱、淫荡。　⑩ 殆:危险。

【评述】

本章孔子教导颜渊以正道维系社会,治理国家。颜渊问孔子治国之道,孔子提出了礼乐制度上的四件事。首先要"行夏之时",也就是要执行夏朝制订的历法。夏历建寅,以正月为岁首,也就是我们现在说的阴历。在我国古代对于历法是非常重视的,只有天子才有制订历法的权力。改朝换代第一件大事就要明正朔。国家每年公布历书,颁发给诸侯、郡国,让他们执行。那么孔子为什么主张用夏历而不用周历呢? 孔子认为夏历是最合理的历法,有利于农业,比周历要好,符合中国各民族的心理。第二,主张"乘殷之辂"。就是乘坐殷朝制作的木制车子,质素无饰,用以祭天。故《郊特牲》说鲁郊云:"乘素车,贵其质也。"第三是"服周之冕"。就是戴周代制作的官冕。因周代礼仪制度完备,故服制从周。第四是音乐,则采用孔子所高度赞扬的"尽善尽美"的舜乐,以培养陶冶人的性格、情操。反对郑国的音乐和疏远卑谄辩给的小人。由此看来,孔子对于古代的文化礼乐制度并非兼收并蓄,而是择善而从的。

子曰:"人无远虑①,必有近忧②。"

【今译】

孔子说:"人没有长远的考虑,一定会产生近期的忧虑。"

【注释】

① 远虑:长远的考虑。　② 近忧:近期的忧虑。

【评述】

本章孔子教育人们要居安思危,预防祸患。梁皇侃《论语义疏》:"人生当思渐虑远,防于未然,则忧患之事不得近至。若不为远虑,则忧患之来不朝则夕,故云必有近忧也。"宋王应麟《困学纪闻》:"思欲近,近则精;虑欲远,远则周。"这是孔子长期生活经验的总结,为人处世,一定要深思远虑,不要目光短浅,否则就会有忧患到来。小而言之,个人是如此,大而言之,国家也是如此。这句话是富有积极意义的,长期流传,形成格言。

子曰:"已矣乎①!吾未见好德如好色②者也。"

【今译】

孔子说:"完了吧!我没有看见爱好美德像爱好美色的人。"

【注释】

① 已矣乎:算了吧,完了吧。已:完、结束。　② 好色:喜欢美色。

【评述】

本章孔子感叹追求美德的心志不坚。梁皇侃《论语义疏》说:"疾时色兴德废,故起斯叹也。"清宦懋庸《论语稽》说:"疑因季桓子受女乐而郊不致膰,孔子时将去鲁而发也。曰已矣乎,有惜功业不就,吾道不行之意。"本章与《子罕》篇第十八章重复,多"已矣乎"三字。据《史记·孔子世家》,孔子这句话是针对卫灵公对南子的宠爱,有感而发。在这句话里并没有说女人不好,只说人们没有像好色那样专心追求德罢了。后儒强调男女大防,是不符合孔子原意的。

子曰:"臧文仲其①窃位②者与?知柳下惠③之贤而不与立④也。"

【今译】

　　孔子说:"臧文仲大概是占了职位不管事的人吧?明知柳下惠的贤明,但不举荐他任官。"

【注释】

　　① 其:大概。　② 窃位:占了职位而不管事。　③ 柳下惠:鲁国贤人。本名展获,字禽。柳下是他居住的地方,"惠"是私谥。　④ 立:立朝。指任官。

【评述】

本章孔子愤慨地指责臧文仲尸位素餐,不举用贤才。宋范氏说:"臧文仲为政于鲁,若不知贤,是不明也;知而不举,是蔽贤也。不明之罪小,蔽贤之罪大,故孔子以为不仁,又以为窃位。"(《论语集注》卷八)孔子非常重视在上位者应为国家选拔人才,他对公叔文子举家臣为卿,大加赞扬。《说苑·臣术》载:"子贡问孔子:'今之人臣孰为贤?'孔子曰:'吾未知也?往者齐有鲍叔,郑有子皮,贤者也。'子贡曰:'然则齐无管仲,郑无子产乎?'子曰:'赐,汝徒知其一,不知其二。汝闻进贤为贤邪?用力为贤邪?'子贡曰:'进贤为贤。'子曰:'然。吾闻鲍叔之进管仲也,闻子皮之进子产也,未闻管仲、子产有所进也。'"孔子认为鲍叔、子皮是贤者,他们比管仲、子产好,因为他们为国家推荐了人才。而臧文仲对于柳下惠是了解的。他在鲁庄公、闵公、僖公、文公四朝任大司寇兼司空,柳下惠任士师,是他的下属。据《国语·鲁语上》载:齐孝公来伐鲁,臧文仲欲以辞告,病焉,问于展禽。"可见他对柳下惠的才能是了解的。同书还说:"海上有一种叫爰居的鸟,停在鲁国的东门外,三天不去,臧文仲派国人去祭它,柳下惠对这种迷信活动曾提出过批评。"越哉!臧孙之为政也。夫祀,国之大节也;而节,政之所成也。故慎制祀以为国典。今无故而加典,非政之宜也。"臧文仲曾表示虚心接受。"信吾过也!季子之言,不可不法也。"但臧文仲明知柳下惠之才而不能用,这就叫做"蔽贤",罪莫大焉。《晏子春秋·谏下》

说:"夫有贤而不知,一不祥;知而不用,二不祥;用而不任,三不祥也。"所以孔子严肃地批评臧文仲是"窃位"。这个词用得恰如其分,非常贴切。明鹿善继《四书说约》称赞说:"'窃位'二字,化工之笔。"

子曰:"躬自厚①而薄②责于人,则远怨③矣。"

【今译】

孔子说:"多责备自己,少责备人家,那么,怨恨就远远地离开了。"

【注释】

① 躬自厚:多责备自己。躬,亲身。 ② 薄:少。 ③ 远怨:怨恨就远远地离开了。

【评述】

本章孔子教人严以律己,宽以待人,处理好人与人之间的关系。宋朱熹说:"责己厚,故身益修;责人薄,故人易从。所以人不得而怨之。"(《论语集注》卷八)《吕氏春秋·举难》说:"故君子责人以仁,自责则以义。责人以仁则易足,易足则得人;自责以义则难为非,难为非则行饰。故任天地而有余。"孔子重视个人的道德修养,这句话对处理人与人之间的关系来说很重要,但难以做到。孔子要求人们常常反躬自省,严格要求自己,责备别人的过失要宽厚诚心,不能像要求自己那样严格,这样就可减少怨恨了。而现实的人们往往相反,责己宽,责人严,就搞不好人际关系了。

子曰:"不曰'如之何①,如之何'者,吾末②如之何也已矣。"

【今译】

孔子说:"不想想怎么办、怎么办的人,我对他也不知道该怎么办了。"

【注释】

　　① 如之何:怎么办。　② 末:没有。

【评述】

本章孔子教人遇事要善于思维,深谋远虑。梁皇侃《论语义疏》引李充说:"谋之于其未兆,治之于其未乱,何当至于临难而方曰如之何也。"关于"如之何"有两种解释:一说是问人之辞。董仲舒《春秋繁露·执贽》:"故匿病者不得良医,羞问者圣人去之。故君子不隐其短,不知则问。"一说是自问之辞。宋朱熹《论语集注》卷八:"熟思而审处之辞也。"这两种说法基本精神是一致的。教人们遇事要多思、多问。孔子这句话说得幽默而含蓄,将几个相同的疑问句堆砌在一起,却包含着深刻的哲理。一个人如果遇事不分析、无主见,无判断处置能力,这样的人的确不知该怎么办了。

子曰:"群居①终日,言不及义②,好行小慧③,难矣哉!"

【今译】

　　孔子说:"大家整天在一起,谈话不涉及正道,只爱卖弄小聪明,这种人,真难以教诲了!"

【注释】

　　① 群居:大家在一起。　② 言不及义:说话一点也不涉及正经道理。　③ 小慧:小聪明。

【评述】

本章孔子反对做事浮夸,不谈道义的人。梁皇侃《论语义疏》:"三人以上为群居,群居共聚,有所谈说,终于日月,而未尝有及义之事也。小惠,若安陵调谑属也,以此处世,亦难为成人也。"明王樵《四书绍闻编》:"此章与'饱食终日无所用心章'皆圣人警厉学者至痛切之言。"清刘宝楠说:"此章是夫子家塾之戒。"(《论语正义·卫灵公第十五》)孔子的话是针对整天聚集在一起而无所用心的学生们说的。希望他们互相切磋琢磨于义理之会,讨论重大的社会问题,反对卖弄小聪明。对于言不及义,虚掷光阴,好行小慧的人是深恶痛绝的,这是一种不良的学风。明末顾炎武在《日知录》中批评当时士风说:"饱食终日,无所用心,难矣哉,今日北方之学者是也。群居终日,言不及义,好行小慧,难矣哉,今日南方之学者是也。"孔子就是对这种浮夸的学风加以批评。

子曰:"君子义以为质①,礼以行之,孙②以出③之,信以成④之。君子哉!"

【今译】

孔子说:"君子用道义作为根本,用礼仪来实行它,用谦逊来表达它,用诚信来完成它。这才是真正的君子呀!"

【注释】

① 质:本质,根本。 ② 孙:通"逊"。谦逊。 ③ 出:表达。 ④ 成:完成。

【评述】

本章孔子论述君子完备周到的行为。唐韩愈《解论语笔》:"操行不独义也,礼与信皆操行也。吾谓君子体质先须存义,义然后礼,礼然后逊,逊然后信,有次序焉。"宋朱熹说:"义者,制事之本,故以为质干,而行之必有节文,出之必以退谦,成之必待诚实,乃君子之道也。"(《论语集注》卷八)本章孔子提出君子行为的义、礼、逊、信四条原则。首先是本质上要有义。即孟子所说"义者,宜也。"也就是适宜、合宜。既是应该具备的仁义,也是探求义理,属于君子的内心修养。其次是礼,行动要求循礼而行。再次是逊,即是谦逊,出言吐语谦逊恭谨。最后是信,办事守信,取信于人。这样使内在的一个本质与外在的三个表现结合起来，便是一位行为端正、完美的君子了。

子曰:"君子病①无能②焉,不病人之不己知也。"

【今译】
孔子说:"君子只忧虑自己没有才能,不担心别人不了解自己。"

【注释】
①病:忧虑、担心。 ②能:才能、能力。

【评述】
本章孔子强调君子为学是提高自己,担心无能治国安民,而不担心别人不了解自己。清宦懋庸《论语稽》:"古今人材大有大用,小有小用,苟其有用,则皆有能,故君子唯以无能为病。至于天下之大,何患无知己者哉？"孔子一贯强调君子应该以天下为己任,加强学习,进行自我修养,能德才兼备,具有治国安民能力。所以只担心自己无真才实学,不能承担重任,不应担心别人不了解自己。这样的话他反复说过多次,如《学而》第一章,《里仁》第十四章,《宪问》第三十章,都表达了同样的意思。

子曰:"君子疾①没世②而名③不称④焉。"

【今译】
孔子说:"君子痛恨的是死亡之后没有名声被人称道。"

【注释】
①疾:痛恨、担心。 ②没世:死亡、离开人世。 ③名:名声、名望。 ④称:称述、称道。

【评述】
孔子主张君子应以天下为己任,留名于后世。梁皇侃《论语义疏》

引江熙说:"匠终年运斤不能成器,匠者病之。君子终年为善不能成名,亦君子病之也。"明王肯堂《论语义府》:"君子之疾,非疾其无名也,疾其无实也;非疾人之不见知也,疾我之无可知也。夫子此言盖勉人及时进修也。"孔子认为一个仁人君子最大的遗憾是死了以后,历史上无名无声,默默无闻,与草木同朽。《史记·孔子世家》:"子曰:弗乎!弗乎!君子疾没世而名不称焉。吾道不行矣,吾何以自见于后世哉?"孔子是强调事功的,他怀有远大理想,主张立德、立功、立言,为"博施于民而能济众"奋斗不息,当大道不能实现以后,退而著述、名垂后世。孔子这句话既是他自己毕生追求功业的写照,也是对后人的激励。所以这句话一直激励着中国的知识分子立德、立功、立言,以垂名后世。汉司马迁忍辱负重作《史记》,成"千古之绝唱,无韵之离骚",名垂宇宙。宋范仲淹,刻苦砥砺,终成一代名士,他的"先天下之忧而忧,后天下之乐而乐"名句,激励人们进行思想修养,完善人格、情操。

子曰:"君子求①诸②己,小人求诸人。"

【今译】

孔子说:"君子严格要求自己,小人严格要求别人。"

【注释】

① 求:要求、责求。 ② 诸:之于合词。通"之"。

【评述】

本章孔子论述君子、小人的修养、品格之不同。《集解》说:"君子责己,小人责人。"(《十三经注疏·卫灵公第十五》)清刘宝楠说:"谓先责诸己也。若小人则藏身不恕,而即欲喻诸人,故但责人。孟子所谓'今以其昏昏使人昭昭者也。'"(《论语正义·卫灵公第十五》)这句话的意义,在《论语》中多次提到。孔子总是谆谆教育人们要责己严,待人宽,处理好人与人之间的关系。不要像小人那样,责己宽,待人严,造成人与人之间关系紧张。

子曰："君子矜①而不争,群②而不党③。"

【今译】

孔子说："君子庄矜而不争执,合群而不结党营私。"

【注释】

① 矜:庄矜、庄重。　② 群:合群。　③ 党:结党营私。

【评述】

本章孔子论述君子的道德修养。汉孔(安国)说："党,助也。君子虽众,不相私助,义之与比。"(《十三经注疏·卫灵公第十五》)梁皇侃《论语义疏》引江熙说："君子不使其身俔焉若非,终日自敬而已,不与人争胜之也。君子以道相聚,聚则为群,群则似党,群居所以切磋成德,非于私也。"本章孔子提出了君子修身的两条原则,一是持矜庄重而不争名争利;二是敬业乐群而不搞宗派。而人们往往不能做到。历史上有东汉的党锢之祸。起因是房植与周福的宾客互相讥评,遂各树朋徒,渐成水火,后宦官诬范滂等人为党而将他们禁锢,形成党锢之祸。唐朝则有"牛李党争"。穆宗长庆元年(821),翰林学士李德裕与中书舍人李宗闵开始互相攻击,形成朋党,"自是德裕、宗闵各分朋党,更相倾轧,垂四十年"。由于牛僧儒入相而与李德裕结怨,形成牛李党争,盘根错节,互相攻讦。所以唐文宗每叹曰:"去河北贼易,去朝廷朋党难。"(《资治通鉴》卷二百四十五)至宋时有蜀党、洛党之争。至明代有东林党争,直至明亡而后止。结党营私,形成亡国之祸,是足资垂戒的。所以孔子希望君子矜而不争,群而不党。

子曰："君子不以①言举②人,不以人废③言。"

【今译】

　　孔子说:"君子不依据言论来提拔人,也不因坏人而废弃他的好话。"

【注释】

　　① 以:因,凭借、依据。　② 举:推举、推荐。　③ 废:废弃。

【评述】

本章孔子论述用人的原则是重道、重实际。清李中孚《四书反身录》:"不以言举人,则徒言者不得倖进;不以人废言,庶言路不致壅塞,此致治之机也。"孔子这句话说得非常精辟,具有辩证思想。对于用人,有言者不必有德,故不可以言举人;也不可以无德而废善言。所以一方面,不根据能说会道而推举他。一定要听其言而观其行,从实际品德、学说出发来推举人,重行而不重言。另一方面,不应对说过好话的坏人因其后来变坏而把先前说过的好话也废弃了。罪在其人,不在其文。唐太宗对待侯君集就是不以人废言的例子。侯君集在唐初立有大功,唐太宗在凌烟阁上画有他的图像。他后随太子承乾谋反被处死。有人拟将他在凌烟阁上的图像抹掉,唐太宗不同意,仍叫他们保留。

　　子贡问曰:"有一言而可以终身①行之者乎? 子曰:"其恕②乎! 己所不欲③,勿施④于人。"

【今译】

　　子贡问道:"有一句话可以一辈子奉行的吗?"孔子说:"大概是'恕'吧! 自己不想要的东西,不要强加给别人。"

【注释】

　　① 终身:一辈子。　② 恕:恕道。孔子提倡的一种伦理道德,以宽恕待人。　③ 不欲:不想要。　④ 施:加给。

【评述】

本章孔子论述恕道的永恒意义。孔子所说的仁,包括积极方面和消极方面,积极方面是"己欲立而立人,己欲达而达人。"而消极方面则是"己所不欲,勿施于人"。即实行将心比心,推己及人的恕道。子贡才华高,政治、外交、经商都有显著成就,才高的人往往会看不起别人,容易伤人。所以孔子针对子贡的弱点,让他加强恕道修养,终身奉行。

子曰:"吾之于人也,谁毁①谁誉②?如有所誉者,其有所试③矣。斯民也,三代④之所以直道⑤而行也。"

【今译】

孔子说:"我对于别人,诋毁过谁,赞誉过谁呢?假使我有所赞扬,他一定是经过我的考验的。用这样的正道对待人民,所以夏、商、周三代的人能够走在正道上。"

【注释】

①毁:诋毁。 ②誉:赞誉。 ③试:试验、考验。 ④三代:指夏、商、周三代。 ⑤直道:正道。

【评述】

本章孔子自述以直道待人,不随便毁誉别人。梁皇侃《论语义疏》:"孔子言我之于世,平等如一,无有憎爱毁誉之心,故云谁毁谁誉也。既平等一心,不有毁誉,然君子掩恶扬善,善则宣扬,而我从来若有所称誉者,皆不虚妄,必先试验其德而后乃誉之耳,若云其有所试矣。"宋朱熹说:"斯民者,今此之人也。三代,夏商周也。直道,无私曲也。言吾之所以无所毁誉者,盖以此民即三代之时所以善其善,恶其恶,而无所私曲之民。故我今亦不得而枉其是非之实也。"(《论语集注》卷八)

孔子教育人们评论人物,处理问题一定要持慎重态度,分辨其是非。首先要不存私心,直道而行。其次不能轻信,一定要经过实际验证。否则主观行事,一定会出错误。明崇祯十一年(1638)九月,京师戒严,十月卢象昇督军入援,十二月兵败于钜鹿,殉难而死。卢象昇战没之后,杨嗣昌奉旨查验,便遣二逻卒察其死状。其中有一名叫俞振龙的逻卒,向杨嗣昌回报卢象昇确实战死。杨嗣昌是主和的,与卢象昇主战意见不一致,便怒打逻卒俞振龙,打了三日三夜,将被打死,俞振龙张目大呼:"天道神明,无枉忠臣。"天下之人闻之,莫不流涕,怨恨杨嗣昌。杨嗣昌以一己之私,颠倒黑白,自然受到人们的唾骂(《明史·卢象昇、杨嗣昌传》)。即是其例。孔子认为三代之民能直道而行,是由于受到尧舜禹等有德君主的教化,他们心中有是非标准的缘故。

子曰:"吾犹及史①之阙文②也。有马者借人乘之,今亡矣③夫!"

【今译】

孔子说:"我还能看到史书上存在疑问而空缺的地方。有马的人,借给别人骑坐,现在就没有这种人了!"

【注释】

① 史:史书。 ② 阙文:文章中存疑而空缺的地方。"阙"同"缺"。 ③ 亡:没有。

【评述】

本章孔子教人治史应持慎重态度,感叹人心不如古时敦厚。《集解》东汉包咸说:"古之良史于书字有疑,则缺之以待知者也。有马不能调良,则借人乘习之。孔子自谓及见其人如此,至今无有矣。言此者,以俗多穿凿。"(《十三经注疏·卫灵公第十五》)梁皇侃《论语义疏》说:"孔子此叹世浇流迅速,时异一时也。"宋杨氏说:"史阙文,马借人,此二事孔子犹及见之,今亡矣夫,悼时之益偷也。"(《论语集注》卷八)宋蔡节《论语集说》:"今熟味及字与亡字,自然贯意。有马者借人乘之,便是史之阙文。夫有马而借人乘,非难底事,而史且载此,必是阙文。"孔子治学强调实事求是,"知之为知之,不知为不知"。良史阙文,取存疑态度,不妄加穿凿附会,这是美好史德的表现,昔人谓:"观天下书未遍,不得妄下雌黄。"孔子对这种治史态度是深深赞美的。他自己修《春秋》,笔则笔,削则削,不明之处,持存疑态度,不妄加臆测。这一点对于整理古籍非常重要,绝不能以私意篡改古文。明人喜妄改古书,所以清人指责明人喜改古书而古书亡。应引以为戒。

子曰:"巧言①乱德②。小不忍③,则乱大谋④。"

【今译】

孔子说:"花言巧语,将会败坏道德。小的事情不能忍耐,就会败坏全局性的谋略。"

【注释】

① 巧言:花言巧语,奉承阿谀的话。 ② 乱德:败坏道德。 ③ 忍:忍耐。 ④ 大谋:全局性的谋略。

【评述】

本章孔子教人坚持正道,遇事要有忍让精神。宋邢昺说:"有言者不必有德,故巧言利口,则乱德义;山薮藏疾,国君含垢,故小事不忍,则乱大谋。"(《十三经注疏·卫灵公第十五》)明蔡清《四书蒙引》:"沛公因项羽王于关中而欲攻项羽,向非萧何之谏,则乱大谋矣,是匹夫之勇也。赵王太后爱其少子长安君,不肯使质于齐,向非左师触龙之言,则乱大谋矣,是妇人之仁也。"孔子一向深恶痛绝花言巧语的人,主张坚持德行,少说多做或只做不说。遇事要有忍让精神。小不忍则乱大谋的事,历史上比比皆是。汉初刘项之争时,韩信助刘邦攻下齐地,遣使请刘邦封他为假齐王。刘邦听后大怒,骂道:"吾困于此,旦暮望而来佐我,乃欲自立为王!"张良、陈平连忙用脚踢刘邦,因为当时韩信握重兵在齐,举足轻重。项刘之争,刘又屡败于项,如韩信背刘助项,刘邦大事去矣。小不忍,则乱大谋。刘邦是非常聪明的,得到张良、陈平暗示,便改口说:"大丈夫定诸侯,即为真王耳,何以假为!"遣张良立韩信为齐王,发兵攻楚,终于打败项羽(《汉书·韩信列传》)。三国时蜀汉诸葛亮与魏司马懿相持于渭水。亮军远出,利在速战,而司马懿坚守不出,诸葛亮便"遗帝巾帼妇人之饰"来羞辱司马懿,而司马懿笑而受之,仍不出战,迫使诸葛亮粮尽而退(《晋书·宣帝纪》)。

子曰:"众恶①之,必察②焉;众好之,必察焉。"

【今译】

孔子说:"大家都厌恶他,一定要经过考察;大家都喜欢他,也一定要经过考察。"

【注释】

① 恶:厌恶。 ② 察:调查、考察。

【评述】

本章孔子教人对待人才,不要好恶在我,而要实事求是,多方考察,取慎重态度。《管子·明法解》说:"乱主不察臣之功劳,誉众者则赏之;不审其罪过,毁众者则罚之。如此者,则邪臣无功而得赏,忠正无罪而有罚。"梁皇侃《论语义疏》引卫瓘说:"贤人不与俗争,则莫不好爱也;俗人与时同好,亦则见好也;凶邪害善则莫不恶之;行高志远与俗违忤亦恶之,皆不可不察也。"孔子一贯主张对人取慎重态度,必须经过实际调查。如果大家都厌恶他,或者大家都喜欢他,未必一定可靠。恶人会哗众取宠,会使用各种手段,获得好评;好人修己独立,不一定被众人所了解。战国齐威王时,即墨大夫将即墨治理得很好,但无善政传到齐威王耳中。而阿大夫治阿,田野荒芜,百姓流离失所,颂声却不绝于威王之耳。威王取慎重态度,派人调查,了解事实真相,于是赏即墨大夫,烹阿大夫(《史记·田敬仲完世家》)。

子曰:"人能弘道①,非道弘人②。"

【今译】

孔子说:"人能弘扬道义,不是道义弘扬人。"

【注释】

① 弘道:弘扬、扩大道义。 ② 弘人:弘扬人。

【评述】

本章孔子论述人和道的关系,强调人的作用。梁皇侃《论语义疏》引蔡谟说:"道者寂然不动,行之由人。人可适道,故曰人能弘道。道不适人,故曰非道弘人也。"宋朱熹说:"道如扇,人如手,手能摇扇,扇如何摇手。"(《朱子语类·论语二十七》)孔子论述人和道的关系,人能扩大道、发展道,人是处在积极、能动的地位上。而道是静止的、被动的,依靠人来弘扬。也就是说,道是真理,真理是客观存在,但依靠人来发现真理、推广真理、实践真理。孔子对人和道的关系的认识是正确的,而要弘扬道、传播道,首要任务还在于学习,不断提高人们的道德品质修养,改变人的精神面貌。十六国时匈奴人刘渊,自幼喜爱学习,曾随崔游读书,常对同学说:"道由人弘,一物之不知者,固君子之所耻也。"知识贫乏,既可耻,也不能弘道,只有奋发学习,提高道德品质,才能弘扬大道(《晋书·刘元海载记》)。

子曰:"过①而不改,是谓过矣。"

【今译】

孔子说:"有了错误而不肯改正,这就叫做真正的错误了。"

【注释】

① 过:过失、错误。

【评述】

本章孔子教人知过必改,否则就会铸成大错。宋邢昺说:"人谁无过,过而能改,善莫大焉,过而不改,是谓过矣。"(《十三经注疏·卫灵公第十五》)宋朱熹说:"过而能改,则复于无过。惟不改,则其过遂成,而将不及改矣。"(《论语集注》卷八)孔子十分强调改过,他不承认有天生的圣人和不犯错误的人,只有发现错误,不断改正,才能达到圣王的境界。他自己就勇于改过。如陈司败对他的批评,他乐于接受,立即改正。如果坚持错误而不改就会成为历史罪人。春秋时期宋襄公不听大司马固的谏阻,导致泓之战中全军覆没,自己的大腿也受了重伤,但还为自己的错误辩护,死不认错。隋炀帝不喜人谏,废去谏官,坚持错误不改,终于身死国灭。严酷的历史事实为我们指出了坚持错误的危害性。

子曰:"吾尝①终日不食,终夜不寝,以思②,无益③,不如学也。"

【今译】

孔子说:"我曾经整天不吃食物,整夜不睡觉,用来思考问题,但没有收益,还不如努力学习。"

【注释】

① 尝:曾经。　② 思:想、思考。　③ 无益:没有好处。

【评述】

本章孔子勉人努力学习。《大戴礼·劝学》:"孔子曰:'吾尝终日而思矣,不如须臾之所学也。'"明林希元《四书存疑》:"徒思而不学,则此理出于想象亿度而无真实之见,且旋得旋失,不免危殆之患,故无益。学则讲习讨论,体验躬行,有真见,无遗忘,德之成也有自矣,故曰不如学也。"《三国志·吴志·吕蒙传》载,孙权对吕蒙与蒋钦说:"你们为国家掌管军队,应很好学习增强才能。"吕蒙说:"在军队里事情较忙,恐怕没有时间学习。"孙权说:"我难道叫你们治经为博士邪!只要你们学习研究历史上的经验教训。"并以自己的读书经验勉励他们学习。说:"宜急读《孙子》《六韬》《左传》《国语》及三史。孔子言:'终日不食,终夜不寝,以思,无益,不如学也。'光武当兵马之务,手不释卷,孟德也自谓老而好学,卿何独不自勖勉邪。"吕蒙经孙权教育,努力学习,大有长进,使饱学的鲁肃惊叹不已:"吾谓大弟但有武略耳,至于今者,学识英博,非复吴下阿蒙。"孔子根据某些学生多思而少学的偏向,强调学习的重要性,教育学生努力向学,学思结合。孔子从亲身实践的经验中认为只有通过学习,才能解决实际问题。这一教育对后世学人影响很大。

子曰:"君子谋道①不谋食。耕也,馁②在其中矣;学也,禄③在其中矣。君子忧道不忧贫。"

【今译】

孔子说:"君子谋求大道而不谋求衣食。耕田,饥饿就在其中了;学习,俸禄就在其中了。所以君子担心大道而不担心贫穷。"

【注释】

① 谋道:追求道德。道:真理、道德。　② 馁(něi):饥饿。　③ 禄:俸禄。

【评述】

本章孔子勉励君子努力学习以求明道。清刘宝楠说:"春秋时,士之为学者,多不得禄,故趋于异业,而习耕者众。观于樊迟以学稼、学圃为请,而长沮、桀溺、荷蓧丈人之类,虽隐于耕,而皆不免谋食之意,则知当时学者以谋食为亟,而谋道之心或不专矣。夫子示人以君子当谋之道,学当得禄之理,而耕或不免馁,学则可以得禄,所以诱掖人于学。"(《论语正义·卫灵公第十五》)这个分析大体符合孔子原意。据刘向《说苑》载,中牟的宁越,原来是一个农夫,勤于耕种,但不能温饱。他便问朋友:"如何能摆脱劳累和贫穷?"他朋友说:"没有比学习更好的了,学习二十年便可以飞黄腾达。"宁越说:"好吧,我以十五年为期。在这十五年中,人家休息,我不休息;人家睡觉,我不睡觉,致力于学习。"经过十三年的苦学,成为周威公的老师,以禄代耕了。

"谋道不谋食""忧道不忧贫"是孔子说的两句格言,过去作为知识分子的人生追求而影响深远。孔子认为一个真正有学问,以天下为己任的君子,只要努力学习,追求大道,禄也就在其中了。只考虑耕耘,非但求不得道,也得不到衣食。在这句话中,既体现孔子"学而优则仕"的思想,也体现了孔子轻视体力劳动的思想。

子曰:"知①及之,仁不能守②之;虽得之,必失之。知及之,仁能守之。不庄③以莅之④,则民不敬。知及之,仁能守之,庄以莅之,动⑤之不以礼,未善⑥也。"

【今译】
　　孔子说:"靠聪明才智取得的禄位,不能用仁德去守住它;虽然得到了,一定会失去它。靠聪明才智取得的禄位,能够用仁德守住它,但不能用庄重严肃的态度来治理百姓,那么,老百姓就不会敬重他。用聪明才智取得的禄位,能够用仁德守住它,也能用庄重严肃的态度来治理百姓,但不能用礼仪来教育、规范他们,那也还不够完善。"

【注释】
　　① 知:聪明才智。　② 守:保持、固守。　③ 不庄:不庄重。④ 莅之:指治理百姓。莅:到、临。　⑤ 动:动员、教化。　⑥ 善:完善

【评述】

本章孔子论述才智、仁德、庄重、礼仪都是治国不可偏废的条件。这句话前人有两种解释：一种认为为治国而发。清毛奇龄《论语稽求篇》说："此为有天下国家者言。"一种认为为治民而发。清黄式三《论语后案》说："此章言治民之道也。"两说都可通。在本章中，孔子对国君、对大臣提出四项治国治民的条件，这四个条件对于个人修身也都适用。第一，要有才智。有了才智，能正确地判断问题。子贡经商，臆则屡中，所以能富埒王侯。第二，要用仁德教化。第三，要态度庄重严肃，以身作则。第四，要守礼，循礼而行。做到这四点，对于在上位的统治者来说，国家便可以长治久安。对个人来说，作人、做事、从政、修身、事业都能尽善尽美。

子曰："君子不可小知①而可大受②也；小人不可大受而可小知也。"

【今译】

孔子说："君子不可以用小事考验他，而可以让他承担重大任务；小人不可以让他承担任大重任，而可以用小事考验他。"

【注释】

① 小知：从小的地方去考察。　② 大受：接受重大任务。

【评述】

本章孔子从君子、小人的对比中论述观察人、使用人的方法。《集解》魏王弼说："君子之道深远，不可以小了知而可大受。小人之道浅近，可以小了知而不可大受也。"（《十三经注疏·卫灵公第十五》）《淮南子·主术训》："是故有大略者不可责以捷巧，有小智者不可任以大功。人有其才，物有其形，有任一而太重，或任百而尚轻。是故审毫厘之计者，必遗天下之大数；不失小物之选者，惑于大数之举。譬犹狸之不可使搏牛,虎之不可使搏鼠也。"宋朱熹说:"盖君子于细事未必可观,而材德足以任重;小人虽器量浅狭,而未必无一长可取。"(《论语集注》卷八)明林希元《四书存疑》:"此言观人当于其大,不当于其小。以大事而观人,然后其人可见。以小节而观人,小人未有不胜君子,君子或置之无用之地矣。"

　　君子是德才兼备而有雄心壮志的人,可以委以重任,让他干小事,不为人所知,这就不对了。三国时刘备领荆州牧,任命庞统"以从事守耒阳令,在县不治,免官"。庞统是江东名士,有凤雏之号,刘备不识其才,让他当小小县令,不称其职而被免官。后鲁肃致书刘备说:"庞士元非百里才也,使处治中、别驾之任,始当展其骥足耳。"诸葛亮也向刘备推荐,刘备与庞统交谈,"大器之,以为治中从事,亲待亚于诸葛亮,遂与亮并为军师中郎将"(《三国志·蜀书·庞统传》)。小人恰好相反,不可让他担任重大任务,只能让他做点小事。孔子的话含有深刻的人生哲理,体现了其使用人才要各尽其能、各得其所的思想。

　　子曰:"民之于仁也,甚于水火①。水火,吾见蹈②而死者矣,未见蹈仁③而死者也。"

【今译】

　　孔子说:"人民对于仁德的需求,超过对于水火的需求。水和火,我看见有人踩进去而死了的,但从没有看见践履仁德而死了的人。"

【注释】

　　① 甚于水火:比水火更严重。　② 蹈:踩、踏。　③ 蹈仁:践履仁德。

【评述】

　　本章孔子论述仁的重要性,勉励学生求仁。梁皇侃《论语义疏》引王弼说:"民之远于仁,甚于远水火也。见有蹈水火死者,未尝蹈仁死者也。"宋朱熹说:"民之于水火,所赖以生,不可一日无。其于仁也亦然。但水火外物,而仁在己,无水火不过害人之身,而不仁则失其心,是仁有甚于水火,而尤不可以一日无者也。况水火或有时而杀人,仁则未尝杀人,亦何惮而不为哉?"(《论语集注》卷八)孔子在谈论道德修养时特别强调仁道,由于仁道很高,高不可测,所以不少学生望而却步。孔子在这里针对学生求仁之难的畏惧心理,首先指出仁的重要性,然后解除学生求仁的畏难情绪,鼓励学生努力追求仁德。

子曰:"当仁①,不让于师②。"

【今译】

孔子说:"面对仁德,即使老师也不必谦让。"

【注释】

① 当仁:面对仁德。 ② 师:老师。

【评述】

本章孔子论述对待仁应有的态度。宋邢昺说:"弟子之法,为事虽当让于师,若当行仁之事,不复让于师也。"(《十三经注疏·卫灵公第十五》)宋朱熹说:"当仁,以仁为己任也。虽师亦无所逊,言当勇往而必为也。盖仁者人所自有而自为之,非有争也,何逊之有。"(《论语集注》卷八)在我国,对于师道是尊崇的。弟子应恭顺师长,但在仁面前,却可以当仁不让。希腊哲学家亚里斯多德说过:"吾爱吾师,吾更爱真理。"这是他当时在与老师柏拉图意见分歧时说的。他并不盲从于师,而有独立见解。追求真理,追求学问,当仁不让于师,古今中外都是一致的。所以"当仁不让"以后形成成语,影响深远。

子曰:"君子贞①而不谅②。"

【今译】

孔子说:"君子坚持正道而不拘泥于小信。"

【注释】

① 贞:坚贞。指坚持正道。 ② 谅:小信。

【评述】

本章孔子论述君子处事持守正道而不拘于小节。梁皇侃《论语义疏》:"君子权变无常,若为事苟合道,得理之正,君子为之,不必存于小信,自经于沟渎也。"清黄式三《论语后案》:"此言君子之危行言逊也。君子行事必守道之正,而言之信有时不拘守也。"孔子认为君子应持守正道,顾全大局,不拘泥于小信。如管仲尊王攘夷,相桓公霸诸侯,建立不世功勋,不必追究其不死于公子纠之小节。陈平替刘邦定秘计,设奇谋,建立大功,不必斤斤于俗人所误传的其盗嫂之小节。都是适例。

子曰:"事君,敬其事①而后其食②。"

【今译】

孔子说:"奉侍君主,应该认真工作,而把得俸禄的事放在后面。"

【注释】

① 敬其事:认真对待工作。 ② 食:指食俸禄。

【评述】

本章孔子认为做官的人首先要做好本职工作,然后才接受俸禄。宋邢昺说:"当先尽力敬其职事,必有勋绩而后食禄也。"(《十三经注疏·卫灵公第十五》)梁皇侃《论语义疏》引江熙说:"恪居官次以达其道,事君之意也,盖伤时利禄以事君也。"宋朱熹说:"君子之仕也,有官守者修其职,有言责者尽其忠,皆以敬吾之事而已,不可先有求禄之心也。"(《论语集注》卷八)孔子一贯主张先劳而后获,事君之道也是一样,先为国君尽力尽责,敬其事,然后接受俸禄。《国语·楚语下》引斗且曰:"昔斗子文三舍令尹,无一日之积。成王闻子文之朝不及夕也。于是乎每朝设脯一束、糗一筐以羞子文,至于今令尹秩之。成王每出子文之禄,必逃,王止而后复。人谓子文曰:'人生求富,而子逃之,何也?'对曰:'夫从政者,以庇民也,民多旷也,而我取富焉,是勤民以自封,死无日矣。我逃死,非逃富也。'是不先恤民而后己之富乎?"令尹子文就是一个先敬其事,后得其禄,不无功受禄的人。

子曰:"有教①无类②。"

【今译】

孔子说:"我对人不加区分,都愿意教育他们。"

【注释】

① 教:教育、教诲。　② 无类:不分类别。

【评述】

本章孔子认为凡人都可以接受教育而从善,应该一视同仁对他们进行教育。《吕氏春秋·劝学》:"故师之教也,不争轻重、尊卑、贫富,而争于道,其人苟可,其事无不可。"这句话表现了孔子的教育精神。他不分阶级、不分地域、不分智愚,只要肯受教,他一律谆谆进行教育。关于这句话,前人有不同理解。东汉马融认为:"言人所在见教,无有种类。"(《十三经注疏·卫灵公第十五》)梁皇侃认为:"人乃有贵贱,同宜资教,不可以其种类庶鄙而不教之也,教之则善,本无类也。"《论语义疏》宋朱熹认为:"不分善恶之殊,同在教育之例。"(《论语集注》卷八)他们的解释各有不同的侧面,但都认为孔子是历史上第一个办私学的人,打破了官学对学生的限制。孔子不分贵贱、地域、贤愚、善恶,只要虚心向学,一定对他们进行教育。他有弟子三千,贤人七十二。

七十二贤人中属于贵族出身的只有孟懿子、南宫敬叔、孟武伯、司马牛四人。属于城市贫民和卑贱之人的有颜路、颜回、仲弓、原宪、闵子骞等人,甚至连颜涿聚这样的"梁父之大盗"(《吕氏春秋·尊师》)也列入门墙。所以南郭惠子曾问子贡:"夫子之门,何其杂也。"子贡回答说:"欲来者不拒,欲去者不止。且夫良医之门多病人,隐栝之侧多枉木,是以杂也。"(《荀子·法行》)孔子就是这样勤勤恳恳地教导前来求学的人。

子曰:"道①不同,不相为谋②。"

【今译】
　　孔子说:"各人的理想、主张不同,就无法在一起商议。"

【注释】
　　① 道:主张、观点。　② 谋:谋议、商议。

【评述】
本章孔子教人交友、谋事要谨慎小心。志同道合,才能共谋大事。《盐铁论·忧边》:"孔子曰:不通于论者难于言治,道不同者不相与谋。"清黄式三《论语后案》:"君子与君子有时意见不同,行迹不同,而卒能相谋者,其道同也。此言道不同,指异端小人之贼道者。"这里的"道"字,据清吴嘉宾的解释:"道者,志之所趋舍,如出处语默之类。"(《论语说》)这是比较符合孔子原意的。如孔子主张入世,实行仁政,而长沮、桀溺主张隐居,道不同就不相为谋了。宋邢昺说:"若道同者共谋,则精审不误,若道不同而相为谋,则事不成也。"(《十三经注疏·卫灵公第十五》)这样理解是对的。

子曰:"辞①达②而已矣。"

【今译】

孔子说:"言辞,能表达意思就可以了。"

【注释】

① 辞:言辞、语言。 ② 达:表达。

【评述】

本章孔子主张语言应朴实无华,能表达意思即可。宋朱熹说:"辞取达意而止,不以富丽为工。"(《论语集注》卷八)这句话孔子可能是针对当时邦交之辞而发的。古代任外交使节是受命不受辞。遇到具体问题,使者要随机应变,阐明自己的观点,表明自己的态度。《礼记·聘礼》说:"辞无常,逊而说。辞多则史,少则不达。辞苟足以达,义之至也。"要求言辞能表达意思即可,说多了过烦,说简了不达,要说到点子上,才能恰到好处。

师冕①见,及②阶,子曰:"阶也。"及席,子曰:"席也。"皆坐,子告之曰:"某在斯③,某在斯。"师冕出。子张问曰:"与师言之道④与?"子曰:"然,固⑤相⑥师之道也。"

【今译】

乐师冕会见孔子,走到台阶边,孔子说:"这是台阶。"走到坐位边,孔子说:"这是坐席。"大家都坐下后,孔子告诉师冕说:"某某坐在这里,某某坐在这里。"师冕出去后,子张问孔子说:"这是同乐师讲话的方式方法吗?"孔子说:"是的,这就是帮助乐师的方法。"

【注释】

① 师冕:师:乐师。冕:乐师的名字。古代乐师大多是盲人。 ② 及:到达。 ③ 某在斯:某人在这里。斯:这里。 ④ 道:方式方法。 ⑤ 固:本来。 ⑥ 相:帮助。

【评述】

本章孔子以自己的言行为榜样,展示接待残疾人应有的礼貌。宋朱熹说:"圣门学者于夫子之一言一动,无不存心省察如此。相,助也。古者瞽必有相,其道如此。"(《论语集注》卷八)明薛瑄《读书录》:"观圣人与师言,辞语从容,诚意恳至,真使人感慕于数千载之上。常人见贵人则知敬,见敌者则敬稍衰,于下人则慢之而已。圣人于上下人己之间,皆一诚敬之心。"师是古代很重要的文化官,掌管音乐的大乐师,在春秋战国时代与太史令同样重要,一般由盲人担任。本章记载孔子引导乐师冕参加一次会见,并为他一一作了详细介绍。表明孔子对于残疾人富于同情心,讲究礼貌。从前释迦牟尼有一个弟子,也是盲人,有一次他自己在补衣服,穿不进针眼,就在那里大叫同学帮忙,他的同学都打坐入定了,没人理他。释迦牟尼便自己走下来帮他穿针眼。穿好后,交到他手上,又教他怎样缝。这个学生听到声音,才知道是释迦牟尼。就说:"老师怎么亲自来?"释迦牟尼说,这是我应该做的。接着释迦牟尼便教育学生,人应该做的,就是这种事,为什么不肯帮助残疾的人、穷苦的人?孔子和释迦牟尼都是具有同情心、乐于助人的人。

季氏第十六

【解题】

本篇共十四章。编者取本篇首章"季氏将伐颛臾"一句中的"季氏"二字为篇名。其中,记孔子直接论述十章,记孔子与弟子对话一章,记陈亢问伯鱼一章。还有"齐景公有马千驷"一章,既无"子曰"字样,又在"其斯之谓与"的上面无所承受。宋程颐认为《颜渊》篇第十二章的"诚不以富,亦祇以异"两句引文应放在"其斯之谓与"以上,但无证据。宋朱熹在《答江德功书》中也说:"此章文势或有断续,或有阙文,或非一章,皆不可考。"最后"邦君之妻"一章,据近人杨伯峻研究,可能是孔子所言,却遗落了"子曰"两字。

本篇从孔子斥责季氏专恣征伐开始,到正国君之妻之名结束,围绕礼展开,主要论述为人处世之道,可以看作是《卫灵公》篇的继续和引申。阐明孔子以下几个观点:

第一,感叹天下无道,政在大夫。孔子以礼乐征伐所自出为标准,总结历史发展的轨迹及其执国运之久暂,表达自己以礼治国、正名分、均贫富、修文德的政治主张。

第二,教人为人处世之道。首先要善于择友。交直谅多闻之友,弃便辟柔佞之人,以友辅仁。其次要以礼节乐,谨慎言语、戒色、戒斗、戒得,常存敬畏之心,以成其事。其三要勤学多思,学而知之。其四要学诗学礼,重德轻财。修身律己,以成君子之行。

季氏将伐颛臾①。冉有、季路见于孔子曰:"季氏将有事②于颛臾。"孔子曰:"求!无乃③尔是过与?夫颛臾,昔者先王以为东蒙主④,且在邦域之中⑤矣,是社稷之臣⑥也。何以伐为⑦?"冉有曰:"夫子⑧欲之,吾二臣者皆不欲也。"孔子曰:"求!周任⑨有言曰:'陈力⑩就列⑪,不能者止⑫。'危而不持,颠⑬而不扶,则将焉用彼相⑭矣?且尔言过矣,虎兕⑮出于柙⑯,龟玉毁于椟中,是谁之过⑰与?"冉有曰:"今夫颛臾,固⑱而近于费⑲。今不取,后世必为子孙忧⑳。"孔子曰:"求!君子疾㉑夫舍㉒曰欲之而必为之辞㉓。丘也闻有国有家者,不患寡而患不均,不患贫而患不安㉔。盖均无贫,和无寡,安无倾㉕。夫如是,故远人㉖不服,则修文德以来㉗之。既来之,则安之。今由与求也,相夫子,远人不服,而不能来也。邦㉘分崩离析,而不能守也;而谋动干戈㉙于邦内。吾恐季孙之忧,不在颛臾,而在萧墙之内㉚也。"

【今译】

季氏准备攻打颛臾。冉有、季路谒见孔子说:"季氏准备对颛臾使用武力。"孔子说:"冉求!这难道不应该责备你吗?颛臾,从前的先王曾经授权让他主持东蒙山的祭祀,而且它的国土在鲁国封疆之内,也是国家的大臣啊,为什么要攻打它呢?"

冉有说:"是季孙想这样做,我们两个家臣并不想这样做的。"孔子说:"冉求!周任曾经说过:'尽自己的能力去担任职务,如果不能胜任,就辞职不干。'今天别人遇到危险你不去扶持,别人跌倒在地,你不去搀扶,那还要你辅助什么呢?而且,你的话说错了。老虎、犀牛从笼子里逃出来,龟甲、美玉在盒子里毁坏,这是谁的过错呢?"

冉有说:"今天的颛臾,城墙坚固而且接近季氏的采邑费城,现在不夺取,一定会给子孙后代留下祸害。"孔子说:"冉求!君子最厌恨不肯说自己贪得无厌,反而强辞夺理找借口的人。我听说,治理国家和治理封地的人，不担心贫穷而担心不平均；不担心人少而担心不安定。因为平均就不觉得贫穷，和睦就不觉得人少，安定就没有危险。能做到这样，如果远方的人还不归服，便再修仁义礼乐的政教来招致他们。他们已经来了，就使他们安居乐业。现在仲由和冉求你们两人在辅佐季氏，远方的人不归服，又不能用文德招致他们归附；国家四分五裂，又不能固守保全，反而策划在国内使用武力。我恐怕季孙的忧虑，不在颛臾，而在自己的院墙之内吧。"

【注释】

①颛臾:鲁国的附庸国,在今山东费县东北。 ②有事:婉指使用武力。 ③无乃:莫不是。用于反诘。 ④东蒙主:主持祭祀东蒙山的人。 ⑤邦域之中:在鲁国国境之内。 ⑥社稷之臣:与国家共存亡的大臣。 ⑦何以伐为:为什么要攻打它? ⑧夫子:指季孙氏。 ⑨周任:古代史官。 ⑩陈力:尽自己的力量。 ⑪就列:进入朝臣行列。指担任职务。 ⑫止:停止。指辞职。 ⑬颠:跌倒。 ⑭彼相:哪个助手。 ⑮兕:雌的犀牛。 ⑯柙(xiá):关猛兽的木笼。 ⑰过:过失、错误。 ⑱固:坚固。 ⑲费:费邑。季孙氏的采邑,在今山东费县。 ⑳忧:祸害。 ㉑疾:厌恨。 ㉒舍曰:不说。 ㉓辞:借口。 ㉔不安:不安定。 ㉕倾:倾覆。 ㉖远人:远方的人。 ㉗来:招致。 ㉘邦:国家。 ㉙干戈:武力。 ㉚萧墙之内:萧墙,鲁国国君在宫门内所设立的屏风。这里借指鲁君。季孙氏把持朝政,与鲁君矛盾很大。鲁君乘季氏攻打颛臾之机,可能会起兵收回政权。后世把"萧墙之内"作为内部发生祸乱的代称。

【评述】

本章孔子以大义教育冉求、子路,借以阻止权臣季氏兴动干戈的企图,表达了孔子为政以德的政治主张。这一章比较长,可以分几个层次。

一、文章从"季氏将伐颛臾"开始。季氏是鲁国季氏三兄弟,这时他们操纵鲁国政治、经济、军事大权,准备去侵略颛臾这个小国家。这里的季氏,据清刘宝楠说是季康子(《论语正义·季氏第十六》)。汉孔安国说:"颛臾,宓牺之后,风姓之国。本鲁之附庸,当时臣属鲁。季氏贪其地,欲灭而有之。"(《十三经注疏·季氏第十六》)显然,伐颛臾是一场侵略战争。

二、孔子听了冉有、子路的报告,分析颛臾的历史背景,主张不可伐。冉有、子路为季氏家臣,知道伐颛臾的事情重大,便向孔子报告了季氏准备侵略颛臾的意图——"季氏将有事于颛臾",这是一种外交辞令,什么事情,没有说。孔子一听就明白,他太了解自己的学生了,判定冉有一定参预其事,就撇开子路,直接点了冉有的名,对他进行责备。"求!无乃尔是过与?"《集解》孔安国说:"冉求为季氏宰,相其室为之聚敛,故孔子独疑求教之。"(同上)接着孔子便为冉有、子路分析颛臾的历史背景:它是周武王分封时所建立的国家,奉命主持东蒙山的祭祀,是鲁国的社稷之臣。这样的国家是不应讨伐的。《集解》汉孔安国说:"使主祭蒙山。鲁七百里之封,颛臾为附庸,在其域中。已属鲁国社稷之臣,何用灭之为?"(同上)孔子根据历史文化、宗法精神,义正辞严地分析,使冉求无话可说。

三、冉求的推托和孔子指出其应负的罪责。冉求听了孔子的话,无法回答,只好把责任推到季氏身上——"夫子欲之,吾二臣者皆不欲也。"宋朱熹说:"夫子指季孙,冉有实与谋,以夫子非之,故归咎于季氏。"(《论语集注》卷八)孔子听了冉有的分辩。便引用古代史官周任"陈力就列,不能则止"的话教育冉有:你们既然不希望季氏出兵,应当履行辅臣谏阻的责任,谏而不听,应当辞职不干。梁皇侃《论语义疏》说:"人生事君当先量后入,若计陈我才力所堪,乃后就其列,次治其职任耳。若自量才不堪,则当止而不为也。"孔子说到这里并没有结束,继续指责冉有、子路"危而不持,颠而不扶",等于是放老虎、犀牛出笼伤人,是将龟甲、美玉毁于盒中,没有履行辅臣的责任。季氏之恶,辅臣是应该承担的。朱熹说:"明二子居其位而不去,则季氏之恶,己不

得不任其责也。"(《论语集注》卷八)

四、冉有被责,吐露真情。孔子在责斥中阐明自己为政以德的政治观点。冉有被孔子训得没有办法了,只好和盘托出了真情:"今夫颛臾,固而近于费,今不取,后世必为子孙忧。"颛臾这个国家,城池坚固而紧靠季氏的采邑费城,现在如果不把它吞并过来,将来季氏的子孙后代要吃大亏。显然季氏将伐颛臾,是有预谋的,而冉有完全了解内情,参预密谋。朱熹说:"此则冉有之饰辞,然亦可见其实与季氏之谋矣。"(同上)这样,孔子在斥责冉有不揭露季氏无厌的贪心,反而替季氏辩解后,进而阐明自己治国的政治、经济观点。第一,对内部,"不患寡而患不均,不患贫而患不安"。在经济上不怕少而怕不平均,分配均衡了就相安无事。在政治上不怕人少而怕不安定。内部安定,国家就没有危险了。清俞樾《群经平议》:"寡、贫二字传写互易。贫以财言,不均亦以财言,财宜平均,不均,则不如无财矣。故不患贫而患不均也。寡以人言,不安亦以人言,人宜乎安,不安,则不如无人矣,故不患寡而患不安也。"第二,在外部"则修文德以来之,既来之,则安之"。国家要强盛必须招徕人口,发展生产。如何招徕人口呢?就要发扬文化教育精神,感化外人,使他们在文德的感化下,纷纷前来归附,然后让他们安居乐业。总起来看,就是实行德治,体现了孔子的仁政、王道思想。说到这里,孔子话锋一转,又落到冉有、子路身上,点到文章的主题:你们两人是季氏家臣,既不能招抚远人,又不能固守分崩离析的国家,还想在国内大动干戈,这样下去,"季孙之忧,不在颛臾而在萧墙之内也"。果不其然,不久季氏兄弟之间爆发了争端。孔子以犀利的目光,敏锐的洞察力,层层深入地剥去了冉求的诡辩,揭露了季孙氏的侵略野心,并指出其严重后果,显示了严密的逻辑力量。

孔子曰:"天下有道,则礼乐征伐[①]自天子出;天下无道,则礼乐征伐自诸侯出。自诸侯出,盖十世[②]希[③]不失矣;自大夫出，五世希不失矣；陪臣④执国命⑤，三世希不失矣。天下有道，则政不在大夫。天下有道，则庶人⑥不议。"

【今译】

孔子说："天下政治清明，那么制礼作乐、出兵讨伐的大事由天子作出决定；天下政治黑暗，那么制礼作乐、出兵讨伐的大事由诸侯作出决定。如果政令由诸侯决定，大概传到十代，很少还能继续传下去的。如果政令由大夫决定，大概传到五代，很少还能继续传下去的。大夫的家臣掌握国家政权，大概传到三代，很少还能继续传下去的。天下政治清明，那么，政权不会落在大夫手里。天下政治清明，那么，老百姓就不会议论纷纷。"

【注释】

① 礼乐征伐：制礼作乐和出兵讨伐。　② 十世：十代。古代三十年为一世。　③ 希：少。　④ 陪臣：大夫的家臣。　⑤ 执国命：把持国家政权。　⑥ 庶人：老百姓。

【评述】

本章孔子根据历史发展情况，对春秋时代政治形势作了分析和总结，指出了春种时期历史演变的趋势。在孔子看来，天下有道，则礼乐征伐自天子出。所谓有道的天子，是指尧、舜、禹、汤、周武王以至西周的天子，制礼作乐，征讨专伐的大权都由天子掌握。自从周平王东迁以后，王室衰微，大权旁落，天下变得无道，则礼乐征伐的大权由诸侯出，所谓诸侯，是指齐桓公、晋文公、宋襄公、楚庄王、秦穆公等相继称霸的诸侯。而诸侯掌握礼乐征伐的大权，一般不超过十代。据清刘逢禄《论语述何》统计："齐自僖公小霸，桓公合诸侯，历孝、昭、懿、惠、顷、灵、庄、景，凡十世，而陈氏专国。晋自献公启强，历惠、怀、文而代齐霸，襄、灵、成、景、厉、悼、平、昭、顷而公族复为强臣所灭，凡十世。"接着诸侯衰弱，大夫专政，一般不超过五代。孔子指鲁国情况而言，自季友专政,历文子、武子、平子,至桓子,为家臣阳虎所囚,凡五世。等而下之,家臣专政的,没有超过三代。如鲁国季氏的家臣南蒯、公山弗扰、阳虎,皆及身而失,计其相接,没有超过三代。

孔子还指出,天下有道,政出由君,政令不在大夫。天下有道,则庶人不议政。如果天下无道,庶人自然要议政了。宋蔡节《论语集说》说:"天下有道,在上者总其政,而其咨访亦及乎刍荛之贱,当是之时,民有公言而无私议。天下无道,大夫窃执国柄,虽士君子之言亦壅于上闻,于是庶人始私相非议于下,又其甚于道路以目,而天下之情穷矣。"

孔子曰:"禄①之去②公室③五世矣,政逮④于大夫四世矣,故夫三桓⑤之子孙微⑥矣。"

【今译】
孔子说:"鲁国君主失去权力已经五代了;政权落到季氏大夫手里已经四代了;所以鲁桓公的三房子孙也该衰微了。"

【注释】
①禄:俸禄。这里指代国家政权。 ②去:丧失、离开。 ③公室:鲁国王室。 ④逮:及、到。 ⑤三桓:鲁国孟孙、叔孙、季孙氏三卿,他们都是鲁桓公之后,故称三桓。 ⑥微:衰微。

【评述】
本章孔子以鲁国为例进一步论证上章主旨,说明权臣当国,必然导致政权衰败。《集解》东汉郑玄说:"言此之时,鲁定公之初也。鲁自东门襄仲杀文公之子赤而立宣公,于是政在大夫,爵禄不从君出,至定公为五世矣。"(《十三经注疏·季氏第十六》)汉孔安国说:"四世,文子、武子、悼子、平子。三桓者,谓仲孙、叔孙、季孙。三卿皆出桓公,故曰三桓也。仲孙氏改其氏称孟氏,至哀皆衰也。"(同上)宋朱熹说:"此章专论鲁事,疑与前章皆定公时语。"(《论语集注》卷八)这是上章的直接补充,专以鲁国历史发展为例。鲁国自东门襄仲杀文公之子赤而立宣公,于是公室丧权,政在大夫,经成公、襄公、昭公到定公,为五代。《史记·鲁世家》:"文公卒,襄仲立宣公,鲁由此公室卑,三桓强。"鲁公失政之年,即季氏得政之岁。据孔安国说,季氏历文子、武子、悼子、平子为四世。朱熹则说,季氏历武子、悼子、平子、桓子为四世。略有不同。这时季氏的家臣专政,所以孔子说三桓的子孙衰微了。

孔子曰:"益者三友,损①者三友。友直,友谅②,友多闻,益矣。友便辟③,友善柔④,友便佞⑤,损矣。"

【今译】
　　孔子说:"有三种有益的朋友,有三种有害的朋友。同正直的人交朋友,同诚实的人交朋友,同见多识广的人交朋友,这是有益的。同阿谀奉承的人交朋友,同当面恭维、背后诽谤的人交朋友,同花言巧语的人交朋友,这是有害的。"

【注释】
　　① 损:损害。　② 谅:信实。　③ 便辟:阿谀奉承。　④ 善柔:当面恭维、背后诽谤。　⑤ 便佞:花言巧语。

【评述】
本章孔子教导学生应有所选择地结交朋友。宋朱熹说:"友直则闻其过,友谅则进于诚,友多闻则进于明。便,习熟也。便辟谓习于威仪而不直,善柔谓工于媚说而不谅,便佞谓习于口语而无闻见之实。三者损益正相反也。"(《论语集注》卷八)《说苑·杂言》说:"与善人居,如入兰芷之室,久而不闻其香,则与之化矣;与恶人居,如入鲍鱼之肆,久而不闻其臭,亦与之化矣。"人生不可无友,交友不可不择。与直谅多闻的人交朋友,就能时时听到自己的过失,闻所未闻,长善救失,使心胸开拓,德业学问日进于高明。若与便辟柔佞的人相处,则依阿逢迎,不要求人为善,自满自足,长傲遂非,则德业学问日堕于鄙陋。为益为损,所关甚大,交友岂可不慎?

孔子曰:"益者三乐,损者三乐。乐节①礼乐,乐道人之善②,乐多贤友③,益矣。乐骄④乐,乐佚游⑤,乐宴乐⑥,损矣。"

【今译】

孔子说:"有三种有益的快乐,有三种有害的快乐。以礼乐节制自己为快乐,以称赞他人的好处为快乐,以多交贤德的朋友为快乐,这是有益的。以骄傲为快乐,以游荡为快乐,以吃喝为快乐,这是有害的。"

【注释】

① 节:调节、节制。　② 善:优点、好处。　③ 贤友:好朋友。
④ 骄:骄傲。　⑤ 佚游:游荡。　⑥ 宴乐:以吃喝为乐。宴:宴会。

【评述】

本章孔子从总结经验出发,教导学生对自己的生活爱好,也应当有所选择。《集解》"乐节礼乐,动静得于礼乐之节也。"《十三经注疏·季氏第十六》)魏王弼说:"佚游,出入不知节也。"(同上)汉孔安国说:"骄乐,恃尊贵以自恣。晏乐则淫溺而狎小人,三者损益亦相反也。"(同上)清黄式三《论语后案》:"乐节礼乐,谓心之失中和者,节以礼之中,乐之和也。乐骄乐,乐骄肆之乐也。乐晏乐,言燕私之乐也。"个人的生活爱好,可以体现出道德情操的修养。孔子主张对生活的爱好也应有所选择,选择好的、摒弃坏的。好的快乐有三:一是以礼乐调节快乐,循礼而行,适可而止。二是乐于讲别人的长处、优点。三是交众多贤人作朋友,这是有好处的,有利于陶冶情操,提高道德品质修养。有害的快乐也有三种:一是喜欢享受,奢侈夸张。二是任性放纵,游手好闲。三是吃吃喝喝,挥霍浪费。这是有害的,它会使人萎靡不振,道德沦丧。清李中孚《四书反身录》说:"礼以谨仪节,乐以养性情,此日用而不可离者。所乐在此,斯循绳履矩,身心咸淑。骄奢佚惰,惟晏乐是耽者,乌足以语此?昔人谓晏安鸩毒剧于病卧,又云安于逸乐如陷水火,故君子所其无逸。"可见追求生活乐趣也是不可不慎的。

孔子曰:"侍①于君子有三愆②:言未及之③而言谓之躁④,言及之而不言谓之隐⑤,未见颜色⑥而言谓之瞽⑦。"

【今译】
　　孔子说:"侍奉君子说话容易犯三种过失:没有轮到他发言就抢着说,叫做急躁。轮到他发言而不说,叫做隐瞒。不看君子的脸色就贸然开口发言,叫做瞎眼。"

【注释】
　　① 侍:陪侍。　② 愆(qiān):过失、过错。　③ 及之:轮到他。④ 躁:急躁。　⑤ 隐:隐瞒。　⑥ 颜色:脸色。指君子的脸色。⑦ 瞽:瞎子。

【评述】
本章孔子教导学生为人处世,要掌握好发言时机,谨慎说话。《荀子·劝学》:"未可与言而言谓之傲,可与言而不言谓之隐,不观颜色而言谓之瞽。君子不傲、不隐、不瞽,谨慎其身。"孔子十分重视对学生的语言教育,列有言语专科。"言,身之文也。"他教育学生在有地位的大人面前说话要注意三个毛病:一是还没有轮到你说话的时候就说话,表现自己,爱出风头,这是急躁;二是应该讲话的时候,吞吞吐吐,忸忸怩怩,隐言于心,这是不坦率;三是不观察对方的脸色随便发言,这是盲目。其基本精神是要掌握好发言时机,善于察颜观色。既不信口开河,又不吞吞吐吐,说到点子上,说到人家心坎里才好。

孔子曰："君子有三戒①：少之时，血气未定，戒之在色②；及其壮也，血气方刚，戒之在斗③；及其老也，血气既衰，戒之在得④。"

【今译】

孔子说："君子应该戒备三件事：少年的时候，血气没有稳定，要警惕贪恋女色；到了壮年，血气正当旺盛，要警惕逞强好斗；进入老年，血气已经衰退，要警惕贪求名利。"

【注释】

① 三戒：三种戒备。　② 色：女色。　③ 斗：争强好斗。　④ 得：贪。指贪求名利。

【评述】

本章孔子教育学生，根据不同的年龄段，注意戒除不同的欲念。《淮南子·诠言训》："凡人之性，少则猖狂，壮则强暴，老则好利。"梁皇侃《论语义疏》："君子自戒其事有三，故云有三戒也。一戒也少，谓三十以前也，尔时血气犹自薄少，不可过欲，过欲则为自损，故戒之也。二戒也壮，谓三十以上也。礼，三十壮而为室，故不复戒色也，但年齿已壮，血气方刚，性力雄猛者无所与让，好为斗争，故戒之也。三戒也老，谓年五十以上也，年五十始衰，无复斗争之势，而戒之在得也。得，贪得也。老人好贪，故戒之也。"孔子根据人生分为少、壮、老三个阶段，根据血气未定、旺盛、衰弱三个特征，认为少之时好色，壮之时好斗，老之时好贪财。作为君子应当以礼来克制自己。孔子的话是有警戒意义的，特别是老之时戒之在得的"得"字，讲得非常深刻。老年人往往好贪，贪名贪利。人到了老年，鉴于岁月无多，要为稻粱谋，为子孙谋。在位的不愿让位，对于财货贪得无厌。

《官场现形记》里记载了这样一个故事：一个做官上了瘾的人，临死前躺在床上,进入弥留之际,心里恋着做官。于是叫两个仆人站在房门口,拿着旧名片,一个高声唱道:"某某大员驾到!"另一个仆人高声应道:"老爷欠安,挡驾。"声音此起彼伏,这个人在他们的吆喝声中美滋滋地死去。另外,还有个贪财的故事,有一位老先生很有钱,每天临睡前,一定要打开钱柜,把钱数一遍,才睡得着。平时拼命去赚钱,有人问他,年纪这样大了,何必再拼命去赚钱呢?他回答说,正因为年纪大了,才拼命赚钱,如果不去赚钱,没有多少机会了。正因为贪名贪利,欲望不能满足,往往不能保持晚节,堕入罪恶的深渊,甚至锒铛入狱,这种人还会少吗?

子曰:"君子有三畏①:畏天命,畏大人②,畏圣人之言。小人不知天命而不畏也,狎③大人,侮④圣人之言。"

【今译】
　　孔子说:"君子有三件畏惧的事情:畏惧上天的大命,畏惧王公大人,畏惧圣人的言论。小人不知道天命所以无所畏惧,轻视王公大人,侮慢圣人的语言。"

【注释】
　　① 畏:畏惧。　② 大人:有地位的统治者。王公大人。　③ 狎:轻视。　④ 侮:侮慢。

【评述】
　　本章孔子认为君子处事应常存敬畏之心,而小人则无所畏惧而肆无忌惮。此章孔子仍是讲立身处世之道。君子应当有三种敬畏:一是畏上天的意志。南宋朱熹说:"天命者,天所赋之正理也。知其可畏,则其戒谨恐惧自有不能已者,而付畀之重可以不失矣。"(《论语集注》卷八)二是畏大人。关于大人,有两说:东汉郑玄主有位者;魏何晏主有位有德者。这里以郑玄所说为长。三是畏圣人之言,即圣人的教导。这三者是极大的权威,应存敬畏之心,事业才能成功。小人则相反,无所畏惧。宋尹焞说:"三畏者,修己之诚当然也。小人不务修身诚己,则何畏之有。"(《论语集注》卷八)

孔子曰:"生①而知②之者上也,学而知之者次③也;困而学之,又其次也;困④而不学,民斯为下矣。"

【今译】

孔子说:"天生就有知识的人是上等人,经过学习掌握知识的人是次等人;遇到困难而学习的人是又次一等的人;遇到困难还不愿学习的人,那是最下等的人了。"

【注释】

① 生:生下来,天生。　② 知:知识。　③ 次:次一等、第二等。　④ 困:困难、困惑。

【评述】

本章孔子认为人有天赋资质的不同,勉励人们通过学习改变人的资质。梁皇侃《论语义疏》:"若生而自有知识者,此明是上智圣人,故云上也。云学而云云者,谓上贤也,上贤既不生知,资学以满分,故次生知者也。谓中贤以下也,本不好学,特以己有所用,于理困愤不通,故愤而学之,此只次前上贤人也。谓下愚也,既不好学,而困又不学,此是下愚之民也,故云民斯为下矣。"宋杨氏说:"生知、学知以至困学,虽其质不同,然及其知之一也,故君子惟学之为贵。困而不学,然后为下。"(《论语集注》卷八)本章孔子论述天才与学习的关系,他把人的资质分为四等,上等的是生而知之,次等的是学而知之,再次一等的是困而学之,最次的是困而不学的。他认为不管哪种人,都要努力学习。天赋甚高而不学习,也会由神童变为蠢才。人的知识总是学而知之的,孔子从不承认自己是天才,是学而知之的。"我非生而知之者,好古,敏以求之者也。"对于困而学之的人,孔子也是赞成的。东汉郑玄说:"困而知之,谓长而见礼义之事,已临之而有不足,乃始学而知之。"(《十三经注疏·季氏第十六》)清刘宝楠引《中庸》说:"人一能之,己百之;人十能之,己千之。果能此道矣,虽愚必明,虽柔必强,此言困学之事。"(《论语正义·季氏第十六》)至于困而不学的人,孔子是轻视的,认为是最下等的人。

孔子曰:"君子有九思①:视思明②,听思聪③,色斯温④,貌思恭⑤,言思忠⑥,事思敬⑦,疑思问⑧,忿⑨思难⑩,见得⑪思义⑫。"

【今译】

孔子说:"君子有九件事要认真思考。看时,考虑是否看明白;听时,考虑是否听清楚;脸色,考虑是否温和;容貌,考虑是否恭敬;说话,考虑是否忠诚;办事,考虑是否认真;有疑问,考虑怎样请教别人;发怒时,考虑有什么后患;见到名利时,考虑是否符合道义。"

【注释】

① 九思:九种思考。 ② 明:明白。 ③ 聪:清楚。 ④ 温:温和。 ⑤ 恭:恭敬。 ⑥ 忠:忠诚。 ⑦ 敬:认真。 ⑧ 问:询问。 ⑨ 忿:忿恨、发怒。 ⑩ 难:急难、后患。 ⑪ 得:名、利。 ⑫ 义:道义。

【评述】

本章孔子教育学生要善于思索,谨慎处事。《孟子》说:"心之官则思,思则得之,不思则不得也。"(《孟子·告子上》)南宋朱熹说:"视无所蔽,则明无不见。听无所壅,则聪无不闻。色,见于面者。貌,举身而言。思问则疑不蓄,思难则忿必惩,思义则得不苟。"(《论语集注》卷八)孔子提出所思的九件事,是日常生活中常见的,在这些事情中,可以体现出一个人的道德修养。特别是忿思难,发怒时要考虑后患。有些人为了一点小事,激动得怒火中烧,暴跳如雷,不能抑制,铸成大错。"见得思义",在种种利益面前,首先要考虑是否合理、是否可取,不可取而取之,将会触及法网,抱憾终天。所以遇到这九种事,都要好好地想一想,谨慎从事。

孔子曰:"见善如不及①,见不善如探汤②。吾见其人矣,吾闻其语矣。隐居以求其志③,行义④以达其道⑤。吾闻其语矣,未见其人也。"

【今译】

孔子说:"见到好事,就像赶不上似地努力追赶;看见不好的事,就像手伸进沸水里似的赶快避开。我看见过这样的人了,我听见过这样的话了。隐退闲居用来保全自己的志向,履行仁义来实现自己的主张。我听见过这样的话了,但我没有看见过这样的人。"

【注释】

① 不及:赶不上。 ② 探汤:手伸进沸水里。 ③ 志:志向、愿望。 ④ 行义:实行仁义。 ⑤ 道:主张。

【评述】

本章孔子认为世上好善去恶的人是有的,但能守志求道的人却不多。梁皇侃《论语义疏》:"好善如所慕,恶恶如所畏,合义之情,可传之理,既见其人,又闻其语也。隐居所以求志于世表,行义所以达道于古人,无立之高,难能之行,徒闻其语,未见其人也。"南宋朱熹说:"真知善恶而诚好恶之,颜、曾、闵、冉之徒盖能之矣。求其志,守其所达之道也。达其道,行其所求之志也。盖惟伊尹、太公之流可以当之,当时若颜子亦庶乎此。然隐而不见,又不幸而早死,故夫子云然。"(《论语集注》卷八)清李中孚《四书反身录》:"隐居求志,斯隐不徒隐。行义达道,斯出不徒出。若隐居志不在道,则出必无道可达,纵有建树,不过诡遇,君子不贵也。"清刘宝楠说:"隐居求志,行义达道,若伊尹耕莘,而乐尧、舜之道,及汤三聘而行其君臣之义,以达其所守之道者也。春秋之末,贤人多隐,故长沮、桀溺、接舆、丈人皆洁己自高,不复求其所志。夫子'未见'之叹,正缘于此。"(《论语正义·季氏第十六》)孔子根据自己的经验,在本章中谈了两种人,一种是愿意学习向善,不愿接触坏人的人,这种人是有的。另一种是隐居以求其志,行义以达其道。一辈子也不想出来做官,合自己的意志行事,走仁义的路,这种人是少的。孔子只听到这样说的人,没有见到这样做的人,可见后者比前者更要高一个层次。

齐景公有马千驷①,死之日,民无德而称②焉。伯夷、叔齐饿于首阳③之下,民到于今称之。其斯之谓与?

【今译】
　　齐景公有四千匹马,他死的时候,老百姓对他没有什么德行可称道。伯夷、叔齐在首阳山下饿死,老百姓直到现在还在称赞他们。大概就是这个意思吧?

【注释】
　　① 千驷:四千匹马。　② 称:称道。　③ 首阳:首阳山,不详在何处。

【评述】
本章孔子用对比方法教育人们,应像伯夷、叔齐那样追求仁德,不要像齐景公那样只求富贵。梁皇侃《论语义疏》:"言多马而无德,亦死即消;虽饿而有德,称义无息。"清李中孚《四书反身录》:"景公、夷齐,一则泯没无闻,一则垂芳无穷,公道自在人心,三代所以直道而行也。噫!一时之浮荣易过,千载之影样难移,是故君子贵知所以自立。"宋程颐认为《颜渊》篇第十二章的"诚不以富,亦祗以异"应接在本章"其斯之谓与"前面,但无足够根据。孔子从齐景公多马而无德,伯夷、叔齐虽饿而有德的对比中教育人们,一个人的道德品质比富贵更可贵。君子应留名后世,而不能与草木同腐。

陈亢①问于伯鱼②曰:"子亦有异闻③乎?"对曰:"未也。尝独立,鲤趋④而过庭⑤。曰:'学诗乎?'对曰:'未也。''不学诗,无以言⑥。'鲤退而学诗。他日,又独立,鲤趋而过庭。曰:'学礼乎?'对曰:'未也。''不学礼,无以立⑦。'鲤退而学礼。闻斯⑧二者。"陈亢退而喜曰:"问一得三,闻诗、闻礼,又闻君子之远⑨其子也。"

【今译】
　　陈亢问伯鱼道:"你听到老师特别的教导吗?"伯鱼回答说:"没有。有一次,他曾经独自站立,我快步走过庭院,他问我说:'学诗没有?'我回答说:'没有。'他说:'不学诗,就不善于说话。'我回来就去学诗。又有一天,他又独自站着,我快步走过庭院,他又问我说:'学礼了吗?'我回答说:'没有。'他说:'不学礼,就不能在社会上立足。'我回来就去学礼。我只听到过这两件事。"陈亢回去后,高兴地说:"我问了一个问题,却得到三点收获:听到学诗的道理,听到学礼的道理,听到君子不偏爱自己儿子的作风。"

【注释】
　　① 陈亢:即陈子禽。　② 伯鱼:孔子的儿子。名鲤,字伯鱼。③ 异闻:特别的教导。　④ 趋:快步走。　⑤ 庭:庭院、院子。⑥ 无以言:不善于说话。　⑦ 立:立足于社会。　⑧ 斯:这个。⑨ 远:指不偏爱。

【评述】
　　本章记叙孔子勉人学诗、学礼以及不私其子的无私胸怀。宋朱熹说:"亢以私意窥圣人,疑必阴厚其子。事理通达而心气和平,故能言。品节详明而德性坚定,故能立。当独立之时,所闻不过如此,其无异闻可知。"(《论语集注》卷八)宋尹氏说:"孔子之教其子,无异于门人,故陈亢以为远其子。"(同上)《大戴礼·劝学》:"孔子曰:'鲤,君子不可以不学,见人不可以不饬。不饬无貌,无貌不敬,不敬无礼,无礼无以立。"陈亢是孔子的学生,伯鱼是孔子的独生子,他们都在一起学习。陈亢疑心孔子会对伯鱼进行特殊教育,所以便询问伯鱼:"子亦有异闻乎?"伯鱼回说没有,只教他学诗、学礼。学诗、学礼是孔子教授弟子的必修科,是礼、乐、射、御、书、数六艺中的两门学科,并无特别之处。陈亢听了伯鱼的话,非常高兴,问一得三,第一是知道了学诗的重要性。第二是知道学礼的重要性,第三是知道孔子真是圣人,大公无私,对自己儿子的教育,和对学生的教育一样,没有偏爱。孔子不私其子的正派作风,是值得学习的。

邦君①之妻,君称之曰夫人,夫人自称曰小童;邦人②称之曰君夫人;称诸异邦③曰寡小君;异邦人称之亦曰君夫人。

【今译】

　　国君的妻子,国君称呼她叫夫人,夫人称呼自己叫小童;国内人民称呼她为君夫人;对外国人便自称为寡小君;外国人也称呼她为君夫人。

【注释】

　　① 邦君:国君。　② 邦人:国内人民。　③ 异邦:外国,别的国家。

【评述】

本章孔子谈论不同人对国君之妻的不同称谓,体现了孔子的复礼、正名思想。《集解》汉孔安国说："小君，君夫人之称也。对异邦谦，故曰寡小君。当此之时，诸侯嫡妾不正，称号不审，故孔子正言其礼也。"(《十三经注疏·季氏第十六》)梁皇侃《论语义疏》说："当时礼乱，称谓不明，故此正之也。"《礼记·曲礼》："公侯有夫人，夫人自称于天子曰老妇，自称于诸侯曰寡小君，自称于其君曰小童。"称谓问题是礼的一个组成部分，当时礼崩乐坏，称谓不一。孔子是维护礼的，就国君之妻的称呼进行辨正，实际含有复礼、正名之意。

阳货第十七

【解题】

本篇共二十六章。与汉石经同。魏何晏《论语集解》把第二、第三两章以及第九、第十两章各并为一章,故为二十四章。今从石经。编者取本篇首章"阳货欲见孔子"一句中的"阳货"二字为篇名。其中,记孔子直接论述十六章,记孔子与季氏家宰、学生对话九章,记孺悲欲见孔子一章。

本篇从孔子不见季氏家宰阳货开始,到人生年四十而尚被人所恶为止。主要论述为人处世之道,供后人作借鉴。可以看成是《卫灵公》和《季氏》的继续和引申。论述了以下几个问题。

一、教育人们立身处世,可以随机权变,但要有自己的独立见解,坚持原则,不能被环境所诱惑、所左右。如孔子允诺阳货将仕,以顺辞免害;欲应公山弗扰、佛肸之召,以行其道,都属于随机权变的术略,但孔子始终未去,坚持原则,反对僭逆。

二、重论诗教,教育人们学诗以陶冶情感,提高事君事父能力,掌握礼乐文化基本精神,培养道德情操。以礼乐律己,以礼乐为教,齐家治国平天下。

三、感叹世风日下,学风不正。斥责在上位者"色厉而内荏",批评不分是非之"乡愿",以及道听途说、患得患失、利口以覆邦家之人。

四、勉人及时为学修德,以义制勇,守三年之孝,行仁政于天下。

阳货①欲见孔子,孔子不见,归②孔子豚③。孔子时④其亡⑤也,而往拜⑥之。遇诸涂⑦。谓孔子曰:"来!予与尔言。"曰:"怀其宝⑧而迷⑨其邦,可谓仁⑩乎?"曰:"不可。""好⑪从事⑫而亟失时⑬,可谓知⑭乎?"曰:"不可。""日月⑮逝⑯矣,岁不我与⑰。"孔子曰:"诺⑱,吾将仕⑲矣。"

【今译】

　　阳货想孔子去拜见他,孔子不肯去,他便送孔子一只蒸熟的小猪。孔子等到阳货不在家的时候,前去答谢。不巧,两人在路上相遇。阳货对孔子说:"来吧!我有话对你说。"阳货说:"有人怀藏着自己的本领而不去救助混乱的国家,可以说是仁德吗?"阳货自己回答说:"不可以。"阳货又说:"有人希望从政干事而又屡次失去机会,可以叫做明智吗?"阳货自己回答说:"不可以。"阳货又说:"时光流逝了,岁月不等人啊!"孔子说:"好吧!我准备做官了。"

【注释】

　　① 阳货:又作阳虎。季氏的家臣,当时把持季氏政权。其人貌似孔子,所以孔子周游列国时被陈蔡人误认为是阳货而被包围,几遭不测。　② 归:通"馈"。赠送。　③ 豚:蒸熟的小猪。　④ 时:通"待",等候。　⑤ 亡:不在家。　⑥ 拜:回拜、拜谢。　⑦ 涂:通"途",路上。　⑧ 宝:借指本领、才能。　⑨ 迷:迷惑、混乱。　⑩ 仁:仁德。　⑪ 好:喜欢。　⑫ 从事:做工作。　⑬ 失时:失去机会。　⑭ 知:聪明。　⑮ 日月:指时光。　⑯ 逝:流逝。　⑰ 岁不我与:岁月不待人。岁不与我的倒装句。　⑱ 诺:应答声。　⑲ 仕:做官。

【评述】

　　本章记孔子以权变策略对待季氏家臣阳货。阳货是季氏的家臣,囚季桓子而专鲁国政,于鲁定公八年(前502)叛鲁,这番语是在未叛之前说的。当时孔子名声很大,阳货要想孔子帮助自己,多次想孔子会见自己,而孔子始终不去见他。于是他派人送一只蒸熟的小猪给孔子,想孔子去答谢时会见他。《礼记·玉藻》说:"大夫亲赐于士,士拜受,又拜于其室。"古时接受了人家的礼物,一定要回拜谢赐。孔子是坚持周礼原则的,主张君君臣臣父父子子,阳货专恣,违背礼制,故孔子不愿见他。但受了阳货的蒸熟小猪,于礼不能不去回拜。所以孔子了解到阳货不在家时前去答拜,可避免与他照面。不巧,路遇阳货,不能回避,孔子便以权变灵活的态度与之交谈,让阳虎自问自答。据清王引之《经传释词》说:"一人自为词答,加'曰'字以别之。"故阳货话中两次"曰""不可"到"日月逝矣,时不我与"为止,都是阳虎的自问自答。好像《史记·留侯世家》张良阻止立六国后八"不可"的话一样,都是张良的自问自答,至"汉王辍食吐脯以下"才是汉高祖的话。这章也一样,至"孔子曰"以下,才是孔子的话。孔子为了避免被专权的阳货迫害,所以逊辞以答之。诚如清康有为《论语注》引苏轼说:"'道逢阳货呼与言,心知其非口唯诺。'以逊辞免,盖待权奸之法也。"可见孔子在对待阳虎问题上,表现了原则性与灵活性相结合,心中憎恶权奸,表面与之周旋。

子曰:"性①相近也,习②相远③也。"

【今译】

孔子说:"人的本性是相接近的,由于后天传习、教育的不同而拉大了差距。"

【注释】

① 性:本性。　② 习:传习、教育。　③ 远:拉大差距。

【评述】

本章孔子认为人的本性是相近的,而后天接受教育、熏染不同,习性就相差遥远。梁皇侃《论语义疏》说:"性者,人所禀以生也。习者,谓生后有百仪常所行习之事也。人俱禀天地之气以生,虽复厚薄有殊,而同是禀气,故曰相近也。及至识,若值善友则相效为善,若逢恶友则相效为恶,恶善既殊,故云相远也。"宋朱熹说:"此所谓性,兼气质而言也。气质之性固有美恶之不同矣,然以其初而言,则皆不甚相远也。但习于善则善,习于恶则恶,于是始相远耳。"(《论语集注》卷九)清李中孚《四书反身录》:"性因习远,诚反其所习而习善,相远者可使之复近。习之不已,相远者可知之如初,是习能移性,亦能复性。"孔子在本章中认为人生下来时的本性是相近的,只是后天学习、熏染不同,遂有不少差异。"少成若天性,习惯如自然。"(《汉书·贾谊传》)明王夫子《解佾》说:"性者天道,习者仁道。"这个理解颇合孔子原意。《淮南子·缪称训》:"夫素之质白,染之涅则黑;缣之性黄,染之以丹则赤。人之性无邪,久湛于俗则易;易而忘本,合于若性。"所以这句话的关键是在一个"习"字,强调后天教育的重要性。在教育、学习,环境熏染中,加强人的品德修养。孔子承认人可以通过教育得到改造和提高,是教育思想上的一个重大突破。

由于孔子对性没有明确的解释,后代儒家发生了许多争论,如孟子主张性善,荀子主张性恶,扬雄主张性善恶混,董仲舒、韩愈提出性三品说,朱熹讲气质之性,等等,任意发挥,各主一说,谁也没有说清楚。

子曰:"唯①上智②与下愚③不移④。"

【今译】

孔子说:"只有上等的聪明人和下等的愚笨人是不可改变的。"

【注释】

① 唯:只有。　② 上智:上等的智慧。　③ 下愚:下等的愚笨。　④ 不移:不能改变。

【评述】

本章孔子从另一方面强调上智与下愚的人天性是不可改变的。

《集解》本将本章与上章合为一章。关于上智、下愚,有两种理解:一种指善恶的道德品质,汉孔安国主此说。"上知不可使为恶,下愚不可使强贤。"(《十三经注疏·阳货第十七》)一种指学习知识,清孙星衍主此说。"上知谓生而知之,下愚为困而不学。"(《问字堂集》)这两种说法都可以说得通。本章承上章而来,上章说性近习远,通过后天的教育,本性是可以改变的。而本章则说上智与下愚的本性是不可改变的,岂非矛盾。那么如何理解孔子这句话的意思呢?汉儒提出性有三品,唐韩愈承之,创性三品说:"性之品有上中下三,上焉者善而已矣;中焉者,可道以上下也;下焉者,恶而已矣。"(韩愈《原性篇》)认为上、下之性是不可变的,中人之性经过学习是可变的。《汉书·古今人表》说:"《传》曰:譬如尧、舜、禹、稷、卨与之为善则行,鲧、讙兜欲与为恶则诛。可与为善,不可与为恶,是谓上智。桀、纣、龙逢、比干欲与之为善则诛,于莘、崇侯与之为恶则行。可与为恶,不可与为善,是谓下愚。齐桓公,管仲相之则霸,竖刁辅之则乱。可与为善,可与为恶,是谓中人。"其实他们仍然解释不清上知的圣人和下愚的恶人为什么不会"习相远"的道理。难道他们不受后天的环境和教育的影响吗?可见孔子这句话说得有点绝对化。

子之武城①,闻弦歌②之声。夫子莞尔③而笑,曰:"割鸡焉④用牛刀?"子游对曰:"昔者偃也闻诸夫子曰:'君子学道则爱人,小人学道则易使也。'"子曰:"二三子!偃之言是也。前言戏⑤之耳。"

【今译】

孔子到武城县去,听到弹琴唱歌的声音。孔子微微一笑说:"杀鸡哪里用得着宰牛刀。"子游回答说:"从前我曾听老师说过:'君子学习礼乐就会热爱人民,百姓学习礼乐就容易使唤。'"孔子说:"学生们!子游的话是正确的,我刚才说的话是开玩笑的。"

【注释】

① 武城:鲁国的城邑,在今山东费县西南。子游在此做行政长官。　② 弦歌:弹琴唱歌。　③ 莞(wǎn)尔:微笑的样子。　④ 焉:哪里。　⑤ 戏:开玩笑。

【评述】

本章孔子赞扬子游能用礼乐感化人民。《集解》汉孔安国说:"言治小何须用大道。道,谓礼乐也。乐以和人,人和则易使也。戏以治小而用大道也。"(《十三经注疏·阳货第十七》)梁皇侃《论语义疏》引缪播说:"子游宰小邑,能令民得其所,弦歌以乐也。惜其不得导千乘之国,如牛刀割鸡,不尽其才也。"宋朱熹说:"子游所称,盖夫子之常言,言君子小人皆不可以不学,故武城虽小,亦必教以礼乐。嘉子游之笃信,又以解门人之惑也。"(《论语集注》卷九)孔子一贯主张为政以德,实行仁政,以礼乐教化人民。子游根据孔子的教导,在武城县对人民施行礼乐教化,到处听到弦歌之声。孔子内心表示嘉许,又惜子游之才,不能让他治国安邦,所以说出了"杀鸡焉用牛刀"的比喻。后这句话形成成语,形容大才小用。清宦懋庸《论语稽》说:"礼乐之治,冉有以俟君子,公西华亦曰愿学,而皆无以自见。子游不得行其化于天下国家,而唯于武城小试焉,夫子牛刀割鸡之喻,其辞若戏之,其实乃深惜之也。"子游一时没有弄清孔子的意思,便进行辩解。孔子知道子游没有明白自己的用意,便用开玩笑自解,正面对子游的行动表示肯定,也对学生进行教育。可见孔子与学生之间亲密无间的师生关系。

公山弗扰①以费畔②,召③,子欲往。子路不说,曰:"末④之也,已⑤,何必公山氏之之⑥也?"子曰:"夫召我者,而岂徒⑦哉?如有用我者,吾其为东周⑧乎?"

【今译】

　　公山弗扰凭借费城发动叛乱,派人召孔子,孔子准备前去。子路不高兴,说:"没有地方去吗?算了吧,何必到公山氏那里去呢?"孔子说:"这个召唤我的人,难道会叫我白跑吗?如果有人起用我,我将使鲁国复兴周朝的礼仪制度。"

【注释】

　　① 公山弗扰:鲁国大夫季孙氏的家臣,即公山不狃。　② 畔:同"叛",叛乱。　③ 召:召唤。　④ 末:没有。　⑤ 已:算了。　⑥ 之之:前一"之"字是结构助词,帮助倒装用。后一"之"字作动词,到。　⑦ 徒:徒然、白白地。　⑧ 东周:指复兴周文王、周武王之道。

【评述】

本章记叙孔子不避乱世,以复兴周道为己任,认为圣道到处可以推行,表达了强烈的用世思想。公山弗扰,姓公山,名弗扰,鲁公族,姬姓。据《左传》《史记·孔子世家》《汉书·古今人表》,均作"不狃"。弗扰与不狃大概是同一人。《史记·孔子世家》载:"定公九年,阳虎奔于齐,是时孔子年五十。公山不狃以费畔季氏,使人召孔子。孔子循道弥久,温温无所试,莫能己用,曰:'盖周文、武起丰、镐,今费虽小,倘庶几乎!'欲往。子路不悦,止孔子。孔子曰:'夫召我岂徒哉?如用我,其为东周乎!'然亦卒不行。"从司马迁的记载看,孔子欲应公山不扰之召。但孔子这样做岂不是支持了犯上作乱的叛臣,所以性急的子路便表示反对。"我们再没有地方去,也不该到叛臣那里去啊!"子路的可爱就在这里,孔子欲浮海,他就当真,要想随孔子下海。其实孔子是绝对不会去的,他不过说说而已,这是一句权变的话,子路不理解,吓了一大跳。事实说明孔子并没有去。

子张问仁于孔子。孔子曰:"能行五者于天下,为仁矣。""请问之?"曰:"恭①、宽②、信③、敏④、惠⑤。恭则不侮⁶,宽则得众,信则人任⁷焉,敏则有功,惠则足以使人。"

【今译】

子张问孔子怎样才算仁。孔子说:"能够在天下实行五种美德,就可算作仁了。"子张说:"请问哪五种美德?"孔子说:"谦恭、宽容、诚信、勤敏、慈惠。谦恭就不会遭人侮辱,宽容就能得到大家拥护,诚信就能使人信任,勤敏办事就能成功,慈惠就能很好地使用人民。"

【注释】

① 恭:谦恭。　② 宽:宽容。　③ 信:诚实。　④ 敏:勤敏。　⑤ 惠:慈惠。　⑥ 侮:侮辱。　⑦ 人任:受到人们信任。

【评述】

本章孔子论恭、宽、信、敏、惠五种仁德的外用。宋朱熹说:"行是五者,则心存而理得矣。于天下,言无适而不然,犹所谓虽之夷狄不可弃者。五者之目,盖因子张所不足而言耳。"(《论语集注》卷九)而这五者之中,张栻认为以"恭"为本。说:"能行此五者于天下,则其心公平而周偏可知矣。然恭其本与。"(同上)子张问仁,孔子针对子张求官心切,居官后脱离百姓的不足,所以教他为官治民之道。第一,恭。对人要谦恭,从内心思想到外表行动都要严肃,恭谨。第二,宽。对人要宽大,宽宏大量,能包容部下朋友的短处和小过失。春秋时,楚庄王欢宴群臣,日暮酒酣,恰逢烛火熄灭,有人趁黑拽美人衣服,美人乘势扯下他的帽缨,对楚庄王俯耳说:"请掌烛后追查此人。"但楚庄王不听,反而下令说:"今日与寡人饮,不绝缨者不欢。"群臣都纷纷扯下自己的帽缨。这让扯美人衣服的人得以过关。两年后,晋楚发生战争,楚庄王遇危,此人冒死救护,以报楚王不加罪之恩(刘向《说苑·复恩》)。第三,信。有自信心,能信任人,人家也就信任你。羊祜是西晋大将,陆抗是吴国大将,两军对阵,陆抗送羊祜美酒,羊祜饮之无疑。陆抗有病,羊祜送陆抗药物,陆抗服之无疑。作战双方的主帅以诚相待,互相信任,传为佳话(《三国志·吴书·陆抗传》)。第四,敏。反应敏捷,处事迅速。第五,惠。给人以恩惠,彼此结成真诚的感情。这五个条件都做到了,就可以称作仁了。其实孔子所说的五个条件,只是仁的外用,教育子张处理好人与人之间的关系罢了。

佛肸①召,子欲往。子路曰:"昔者由也闻诸夫子曰:'亲②于其身为不善③者,君子不入也。'佛肸以中牟④畔,子之往也,如之何?"子曰:"然,有是言也。不曰坚⑤乎,磨而不磷⑥;不曰白乎,涅⑦而不缁。吾岂匏瓜⑧也哉?焉能系而不食?"

【今译】

佛肸召孔子到中牟去,孔子准备前往。子路说:"从前,我曾听老师说过:'亲身做过坏事的人那里,君子是不去的。'现在佛肸凭借中牟发动叛乱,老师要去,这又是为什么呢?"孔子说:"是的,我曾经说过这样的话。但我也不是说过坚硬的东西吗?磨也磨不薄;不是说过白的东西吗?染也染不黑。我难道是不能吃的苦匏瓜吗?怎么能挂在那里不让人吃呢?"

【注释】

① 佛肸(bì xī):晋国大夫范中行的家臣。　② 亲:亲自、亲身。③ 不善:不好。指做坏事。　④ 中牟:春秋时晋国城邑。故址在今河北邢台与邯郸之间。　⑤ 坚:坚固。　⑥ 磷(lìn):薄。　⑦ 涅(niè):矿物。可作黑色染料。这里指染黑。　⑧ 匏(páo)瓜:植物果实名,有苦、甜两种。味苦的不能吃,挖空后,系在腰间,可帮助泅渡。

【评述】

本章记叙孔子在选择实行圣道的途径时能通达权变,出淤泥而不染,保持自己高洁的情操。《集解》汉孔安国说:"不入,不入其国也。

磷,薄也。涅,可以染皂者,言至坚者磨之而不薄,至白者染之于涅而不黑,喻君子虽在浊乱,浊乱不能污。"(《十三经注疏·阳货第十七》)《史记·孔子世家》说:"佛肸为中牟宰,赵简子攻范中行,佛肸畔,使人召孔子,孔子欲往。"佛肸是范中行氏家宰,据中牟叛赵简子是忠于范中行氏。清翟灏《四书考异》说:"佛肸之畔,畔赵简子也。简子挟晋侯以攻范中行,佛肸为范中行家邑宰,因简子致伐,距之。于晋为畔,于范中行犹为义也。"据刘向《新序》载:"初,佛肸之叛也,有义士田卑者不避斧钺而就烹,佛肸脱履而生之。赵氏乃求田卑为赏之,不受而之楚。赵氏收其母。其母曰:'君有暴臣,妾无暴子。'乃免之。以一言而免其身,亦贤母也。"这是一则小插曲。那么孔子为什么欲应佛肸之召呢? 其目的是为了行道。清刘宝楠有一段中肯的分析,他说:"盖圣人视斯人之徒,莫非吾与,而思有以治之,故于公山、佛肸,皆有欲往之意。且其时天下失政久矣,诸侯畔天子,大夫畔诸侯,少加长,下凌上,相沿成习,恬不为怪。若必欲弃之而不与易,则滔滔皆是,天下安得复治? 故曰:'天下有道,丘不与易也。'明以无道之故而始欲仕也。"(《论语正义·阳货第十七》)这段话说出了孔子的内心思想。君子为了行道救世,不受任何污浊环境影响,能出污泥而不染,保持高洁的品德。子路不能通权变,见未及此,但知守其常训。所以孔子风趣地用瓠瓜作比方,启发他君子应入世行道。

子曰:"由也! 女闻六言①六蔽②矣乎?"对曰:"未也。""居③! 吾语女。好仁不好学,其蔽也愚;好知不好学,其蔽也荡④;好信不好学,其蔽也贼⑤;好直不好学,其蔽也绞⑥;好勇不好学,其蔽也乱⑦;好刚不好学,其蔽也狂⑧。"

【今译】
　　孔子说:"仲由呀! 你听说过六种美德、六种蔽病吗?"子路回答说:"没有听说过。"孔子说:"坐下来,我告诉你吧! 爱好仁德而不爱好学习,它的蔽病是容易被人愚弄;爱好聪明而不爱好学习,它的蔽病是容易放荡;爱好诚信而不爱好学习,它的蔽病是容易受害;爱好正直而不爱好学习,它的蔽病是说话尖刻;爱好武勇而不爱好学习,它的蔽病是容易闯祸;爱好刚强而不爱好学习,它的蔽病是容易狂妄自大。"

【注释】

① 六言:六种品德。言,含德之意。　② 六蔽:六种蔽病。③ 居:坐。　④ 荡:放荡。　⑤ 贼:害。　⑥ 绞:说话尖刻。⑦ 乱:捣乱、闯祸。　⑧ 狂:胆大妄为。

【评述】

本章孔子勉励子路努力学习六种美德,成为粹美之人。宋朱熹说:"六言皆美德,然徒好之而不学以明其理,则各有所蔽。愚若可陷可罔之类。荡,谓穷高极广而无所止。贼,谓伤害于物。勇者刚之发,刚者勇之体。狂,躁率也。"(《论语集注》卷九)清李中孚《四书反身录》:"仁、知、信、直、勇、刚六者莫非懿德,惟不好学,诸病随生,好处反成不好,甚矣,人不可以不学也。"仁、知、信、直、勇、刚对于一个人来说,都是美德,但不和学习结合起来,就会产生流弊。仁虽然好,没有真正学问涵养,就会变成是非不分的老好人,受人愚弄。知虽然好,知识渊博,没有真正学问涵养,就会任性、放荡。"名士风流大不拘",对自己不检束。信虽然好,没有真正学问涵养,就会过分自信,自己害了自己。直虽然好,没有真正学问涵养,心直口快,没有保留,容易得罪人,办坏事。勇虽然好,没有真正学问涵养,就容易出乱子。刚虽然好,但没有真正学问涵养,刚直不转弯,容易主观任意,狂妄自大。所以这六种美德,必须用学习来总摄,否则就会产生愚、荡、贼、绞、乱、狂的流弊,可见学习是非常重要的。子路秉性耿直,缺少学习修养,所以孔子从加强道德修养角度,针对子路之失,谈六言六蔽,启发子路认识学习的重要性。

子曰：“小子何莫①学夫诗？诗，可以兴②，可以观③，可以群④，可以怨⑤。迩⑥之事父，远之事君。多识⑦于鸟兽草木之名。”

【今译】

孔子说：“学生们你们为什么不学习诗呢？读诗，可以培养想象力，可以提高观察力，可以培养集体观念，可以提高讽谏能力。从近处说，可以奉侍父母，从远处看，可以奉侍君主。而且还可以多认识一些鸟兽草木的名称。”

【注释】

① 何莫：为什么不。　② 兴：联想。　③ 观：观察。　④ 群：合群。　⑤ 怨：讽谏。　⑥ 迩：近。　⑦ 识：认识。

【评述】

本章孔子谈论学习诗的旨趣和作用。宋朱熹说：“感发志意，考见得失，和而不流，怨而不怒，人伦之道，诗无不备。二者举重而言，其绪余又足以资多识。”（《论语集注》卷九）

孔子是非常重视诗教的，诗作为六艺之一而列入教育科目。孔子在这里论述了学诗的作用和意义。第一，他指出诗可以陶冶性情，激发感情，加强自身的品德修养，发挥批评社会的功能。兴，可以排遣感情，抒发感情。观，可以考见得失，观风俗之盛衰。群，可以群居互相切磋，培养集体观念。怨，可以学会讽喻，批评统治者，批评社会。第二，他指出学诗可以事父、事君。《礼记·经解》说：“其为人也，温柔敦厚，诗教也。”学了诗可以培养人们温柔敦厚的性格，奉侍父母，孝敬和顺；奉侍君主，竭尽忠诚。第三，他指出学诗可以扩大知识面，接受人们长期积累的知识经验，多识鸟兽草木之名。据清顾东高《毛诗类释》统计：《诗经》中出现的谷类有二十四种，蔬菜有三十八种，药物有十七种，草有三十七种，花果有十五种，木和鸟各有四十三种，兽有四十种，马的异名有二十七种,虫有三十七种,鱼有十六种。可见其积累知识的广博,可以多识鸟兽草木之名。

子谓伯鱼①曰:"女为②《周南》《召南》③矣乎?人而不为《周南》《召南》,其犹正墙面而立也与?"

【今译】

孔子对伯鱼说:"你研究过《周南》《召南》的诗篇了吗?一个人如果不研究《周南》《召南》,那他好像面孔正对墙壁站着,一步也前进不得。"

【注释】

① 伯鱼:孔子的儿子鲤。　② 为:学习、研究。　③《周南》《召南》:《诗经》篇目名,现存《诗经·国风》中,有乐有舞,古人认为它是"正道之始,王化之基",寓意深刻。

【评述】

本章孔子教育伯鱼学习《周南》《召南》,明修身齐家之道。《集解》东汉马融说:"《周南》《召南》,《国风》之始,乐得淑女,以配君子,三纲之首,王教之端,故人而不为,如向墙而立。"(《十三经注疏·阳货第十七》)宋朱熹说:"《周南》《召南》,《诗》首篇名,所言皆修身齐家之事。"(《论语集注》卷九)孔子为什么教育伯鱼学习《周南》《召南》呢?目的是让伯鱼处理好夫妇关系。据清刘宝楠说:"窃又意二南皆言夫妇之道,为王化之始。故君子反身必先修诸己,而后可刑于寡妻,至于兄弟,以御于家邦。时或伯鱼授室,故夫子特举二南以训之与。"(《论语正义·阳货第十七》)大概孔子刚为伯鱼娶妻,所以教育伯鱼学习二南,先修己而作妻子榜样,处理好夫妻关系。清刘逢禄《论语述何》:"此章即夫子告伯鱼善处夫妇之意。"《周南》十一篇,言夫妇男女者九,《召南》十五篇,言夫妇男女者十一,皆无淫荡狎亵之私,而有肃穆庄敬之德；无乖离伤义之苦，而有敦笃深挚之情，夫妇道德之盛极矣。"可见孔子教育伯鱼学二南，是有针对性的。

子曰："礼云，礼云，玉帛①云乎哉？乐云，乐云，钟鼓②云乎哉？"

【今译】

孔子说："礼呀，礼呀，仅仅是说玉器、锦帛等祭祀礼物吗？乐呀，乐呀，仅仅是说钟鼓等乐器吗？"

【注释】

① 玉帛：玉器、锦帛。这里泛指祭祀的礼物。　② 钟鼓：钟和鼓。这里泛指乐器。

【评述】

本章孔子教育学生学习礼乐的精神实质，掌握其内涵，并明确内容和形式的关系。《集解》东汉郑玄说："玉，璋珪之属。帛，束帛之属。言礼非但崇此玉帛而已，所贵者，乃贵其安上治民。"（《十三经注疏·阳货第十七》）东汉马融说："乐之所贵者，移风易俗也。非谓钟鼓而已。"（同上）梁皇侃《论语义疏》引缪播说："玉帛礼之用，非礼之本。钟鼓者乐之器，非乐之主。假玉帛以达礼，礼达则玉帛可忘；借钟鼓以显乐，乐显则钟鼓可遗。以礼假玉帛于求礼，非深乎礼者也；以乐托钟鼓于求乐，非通乎乐者也。苟能礼正，则无恃于玉帛，而上安民治矣；苟能畅和，则无借于钟鼓，而移风俗也。"宋朱熹说："敬而将之以玉帛则为礼，和而发之以钟鼓则为乐，遗其本而专事其末，则岂礼乐之谓哉？"（《论语集注》卷九）唐韩愈认为"此连上文训伯鱼之词也"（《解论语笔》）。孔子在本章中认为，对于礼、乐要重视其根本内容，不能徒重形式，应内容与形式结合而以内容为主。如对于礼，礼之所重者在敬，敬为质，玉帛之类则为用。如果重形而忘本质，则将会流于追求奢侈之玉帛而忘其治国安民之本质。如对于乐,和为质,钟鼓等乐器则为用。如果重形式而忘本质,则将会流于追求声色之美而忘其移风易俗之本质。所以孔子这句话实质是阐明了内容和形式的关系,而两者之间以内容为主。学礼,是为了治国安民,学乐,是为了易风易俗,都要掌握它的内在本质。

子曰:"色厉而内荏①,譬诸小人,其犹穿窬②之盗也与?"

【今译】

孔子说:"外表严厉而内心怯弱的人,若用小人作比喻,恐怕像个打洞跳墙的小偷吧!"

【注释】

① 色厉而内荏(rěn):脸色严厉,内心怯弱。 ② 穿窬(yú):穿:穿壁;窬:逾墙。指盗窃行为。

【评述】

本章孔子讥讽当时当权人物欺世盗名,表里不一。梁皇侃《论语义疏》说:"言其譬如小人为偷盗之时也。小人为盗,或穿人屋壁,或逾人垣墙,当此之时,外形恒欲进为取物,而心恒畏人,常怀退走之路,是形进心退,内外相乖,如色外矜正而内心柔佞者也。"有许多人外表装得非常威严,而内心却非常空虚怯弱。春秋时期,不少在上位的人,往往装腔作势,表里不一,没有真正的涵养。所以孔子讥评他们像穿壁跳墙的小偷一样,被人抓到时嘴上非常强硬,而内心却非常恐惧,形象地刻划出这些人的嘴脸,对于这种人孔子是蔑视的。所以他教育学生要襟怀坦白,表里如一,做个真诚的君子。

子曰:"乡愿①,德之贼②也。"

【今译】

孔子说:"不分是非的好好先生,是败坏仁德的蟊贼。"

【注释】

① 乡愿:不分是非、人云亦云的好好先生。 ② 德之贼:败坏道德的蟊贼。

【评述】

本章孔子对于那些不分是非,同流合污,媚世伪善的人表示极大的痛恨。关于"乡愿",有四种解释:东汉周氏说:"所至之乡,辄原其人情,而为己意以待之,是贼乱德者也。"(《十三经注疏·阳货第十七》)魏何晏说:"乡,向也。古字同。谓人不能刚毅,而见其人辄原其趋向,容媚而合之,言此所以贼德也。"(同上)梁皇侃《论语义疏》引张凭说:"乡愿,原壤也,孔子乡人,故曰乡愿也。彼游方之外,行不应规矩,不可以训,故每抑其迹,所以弘德也。"宋朱熹说:"乡者,鄙俗之意。原与愿同。乡原,乡人之愿者也,盖其同流合污以媚于世,故在乡人之中独以愿称。夫子以其似德非德,而反乱乎德,故以为德之贼而深恶之。"(《论语集注》卷九)以上四说虽有不同,但对乡愿本质的见解是一致的,认为这是一种不分是非、顺情讨好的伪君子。孔子对这种人表示了极大的厌恶,认为是败坏仁德的蟊贼。

子曰:"道听而涂说[1],德之弃[2]也。"

【今译】

孔子说:"在路上听到什么就四处传播,这是背弃道德。"

【注释】

① 涂说:四处传播。"涂"通"途"。 ② 德之弃:背弃道德。

【评述】

本章孔子认为传播道听途说不实之言,就是自弃其德。梁皇侃《论语义疏》:"道,道路也。涂亦道路也。记问之学,不足以为人师,师人必当温故而知新,研精久习,然后乃可为人传说耳。若听之于道路,道路乃即为人传说,必多谬妄,所以为有德者所弃也,亦自弃其德也。"元陈天祥《四书辨疑》说:"盖此章戒人听人所传,传己所听,皆不可不谨。道途之间滥听将来,不考其实,即于道途传说与人,如此轻妄,则必不为雅德君子所与,故曰德之弃也。"凡事都要深入调查,以事实为依据,不可道听途说。孔子在这里告诫人们,不管读书做学问,还是道德修养,都要深入求证,实事求是,不能轻信传闻。

子曰:"鄙夫①可与事君也与哉?其未得②之也,患得③之。既得之,患失之。苟患失之,无所不至④矣。"

【今译】

孔子说:"卑鄙的小人可以同他一起奉侍君主吗?当他没有得到禄位时,深恐得不到它。已经得到了禄位,又唯恐失去它。如果害怕失去禄位,就什么事都干得出来了。"

【注释】

①鄙夫:鄙陋的小人。 ②未得:没有得到禄位。 ③患得:害怕得不到。 ④无所不至:什么事都干得出来。

【评述】

本章孔子认为鄙夫患得患失,寡廉鲜耻,谄媚奉承,无所不至,对之表示了极大的蔑视。宋朱熹说:"鄙夫,庸恶陋劣之称。小则吮痈舐痔,大则弑父与君,皆生于患失而已。"(《论语集注》卷九)清梁章钜《论语集注旁证》说:"志于道德,圣贤之徒也。志于功名,豪杰之士也。志于富贵,即鄙夫也。圣贤非不事功名也,可为则为,不可为则不为,不害于道德也。豪杰非恶富贵也,视功名为重,则富贵为轻也。鄙夫则富贵而外,他无所志,故其得失之患至于如此也。"春秋时期,宋国有一个叫曹商的人,替宋王出使到秦国去,去的时候,只有几辆车。秦王对他的阿谀奉承很感兴趣,赠车一百辆。他得意洋洋地返回宋国,向庄子夸耀自己的才能。庄子对他说:有一次秦王患病,请医生替他看病。挑破脓疮,用嘴吸脓疱的,赏车一乘;用舌头舔痔疮的,赏车五乘。医的毛病愈下等,得到的车子愈多。你大概替秦王舔了痔疮吧?所以得了这许多车子(《庄子·列御寇》)。把谄媚之徒巴结权贵的下作行为揭露得淋漓尽致。据《汉书·邓通传》载:"通无他技能,不能有所荐达,独自谨身以媚上而已。文帝尝病痈,邓通常为上嗽吮之。"又是一个用嘴巴吸脓疮奉承权贵的小人。孔子对于这些贪恋禄位,患得患失,无所不至的小人是深恶痛绝的。他们"上不能匡主,下无以益民,皆尸位素餐,孔子所谓'鄙夫不可与事君,苟患失之,无所不至者也'。"(《汉书·朱云传》)后人把"患得患失"形成成语,至今尚有生命力。

以上"色厉内荏""道听而涂说""乡愿""鄙夫"四章,可以看成是同一主题的一组文章,孔子揭露表里不一、阿谀谄媚的人,让人们从反面吸取教训,做一个诚信的君子。正如清刘宝树《经义说略》所说:"自'色厉而内荏'至'鄙夫'凡四章,语意大略相同。皆言中不足而外有余,盖貌为有德则色厉,而阴实小人故内荏,貌为好学则道听,而中无所守故涂说,是故居则为乡愿,出则为鄙夫,欺世盗名之徒,其害可胜言哉!"

子曰:"古者民有三疾^①,今也或是之亡^②也。古之狂也肆^③,今之狂也荡^④;古之矜也廉^⑤,今之矜也忿戾^⑥;古之愚也直^⑦,今之愚也诈^⑧而已矣。"

【今译】

孔子说:"古代的老百姓有三种毛病,现在的老百姓或许没有了。古代狂妄的人放肆直言,现在狂妄的人放荡不羁;古代矜持的人方正威严，现在矜持的人凶恶乖戾；古代愚笨的人坦诚直率，现在愚笨的人欺诈罢了。"

【注释】

①三疾：三种毛病。 ②亡：无。 ③肆：放肆。 ④荡：放荡不羁。 ⑤廉：品行方正而有威仪。 ⑥忿戾：愤怒乖戾。 ⑦直：直率。 ⑧诈：欺诈。

【评述】

本章孔子感叹世俗风尚每况愈下。梁皇侃《论语义疏》："古之狂者，唯肆情而病于荡，今之狂则不复病荡，故荡不肆也。又古之矜者，唯廉隅而病于忿戾，今之矜者则不复病忿戾，而不廉也。又古之愚者，唯直而病诈，今之愚者则不复病诈，故云诈而不直也。"清张甄陶《四书翼注论文》："今之德不如古之德亦已矣，疾何至亦不如古，伤俗之益衰也。"孔子认为古代狂、矜、愚三种人有肆、廉、直三种毛病，现在则发展成荡、忿戾、诈，变得更坏，慨叹世风日下，人心不古。虽有今不如昔之嫌，但我们从积极角度看，孔子提出的肆、廉、直和荡、忿戾、诈三个对比，外是观察别人，内是反观自己的准则，对于道德品质的修养是有鞭策作用的。

子曰："巧言①令色②，鲜矣仁。"

【今译】

孔子说："花言巧语，面目伪善的人，仁德是很少的。"

【注释】

①巧言：花言巧语。 ②令色：面目伪善。

【评述】

本章孔子告诫学生不要注重外表，而应加强内心修养。本章与

《学而》篇第三章重出。梁皇侃认为是"弟子各记所闻,故重出之"。实际上这是编者的有意安排,是一个过渡段,让它发挥承上启下的作用。既是对上文的一个小结,又开启下文的论述,认为凡是耍嘴皮子的,比上面几种人的问题更大,甚至可以颠覆国家。

子曰:"恶①紫之夺②朱也,恶郑声③之乱④雅乐⑤也,恶利口⑥之覆⑦邦家者。"

【今译】

孔子说:"我厌恶紫色代替了红色,厌恶郑乐的淫声干扰了典雅的正乐,厌恶强嘴利舌倾覆国家的人。"

【注释】

① 恶:厌恶,憎恶。 ② 夺:夺取。这里有替代之意。 ③ 郑声:郑国的乐曲。 ④ 乱:干扰,破坏。 ⑤ 雅乐:典雅的正乐。 ⑥ 利口:能言善辩,强嘴利舌。 ⑦ 覆:颠覆、倾覆。

【评述】

本章孔子教导人们有时邪恶也能压倒正直,痛斥巧言善辩倾覆国家的恶徒。《集解》汉孔安国说:"朱,正色。紫,间色之好者。恶其奸邪而夺正色也。利口之人多言少实。苟能说媚时君,倾覆国家。"(《十三经注疏·阳货第十七》)东汉包咸说:"郑声,淫声之哀者,恶其乱雅乐。"(同上)宋范氏说:"天下之理正而胜者常少,不正而胜者常多,圣人所以恶之也。利口之人以是为非,以贤为不肖,以不肖为贤,人君苟悦而信之,则国家之覆也不难矣。"(《论语集注》卷九)《孟子·尽心下》引孔子此言,但较详细:"恶莠,恐其乱苗也;恶佞,恐其乱义也;恶利口,恐其乱信也;恶郑声,恐其乱乐也;恶紫,恐其乱朱也;恶乡愿,恐其乱德也。"可以作研究此章之参考。

孔子在本章中提出了三件事,一是"恶紫之夺朱也",反对以紫色代替红色。关于颜色,夏朝尚黑,殷人尚白,周人尚赤。孔子是从周的,所以以红色为正色,"朱赤者,盛色也"(《周易·乾凿度》)。但从春秋齐桓公开始渐渐崇尚紫色。齐桓公有不好的紫色帛想出卖,自己先穿紫衣,国人争买紫帛,价钱顿时上扬了十倍。当时逐渐崇尚紫色,成为国君的服饰。春秋末,卫浑良夫穿紫衣狐裘,太子数其罪而杀之,可见紫色代替了红色,成为正色。故孔子反对紫色代替红色,违反周朝的制度。二是"恶郑声之乱雅乐也",指责郑声把正统的音乐破坏了。孔子对于音乐,最推崇《韶》乐,称赞它尽善尽美。《韶》是颂乐,清王国维在《论周颂》中说:"颂之声,较风、雅为缓。"可见孔子喜欢舒齐、和谐、纯正的音乐。而郑声常常是男女爱慕之辞,颇受当时人的欢迎。魏文侯就对子夏说过,听古乐就想打瞌睡,听了新乐就来了劲头,不知疲倦了。孔子认为郑声淫,破坏了正统的雅乐,搞乱了人们的思想。三是"恶利口之覆邦家者"。孔子指出其能覆邦家的危害性,而加以揭露。清黄式三《论语后案》说:"古今覆邦家者,皆以利口变乱黑白者也,故为邦必远佞人。"

利口覆邦家的事,历史上有很多例子。十六国时,苻坚统一了北方,准备伐晋,当时苻坚在北方立足未稳,民族矛盾尖锐,所以满朝文武官员、宫中太后、少子均谏,而怀有野心的慕容垂说:"陛下神武,断自圣心足矣,何必问外人。"怂恿苻坚出兵伐晋,导致淝水之败,前秦政权覆没(《资治通鉴》卷一百四)。唐高宗欲废王皇后,立武曌为皇后,遭到长孙无忌、褚遂良等顾命大臣反对,苦苦谏阻。高宗犹豫不决,问李勣,李勣说:"此陛下家事,何必更问外人!"高宗意志遂决,许敬宗宣言于朝说:"田舍翁多收十斛麦,尚欲易妇;况天子欲立后,何豫诸人事而妄生异议乎?"(《资治通鉴》卷一百九十九)利口轻轻一句,顷刻覆其邦家。孔子所讲的三点,并不是并列的,是以利口覆邦家为主,以紫之夺朱、郑声乱雅乐为陪衬起兴,进一步揭露利口的危害性。

子曰:"予①欲无言。"子贡曰:"子如不言,则小子②何述③焉?"子曰:"天何言哉？四时行焉④,百物⑤生焉,天何言哉?"

【今译】

孔子曰:"我不想说话了。"子贡说:"老师如果不说话,那么,学生们有什么传述呢?"孔子说:"天说了什么呢？一年四季照样运行,百物照样生长,天说了什么呢?"

【注释】

① 予:我。　② 小子:学生。　③ 述:复述、传述。　④ 四时行焉:一年四季按时运行。　⑤ 百物:各种生物。

【评述】

本章孔子主张身教重于言教,教育学生求道必须务实。《荀子·天论》:"列星随旋,日月递炤,四时代御,阴阳大化,风雨博施,万物各得其和以生,各得其养以成,不见其事而见其功,夫是之谓神。"梁皇侃《论语义疏》引王弼说:"予欲无言,盖欲明本,举本统末而示物于极者也。"唐韩愈说:"此义最深,先儒未之思也。吾谓仲尼非无言也,特设此以诱子贡,以明言语科未能忘言,至于默识,故云天何言哉？且激子贡使进于德行科也。"(《解论语笔》)清李中孚《四书反身录》说:"夫子惧学者徒以言语文字求道,故欲无言,使人知真正学道,以心而不以辩,以行而不以言。而子贡不悟,反求之于言,区区以言语文字是耽,是以又示之以天道不言之妙,所以警之者至矣。"清刘宝楠说:"夫子本以身教,恐弟子徒以言求之,故欲无言,以发弟子之悟也。"(《语论正义·阳货第十七》)宋朱熹说:"学者多以言语观圣人,而不察其天理流行之实有不待言而著者,是以徒得其言,而不得其所以言,故夫子发此以警之。"(《论语集注》卷九)

关于"予欲无言",有不同理解,有人认为孔子主张身教,恐学生徒以言求道,故欲无言。有人认为天理发现流行之实,不待言而可见。

有人认为孔子教人慎言。其实孔子这番话从教和学两个方面阐明无言之道,从教师方面看,身教重于言教,从教师以身作则中,使学生潜移默化。从学生方面看,学习主要靠自己的主观努力,苍天无声无息,四时照样运行,万物照样生长。学生不能光依靠老师,亦步亦趋,应自己独立思考,茁壮成长。

孺悲①欲见孔子,孔子辞以疾。将命者②出户,取瑟而歌,使之③闻之。

【今译】

孺悲想谒见孔子,孔子推说生病而不会客。传话的人刚走出大门,孔子拿起瑟来边弹边唱,故意让孺悲听见。

【注释】

① 孺悲:鲁国人,曾向孔子学礼。　② 将命者:传达命令的人。　③ 之:他,指代孺悲。

【评述】

本章记孔子有意拒绝孺悲谒见,警戒其违背礼义。《集解》:"孺悲,鲁人也,孔子不见,故辞以疾。为其将命者不知己,故歌令将命者悟,所以令孺悲思也。"(《十三经注疏·阳货第十七》)梁皇侃《论语义疏》引李充说:"今不见孺悲者何?明非崇道归圣,发其蒙矣。"宋朱熹说:"孺悲,鲁人,尝学士丧礼于孔子。当是时,必有以得罪者,故辞以疾,而又使知其非疾,以警教之也。"(《论语集注》卷九)《仪礼·士相见礼》疏:"孺悲欲见孔子,不由介绍,故孔子辞以疾。"

孺悲,鲁国人,据《礼记·杂记》载:"恤由之丧,哀公使孺悲之孔子学士丧礼,士丧礼于是乎书。"可见孺悲也可算是孔子的学生,又是《士丧礼》的编者。孔子对前来向他请教的人,是不拒绝的,这次为什么拒绝孺悲谒见而又让他知道是故意见拒呢?历代注家有不同说法。一般的解释是孺悲有缺点,或得罪孔子,所以拒不接见,并且让他知道是有意不见,使他能好好反省。"此孟子所谓不屑之教诲,所以深教之也。"(《论语集注》卷九)有人则认为孺悲不经人介绍直接来见孔子,不合士相见礼,故孔子不见。

宰我问:"三年之丧,期①已久矣。君子三年不为礼,礼必坏②;三年不为乐,乐必崩③。旧谷既没④,新谷既升⑤,钻燧改火⑥,期⑦可已矣。"子曰:"食夫稻,衣夫锦⑧,于汝安乎?"曰"安!""女安则为之。夫君子之居丧⑨,食旨不甘⑩,闻乐不乐,居处不安⑪,故不为也。今女安,则为之。"宰我出。子曰:"予⑫之不仁也!子生三年,然后免于父母之怀⑬。夫三年之丧,天下之通丧⑭也。予也有三年之爱⑮于其父母乎!"

【今译】

宰我问孔子说:"三年的丧期,为时也太长久了。君子三年不演习礼仪,礼仪一定会毁坏;三年不练习音乐,音乐一定会荒疏。旧谷已经吃完,新谷已经登场,钻木取火用的木头已经换了一轮,服丧一年也就可以了。"孔子说:"吃着稻米,穿着锦缎,你能够安心吗?"宰我回答说:"安心的!"孔子说:"你安心,那你就去这样做吧!君子服丧期间,吃美味的食物不知道香甜,听音乐不觉得快乐,住在房子里不觉得安逸,所以都不那么去做。今天你觉得安心,那你就去做吧!"宰我出去后。孔子说:"宰我真不仁德呀!儿女生下来三年,然后才能离开父母的怀抱。这三年的丧期,是普天下通行的丧期啊! 宰我也曾得到过父母对他三年怀抱的爱抚之情呀!"

【注释】

① 期:为期、日期。　② 坏:破坏,这里指废弃。　③ 崩:崩溃。

这里指荒疏。　④ 没：吃完。　⑤ 升：登场。　⑥ 改火：古代钻木取火，所用木头，四时不同，大致春用榆柳，夏用枣杏，季夏用桑柘，秋用柞楢，冬用槐檀，一年轮换一次。这里借指一年。　⑦ 期：一年。⑧ 锦：丝织品。　⑨ 居丧：守孝。　⑩ 食不甘旨：内心悲哀，吃东西都不知道滋味。甘旨：滋味。　⑪ 居处不安：住在屋里心里不安适。⑫ 予：宰我的名字。　⑬ 怀：怀抱。　⑭ 通丧：共同遵守的丧期。⑮ 爱：受到父母爱抚。

【评述】

本章孔子谴责宰我违背三年之丧的古礼，缺乏爱父母之心。梁皇侃《论语义疏》说："礼为至亲之服至三年，宰我嫌其为重，故问至期则久，不假三年也。"宋朱熹说："恐居丧不习而坏崩也。礼，父母之丧，既殡食粥粗衰，既葬蔬食水饮，受以成布，期而小祥，始食菜果，练冠缌缘，要绖不除，无食稻衣锦之理。夫子欲宰我反求诸心，自得其所以不慎者，故问之以此，而宰我不察也。宰我既出，夫子惧其真以为可安而遂行之，故深探其本而斥之，言由其不仁，故爱亲之薄如此也。"（《论语集注》卷九）清康有为《论语注》："古者丧期无数，《记》至亲以期断，则周时或期也。今欧美日本父母皆期丧。三年之丧，盖孔子改制所加隆也，故宰我以为旧制期已可矣，不必加隆，乃与孔子商略之词。自此孔门推行三年丧制于天下，至晋武帝乃为定制。"宰我问孔子，三年之丧为期久远，在上位的帝王，居丧三年恐礼崩乐坏，影响政务，影响生产，是否可以改为服丧一年。在古代，丧礼是非常重视的，孔子曾就殷高宗武丁严守三年之丧不会影响政务作过解释。本章则从报父母三年养育之恩出发，坚持实行三年之丧，严厉地批评了宰我。

子曰："饱食终日，无所用心，难①矣哉！不有博奕②者乎？为之，犹贤③乎已！"

【今译】

　　孔子说:"整天吃饱了饭,什么心思也不用,这是很难有成就的。不是有掷骰下棋的活动吗?他们也得动脑筋,比不用心思强得多呢!"

【注释】

　　① 难:难有成就。　② 博奕:掷骰子、下围棋。　③ 贤:好,胜过。

【评述】

本章孔子批评饱食终日、无所用心的懒汉。清宦懋庸《论语稽》说:"博奕之事,不惟使人废时失业,而又易起贪争之心,是岂可为者哉?然饱食而心无所用,则淫辟之念生,而将无所不为矣,故不如博奕者之为害犹小也。"孔子一生勤奋好学,所以谆谆教导学生勤学,从学习中获得广博的知识,学到做人的道理。所以十分厌恶饱食终日、无所用心的人。值得注意的是,孔子在这里说博奕比无所用心为好,并不是教人去掷骰子、下围棋,而是一种比喻的说法,博奕尚要动脑思考,在思考这一点上,比饱食终日、无所用心者为强。

子路曰:"君子尚勇①乎?"子曰:"君子义以为上②。君子有勇而无义为乱③,小人有勇而无义为盗。"

【今译】

　　子路说:"君子崇尚勇武吗?"孔子说:"君子把道义作为最高尚的品德。君子有勇武而没有道义就会犯上作乱,小人有勇武而没有道义就会去做盗贼。"

【注释】

　　① 尚勇:崇尚勇武。　② 上:上等、最高。　③ 乱:作乱。

【评述】

本章孔子教育子路勇必以义为前提，受到义的制约。宋尹氏说："义以为尚，则其勇也大矣。子路好勇，故夫子以此救其失也。"(《论语集注》卷九)《史记·孔子弟子列传》："子曰：义之为上，君子好勇而无义则乱，小人好勇而无义则盗。"子路是一个尚勇的人。"此是子路初见夫子，鸡冠佩剑，豪气未除时语。"(张甄陶《四书翼注论文》)《孔子家语》载："子路初见孔子，拔剑而舞，有古之君子以剑自卫乎之问。夫子答以古君子忠以为质，仁以为卫。"据梁元帝《金楼子》载："孔子游舍于山，使子路取水。逢虎于水，与战，揽尾得之，内于怀中，取水还。问孔子曰：'上士杀虎如之何？'子曰：'上士杀虎持虎头。''中士杀虎如之何？''中士杀虎持虎耳。'又问：'下士杀虎如之何？'子曰：'下士杀虎捉虎尾。'子路出尾弃之，复怀石盘，曰：'夫子知虎在水而使我取水，是欲杀我也。'乃欲杀夫子。问：'上士杀人如之何？'曰：'用笔端。''中士杀人如之何？'曰：'用语言。''下士杀人如之何？'曰：'用石盘。'子路乃弃盘而去。"由此可见子路是一个有勇力而鲁莽得可爱的人，这一段话可能是子路初见孔子时的问答，教育子路用义来制约勇。孔子是主张有勇的，认为君子应具备智、仁、勇三种美德。但勇要受义的节制，君子无义就会挑起战乱，小人无义就会铤而走险。

子贡曰："君子亦有恶①乎？"子曰："有恶，恶称人②之恶者，恶居下流而讪上③者，恶勇而无礼者，恶果敢而窒④者。"曰："赐也亦有恶乎？""恶徼⑤以为知⑥者，恶不孙⑦以为勇者，恶讦⑧以为直者。"

【今译】

子贡说："君子也有憎恨的事情吗？"孔子说："有憎恨的事。憎恨宣扬别人坏处的人，憎恨处在下级诽谤上级的人，憎恨勇敢而无礼的人，憎恨刚愎自用而固执己见的人。"孔子说："赐呀，你也有憎恨的事吗?"子贡说:"我憎恨把窃取别人的成果当作聪明的人,憎恨把不谦逊当作勇敢的人,憎恨把揭别人短处当作正直的人。"

【注释】

① 恶:憎恶、憎恨。　② 称人:宣扬别人。　③ 讪上:诽谤上级。　④ 窒:固执己见。　⑤ 徼(jiāo):窃取。　⑥ 知:聪明。　⑦ 不孙:不谦虚。孙,通"逊"。　⑧ 讦(jié):攻讦,揭别人短处。

【评述】

本章孔子教育子贡惩恶扬善,维护仁义道德,憎恶伪君子。宋朱熹说:"称人恶则无仁厚之意,下讪上则无忠敬之心,勇无礼则为乱,果而窒则妄作,故夫子恶之。恶徼以下子贡之言也。徼,伺察也。讦,谓攻发人之阴私。"(《论语集注》卷九)

子贡问孔子君子是否有厌恶之事,孔子的回答是肯定的,讲了四点。一是恨喜欢说别人坏话的人;二是恨居下位而诽谤上级的人;三是恨勇而无礼犯上作乱的人;四是恨大胆妄为的人。这四点都是道德品质问题。孔子说完后,反问子贡,你也有憎恶的事吗?这是一种启发式的教育方法。子贡的回答也是肯定的,讲了三点。一是恨学风不正的人;二是恨缺少礼貌不谦逊的人;三是恨揭发别人阴私的人。基本上属于作风问题。揭发别人的阴私,往往无据可证,容易诬陷人。唐太宗以上书者多揭发他人细事,立禁以逸人罪之,是厌恶发人阴私的。宋蒋之奇曾诬奏欧阳修的阴事。蒋之奇为欧阳修所赏识,待之甚厚。他没有考中制科,便附和欧阳修反对英宗追崇濮王为皇伯,改封大国之议。于是欧阳修推荐他为御史。大家都认为他是拍欧阳修马屁的奸邪,蒋之奇想摆脱这种窘境。刚好欧阳修的妻舅薛宗孺不满欧阳修,诬蔑欧阳修与其妻吴氏有帷薄非礼之事。蒋之奇便上奏章弹劾欧阳修。神宗初即位,想要重重谴责欧阳修。但经过调查,根本没有这种事,所以"罢黜蒋之奇"(《宋史·欧阳修、蒋之奇传》),可见借揭阴私以诬陷人者之可恶。

子曰:"唯①女子与小人为难养②也,近之则不孙③,远之则怨④。"

【今译】

孔子说:"只有女人和小人是难以相处的,亲近他们就会无礼,疏远他们就会怨恨。"

【注释】

① 唯:只有。 ② 难养:难以相处,难以侍候。 ③ 不孙:无礼、不恭顺。 ④ 怨:怨恨。

【评述】

本章孔子认为缺乏教养的妇女和小人是难以相处的。梁皇侃《论语义疏》说:"君子之人,人愈近愈敬;而女子、小人,近之则其诚狎而为不逊从也。君子之交如水,亦相忘江湖;而女子、小人,若远之则生怨恨,言人不接己也。"清汪烜《四书诠义》说:"此言修身齐家者不可有一事之可轻,一物之可慢,毋谓仆妾微贱,可以惟我所使,而忽以处之也。"这里孔子所指的女人,不是所有的女人,而是指贵族家庭中的妾、婢而言,小人也只指奴仆而言。孔子认为对于这种人太爱护了,对他(她)太好了,就会恃宠而骄,弄得你啼笑皆非,动辄得咎。对他(她)不好,又恨死你,至死方休,所以孔子说是"难养"。当然,孔子这句话是站在以男权为中心的社会里说的,轻视妇女是时代的局限,我们不能苛求于古人。其实女人"难养",男人也未必"好养",只是相对而论。佛经上有一个故事,一个国王与皇后反目,同来见佛,佛先站在国王的立场,说了女性许多坏处,国王听了很高兴。最后佛又说,可是人们只知道女性的不对,其实,男性的坏处也很多,于是佛又接连数说许多男性的不是之处(南怀瑾《论语别裁》下册)。各打五十大板,可见佛处事的公平。正是吕纯阳的一首诗说:"独立高峰望八都,黑云散后月还孤。茫茫宇宙人无数,几个男儿是丈夫。"这是说世上男人的不足的。同样,宋太祖赵匡胤平后蜀以后,将孟昶的妃子花蕊夫人掠到宫里,问她后蜀为何被灭,她口占一绝云:"君王城上竖降旗,妾在深宫那得知;四十万人齐解甲,更无一个是男儿。"也是骂男子的。当然我们也不能据此说男人都是软骨头。所以男人、女人谁难弄,永远也下不了结论。

子曰:"年四十而见①恶②焉,其终③也已。"

【今译】

孔子说:"年纪到了四十岁还被人厌恨,他的一生也就完了。"

【注释】

① 见:被。　② 恶:厌恶。　③ 终:一生、一辈子。

【评述】

本章孔子勉励人们及时为学修德,不要老大徒伤悲。《集解》东汉郑玄说:"年在不惑,而为人所恶,终无善行也。"(《十三经注疏·阳货第十七》)宋朱熹说:"四十成德之时,见恶于人,则止于此而已,勉人及时迁善改过也。"(《论语集注》卷九)清李中孚《四书反身录》说:"吴康斋读《论语》至此,不觉潸然太息曰:'与弼今年四十二矣,其见恶于人者何限。而今而后,敢不勉力,少见恶于人,斯可矣。'"孔子认为四十是不惑之年,无论道德、学问都应有所成就,但到了四十岁尚无善行可称,为人所憎恶,其一生也难以有成就了。《曾子·立事》说:"三十、四十之间而无艺,即无艺矣;五十而不以善闻,则无闻矣。"孔子的话,当让人警勉。

微子第十八

【解题】

本篇共十一章。编者取本篇首章"微子去之"一句中的"微子"两字为篇名。其中,记孔子行动二章,记与孔子思想行动有关的人和事九章。有五章穿插了孔子的评述,篇幅不多。

本篇从殷有三仁人开始,到周有八士为止,主要围绕人才问题开展论述,体现了孔子强烈的用世思想,展示了以下观点。第一,得人则治,失人则亡,人才关系到国家的兴衰存亡。殷有三仁人,或去或囚或杀,导致商纣灭亡;周有八士,人才鼎盛,国家兴旺。第二,天下有道,则人才归聚。周初善待贤士,不求全责备,使之各得其所,各尽所能,人才归附,济济一堂。第三,天下无道,人才流失。君子仁人或去或死,或隐居于岩野,或周流于四方。鲁国乐师四散奔走;接舆、长沮、桀溺、丈人隐居不仕;逸民则不降其志,不辱其身与黑暗的社会决绝。第四,君子重视出身立世,可仕则仕,可止则止,绝不勉强。齐景公不用孔子,孔子行;季桓子受女乐,孔子行。君子明知道之不行,直道事人,积极入世,拯救斯民。第五,孔子尊重隐者,但反对其欲洁其身而乱大伦的出世思想。孔子曾遇到四种归隐者:一是善意劝阻者;二是挖苦讽刺者;三是以礼待人者;四是避世守志者。孔子对他们的人格表示尊重,但对他们对国家、对社会不负责任的思想表示反对。

微子①去之,箕子②为之奴,比干③谏而死。孔子曰:

"殷有三仁④焉。"

【今译】

商纣王荒淫无道,微子离开了他,箕子被贬为他的奴隶,比干极谏被他杀死。孔子说:"殷朝有三位仁人。"

【注释】

① 微子:殷纣王的同母兄长,名启。纣王无道,他离开朝廷。② 箕子:殷纣王的叔父,他极谏纣王,纣王不听,被贬为奴隶。③ 比干:殷纣王的叔父,他极谏纣王,被剖心而死。　④ 三仁:三位有仁德的人。

【评述】

本章孔子盛赞殷朝微子、箕子、比干三位仁人。《集解》东汉马融说:"微、箕,二国名。子,爵也。微子,纣之庶兄。箕子、比干,纣之诸父也。微子见纣无道,早去之。箕子佯狂为奴,比干以谏而见杀也。"(《十三经注疏·微子第十八》)魏何晏说:"仁者爱人。三人行异而同称仁,以其俱在安乱宁民。"(同上)梁皇侃《论语义疏》说:"微子者名启,是殷王帝乙之元子,纣之庶兄也。殷纣暴虐,残酷百姓,日月滋甚,不从谏诤。微子观国必亡,社稷颠殒,己身是元长,宜存系嗣,故先去殷投周,早为宗庙之计,故云去之。箕子者,纣之诸父也,时为父师,是三公之职,屡谏不从,知国必殒,己身非长,不能辄去,职任寄重,又不可死,故佯狂而受囚为奴,故云为之奴也。比干亦纣之诸父也,时为少师,少师是三孤之职也,进非长适,无存宗之去;退非台辅,不俟佯狂之留,且生难死易,故正言极谏,以至剖心而死,故云谏而死也。"清李中孚《四书反身录》:"箕子囚奴,比干剖心,忠节凛然,天地为昭。微子之去,迹同后世全身远祸者所为,而夫子并许其仁者,原其心也。以其心乎国,非私乎身,宗祀为重,迹为轻也。"

微子启是纣王的庶兄,与纣王同母所生。"其长曰微子启,其次曰仲衍,其次曰受德。受德乃纣也,甚少矣。纣母之生微子启与仲衍也,尚为妾,已而为妻,而生纣。纣之父母欲置微子启以为太子,太史据法而争之曰:'有妻之子,不可置妾之子。'纣故为后。"(《吕氏春秋·仲冬纪》)箕子是纣王的叔父,比干也是纣王的叔父,都是宗室而兼大臣。纣王荒淫无道,国家面临崩溃边缘,他们怀着极大的忠心谏阻纣王,结果微子见纣无道,无法挽回,去之以存宗祀。箕子被囚,佯狂为奴。比干被剖心而死。"比干,纣之诸父也。纣惑妲己,作糟丘酒池,长夜之饮,断斩朝涉,刳剔孕妇。比干正谏。纣怒曰:'吾闻圣人心有七孔。'于是乃杀比干,剖其心而观之,故言菹醢也。"(《楚辞九章》王逸注)他们尽忠的方式虽不一样:微子在承续殷宗祀上作出了贡献;箕子在武王灭纣后,接受武王政治咨询,介绍了治国之道,这就是保存至今的《尚书·洪范》,后被封于朝鲜,将中国文化带到朝鲜,广为传播;比干则杀身以成仁。所以孔子赞扬他们为仁人。可见孔子的仁,是以维护礼制、忠于国家为标准的。

柳下惠为士师①,三黜②。人曰:"子未可以去③乎?"曰:"直道而事人,焉往④而不三黜?枉道而事人,何必去父母之邦⑤?"

【今译】
　　柳下惠担任法官,多次被撤职。有人对他说:"你为什么不离开鲁国呢?"柳下惠说:"如果用正直的道义去奉事君主,到哪里不会被多次撤职呢?如果用歪门邪道去奉侍君主,何必一定要离开鲁国呢?"

【注释】
　　① 士师:法官。　② 三黜:多次被撤职。　③ 去:离开。④ 焉往:到那里去。　⑤ 父母之邦:生养自己的祖国。指鲁国。

【评述】
　　本章孔子赞扬柳下惠直道事人。梁皇侃《论语义疏》引李充说:

"举世丧乱,不容正直,以国观国,何往不黜也?"清汪烜《四书诠义》说:"此篇所纪,往古实行及当时隐逸之人,皆当以夫子对看。若柳下惠,则视一世皆枉道。"柳下惠是鲁国的法官,在鲁国的级别相当于中士或下士,是一个颇具才干而正直的人,在生活中曾说他坐怀不乱。孔子对他评价很高,往往将他与伯夷、叔齐、伊尹并提。由于直道而行,所以多次被罢官。我们从柳下惠和或人的对话中可以看出:第一,他是一个直道事君的人,秉性正直,决不改变自己的意志,以迎合时尚。第二,他对当时社会有深切了解,指出世皆枉道,直道难行。第三,对祖国怀着深厚的眷恋之情,不愿离开父母之邦。

齐景公待孔子曰:"若①季氏,则吾不能;以季孟之间②待之。"曰:"吾老矣,不能用也。"孔子行③。

【今译】
齐景公谈到接待孔子的礼遇规格时说:"像鲁君对待季孙氏那样,我做不到,我按照低于季氏、高于孟氏的规格来接待他。"后来又说:"我老了,不能用他了。"孔子便离开齐国。

【注释】
①若:像。 ②季孟之间:次于季氏、高于孟氏。 ③行:离开。

【评述】
本章记孔子在齐国不受礼遇,立即离去。据《史记·孔子世家》载:"景公问政。孔子曰:'君君,臣臣,父父,子子。'他日又问。曰:'政在节财。'公说,欲以尼谿田封孔子。晏婴进曰:'夫儒者,滑稽而不可轨法,倨傲自顺,不可以为下,崇丧遂哀,破产厚葬,不可以为俗。今孔子盛容饰,繁登降之礼,累世不能殚其学,当年不能究其礼。君欲用之以移齐俗,非所以先细民也。'异日,景公止孔子曰:'奉子以季氏,吾不能;以季孟之间待之。'齐大夫欲害孔子,孔子闻之。景公曰:'吾老矣,弗能用也。'孔子遂行,反乎鲁。"鲁昭公二十六年(前517),孔子三十七岁。鲁国发生动乱,鲁国三桓驱逐昭公,昭公奔齐。孔子来到齐国。齐景公对他非常重视,两次向孔子请教治国之道,得到满意的答复。想要把尼豁之田封给孔子,但遭到大臣晏婴的反对,没有实现。齐景公还想用"季孟之间"的礼遇对待孔子。鲁国三卿,季氏为上卿,最贵,鲁君对他礼遇最高,孟氏为下卿,不用事,鲁君对他的礼遇较差。齐景公想以低于上卿、高于下卿的待遇对待孔子。后人把"季孟之间"视为成语,表示比上不足,比下有余之意。但齐景公的想法又遭到大夫中的有些人反对。齐景公便以"吾老矣,不能用也"为借口,辞退孔子。孔子到齐国为了行仁政,实现自己的理想、抱负,并不是为了功名富贵。既然环境不允许,也就立即离开齐国,决不枉道以事人。

齐人归①女乐②,季桓子③受之,三日不朝④,孔子行。

【今译】

　　齐国人送来舞女歌姬,季桓子接受了她们,迷恋声色,一连三天不上朝理政,孔子便离开了鲁国。

【注释】

　　① 归:通"馈",赠送。　② 女乐:歌姬、舞女、乐师。　③ 季桓子:鲁国执政季孙斯。　④ 不朝:不上朝廷处理政务。

【评述】

　　本章记孔子见鲁国君臣溺于声色,无意治国,愤而弃官离去。据《史记·孔子世家》载:"孔子行摄相事,齐人闻而惧曰:'孔子为政必霸。霸则吾地近焉,我之为先并矣。盍致地焉?'犁鉏曰:'请先尝沮之。沮之而不可,则致地,庸迟乎?'于是选齐国中女子好者八十人,皆衣文衣而舞《康乐》,文马三十驷,遗鲁君。陈女乐、文马于鲁城南高门外。季桓子微服往观再三,将受,乃语鲁君为周道游,往观终日,怠于政事。子路曰：'夫子可以行矣。'孔子曰：'鲁今且郊，如致膰乎大夫，则吾犹可以止。'桓子卒受齐女乐，三日不听政，郊又不致膰俎于大夫，孔子遂行。"

　　孔子在鲁国任司寇，摄行相事，表现了卓越的政治才能，鲁国大治。齐国深感不安，恐怕鲁国强大，威胁齐国。便千方百计想排挤孔子下台，而且国内环境也不允许孔子施展抱负。齐国便施行美人计，选国中美女八十人，都穿上绣着美丽文彩的舞衣，跳起《康乐》舞，三十乘车的马都披红挂彩，十分诱人，一字儿排开在鲁国城南高门外。季孙斯多次微服察访，终于心动，怂恿鲁定公接受，君臣观看演出，为声色所惑，三天不视朝听政，而且郊祭时又不送祭肉给大夫。齐国这一手果然厉害，眼看鲁国就要衰落了，孔子又无法改变这个现实，只好辞官不做，离开了鲁国。孔子离开鲁国时，用歌来表白心声："彼妇之口，可以出走；彼妇之谒，可以死败。盖优哉游哉，维以卒岁。"（《史记·孔子世家》）可见孔子对于立身处世是很慎重的，"读书志在圣贤，为官心存君国"（朱伯庐《治家格言》），可留则留，不可留马上就走，决不依违于俯仰之间，表现了高尚的人格力量。

　　楚狂①接舆②歌而过孔子曰："凤兮③凤兮！何德之衰④？往者不可谏，来者犹可追⑤。已而⑥，已而！今之从政者殆而⑦！"孔子下，欲与之言。趋而辟⑧之，不得⑨与之言。

【今译】

　　楚国的狂人接舆唱着歌走过孔子的车旁。他唱道："凤凰呀，凤凰呀！你的德行为什么这样衰微？过去的已经无法谏阻，未来的还可以改正。算了吧，算了吧！现在执政的人太危险了。"孔子下车，想同他交谈。接舆快走几步，赶快避开，孔子不能和他交谈。

【注释】

　　① 楚狂：楚国的狂人。　② 接舆：人名。楚国隐士，佯狂以避世。　③ 凤兮：凤凰呀！　④ 衰：衰微，式微。　⑤ 追：改正。

⑥ 已而：算了吧。　⑦ 殆而：危险。　⑧ 辟：通"避"，避开。　⑨ 得：能。

【评述】

本章记孔子传道济世的心情不为接舆所理解，接舆善意地讽喻孔子急流勇退。《集解》汉孔安国说："接舆，楚人。佯狂而来歌，欲以感切孔子，比孔子于凤鸟，凤鸟待圣君乃见。非孔子周行求合，故曰衰。已往所行不可复谏止，自今以来可追而止，避乱隐居。已而已而者，言世乱已甚，不可复治也。再言之者，伤之深也。"（《十三经注疏·微子第十八》）

楚狂是楚国的一位隐士，姓陆名通，字接舆，因见楚昭王政令无常，故披发佯狂不仕，他对孔子很尊重，把孔子比作凤凰。公元前489年，楚昭王派兵把被围在陈国的孔子救出，接到楚国去，准备重用孔子，并想将书社之地七百里封给孔子，但遭令尹子西的反对而没有实现。清戴望《论语补注》："昭王欲以书社地封孔子，令尹子西沮之。故言今之从政者见疑也。"接舆感到孔子虽有行道之心，而居于衰世，故在孔子车前唱歌，劝喻孔子避世免祸。清黄式三《论语后案》："楚狂歌词尊敬圣人，复为圣人防患，叹惜时事，情词悲切。先儒谓楚狂非常人，良是。"据《庄子·人间世》载："孔子适楚。楚狂接舆游其门，歌曰：'凤兮凤兮！何德之衰也？来世不可待，往世不可追也。天下有道，圣人成焉。天下无道，圣人生焉。方今之世，仅免刑焉。福轻乎羽，莫之知载。祸重乎地，莫之知避。已乎已乎！临人以德。殆乎殆乎！画地而趋。迷阳迷阳，无伤吾行。'"孔子知道他是一位有见地的隐士，想与他交谈。可是接舆却匆匆走了，只把真切的忠告，久久地留在孔子的脑海里。

长沮、桀溺①耦而耕②，孔子过之，使子路问津③焉。长沮曰："夫执舆者④为谁？"子路曰："为孔丘。"曰："是鲁孔丘与?"曰:"是也。"曰:"是知津矣。"

问于桀溺。桀溺曰:"子为谁?"曰:"为仲由。"曰:"是鲁孔丘之徒⑤与?"对曰:"然。"曰:"滔滔⑥者天下皆是也,而谁以易⑦之?且而与其从辟人之士⑧也,岂若从辟世之士⑨哉?"耰⑩而不辍⑪。

子路行以告⑫。夫子怃然⑬曰:"鸟兽不可与同群,吾非斯人之徒与而谁与?天下有道,丘不与易⑭也。"

【今译】

长沮、桀溺两人并犁而耕种土地,孔子经过那里,派子路去询问渡口在哪里?长沮说:"那个驾车子的人是谁?"子路说:"是孔丘。"长沮说:"是鲁国的孔丘吗?"子路说:"是的。"长沮说:"那他早就知道渡口在哪里了。"

子路又向桀溺询问。桀溺说:"你是谁?"子路说:"我叫仲由。"桀溺说:"是鲁国孔丘的学生吗?"子路说:"是的。"桀溺说:"滔滔的洪水,普天下到处泛滥,你们同谁一起去变革它呢?再说,你与其跟随那个逃避坏人的孔丘,还不如跟从我们逃避整个黑暗社会的人好啊!"说完,他们播种、覆土不停。

子路回来向孔子报告。孔子怅然若失地说:"既然我们不能跟鸟兽合群共处,那么我们不与世人在一起,又同谁在一起呢?如果天下政治清明,我就不会参预变革了。"

【注释】

① 长沮、桀溺:春秋时两位隐士。并非他们的真实姓名,事迹无考。 ② 耦而耕:两人并犁合力耕种。 ③ 津:渡口。 ④ 执舆者:手执缰绳赶车的人。 ⑤ 徒:学生。 ⑥ 滔滔:水势浩大的样子。这里指坏东西多。 ⑦ 易:变革。 ⑧ 避人之士:躲避坏人的人,指孔子。 ⑨ 避世之士:逃避整个黑暗社会的人,指长沮、桀溺。 ⑩ 耰

(yòu)：播种后,覆上泥土。 ⑪ 不辍：不停止。 ⑫ 告：报告。 ⑬ 怃然：怅惘而若有所失的样子。 ⑭ 易：改变、改革。

【评述】

本章记孔子周游天下,欲行仁政,受到隐士长沮、桀溺的讥讽。《集解》东汉何休说："士有避人之法,有避世之法。长沮、桀溺谓孔子为士,从避人之法,己之为士,则从避世之法。"(《十三经注疏·微子第十八》)汉孔安国说："隐于山林,是与鸟兽同群也。吾自当与此天下人同群,安能去人从鸟兽居乎？"(同上)东汉何休说："怃然,谓其不达己意而便非己也。不与易者,言凡天下有道者,某皆不与易也,己大而人小故也。"(同上)长沮和桀溺是两位隐士,他们并肩在种田,当子路向他们询问渡口在什么地方时,遭到他们的讥刺、挖苦。实际上他们对孔子积极入世的思想不理解,认为天下大乱,不如隐居为上。可是孔子则以天下为己任,正因为天下无道,他要出而变易,推行仁政,拯救斯民。如果天下有道,"丘不与易也"。孔子知其不可为而为之,他走的道路比隐士走的道路艰难得多,可见孔子知难而进的精神。

子路从①而后,遇丈人②,以杖荷蓧③。子路问曰："子见夫子乎？"丈人曰："四体④不勤,五谷不分,孰为夫子？"植其杖而芸⑤。子路拱⑥而立。止⑦子路宿,杀鸡为黍而食之,见其二子焉。明日,子路行以告。子曰："隐者也。"使子路反⑧见之。至,则行矣。子路曰："不仕⑨无义⑩。长幼之节⑪,不可废也；君臣之义,如之何其废之？欲洁其身,而乱大伦⑫。君子之仕也,行其义⑬也。道之不行,已知之矣。"

【今译】

　　子路跟随孔子出门,远远落在后面。遇见一位老翁,用拐杖挑着耘田的工具。子路问道："你看见我的老师了吗？"老翁说："你这个人手脚不勤劳,五谷分不清,谁知道你的老师?"把拐杖插在地上,耘起田来。子路拱着手,恭恭敬敬地站在田边。老翁留子路宿夜,杀鸡、煮玉米饭招待子路,还让两个儿子与子路见面。第二天,子路赶上孔子,向孔子报告遇老翁之事。孔子说:"这是一位隐居的人。"派子路再回去拜见他。子路赶到老翁家,老翁已经走了。子路便向他儿子转达了孔子的话:"不做官是没有道理的。长幼之间的礼节,是不可以废弃的。君臣之间的道义,怎么能废弃呢?要想洁身自好,反而破坏了最大的伦常关系。君子出来做官,是为了履行其根本的道义,至于我们的政治主张不能实行,那早就知道了。"

【注释】

① 从:跟随。 ② 丈人:老翁。对老年人的尊称。 ③ 以杖荷蓧(diào):用拐杖挑着除草工具。 ④ 四体:指二手二足。 ⑤ 芸:通"耘"。耘田。 ⑥ 拱:拱着手,表示恭敬。 ⑦ 止:留。 ⑧ 反:同"返"。返身回去。 ⑨ 仕:做官。 ⑩ 无义:不合道义。 ⑪ 节:关系,大节。 ⑫ 大伦:最大的伦常关系,指君臣关系。 ⑬ 行其义:履行、推行道义的职责。

【评述】

本章记子路路遇隐士荷蓧丈人,前倨后恭,子路发挥孔门君臣伦理大义,对隐士作风进行抨击。梁皇侃《论语义疏》说:"孔子与子路同行,孔子先发。子路在后随之,未得相及……而与此丈人相遇,见此丈人以杖担一器箩篭之属……故借问丈人见夫子不乎?……丈人故答子路也。言当今乱世,汝不勤劳四体,以播五谷,而周流远走,问谁为汝之夫子,而问我索之乎?……丈人答子路竟,至草田而竖其所荷蓧之杖……竟而芸除田中秽草也。……子路未知所以答,故沓手而倚立,以观丈人之芸也。……已至日暮,故丈人留止子路,使停住就已宿也。……丈人家杀鸡为臛,作黍饭而食子路也。丈人知子路是贤,故又以丈人二儿见于子路也。至明日之旦,子路得行逐孔子也。……具以昨日丈人所言及鸡黍见子之事告孔子。……孔子闻子路告丈人之事，故云此丈人是隐处之士也。……而又使子路反还丈人家，须与丈人相见，以己事说之也。……子路反至丈人家，而丈人已复出行，不在也。……而子路留此语以与丈人之二子，令其父还述之也。此以下之言悉是孔子使子路语丈人之言也。言人不生则已，既生便有在三之义。父母之恩，君臣之义。人若仕则职于义……既有长幼之恩，又有君臣之义。汝知见汝二子，是识长幼之节不可废阙，而如何废于君臣之义而不仕乎？又言汝不仕浊世，乃是欲自清洁汝身耳，如为乱君臣之大伦，何也？又言君子所以仕者，非贪荣禄富贵，正是欲行大义故也。为行义故仕耳，浊世不用我道，而我亦反自知之也。"清刘宝楠说："君子成己所以成物，故士必宜仕，仕即是义，也即是道。故孟子言：'孔子三月无君，皇皇如也。'明虽知道不行，犹不敢忘仕也。"（《论语正义·微子第十八》）

荷蓧丈人是一位隐者，起先他不理子路。子路"拱而立"，激起丈人的爱心，邀子路回家住宿，杀鸡、做黍米饭招待，还让他的两个儿子会见他。古代允许家人与客人相见，是一种亲密友好的表示。第二天子路向孔子报告后，孔子让他再去拜访丈人，可是丈人与接舆一样，估计孔子要回来与他相见，故意避开了。所以子路只好将君臣大义的意见让他的两个儿子转达。孔子认为一个士人出来做官，是履行君臣大义，不可废弃。洁身自好的隐士，则乱了君臣之义，人伦之道，是不足取的。虽然明知主张不能实现，但仍应知其不可为而为之，以行义于天下。反映了孔子入世行仁政的思想。

逸民①：伯夷、叔齐、虞仲②、夷逸③、朱张④、柳下惠、少连⑤。子曰："不降其志⑥，不辱⑦其身，伯夷、叔齐与！"谓"柳下惠、少连，降志辱身矣，言中伦⑧，行中虑⑨，其斯而已矣。"谓"虞仲、夷逸，隐居放言⑩，身中清⑪，废中权⑫。我则异于是⑬，无可无不可。"

【今译】

　　德行超逸,避世隐居的人有:伯夷、叔齐、虞仲、夷逸、朱张、柳下惠、少连七人。孔子说:"不降低自己的志向,不辱没自己清白之身的,大概是伯夷、叔齐吧!"谈到"柳下惠、少连,他们降低了自己的志向,辱没了自己清白的身子,但他们说话合乎伦理,行动经过思考,就是这样罢了。"谈到"虞仲、夷逸,他们避世隐居,放肆直言。但保持自身廉洁,放弃权力符合权变。我就与他们不同,没有什么可以,也没有什么不可以。"

【注释】

　　① 逸民:德行超逸,避世隐居的人。　② 虞仲:据说即仲雍。周朝古公亶父次子,吴泰伯之弟。　③ 夷逸:据说是夷诡诸后裔,有人劝他做官,他宁愿耕作终身。　④ 朱张:《汉书·古今人表》存其名,事迹不可考。魏王弼注云:"朱张字子弓,荀卿以比孔子。"未必可信。⑤ 少连:据说是东夷之子,"善居丧,三日不怠,三月不解,期悲哀,三年忧"。　⑥ 不降其志:不降低他的志向。　⑦辱:辱没。　⑧ 言中伦:言语符合伦理。　⑨ 行中虑:行动经过思考。　⑩ 放言:放肆直言。　⑪ 身中清:保持自身清白。　⑫ 废中权:废弃权势合乎权变。⑬ 异于是:与他们这些人不同。

【评述】

　　本章孔子论述逸民的不同操守,从对比中表达了自己与他们不同之处。逸民,是民中节行超逸不拘于世者。在我国历史上,反映立身处世的有两条路。一条是走入世之路,一条是走隐逸之路,当隐士。不过中国过去走隐逸之路的,并不完全消极,当隐士是为了出世。姜子牙隐于磻溪垂钓,应周文王之请而建大业;诸葛亮隐于隆中,刘备三顾茅庐出而辅佐蜀汉。当然也有隐居不仕的,如东汉的严光,明末清初的王船山、顾炎武等。所以中国史书中列有《逸民传》,记载他们的事迹。在本章中孔子对当代的七位逸民作了分类。第一类是伯夷、叔齐,他们不降志节,不辱其身。第二类是柳下惠、少连,他们降志辱身,但言而有理,言行一致。第三类是虞仲、夷逸,他们隐居直言,能行权变。梁皇侃说:"逸民虽同而其行事有异,故孔子评之也。夷齐隐居饿死,是不降志也;不仕乱朝,是不辱身也;柳下惠、少连,虽降身辱志,而言行必中于伦虑。虞仲、夷逸隐居幽处,废置世务,身不仕乱朝,是中清洁也,废事免于世患,是合于权智也。"(《十三经注疏·微子第十八》)但这里没有涉及朱张。宋王应麟《困学纪闻》:"逸民各论其行而不及朱张,或曰其行与孔子同,故不复论也。"孔子将自己与他们的行动相比较后说:"我则异于是,无可无不可。"就是说,我则走入世之路,但做到用行舍藏。国家需要我的时候,我就挑起治国平天下的责任;国家不用我的时候,我退而著述,绝不勉强追求,枉道事人。诚如《孟子》所说:"孔子可以仕则仕,可以止则止,可以久则久,可以速则速","圣之时者也"(《孟子·公孙丑上》)。

大师①挚适②齐,亚饭③干适楚,三饭缭适蔡,四饭缺适秦,鼓方叔入于河,播鼗④武入于汉,少师阳、击磬襄入于海。

【今译】

大师挚逃到齐国,亚饭乐师干逃到楚国,三饭乐师缭逃到蔡国,四饭乐师缺逃到秦国,击鼓乐师方叔逃到黄河边,摇小鼓的乐师武逃到汉水边,少师阳和敲磬的乐师襄逃到海边居住。

【注释】

① 大师:鲁国乐师之长,名挚。 ② 适:到、去。 ③ 亚饭:古代天子、诸侯吃饭时要奏乐,所以乐官有亚饭、三饭、四饭之称。 ④ 鼗(táo):两旁系有小槌的鼓。

【评述】

本章记叙鲁哀公时政治衰微，政局动荡，乐官四处流散。宋张子说："周衰乐废，夫子自卫反鲁，一尝治之，其后伶人贱工识乐之正。及鲁益衰，三桓僭妄，自太师以下，皆知散之四方，逾河蹈海以去乱。"（《论语集注》卷九）鲁国是周公之后，周公制礼作乐，是建立周文化的开创者，所以在鲁国一直保存着从上古到周代的传统文化。自从三桓篡权，君臣之伦已乱，鲁政衰微，到鲁哀公时，深谙礼仪的乐官四处出奔。宋蔡节《论语集说》："鲁政益微，三家僭妄，郑声既炽，女乐方张，先王遗者厌弃不省矣。自太师而下，皆不得其职，故相率而逃之。夫子虑乐师去而遗音绝，于是笔其所适之所于简，使后之人知而求之，则犹或有所考也。"分析了乐师逃散的原因和孔子记录这章的目的。关于大师挚等八人，有人认为是周平王时人，东汉郑玄主此说；有人认为是周厉王时人，叶石林主此说；有人认为是殷纣时人，唐颜师古主此说。一般认为是鲁哀公时人。

周公①谓鲁公②曰："君子不施③其亲，不使大臣怨乎不以。故旧④无大故，则不弃⑤也。无求备于一人。"

【今译】

周公旦对伯禽说："君子不怠慢自己的亲族，不让大臣抱怨没有被信任。故人旧亲没有重大错误，就不要抛弃他们。对于每一个人不要求全责备。"

【注释】

① 周公：周公旦，鲁国的初封始祖。 ② 鲁公：周公旦之子伯禽。 ③ 施：通"弛"。怠慢。 ④ 故旧：故人、旧亲。 ⑤ 弃：抛弃。

【评述】

本章周公以仁厚治国的道理教诲伯禽。唐韩愈《解论语笔》："周公戒伯禽多矣,仲尼独举此,讽哀公不亲信贤人尔。施当为弛,言不弛慢所亲近贤人,如此则大臣无所施矣。谓施为易,非也。"宋胡氏说:"此伯禽受封之国,周公训戒之辞,鲁人传诵,久而不忘也。其或夫子尝与门弟子言之与?"(《论语集注》卷九)这是周公告诫伯禽治国之道,讲了四个方面内容。一是要大公无私,任人唯贤,尊重贤人,不要把好处只给亲近的人。二是要信任大臣,充分发挥他们的聪明才智,不要使重要大臣产生不信任的怨怼。三是对于共同创业有功之人,没有什么重大过失,不要抛弃他们,要推己及人地爱护他们。四是对人才不要求全责备。金无足赤,人无完人,要善于用他们的长处,使他们用自己的长处克服短处。清黄式三《论语后案》说:"人之材性各有所能,虽皋、夔、稷、契,止能各守一官,况于众人,安可求备?"这番话大概周公是在伯禽去鲁国就封时说的,所以一直在鲁国流传,孔子则又向弟子们转述,作为一项为政之道的教育内容,至今还有意义。

周有八士①:伯达、伯适,仲突、仲忽,叔夜、叔夏,季随、季騧。

【今译】

　　周朝有八位贤士:他们是伯达、伯适(kuò),仲突、仲忽,叔夜、叔夏,季随、季騧(guō)八人。

【注释】

　　① 八士:八位有教养的知识分子,八位贤士。据说是四对孪生兄弟,为文王时虞官,事迹已不可考。

【评述】

　　本章孔子追怀周朝贤臣,赞周之盛德。《集解》东汉包咸说:"周时四乳生八子,皆为显士,故记之耳。"(《十三经注疏·微子第十八》)宋朱熹说:"或曰成王时人,或曰宣王时人,盖一母四乳而生八子也,然不可考矣。"(《论语集注》卷九)周朝之所以兴盛,在于统治者善于用人,人才济济,同心协力,开八百年之基业。孔子是十分重视人才的,鲁国衰微,人才四散,他深为感慨。言周初人才之盛目的是警戒鲁哀公,希望他礼贤下士,爱惜人材,振兴鲁国。

子张第十九

【解题】

本篇共二十五章。编者取本篇首章"子张曰:'士见危致命'"一句中的"子张"两字为篇名。其中,记子张论述二章,记子夏论述十一章,记子游论述二章,记曾参论述四章,记子贡论述六章。

本篇均记述孔子弟子的言论,发挥孔门的学问道德修养。主要论述了以下问题:一、论述士行。子张禀承孔子教诲,论述士应具备"见危致命,见得思义,祭思敬,丧思哀"的操行,弘扬正德,持守正道。二、论述交友之道。子夏、子张各禀师承,子夏主张慎重择友,子张主张广交朋友。三、论述为学之道。为学应从洒扫应对进退入手,由浅入深,循序渐进。不论先仕或先学,都要坚持学习,做到"日知其所亡,月无忘其所能",持之以恒,博学而笃志,切问而近思,经过学习和实践而达其道。四、论述孝道、臣道。为子临丧止乎哀,尽"不改父之臣与父之政"之孝道;为官则"信而后劳其民,信而后谏",尽体察"如得其情,则哀矜而勿喜"的民情。五、歌颂孔子的圣德,维护师道的尊严。子贡以宫墙数仞为喻,赞美孔子学识渊博,圣道高深,常人不能窥其堂奥;以日月为喻,歌颂孔子至仁至圣,光照人寰;以天为喻,颂扬孔子圣德丽天,高不可攀。其生也荣,其死也哀。

子张曰:"士见危致命①,见得②思义,祭思敬,丧思哀③,其④可已矣。"

【今译】

子张说:"读书人遇到国家危难时便挺身而出,献出自己的生命,见到名利时就想到道义,祭祀时就想到恭敬,服丧时就想到哀伤,能做到这些,大概就可以了。"

【注释】

① 见危致命:遇到国家危难时能贡献出生命。致:送、献。② 得:指名、利。　③ 哀:哀伤。　④ 其:大概。

【评述】

本章子张论述士应该具备忠、义、敬、孝四种美德。子张认为作为士应具备四种美德。一是忠,要忠于国家,忠于君主。特别是当国家危亡的时候,能挺身而出,把生命交给国家。如唐颜杲卿,出身于知识分子家庭,天宝十四年(755)摄常山太守,安史之乱时,杲卿忠诚感发,惧安禄山攻潼关,危及朝廷,便与从弟颜真卿起义兵,断安禄山归路,与史思明激战。寡不敌众,常山城陷,天宝十五年(756)八月,杲卿被安禄山俘获,大骂安禄山,"禄山怒甚,令缚于中桥南头从西第二柱,节解之,比至气绝,大骂不息",被安禄山肢解而死(《旧唐书·颜杲卿传》)。如南宋末年,元兵南下,南宋政权岌岌可危,文天祥挺身而出,担任宰相,为国家而见危受命,不幸兵败被执,誓不降元,从容就义,留下"人生自古谁无死,留取丹心照汗青"的名句,激励后人忠于国家。二是义。特别是在名、利面前,要考虑是否应该得,得了是否合于道义。三是敬,敬是礼的核心,对于祭祀要崇敬。四是孝,特别是对丧事要有深沉的哀痛,存报本之恩。做到这四点,就可以称得起是一个知识分子了。这些主张,其实是对孔子思想的发挥。值得注意的是子张在讲义、敬、哀时都有一个"思"字,而讲'见危致命'时则没有用"思"字。为什么呢?"见危致命"是瞬间要作出的决择,来不及多作思考。宋真德秀《四书集编》说:"义、敬、哀皆言思,而致命独不言思者,盖生死之际,惟义是徇,有不待思而决也。"

子张曰:"执①德不弘②,信道不笃③,焉能为有?焉能为亡④?"

【今译】

子张说:"保持仁德,但不弘扬,信仰道义,但不忠诚,这种人怎么可以说他有,怎么可以说他没有?"

【注释】

① 执:保持、掌握。　② 弘:弘扬。　③ 不笃:不忠诚。　④ 亡:通"无"。没有。

【评述】

本章子张告诫人们要弘扬仁德,坚信道义。梁皇侃《论语义疏》引江熙说:"有德不能弘大,信道不务厚至,虽有其怀,道德蔑然,不能为损益也。"宋朱熹说:"有所得而守之太狭则德孤,有所闻而信之不笃则道废,焉能为有无,犹言不足为轻重。"(《论语集注》卷十)子张教育人们,不但要有仁德,而且要弘扬仁德;不但要信仰正道,而且要笃信不移。如果有德而不能弘扬,有信仰而不坚定,对于这种人来说,世无此人不足为轻,世有此人不足为重。这是值得人们深思的。清李中孚《四书反身录》:"执德是持,守坚定宏,则扩所未扩。信道是心,孚意契笃,则始终如一。既宏且笃,方足以任重致远,做天地间大补益之事,为天地间有关系之人。若不宏不毅,则至道不凝,碌碌一生,无补于世。世有此人,如九牛增一毛,不见其益。世无此人,如九牛去一毛,不见其损,何足为轻重乎?"

子夏之门人①问交②于子张。子张曰:"子夏云何③?"对曰:"子夏曰:'可者与④之,其不可者拒之。'"子张曰:"异⑤乎吾所闻。君子尊贤⑥而容众⑦,嘉⑧善而矜⑨不能。

我之大贤与,于人何所不容？我之不贤与,人将拒我,如之何其拒人也？"

【今译】

　　子夏的学生向子张请教怎样交朋友？子张说："子夏对你们怎么说？"学生回答说："子夏说:'可以结交的就与他结交,不可以结交的就拒绝他。'"子张说："跟我听说的不一样。君子尊敬贤人同时也容纳大众,赞扬他们好的,怜惜他们中没有能力的人。我如果是大贤人,对于别人有什么不能容纳呢？我如果是不贤的人,别人也将拒绝我,我怎么去拒绝别人呢？"

【注释】

　　① 门人:学生。 ② 交:交朋友。 ③ 云何:说什么？ ④ 与:结交。 ⑤ 异:不同。 ⑥ 尊贤:尊敬贤人。 ⑦ 容众:容纳众人。 ⑧ 嘉:赞。 ⑨ 矜:怜惜。

【评述】

　　本章记子夏、子张论交友之道。子夏主张慎重地有所选择,子张主张广泛地接交朋友。《集解》汉孔安国说:"问交,问与人交接之道。"(《十三经注疏·子张第十九》)东汉包咸说:"友交当如子夏,泛交当如子张。"(同上)梁皇侃《论语义疏》引东汉郑玄说:"子夏所云,伦党之交也。子张所云,尊卑之交也。"又引魏王肃说:"子夏所云敌体交,子张所云覆盖交也。"(同上)东汉蔡邕《正交论》:"子夏之门人问交于子张,而二子各有所闻乎夫子。然则其以交诲也,商也宽,故告之以拒人;师也偏,故告之以容众。各从其行而矫之,若夫仲尼之正道,则泛爱众而亲仁。故非善不喜,非仁不亲,交游四方,会友以仁,可无贬也。"

　　子夏长子张四岁,子夏的学生向师叔子张问交友之道。子张先不作答,反问你们的老师是怎么教导的？学生回答后,子张并没有说子夏说得不对，只说自己从前听孔子讲的与子夏不一样，然后陈述自己的意见。其实，子夏和子张教育弟子交友之道，都是有所本的。子夏根据孔子"无友不如己者"的观点，所不同的在"拒"字上，要求慎交。子张根据孔子"嘉善而矜不能"的观点，所不同的也落实在"拒"字上，要求"尊贤而容众"，广交不拒。一个拒，一个不拒，形成对立面。故历代注家有扬子夏而抑子张者，也有扬子张而抑子夏者。其实二子论交之说，均出于夫子，不宜有所轩轾，各因其性之所近而师之可也。如南宋绍兴中，徐子云省试第一，秦桧要想把女儿嫁给他。徐子云心中不同意，所以等到廷对时，乃佯狂不答一字，遂置甲末，此拒不可之妙者（清刘沅《四书恒解》）。如东汉时，班超出使西域，李邑上书诬陷班超拥妻抱子，安乐外国，无内顾之忧。班超闻而叹道："身非曾参而有三至之馋。"遂去其妻。明帝知班超忠诚，下诏切责李邑，令他受班超节制。班超便遣李邑送乌孙侍子回洛阳。徐干对班超说："李邑过去诬陷你，现在为什么不把他留在部下？"班超说："你的话为什么说得这样没有道理，因为李邑诋毁我，所以我派他去首都。只要我内心无愧，为什么怕人诋毁呢？为了一己之快而留下他，这不是忠臣应该做的。"此何所不容之妙也（《后汉书·班超传》）。

子夏曰："虽小道①，必有可观②者焉；致远③恐泥④，是以君子不为⑤也。"

【今译】

子夏说："即使是小技艺，也一定有可取之处；但恐怕影响追求远大目标，所以君子不去做它。"

【注释】

① 小道：小技艺。　② 可观：可取。　③ 致远：追求远大的事业。　④ 恐泥：恐怕有妨碍。泥：拘泥。　⑤ 不为：不做。

【评述】

本章子夏论述君子求道务必专心致志。宋朱熹说:"小道如农圃医卜之属。泥,不通也。"(《论语集注》卷十)宋杨氏说:"百家众技犹耳目口鼻,皆有所用而不能相通,非无可观也,致远则泥矣,故君子不为也。"(同上)清焦循《论语补疏》说:"圣人一贯,则其道大。异端执一,则其道小。"本章子夏论述学问之道和人生修养问题。人生天地间的学问,分门别类,不止一种,虽然有很多小道,如作诗、农艺等都不是什么大学问,古人所谓雕虫小技。但也是学问,如果深入钻研下去,都会有所成就。但作为君子,目光要远大,如果被一点小成就所蒙蔽,就会影响对大道的追求,所以君子不取小道。在人生修养上,对大道的追求,要入乎其内,出乎其外,拿得起,放得下,达到最高的境界。

子夏曰:"日①知其所亡②,月③无忘其所能④,可谓好学也已矣。"

【今译】

子夏说:"每天学习自己所不懂的新知识,每月温习已经得到的知识,可以说是好学的了。"

【注释】

①日:每天。 ②亡:不知道、不懂得。 ③月:每月。 ④所能:指已经学会的知识。

【评述】

本章子夏强调学习要持之以恒。梁皇侃说:"日知其所亡,是新知也;月无忘其所能,是温故也。"(《论语正义·子张第十九》)明刘宗周《论语学案》:"君子之于道也,日进而无疆,其所亡者,既日有知之,则拳拳服膺而弗失之,至积月之久而终不忘,所谓'学如不及,犹恐失之'者矣。"这是子夏告诉学生做学问的道理。这两句话读之似甚浅近,然二者实学问之定法也。子夏说：一个人应该每天反省自己所不足的，不要认为自己有一点知识就满足了，还要不断追求、充实，一个月接着一个月，有恒地不忘所学，日积月累，才是有恒心、好学的人。清杨名时《四书劄记》："每日所知是零星者，至匝月则遍加温理，不令遗忘。则每月所得会聚于心，交相参互印证，渐至融会贯通，有心得之趣矣。"

子夏曰："博①学而笃志②，切问③而近思④，仁在其中矣。"

【今译】

子夏说："广泛地学习，坚守自己的志向，以切己之事问于人，善于思考现实的问题，仁德就在其中了。"

【注释】

① 博：广博、广泛。　② 笃志：坚守自己的志向。　③ 切问：问切己之事。　④ 近思：考虑当前的问题。

【评述】

本章子夏教导学生为学求仁之道。《集解》汉孔安国说："博学而笃志，广学而厚识之也。"（《十三经注疏·子张第十九》）东汉何休说："切问者，切问于己所学而未悟之事也。近思者，近思于己所能及之事也。若泛问所未学，远思所未达，则于所学者不精，于所思者不解也。"（同上）梁皇侃《论语义疏》说："言人当广学经典而深厚识录之不忘也。切，犹急也。若有所未达之事，宜急谘问取解，故云切问也。近思者，若有所思，则宜思己所已学者，故曰近思也。能如上事，虽未是仁，而方可能为仁，故云仁在其中矣。"宋朱熹说："四者皆学问思辨之事耳，未及乎力行而为仁也。然从事于此，则心不外驰，而所存自熟，故曰仁在其中矣。"本章子夏提出了四个方面的为学求仁之道：第一要博学，广泛地学习,积累深厚的知识;第二要笃志,要有坚定的意志,永恒的信心;第三要切问,以切己之事问于人,多听多问,解疑释惑;第四要近思,要思考自己所不知道的事,这种思索,要不驰心高远,就其近者而思之。宋朱熹就写过一本《近思录》,即取这句话的意思。人们求道只自内心找寻,不假外求。做到这四点,仁也就在其中了。

子夏曰:"百工①居肆②以成其事,君子学以致③其道。"

【今译】
　　子夏说:"各种工匠在工场里完成他们的制造任务,君子通过学习获取大道。"

【注释】
　　① 百工:各种工匠。　② 肆:工场、店铺。　③ 致:获得、达到。

【评述】
　　本章以百工居肆成事为喻,勉励学生在学习、实践中取得仁道。梁皇侃《论语义疏》:"言百工由日日居其常业之处,则其业乃成也。君子由学以至于道,如工居肆以成事也。"宋朱熹说:"工不居肆,则迁于异物而业不精;君子不学,则夺于外诱而志不笃。"(《论语集注》卷十)子夏认为,百工居肆,从早到晚,从事生产劳动,其志勤奋,其习专精,故能完成制造任务。君子学道也是一样,从早到晚,从始至终,致力于学业,从学习、实践中领悟正道。关于什么是道,这是一个难以说清的问题。近人南怀瑾说:"道是什么呢？我们可以简单的分三方面讲,有它的体,有它的相,有它的用。体就是中心,形而上的。相就是他的现象,譬如全部四书所讲的关于人生的行为思想都是道的相。这个相达到人生的目的就是用。"(《论语别裁》下册)这个解释虽较简单,但较明白,录以备存。

子夏曰:"小人之过也必文①。"

【今译】

子夏说:"小人对于错误,一定要加以掩饰。"

【注释】

① 文:文饰、掩饰。

【评述】

本章子夏告诫学生要知过必改,不要文饰错误。《集解》汉孔安国说:"文饰其过,不言情实。"(《十三经注疏·子张第十九》)梁皇侃《论语义疏》:"君子有过是己误行,非故为也,故知之则改。而小人有过,是知而故为,故愈文饰之,不肯言己非也。"宋朱熹说:"小人惮于改过而不惮于自欺,故必文以重其过。"明王樵《四书绍闻编》:"夫过出于无心,文出有意。"对待错误,君子和小人有不同的态度。君子有错就承认,勇于改过。"君子之过也,如日月之食焉,过也,人皆见之,更也,人皆仰之。"(《论语·子张》)日、月蚀时虽有一点黑影遮住日、月,但不久依然射出原有的光明,过而能改,是谓无过,并不会影响君子的伟大和尊严。而小人对于自己的过错,总要想方设法说出一堆理由,把错误掩盖起来。三国时,曹操在赤壁之战时,错杀了荆州降将蔡瑁、张允,大大削弱了水军力量。心里明知中计错杀,但还是文过饰非,不肯承认。这种事历史上多得很。所以后人把这句话浓缩成"文过饰非"四字,作为成语,以示儆戒。

子夏曰:"君子有三变:望之俨然①,即②之也温③,听其言也厉④。"

【今译】

子夏说:"君子有三种变化,望着他,觉得很严肃,接近他,觉得很温和,听他说话,觉得很严厉。"

【注释】

① 俨然:庄严、肃穆的样子。　② 即:靠近。　③ 温:温和。
④ 厉:严厉。

【评述】

本章子夏论述一个有修养的君子应有的气度。梁皇侃《论语义疏》引李充说:"厉,清正之谓也。君子敬以直内,义以方外,辞正体直,而德容自然发,人谓之变耳,君子无变也。"宋朱熹说:"俨然者,貌之庄。温者,色之和。厉者,辞之确。"(《论语集注》卷十)子夏认为一个有修养的君子,远远望去,其容貌好像很威严。等到接近他的时候,又觉得温和可亲,充满了感情。听他出言吐语,却又非常庄重、严肃。《述而》篇第三十七章曾提到过与此相似的赞美孔子容颜气度的话:"子温而厉,威而不猛,恭而安",这里子夏重提一下,作为君子应有的气度,以教育学生。

子夏曰:"君子信①而后劳②其民;未信,则以为厉己③也。信而后谏④;未信,则以为谤己⑤也。"

【今译】

子夏说:"君子先要取得信任,然后才可使用老百姓;如果没有得到老百姓的信任而去使用他们,就以为你在虐待他们。君子先要取得信任,然后才可以去劝谏;如果没有得到信任而去劝谏,就以为你在诽谤他。"

【注释】

① 信:受到信任。　② 劳:动员,使用。　③ 厉己:损害、虐待自己。　④ 谏:劝谏。　⑤ 谤己:毁谤自己。

【评述】

本章子夏认为当权者要役使人民,臣属要进谏君主,必须取得信任作基础。梁皇侃《论语义疏》引江熙说:"君子克厉德也,故民素信之,服劳役故知非私。信不素立,民动以为病己而奉其私也。人非忠诚相与,未能谏也。然投入夜光,鲜不按剑。《易》曰'贵孚在道'。明无素信,不可轻致谏也。"宋朱熹说:"信,谓诚意恻怛而人信之也。厉,犹病也。事上使下,皆必诚意交孚,而后可以有为。"(《论语集注》卷十)这是讲君道和臣道。子夏认为君主要役使人民也好,臣属要进谏君主也好,都要以取得信任作基础,缺乏信任,就可能会产生"厉己""谤己"的反作用,这是为人处世的经验总结,是有意义的。据《韩非子·说难》载:宋国有一个富人,天下雨淋坏了墙。他的儿子说:"不修筑好,一定会有贼来偷窃。"他的邻居的父亲也这样说。到了晚上,果然贼人来偷,大大损失了财产。富人大大地称赞自己儿子聪明,而怀疑邻人的父亲。其原因就是相信自己的儿子不信邻人之父。《说难》又说:春秋时郑武公想要攻胡,所以先将他的女儿嫁给胡君,用以麻痹他的思想。有一天,郑武公问群臣说:"我想用兵,你们认为可以攻打谁?"大夫关其思回答说:"可以讨伐胡国。"郑武公勃然大怒,将他杀戮。说:"胡,是我的兄弟之国,你说要攻打他,为什么呢?"胡国国君听到后,以为郑国亲爱自己,不作任何准备。有一天,郑国突然偷袭胡国,将他吞并。郑武公耍了手腕,先取信于胡,然后取之,这是一个反面的例子。从正面看,唐太宗听魏征、房玄龄谏阻,刘邦对张良言听计从,都是建立在信任的基础上的。

子夏曰:"大德①不逾闲②,小德③出入④可也。"

【今译】

子夏说:"大节不能超越界限,小节放松一些是可以的。"

【注释】

①大德:重大德行操守,即大节。 ②逾闲:逾越界限。闲,阑,借指范围。 ③小德:小节。 ④出入:或进或出,指可以放松一些。

【评述】

本章子夏主张大节不放过，小节可权宜。梁皇侃《论语义疏》："大德，上贤以上也。上德之人，常不逾越于法则也。小德，中贤以下也，其立德不能恒全，有时蹔至，有时不及，故出入也。不责其备，故曰可也。"《荀子·王制》说："孔子曰：大节是也，小节是也，上君也。大节是也，小节一出一入焉，中君也。大节非也，小节虽是也，吾无观其余矣。"子夏主张大德，大原则问题，不要轻越范围，不能违法，不可以轻易变更；小节问题，可以或出或入，不要过分责备。宋朱熹说："大德小德，犹言大节小节。闲，阑也。所以止物之出入。言人能先立乎其大者，则小节虽或未尽合理，亦无端也。"(《论语集注》卷十) 宋太宗时，吕蒙正为相。宋太宗欲任吕端为相。有人说："吕端这个人很糊涂。"太宗说："吕端小事糊涂，大事不糊涂。"决意任命吕端为相。可见宋太宗用人只看人之大节，小节问题不过分责备。吕端小事糊涂，并不影响他担任宰相的重任。

子游曰："子夏之门人小子①，当洒扫应对②进退，则可矣，抑末③也。本④之则无，如之何？"子夏闻之，曰："噫！言游过矣！君子之道⑤，孰先传焉？孰后倦⑥焉？譬诸草木，区以别矣。君子之道，焉可诬⑦也？有始有卒⑧者，其惟⑨圣人乎！"

【今译】

　　子游曰："子夏的学生们，承担洒水扫地，接待宾客的事是可以的。但这不过是小事，至于根本的学问却没有学到，这怎么行呢？"子夏听到后，说："咳！言游的话错了！君子的学问，哪一些先传授？哪一些后讲解？这好比花草树木一样，应该区别对待。君子的学说，怎么可以随便歪曲呢？能有始有终地进行教育的，大概只有圣人吧！"

【注释】

①门人小子:学生们。 ②应对:指接待宾客。 ③末:细微末节,指小事。 ④本:根本。指学问的基础。 ⑤道:学术、学说。 ⑥倦:讲述、讲解。 ⑦诬:歪曲。 ⑧卒:终。 ⑨其惟:大概、恐怕。

【评述】

本章子夏在反批评子游的同时,阐明学习应由浅入深的道理。《集解》东汉马融说:"区以别,言大道与小道殊异。譬如草木,异类区别,言学当以次也。君子之道,焉可使诬言我门人但能洒扫而已也。"(《十三经注疏·子张第十九》)宋朱熹说:"子游讥子夏弟子于威仪容节之间则可矣,然此小学之末耳,惟其本《大学》正心诚意之事则无有。区,犹类也。言君子之道,非以其末为先而传之,非以其本为后而倦教。但学者所至,自有浅深,如草木之有大小,其类固有别矣。若不量其浅深,不问其生熟,而概以高且远者强而语之,则是诬之而已,君子之道岂可如此?若夫始终本末一以贯之,则惟圣人为然,岂可责之门人小子乎"?(《论语集注》卷十)

孔子逝世后,子夏在河西讲学,子游批评子夏教的学生,洒扫、应对、进退这几件事勉强还可以,但这是细微末节的生活琐事,还没有教做人的根本大道。子夏听说后,便对他进行反批评。认为教学应由浅入深,循序渐进,学生在懂得了洒扫,应对,进退的道理以后,就慢慢会达到内心,由生活教育到精神教育,然后悟出道的真谛。正好像我们从小培养学生做些家务事,让他们在处理生活小事中懂得礼貌,懂得做人的道理。所以子夏的话是有道理的。在读本章时,也有人对子游的批评和子夏的反批评取折中态度,元许谦《读四书丛说》说:"读此章者颇易失旨,但见"言游过矣"四字,便谓子游之言全非。盖子游但言门人虽知洒扫之末,不即举大学之本以教之;子夏则言教之当有序。子游未尝讥子夏教洒扫之非,而子夏亦未尝言不教以大学也。"

子夏曰:"仕①而优②则学,学而优则仕。"

【今译】

子夏说:"当官的人,有余力就去学习。学习的人,有余力就去做官。"

【注释】

①仕:做官。　②优:有余力。

【评述】

本章子夏主张做官不忘学习,学习可以做官。梁皇侃《论语义疏》:"优,谓行有余力也。若仕官治官,官法而已。力有优余,则更可研学先王典训也。学既无当于立官,立官不得不治,故学业优足则必进仕也"。宋朱熹说:"仕与学理同而事异,故当其事者,必先有以尽其事,而后可以及其余。然仕而学,则所以资其仕者益深;学而仕,则所以验其学者益广。"(《论语集注》卷十)子夏这句话是对两种人说的。一种是春秋时的世族子弟,他们凭借家族门荫,少年即入仕,没有好好经过学习,所以子夏希望他们做官以后,行有余力,学习文化知识,对于做好官很有帮助。朱熹说:"此为世族子弟而设。有少年而仕者元不曾学,故职事之暇可以学。"(《朱子语类·论语三十一》)一种是普通知识分子,他们通过学习,获得知识才能,然后有余力可出仕做官。像子张、子路、冉有等人都是。这也是孔子的一贯主张,"学而优则仕",行仁政于天下。但不管做了官再学,还是学了后做官,子夏都强调一个"学"字,勉励学生要孜孜不倦地一心向学。

子游曰:"丧①致乎哀②而止③。"

【今译】

子游说:"居丧,达到哀恸的程度也就可以了。"

【注释】

①丧:守孝,服丧。 ②致乎哀:达到悲哀的程度。 ③止:停止。这里含有足够之意。

【评述】

本章子游认为居丧时应内心尽哀务实,不注重外表排场。中国传统文化对丧礼非常重视,因为生与死,是人生的两大问题,所以养生、送死是非常重要的。为此常讲排场、铺张浪费,盛行厚葬之风。故有人对此表示反对,主张薄葬,如墨子就是其中的一个。子游则根据孔子的思想,认为办丧事内心哀痛就可以了,不要过于铺张浪费。子游的主张至今还有现实意义。汉刘向《说苑·建本》说:"孔子曰:处丧有礼矣,而哀为本。"孔子也主张薄葬。据《礼记·檀弓》载:延陵季子到齐国出使,回来时,其长子在路上死了,于是就地埋葬于齐的嬴、博两个城邑之间,葬礼非常简朴。孔子称赞这是符合礼制的事。后世把"嬴博之志"作为就地薄葬的代名词。

子游曰:"吾友张①也为难能②也,然而未仁③。"

【今译】

子游说:"我的学友子张是难能可贵的了,但还没有达到仁人的境界。"

【注释】

①张:指子张。 ②难能:难能可贵。 ③未仁:没有达到仁的境界。

【评述】

本章子游评价子张有才能而未达到仁的境界。子张才高志大,不太务实,所以子游批评他。子游的话是切中子张要害的。因为他们是同学,彼此有深刻了解。魏王肃《家语注》说:"子张不务立仁义之行,故子游激之以为未仁也。"梁皇侃《论语义疏》说:"张,子张也。子游言吾同志之友子张,容貌堂伟,难为人所能及,故云为难能也,但未能体仁也。"宋朱熹说:"子张行过高,而少诚实恻怛之意。"(《论语集注》卷十)关于"然而未仁"一词,有两种理解:一般指子游指责子张未达到仁,一种认为"未仁"是子游自谦之辞。清王闿运《论语训》说:"此篇多记子张之言,非贬子张未仁也,言己徒希其难,未及于仁。"也是一种说法。

曾子曰:"堂堂乎①张也,难与并②为仁矣。"

【今译】

曾子说:"仪表堂堂的子张呀,但却难以和他一起追求仁德。"

【注释】

① 堂堂乎:仪表壮伟的样子。　② 并:一起。

【评述】

本章曾子评价子张仪表堂堂而不可辅以为仁。《集解》东汉郑玄说:"言子张容仪盛,而于仁道薄也。"(《十三经注疏·子张第十九》)梁皇侃《论语义疏》说:"堂堂,仪容可怜也。言子张虽容貌堂堂,而仁行浅薄,故云难并为仁。"清毛奇龄《论语稽求篇》说:"堂堂,夸大之称,惟夸大不亲切,故难并为仁。"本章是曾参对同学子张的评价,认为他是个堂堂正正的大丈夫,但他修养的内涵还没有达到仁的境界。一般注家都认为子张容貌堂堂,但薄于仁道。但晋江熙说:"堂堂,德宇广也。仁,行之极也。难与并仁,荫人上也。"(程树德《论语集释·子张》)意思是子张仁胜于人,故难与并列。清王闿运《论语训》说:"亦言子张仁不可及也。难与并,不能比也。曾、张友善如兄弟,非贬其堂堂也。"近人程树德支持其说,认为"子张少孔子四十八岁,在诸贤中年最少,他日成就如何虽无可考,而其弟子有公明仪、申详等,皆贤人也。其学派至列为八儒之一,非寂寂无闻者也。《集注》喜贬抑圣门,其言固不可信。如旧注之说,子游、曾子皆以子张为未仁,摈不与友,《鲁论》又何必记之?吾人断不应以后世讲朱陆异同之心理推测古人。况曾子一生最为谨慎,有口不谈人过之风,故知从前解释皆误也。王氏此论虽创解,实确解也"(《论语集释·子张》)。别为一说,可作参考。

曾子曰:"吾闻诸①夫子:人未有自致②者也,必也亲丧乎!"

【今译】

曾子说:"我听老师说过:人不会自动地、尽情地表露自己感情的,如果有,一定是父母死亡的时候吧!"

【注释】

① 诸:通"之"。助词。　② 自致:自己自动地尽情表露。

【评述】

本章曾子认为只有父母之丧时,感情才难以控制。宋尹焞说:"亲丧固所自尽也,于此不用其诚,恶乎用其诚?"(《论语集注》卷十)曾子认为人的感情是难以自发、自动、自制的,一定要在死去父母时,内心的悲哀是真的悲哀,感情才难以控制。其实,这句话是以论感情为契机,谈论孔门中的学问之道。孔门的道统注重内心的自省修养,所以曾子在这里指出,一个人很难做到肯自己责备自己,乃至由自己内心的反省,从而达到仁人的境界。希望人们发挥主动性,提高自觉性,不断从内心反省自己,追求仁德。这也是曾子教人求学、求仁的方法。

曾子曰:"吾闻诸夫子:孟庄子①之孝也,其他可能也;其不改父之臣②与父之政③,是难能④也。"

【今译】

曾子说:"我听老师说过:孟庄子的孝道,其他方面都可以做到;他不撤换父亲的家臣和父亲的施政方针,是难以做到的。"

【注释】

① 孟庄子:鲁国大夫,名速。庄是谥号。　② 臣:家臣、僚属。　③ 政:指施政方针。　④ 难能:难得。

【评述】

本章曾子称赞孟庄子能按古代礼制尽孝道。梁皇侃《论语义疏》:"时人有丧,三年之内,皆改易其父平生时臣及政事。而庄子居丧,父臣父政虽有不善者,而庄子犹不忍改之,能如此者,所以是难也。"宋朱熹说:"献子有贤德,而庄子能用其臣,守其政,故其他孝行虽有可称,而皆不若此事之为难。"(《论语集注》卷十)孟庄子是鲁国世袭的大夫,姓仲孙,名速,他的父亲孟献子,名蔑。孔子当时曾赞扬孟庄子是一个孝子,他对父母行孝之事一般人都能做到,但他在居丧期间不撤换其父之家臣和其父的施政方针,是一般人难以做到的。这里曾子重复孔子的话,教育学生行孝道。曾子就是一个大孝子,他曾著《孝经》一书,从爱一切人出发,要行大孝于天下,后世把《孝经》一书,列为十三经之一,作为启蒙读物。那么"不改父之臣与父之政"有什么难呢?其实非常难。

中国有句古话,"一朝天子一朝臣"。一个当政的人,往往喜欢用听自己话的人,不会用老臣。如汉初功臣周勃之子周亚夫,在汉文帝时,驻军细柳,文帝前去劳军,周亚夫以"军中闻将军之令,不闻天子之诏"为辞,阻文帝于营外,受到汉文帝的嘉许。文帝临死时,告戒汉景帝说:"即有缓急,周亚夫真可任将兵。"汉景帝三年,周亚夫讨平吴楚七国之乱,立了大功,任命为丞相。景帝想废太子刘荣,周亚夫固争,窦太后想封皇后兄王信为侯,周亚夫又表示反对,景帝便渐渐疏远他,说:"此鞅鞅,非少主臣也。"终于将他逼死(《汉书·周亚夫传》)。老臣往往不听话，要提反对意见，不为少主所喜。如唐太宗临死时，将唐高宗托孤给长孙无忌和褚遂良。高宗要废王皇后，立武则天为后，遭到长孙无忌和褚遂良的激烈反对。他两人不听话，被贬而死。还有一个徐世勣，追随唐太宗打天下，立了不少功劳，唐太宗临死时，发布一道命令，将徐世勣以同中书门下三品为叠州都督，贬到边远地区去任边防军都督，并对唐高宗说："李世勣才智有余，然汝与之无恩，恐不能怀服。我今黜之，若其即行，俟我死，汝于后用为仆射，亲任之；若徘徊顾望，当杀之耳。"唐太宗以机数御徐世勣，世勣亦以机心而事君，接到被贬命令，连家都不回前去赴任，表示自己绝对忠诚。所以唐高宗即位后，便召回徐世勣，为开府仪同三司，同中书门下三品。在高宗欲立武则天为后时，遭到大臣反对，问及徐世勣。徐世勣说："此陛下家事，何必更问外人。"高宗才下定决心立武则天为皇后。徐世勣处处附和唐高宗，所以得到重用（《资治通鉴》卷一百九十九）。老臣长孙无忌、褚遂良，反对唐高宗废王皇后，立武则天，都不为高宗所喜而被贬死。老臣徐世勣迎合高宗而被信任。从正反两面可以看出，不废父之臣与父之政确实是很难的。

孟氏使阳肤①为士师②，问于曾子。曾子曰："上失其道，民散③久矣。如得其情④，则哀矜⑤而勿喜⑥！"

【今译】

孟孙氏任命阳肤担任法官，阳肤向曾子请教。曾子说："在上位者丧失治民的正道，人民离心离德已经很长久了。你如果审出犯人的真情，应该哀怜同情他们而不要认为有功而沾沾自喜！"

【注释】

① 阳肤：曾子的学生。　② 士师：法官。　③ 散：离心离德。　④ 得其情：审出犯人的真情。　⑤ 哀矜：哀怜、同情。　⑥ 喜：沾沾自喜。

【评述】

本章曾子告诫阳肤,作为法官要体谅民情。《集解》东汉包咸说:"阳肤,曾子弟子,士师,典狱官。"《十三经注疏·子张第十九》)东汉马融说:"民之离散,为轻漂犯法,乃上之所为,非民之过。当哀矜之,勿自喜能得其情也。"(同上)《盐铁论·后刑》说:"今废其纲纪而不能张,坏其礼义而不能防,民陷于罔,从而猎之以刑,是犹开其阑牢,发其毒矢也,不尽,不止。夫不伤民之不治,而伐己之能得奸,犹弋者覩鸟兽挂蔚罗而喜也。"清李中孚《四书反身录》:"盖上平日失养民之道,以致民多饥寒切身;上平日失教民之道,以致民无理义维心,则犯法罹罪,势所必至。谳狱而诚得其情,正当闭阁思咎,恻然兴悲,若自幸明察善断,物无遁情,乃后世法家俗吏所为,岂是仁人君子用心?"

阳肤为典狱官向曾子请教治术。曾子讲了三方面意见,第一,曾子认为下民犯法,是上失其道,人民流离失所,饥寒切身的结果。第二,作为法官,要体察民情,明察善断,哀怜他们犯罪的实情,实行恕道。第三,切勿邀功求赏,滥用刑狱。表达了曾子对于法治的观点和爱民之心。

东汉时有个叫郭躬的人,起自佐史,后拜廷尉,"家世掌法,务在宽平,乃典理官,决狱断刑,多依矜恕"。有一次,兄弟两人一起杀人,而尚未定罪。汉明帝以兄不能教育弟,故批复处兄死罪而免弟死刑。派中常侍孙章前去宣布诏书。孙章误宣兄弟两人均处死刑。尚书便上奏章弹劾孙章伪造圣旨,罪当腰斩。明帝便召郭躬来问。郭躬回答说:"孙章应该罚款。"明帝说:"孙章伪造圣旨杀死了人,为什么只判罚款。"郭躬说:"法律有故意犯罪和失误犯罪之分,孙章传错命令,属于失误性质,失误的法律应从轻。"明帝说:"孙章与杀人犯同县,我怀疑他是故意错传圣旨杀人。"郭躬说:"执法一定要公平、正直,不能事先去怀疑别人欺诈,要以事实为依据,不能凭主观好恶定曲直",明帝同意他的看法,提升他为廷尉正(《后汉书·郭躬传》)。唐朝太宗贞观元年(627),青州有人谋反,州县逮捕党徒,株连甚多,监狱被关得满满的。唐太宗便派殿中侍御史安喜、崔仁师去覆查审核。安仁师到了青州,将罪犯脱去刑具,给他们吃饭洗澡,安慰他们。只关押了为首的十余人,其他的人都无罪释放。向唐太宗覆命。唐太宗再次派人决狱。这时担任大理寺少卿的孙伏伽对崔仁师说:"你平反释放的人太多了,人按情理来说谁不贪生。被你坐罪的人看到他的同伴被免罪,自己被囚,未必肯甘心伏罪,我真替您担心啊。"崔仁师说:"凡治狱当以平恕为本,怎么可以自己图谋不得罪,而知道有冤枉却不替他们伸雪。万一一时不明,有释放错的,那么以我一人之死换得十个囚犯之死,亦是心甘情愿的。"孙伏伽听了崔仁师的话满面羞惭地回去了。等到唐太宗的敕使到了青州,再审讯被囚犯人时,他们异口同声地说:"崔公平恕,事无枉滥,请速就死。"没有一个人有不同的话(《资治通鉴》卷一百九十二)。这些都说明断狱应当平恕。

子贡曰:"纣①之不善,不如是之甚②也。是以君子恶居下流③,天下之恶皆归④焉。"

【今译】

子贡说:"殷纣王的坏,不像现在传说的那样严重吧?所以君子厌恶沾上坏东西,一沾上坏东西,天下的坏事都会归结到他身上。"

【注释】

① 纣:殷朝末代君主受辛,荒淫无道,被周武王推翻。纣是后人给他的谥号。　② 甚:严重。　③ 下流:下游。指沾上坏东西。　④ 归:归属、归结。

【评述】

本章子贡告诫人们,不要陷于不善的地步,成为众矢之的。《集解》汉孔安国说:"纣为不善以丧天下,后世憎甚之,皆以天下之恶归之于纣。"(《十三经注疏·子张第十九》)宋朱熹说:"下流,地形卑下之处,众流之所归,喻人身有污贱之实,亦恶名之所聚也。子贡言此,欲人常自警省,不可一置其身于不善之地,非谓纣本无罪,而虚被恶名也。"(《论语集注》卷十)《列子·杨朱》说:"天下之美,归之舜、禹、周、孔,天下之恶,归之桀、纣。"清宦懋庸《论语稽》:"千古恶名纣独当之,纣岂无一毫之善哉?特亲小人而远君子,集众小人之恶为纣一人之恶耳。"子贡举纣王为例说,纣王确实坏,但没有坏到后世所说的地步。所以他认为君子如果做了坏事,沾上坏的边,天下的坏事都会归到他头上。这是一句大实话。纣王是一个,秦始王是一个,隋炀帝是一个,难道不是这样的吗?所以子贡告诫君子,不要做坏事,要做善事,免得人们把坏事一股脑儿兜到自己头上。这是经验之谈。

子贡曰:"君子之过①也,如日月之食②焉:过也,人皆见之;更③也,人皆仰之。"

【今译】

子贡说:"君子的错误,好像日蚀和月蚀一样:他的错误,人们都能看见;他改正错误,人们都仰望着他。"

【注释】

① 过:错误、过失。　② 日月之食:日蚀和月蚀。"食"通"蚀"。③ 更:改。

【评述】

本章子贡论述君子知过必改的坦诚胸怀和对待过失应持的态度。第一,君子不怕有过失,不文饰错误,错了就公开承认,立即改正,胸怀坦荡,大家都看得见。第二,君子有过、改过,像日、月一样,不会影响自己的声望,仍像日、月一样闪闪发光,为人们所景仰。这种对待过失的态度是积极而正确的。梁皇侃《论语义疏》:"日月之蚀,非日月故为,君子之过,非君子故为。日月之蚀,人并见之,如君子有过不隐,人亦见之也。日月蚀罢,改暗更明,则天下皆并瞻仰,君子之德,亦不以先过为累也。"

在《孟子·公孙丑下》中,记载了一则陈贾替齐宣王掩饰错误,受到孟子斥责的故事,从反面说明掩饰错误是不足取的。燕国人反抗齐国。齐宣王说:"我对于孟子感到非常惭愧。"因为他不听孟子的劝告,立燕之后,撤兵回齐,而想永久占领燕国,导致燕人的不满而反抗。陈贾说:"大王不要担心,在仁与智两方面,王与周公比较,谁强一些。"齐宣王说:"这是什么话,我怎敢和周公相比。"陈贾说:"周公使管叔监视殷人,管叔却联合殷民发动叛乱。这一结果,如果周公早已预见到了,却仍使管叔去监视,那是他的不仁;如果周公未曾预见到,便是他的不智,仁和智周公都没有完全做到,何况您呢?"显然陈贾为齐宣王掩饰错误。因而孟子针对陈贾的掩饰指出:"周公,弟也;管叔,兄也。周公之过,不亦宜乎?且古之君子,过则改之;今之君子,过则顺之。古之君子,其过也,如日、月之食,民皆见之;及其更也,人皆仰之;今之君子,岂徒顺之,又从为之辞。"层层深入,剖析得十分精当,把阿谀顺情、掩饰错误者的嘴脸暴露无遗。

卫公孙朝①问于子贡曰:"仲尼焉②学?"子贡曰:"文武之道未坠于地③,在人④。贤者识⑤其大者,不贤者识其小者。莫不有文武之道焉。夫子焉不学,而亦何常师⑥之有?"

【今译】

卫国公孙朝向子贡请教说:"仲尼从哪里学到这么多知识?"子贡说:"周文王和周武王的正道,没有失传,仍散落在人间。贤德的人能记住它的根本,不贤的人也能记住它的末节,没有地方不存在文王、武王的正道啊!我的老师哪里都可以学习,何必一定要有固定的老师呢?"

【注释】

① 公孙朝:卫国大夫。　② 焉:哪里。　③ 未坠于地:没有失传。　④ 在人:在人世间。　⑤ 识(zhì):记住。　⑥ 常师:固定的老师。

【评述】

本章子贡论述孔子学无常师。《集解》汉孔安国说:"文武之道,未坠落于地。贤与不贤,各有所识。夫子无所不从学,故无常师。"(《十三经注疏·子张第十九》)宋朱熹说:"公孙朝,卫大夫。文武之道,谓文王、武王之谟训功烈,与凡周之礼乐文章皆是也。在人,言人有能记之者。识,记也。"(《论语集注》卷十)孔子认为自己是学而知之的,他未尝没有老师,但学无常师。他入太庙,每事问,则庙之祝史亦其师也。他曾问礼于老子,老子就是他的老师。据《史记·孔子世家》载:"适周问礼,盖见老子云。辞去,而老子送之曰:'吾闻富贵者送人以财,仁人者送人以言。吾不能富贵,窃仁人之号,送子以言,曰:聪明深察而近于死者,好议人者也。博辩广大危其身者,发人之恶者也。为人子者毋以有己,为人臣者毋以有己。'"他曾问官制于郯子,郯子就是他的老师。据《左传》昭公十七年载:秋七月,郯子来朝,昭子向郯子问官制。"仲尼闻之,见于郯子而学之。既而告人曰:'吾闻之,天子失官,学在四夷,犹信。'"他向师襄学琴,师襄就是他的老师。据《史记·孔子世家》载:"孔子学鼓琴师襄子,十日不进,师襄子曰:'可以益矣。'孔子曰:'丘已习其曲矣,未得其数也。'有间,曰:'已习其数,可以益矣。'孔子曰:'丘未得其志也。'有间,曰:'已习其志,可以益矣。'孔子曰:'丘未得其为人也。'有间,曰:'有所穆然深思焉,有所怡然高望而远志焉。'曰:'丘得其为人,黯然而黑,几然而长,眼如望羊,如王四国,非文王其谁能为此也!'师襄避席再拜,曰:'师盖云《文王操》也。'"他向苌弘学乐,苌弘就是他的老师。他还向七岁的大项橐学习,项橐也是他的老师(《史记·甘茂传》)。孔子学无常师,其人苟有善言善行足取,皆为我师,所以成为圣人。

叔孙武叔①语大夫于朝②曰:"子贡贤于③仲尼。"子服景伯以④告子贡。子贡曰:"譬之宫墙⑤,赐之墙也及肩⑥,窥见室家之好。夫子之墙数仞⑦,不得其门而入,不见宗庙之美,百官⑧之富。得其门者或寡矣。夫子⑨之云,不亦宜乎!"

【今译】

叔孙武叔在朝中对大夫们说:"子贡比仲尼贤德。"子服景伯把这句话告诉子贡。子贡说:"譬如宫廷的围墙,我的围墙只有肩膀那么高,别人站在墙外,就能看见里面美好的房屋。老师的围墙有几丈高,没有找到他的大门是进不去的,所以也就不能看到里面巍峨而宏伟的庙堂,各种各样结构精巧的房屋。能够找到大门而进去的人或许不多吧。这样看来,叔孙武叔的话,不也就很自然了吗?"

【注释】

① 叔孙武叔:鲁国大夫,名州仇。 ② 朝:朝廷。③ 于:比。介词。 ④ 以:拿、把。 ⑤ 宫墙:指围墙。 ⑥ 及肩:靠近肩膀那么高。及:到。 ⑦ 仞(rèn):七尺。古代七尺为仞。 ⑧ 百官:各种各样的房屋。官:房舍。 ⑨ 夫子:指叔孙武叔。

【评述】

本章子贡阐明孔子圣道高深,不是一般知浅德薄的人所能理解的。梁皇侃《论语义疏》:"子贡自言赐之识量短浅,如及肩之墙也。墙既及肩,故他人从墙外行,得窥见墙内室家之好也。七尺曰仞,言孔子圣量之深,如数仞之高墙也。墙既高峻,不可窥阚,唯从门入,乃得见内,若不入门,则不见其所内之美也。然墙短下者,其内止有室家。墙高深者,故广有容宗庙百官也。孔子圣人,器量之门非凡鄙可至。愚人不得入圣人之奥室。武叔凡愚,云赐贤于孔子,是其不入圣门,而有此言,是其宜也。"元陈栎《四书发明》:"贤人之道卑浅易见,圣人之道高深难知,此子贡以墙室取譬之意也。"清刘宝楠《论语正义》说:"夫子殁后,诸子切劘砥砺以成其学,故当时以有若似圣人,子夏疑夫子,而叔孙武叔、陈子禽皆以子贡贤于仲尼,可见子贡晚年进德修业之功,几几乎超贤入圣。"

孔子逝世后,子贡在各国的声望很高。齐田常欲伐鲁。经过子贡游说齐田常、吴王夫差、越王勾践、晋定公,果然挑动吴王与齐人战于艾陵,大破齐师。吴王移兵临晋,与晋人相遇于黄池之上,吴晋争强。晋人大败吴师。越王勾践乘机袭吴,灭亡吴国,东向而霸。《史记·仲尼弟子列传》说:"故子贡一出,存鲁,乱齐,破吴,强晋而霸越。子贡一使,使势相破,十年之中,五国各有变。"子贡确是一位了不起的外交家。所以叔孙武叔在朝廷上对大夫们说,子贡比孔子还强。子服景伯将叔孙武叔的话告诉子贡。子贡对孔子是非常尊重的,便以围墙高低为喻,说明孔子道德,学问高深,不是一般德浅识薄的人所能望其堂奥的。子贡是善于辞令的,他用"不亦宜乎"四字表面上肯定了叔孙武叔的说法,不得罪他,骨子里却是痛骂他德薄识浅。骂得叔孙武叔哑子吃黄连,有苦说不出。宋朝有个宰相叫张商英,在当宰相以前任转运使时很自负,自以为读了不少佛学的书,懂禅了。有一天他与云峰禅师相见,张商英看不起云峰禅师,只跟他谈诗,他对云峰禅师说:"人家说你的诗做得很好。"云峰禅师回答说:"转运使,你不要听外人乱讲,别人说我诗作得好,正如人家说你的禅学得好是一样的。"(《宋人轶事汇编》中册)这同子贡所用"不亦宜乎"一样,官冕堂皇地骂了张商英禅学根底的浅薄。

叔孙武叔毁①仲尼。子贡曰:"无以为②也!仲尼不可毁也。他人之贤者,丘陵③也,犹可逾④也;仲尼,日月也,无得⑤而逾焉。人虽欲自绝⑥，其何伤⑦于日月乎？多⑧见其不知量⑨也。"

【今译】

叔孙武叔毁谤仲尼。子贡说："不要这样做吧！仲尼是毁谤不了的。别人的贤德，好比小山头，还是可以超越的。仲尼，好比太阳和月亮，是不可能超越的。有人虽然要自绝于太阳和月亮，那对于太阳和月亮有什么损害呢？只显得他不自量力罢了。"

【注释】

① 毁：毁谤。　② 无以为：不要这样做。　③ 丘陵：小山头。　④ 逾：超越。　⑤ 无得：不能。　⑥ 自绝：自己与人家断绝关系。　⑦ 伤：损害。　⑧ 多：只、仅仅。　⑨ 知量：自量。

【评述】

本章子贡盛赞孔子之德如日月照人。梁皇侃《论语义疏》："犹是前之武叔又訾毁孔子。子贡闻武叔之言，故抑止之，使无以为訾毁。言他人贤者虽有才智，才智之高止如丘陵。丘陵虽高，而人犹得逾越其上。既犹可逾，故可毁也。言仲尼圣智高如日月，日月丽天，岂有人得逾践者乎？既不可逾，故亦不可毁也。日月虽得人之见绝，而未曾伤灭其明，何伤于日月也。譬凡人见小才智便谓之高，而不识圣人之奥，故毁绝之，虽复毁绝，亦何伤圣人德乎？不测圣人德之深而毁绝之，如不知日月之明而弃绝之，若有识之士视睹于汝，则多见汝愚暗，不知圣人之度量也。"清李中孚《四书反身录》："叔孙武叔毁仲尼，究竟何损于仲尼？徒得罪名教，受恶名于万世，适足以自损耳。"

叔孙武叔又一次毁谤孔子，子贡是竭力维护孔子威望的，他劝叔孙武叔不要这样做。他把孔子比做月亮和太阳，日月丽天，永远照临天下，温暖人心，是任何人也毁谤不了的，徒见其不自量力罢了。"圣人心日月"一词就是从这一章中概括出来的。

陈子禽①谓子贡曰:"子为恭②也,仲尼岂贤于子乎?"子贡曰:"君子一言以为知,一言以为不知③,言不可不慎④也。夫子之不可及也,犹天之不可阶而升⑤也。夫子之得邦家⑥者,所谓立⑦之斯立,道⑧之斯行,绥⑨之斯来,动⑩之斯和⑪。其生⑫也荣,其死也哀⑬,如之何其可及也?"

【今译】

陈子禽对子贡说:"您太谦恭了吧,难道仲尼真的比您贤德吗?"子贡说:"君子一句话可以显示出他的聪明,一句话也可以显示出他的不聪明,所以说话不可以不谨慎啊。老师的圣德人们赶不上,好比天不能用梯子爬上去一样。老师如果得到封国成为诸侯,或者得到采邑成为大夫,那末,他要老百姓成家立业,老百姓就能成家立业,他引导老百姓,老百姓就按他的指引前进,他安抚老百姓,老百姓就从远方前来归附,他动员老百姓,老百姓就会齐心协力。他生得光荣,死了令人怀念,我怎么能赶得上老师呢。"

【注释】

①陈子禽:陈亢,字子禽。 ②恭:谦恭。 ③不知:不聪明,无知。 ④慎:慎重、谨慎。 ⑤阶而升:顺着阶梯爬上去。 ⑥邦家:封国和采邑。这里偏指国。 ⑦立:立足、安家立业。 ⑧道:通"导"。引导。 ⑨绥:安抚。 ⑩动:动员、发动。 ⑪和:和睦、齐心协力。 ⑫生:活着。 ⑬哀:哀痛。

【评述】

本章子贡以天为喻,再次论述孔子学识之渊博,才能之卓越,人格之高尚,圣德之伟大,表达了自己的尊师爱师景仰之心。梁皇侃《论语义疏》:"子禽当是见孔子栖遑不被时用,故发此不智之言。子贡抑之既竟,故此更广为陈孔子圣德不与时人同也。"宋金履祥《论语集注考证》:"夫子之不可及节,言圣德之体高妙也。夫子之得邦家节,言圣德之用神速也。体人所难知,故又指其用言之。"清梁章钜《论语集注旁证》说:"子贡晚见用于鲁,拒吴之强大晓甦,而舍卫侯伐齐之谋,请陈子而反其侵地。鲁人贤之,此所谓贤于仲尼也。"由于子贡有功于鲁,所以陈子禽又提出了"仲尼岂贤于子乎"的话。子贡立即教育他出言吐语应该谨慎。然后从体、用两个方面为他分析孔子不可及的道理。首先将孔子比喻为天,天不能历阶而升,说明圣德之体崇高伟大,人不能及。其次从圣德之用出发,论述孔子卓越的政治才能。孔子若为世所用,得为诸侯及卿大夫,则其为政治国之功绩与尧舜无异。《盐铁论·备胡》说:"孔子仕于鲁,前仕三月及齐平,后仕三月及郑平,务以德安近而绥远,当此之时,鲁无敌国之难,邻境之患。强臣变而忠顺,故季桓堕其都城。大国畏义而合好,齐人来归郓、谨、龟阴之田。故为政以德,所欲不求而自得。"孔子治鲁仅三月,就取得了如此巨大的成就。子贡说孔子"立之斯立,道之斯行,绥之斯来,动之斯和"的为政才能,是建立在事实的基础上,决非虚言,令人信服。通过两方面的分析,既使陈子禽懂得孔子之德不可及的道理,也热情地讴歌了孔子高尚的人格力量,卓越的政治才干,表达了子贡对孔子的景仰之情和哀慕之心。

尧曰第二十

【解题】

本篇共三章。编者取本篇首章"尧曰:'咨!'"一句中的"尧曰"二字为篇名。其中,记孔子直接论述一章,记孔子答子张问一章,记自尧至周的政治历史一章。这后一章,据清刘宝楠《论语正义》说:"此更搜集夫子遗语,缀于册末。"既是搜集的遗语,有时上下文不相衔接,从宋苏轼以来历代许多注家都疑心它有脱落。又据近人程树德《论语集释》说:"《尧曰》一章是《论语》全书后序,古人序文常在篇末。"这个说法很有道理,可供参考。

本篇围绕孔子的政治理论和政治理想开展论述,主要记叙了三个问题:一、记叙了历史政治,即帝王政治,表达了孔子"公天下"的政治理想。如从尧舜禹禅让到汤武革命以及上古的政治、经济原则的记载,摆在人们面前的实质上是一部中国上古史,即二帝三王的政治史。从上古历史发展的叙述中,表明了孔子政治、经济思想和"公天下"的政治理想。二、记叙了人文政治。表达了孔子较为完备的贤人治国之道。孔子把治国之道概括为"尊五美,屏四恶",五美的核心是"仁",即施仁政于民的人文政治精神。三、记叙了天道政治。尧禅让帝位给舜,是"天之历数在尔躬",强调是上天的意志。舜禅让帝位给禹也是一样,并非是个人的意志。商汤即位,要向"皇皇后帝"祷告,武王受命于天,要向天承担责任。帝王要向天负责,作为一个普通人,也要"知命"。不知命,无以为君子。表现了孔子的天道政治思想。

尧①曰："咨②！尔③舜！天之历数④在尔躬⑤，允执其中⑥。四海⑦困穷，天禄⑧永终。"

舜亦以命⑨禹。

曰："予小子履⑩敢用玄牡⑪，敢昭告于皇皇后帝⑫：有罪不敢赦。帝臣不蔽⑬，简⑭在帝心。朕躬⑮有罪，无以万方⑯；万方有罪，罪在朕躬。

周有大赉⑰，善人是富⑱，虽有周亲⑲，不如仁人。百姓有过，在予一人⑳。"

谨权量㉑，审法度㉒，修废官㉓，四方之政行焉。兴灭国㉔，继绝世㉕，举逸民㉖，天下之民归心焉。所重㉗：民、食、丧㉘、祭。宽㉙则得众，信则民任焉，敏㉚则有功，公㉛则说。

【今译】

尧说："好哇！你这位舜啊！上天安排的命运落到你身上了，你忠诚地执行正确的原则吧。如果天下的人民陷入困顿贫穷，那么，上天赐给你的禄位也就永远终止了。"

舜禅位时也将这些话告戒禹。

商汤说："我小子履敢于大胆地用黑色公牛作牺牲，明明白白地祭告光明而伟大的天帝：我对有罪的人不敢擅自赦免。你的臣属有错误也不敢隐瞒，这是您早已明察于心的。如果我有错误，不要牵连到天下百姓；天下百姓有错误，请归罪于我吧！"

周朝大分封，使良善的人富足。周武王说："我虽然有很多至亲，但不如有仁德的人好。天下百姓有错误，由我一人承担吧！"

谨慎地检验并审定秤具、量具、尺度，审议和制订各项法律制度，恢复废弃了的职官，那么，天下的政令都行得通了。复兴被灭亡的诸侯国，延续已绝嗣的后代，选拔被遗落的人才，天下的老百姓就会衷心拥护你。执政的人应该重视的事是：人民、粮食、丧葬、祭祀。宽容就会得到百姓的拥护,诚实守信就会得到百姓的信任,勤敏办事就会有功绩,公平就能使百姓高兴。

【注释】

① 尧:传说中的一位圣君,禅位给舜。 ② 咨:语气词。好哇、啧啧。 ③ 尔:你。 ④ 历数:岁月日星辰运行之法。指命运。⑤ 尔躬:在你身上。躬:亲身。 ⑥ 允执其中:忠诚地执行正确原则。⑦ 四海:天下。 ⑧ 天禄:天赐给的禄位。 ⑨ 命:告诫。 ⑩ 履:商朝开国君主汤的名字。 ⑪ 玄牡:黑色的公牛。 ⑫ 后帝:天帝。⑬ 不蔽:不隐瞒。 ⑭ 简:简察。 ⑮ 朕躬:我。帝王自称。 ⑯ 万方:天下的人。 ⑰ 大赉(lài):赏赐。指大封诸侯。 ⑱ 富:富足。 ⑲ 周亲:周王族的亲属。 ⑳ 予一人:我。帝王自称。 ㉑ 谨权量:指统一度量衡。权:秤锤。量:量器。 ㉒ 法度:法律制度。㉓ 修废官:修复废弃了的官职。 ㉔ 兴灭国:复兴被灭亡了的诸侯国。 ㉕ 继绝世:延续已绝嗣的后代。 ㉖ 逸民:被遗忘的人才。㉗ 重:重视。 ㉘ 丧:丧葬、丧礼。 ㉙ 宽:宽容、宽厚。 ㉚ 敏:勤敏。 ㉛ 公:公平、公正。

【评述】

本章记叙了从尧至周的政治历史演变过程及其政治、经济措施,体现了孔子天下为公的政治理想。

本章实际是一部中国上古史,即帝王政治史。凡有五节,初自尧曰至天禄永终,记尧命舜之辞也。二以舜命禹一句,舜亦以尧命己之辞命禹也。三自曰予小子至罪在朕躬,记汤伐桀告天之辞也。四自周有大赉至在予一人,言周家受天命及伐纣告天之辞也。五自谨权衡至公则说,此明二帝三王政化之法也。现按这个逻辑结构加以分析评述。

第一节,记叙尧禅位于舜时对其告诫。这句话本自《尚书·尧典》,但有所扩充。《集解》:"历数,谓历次也。"东汉包咸曰:"允,信也。

困,极也。永,长也。言为政信执其中,则能穷极四海,天禄所以长终。"(《十三经注疏·尧曰第二十》)梁皇侃《论语义疏》说:"尧命舜以天位之辞也。咨,咨嗟也,所以叹而命之者,言舜之德兼美,合用我命也。尧命舜曰:'天位列次,次在汝身,故我今命授于汝也。汝宜信执持中正之道也。若内执中正之道,则德教外被四海,一切服化莫不极尽也。天祚禄位长卒章汝身也。'"南宋朱熹曰:"此尧命舜而禅以帝位之辞。中者,无过不及之名。四海之人困穷,则君禄亦永绝矣,戒之也。"(《论语集注》卷十)关于"永终"一词,有两说:一作天禄长终;一作天禄永绝。魏晋以来作永绝解,于义为长。本节尧告戒舜,有三层意思。第一,舜接受帝位是属于天命,"天之历数在尔躬"。这是上天的意志,并不是我尧个人的意见,让你继承帝位。第二,告戒舜治理国家要执行正确的原则,也就是执行中庸之道。强调取信于民,公正无偏。第三,告戒舜作为天子,要为人民谋福利,如果"四海困穷",天下老百姓都活不下去,那么,你的禄位也从此结束了。尧对舜告戒的话意义是十分深长的,说明禅位政治的核心是公。作为君主应为公、为民,所以孔子非常仰慕。清焦袁熹《此木轩四书说》:"四海困穷,天禄永终,千万世鼎革之故尽于此。天之立君以为民也,自古未有民穷而国不乱亡者。而所以困穷之故,则由于人主之一心。"

第二节,记舜禅位于禹。舜也将尧嘱咐他的话告戒禹。全文见于伪《古文尚书·虞书·大禹谟》:"帝曰:来,禹!乃云天之历数在汝躬,汝终陟元后,人心惟危,道心惟微,惟精惟一,允执厥中。"又云:"钦哉!慎乃有位,敬修其可愿。四海困穷,天禄永终。"

第三节,记叙商汤革命,打败夏桀,取得王位,祭告皇天。这段话汉孔安国转引墨子所引《汤誓》之文,认为是汤伐桀告天之辞。"汤曰惟予小子履,敢用玄牡,告于上天后曰:今天大旱,即当朕身。履未知得罪于上下,有善不敢蔽,有罪不敢赦,简在帝心。万方有罪,即当朕身,朕身有罪,无及万方。"据《吕氏春秋·季秋纪》,则认为是汤因旱而祷于桑林之辞。"汤克夏而正天下,天大旱,五年不收,汤乃以身祷于桑林曰：'余一身有罪，无及万夫。万夫有罪，在余一人。无以一人之不敏，使上帝鬼神伤民之命。'于是剪其发，䏿其手，以身为牺牲，用祈福于上帝。"两种说法精神是一致的。首先表明汤代桀而王，乃承天之命。其次表明汤唯天命是从，绝对忠诚。其三表明汤一心为民，勇于负责的精神。

第四节，记叙周武革命，打败殷纣，取得王位，依靠仁人治理国家。这段话是《周书·泰辞》之辞，存伪《古文尚书·泰誓》之中。《集解》："周，周家。赉，赐也。言周家受天大赐，富于善人，有乱臣十人是也。"（《十三经注疏·尧曰第二十》）汉孔安国说："亲而不贤不忠则诛之，管蔡是也。仁人，谓箕子微子。来则用之也。"（同上）本节记周武王的三件事，首先表明周受天命而王，实行大分封，使善人富足。其次，表明周之灭纣，依靠仁人，周之治国，依靠仁人。唯仁人是依。其三表明天子愿为百姓承担过失。

第五节，记叙二帝三王的典章制度以及政治经济措施。据《公羊传》昭公三十二年传注载：本节的话都是孔子所说，因引此节文中冠有"孔子曰"三字。所以本节既是孔子概括从尧到周的典章制度和政治、经济措施，也由此表达了孔子的政治经济思想。表现在以下几个方面。

首先概括叙述典制法度。梁皇侃《论语义疏》说："谨，犹慎也。权，称也。量，斗斛也。当谨慎于称尺斗斛也。审，犹谛也。法度，谓可治国之典制也。宜审谛分明之也。治故曰修，若旧官有废者，则更修立之也。自谨权以下若皆得法，则四方风政并服行也。"宋朱熹说："权，秤锤也。量，斗斛也。法度，礼乐制度皆是也。"（《论语集注》卷十）说明治理国家必须制定一套切实可行的典章制度，共同遵守，政事便有序地推行。

其次，叙述政治思想。"兴灭国，继绝世，举逸民"是由宗法社会的基础而来的，天子应将被灭的诸侯国复兴起来，将绝嗣的国家续承其后嗣，举拔隐逸之士出任官职。这是中国古代特有的政治思想。这种思想一直影响到后世。刘邦、项羽起来推翻秦始皇的暴政,要找一个楚怀王的孙子出来奉为义帝,表明恢复已被秦灭的楚国。项羽称西楚霸王,恢复七国之后为王。刘邦统一以后,还想立七国之后。经张良反对而作罢,但也封赠了项家和战国时代好些后人,这就是"兴灭国,继绝世"的精神,是孔子十分赞赏的。梁皇侃《论语义疏》说:"若有国为前人非理而灭之者,新王当更为兴起之也。若贤人之世被绝不祀者,当为立后系之,使得仍享祀也。若民中有才行超逸不仕者,则躬举之于朝廷为官爵也。既能兴继举,故为天下之民皆归心襁负而至也。"

其三,叙述经济政策。《集解》汉孔安国说:"重民,国之本也。重食,民之命也。重丧所以尽哀,重祭所以致敬。"(《十三经注疏·尧曰第二十》)梁皇侃《论语义疏》:"此四事并又治天下所宜重者也。国以民为本,故重民为先也。民以食为活,故次重食也。有生必有死,故次重丧也。丧毕,为之宗庙,以鬼享之,故次重祭也。"在经济生活中要求统治者注意人民生活,注意养生、送死这两个重点。

其四,叙述了治民之道。《集解》汉孔安国说:"言政教公平,则民说矣。此凡二帝三王所以治也,故传以示后世。"(《十三经注疏·尧曰第二十》)梁皇侃《论语义疏》说:"为君上若能宽,则众所共归,故云得众也。君行事若仪用敏疾,则功大易成,故云有功也。君若为事公平,则百姓皆欢悦也。"君主治民,若能做到实行宽政,取信于民,勤敏建功,处事公平,则人民悦服,风教德化,仁政行于天下了。

子张问于孔子曰:"何如斯可以从政①矣?"子曰:"尊五美,屏②四恶,斯可以从政矣。"

子张曰:"何谓五美?"子曰:"君子惠③而不费④,劳⑤而不怨,欲而不贪,泰⑥而不骄,威⑦而不猛。"

子张曰:"何谓惠而不费?"子曰:"因⑧民之所利而利之,斯不亦惠而不费乎?择⑨可劳而劳之,又谁怨?欲仁⑩

而得仁,又焉贪？君子无众寡⑪,无小大,无敢慢⑫,斯不亦泰而不骄乎？君子正⑬其衣冠,尊其瞻视⑭,俨然⑮人望而畏之,斯不亦威而不猛乎？"

子张曰:"何谓四恶？"子曰:"不教⑯而杀谓之虐,不戒⑰视成⑱谓之暴,慢令致期⑲谓之贼,犹之与人⑳也,出纳之吝㉑,谓之有司㉒。"

【今译】

子张向孔子请教说:"怎样才能管理好政事呢？"孔子说:"尊重五种美德,摒弃四种恶政,这样就能管理好政事了。"

子张说:"什么叫做五种美德？"孔子说:"君子施惠于人但自己不浪费,使用人民但人民不怨恨,追求仁德但没有贪欲,心情舒泰但不骄傲,表情威严但不凶猛。

子张说:"什么叫做施惠于人而自己不浪费呢？"孔子说:"根据人民有利的事让他们自己去做,这不就是施惠于人民而自己不浪费吗？选择人民愿意做的事让他们去做,那么又有谁会怨恨呢？追求仁德而得到仁德,又有什么贪欲呢？君子待人,不管人多人少,也不管权力大小,都不敢对他们怠慢,这不就是舒泰而不骄傲了吗？君子端正自己的衣服帽子,怀着严肃的心情看人,别人看他不是威严庄重而不凶猛了吗？"

子张说:"什么是四种恶政呢？"孔子说:"不经教育而加以杀戮叫做暴虐,不先告戒而要求速成叫做暴躁,开始懈怠而突然限期完成叫做贼害,同样是给人家东西,但又舍不得拿出去,就叫做器量狭小。"

【注释】

① 从政:治理国家,处理政务。　② 屏:屏除、屏弃。　③ 惠:恩惠。　④ 费:耗费,浪费。　⑤ 劳:烦劳、劳苦。　⑥ 泰:舒泰。　⑦ 威:威严。　⑧ 因:按照、顺从。　⑨ 择:选择。　⑩ 欲仁:要想追求仁德。　⑪ 众寡:多少。　⑫ 慢:怠慢。　⑬ 正:整齐。

⑭ 瞻视:指人的仪态。 ⑮ 俨然:庄重严肃的样子。 ⑯ 不教:不加以教育。 ⑰ 不戒:不申戒、警告。 ⑱ 视成:看到成绩。指得到成果。 ⑲ 慢令致期:开始懈怠而突然提出期限。 ⑳ 犹之与人:同是给人家东西。 ㉑ 吝:吝啬。 ㉒ 有司:原意是机关管事的小吏。借指器量狭小。

【评述】

本章孔子论述尊五美、屏四恶,施仁政于民的为政之道。梁皇侃《论语义疏》说:"因民所利而利之,谓民水居者利在鱼盐蜃蛤,山居者利于果实材木,明君为政,即而安之,不使水者居山,渚者居中原,是因民所利而利之,而于君无所损费也。孔子知子张并疑,故并历答之也。言凡使民之法各有等差,择其可应劳役者而劳役之,则民各服其劳而不敢怨也。欲有多途,有欲财色之欲,有欲仁义之欲,欲仁义者为廉,欲财色者为贪。言人君当欲于仁义,使仁义事显,不为欲财色之贪,故云'欲仁而得仁,又焉贪'也。言不以我富财之众,而陵彼之寡少也。又不得以我贵势之大加彼之小也。我虽众大,而愈敬寡小,故无所敢慢也。能众能大,是我之泰;不敢慢于寡小,是不骄也,故云泰而不骄也。衣无拨,冠无免也。瞻视无回邪也。若思以为容也。望之俨然,即之也温,听其言也厉,故服而畏之也。望而畏之,是其威也,即之也温,是不猛也。已闻五美,故次更咨四恶也。为政之道必先施教,教若不从,然后乃杀,若不见行教而即用杀,则是酷虐之君也。为君上见民不善,当宿戒之,戒若不从,然后可责,若先不戒勅,而急卒就责目前,视之取成,是风化无渐,故为暴卒之君也。暴浅于虐也。与民无信而虚期,期不申勅丁宁,是慢令致期也。期若不至而行诛罚。此是贼害之君也。犹之与人,谓以物献与彼人,必不得止者也。吝,难惜之也。犹会应与人,而其吝惜于出入之属,故云出内之吝也。有司,谓主典物者也,犹库吏之属也。库吏虽有官物而不得自由,故物应出入者,必有所咨问,不敢擅易。人君若物与人而吝,即与库吏无异,故云谓之有司也。"

本章孔子答子张之问,提出了尊五美、屏四恶的为政之道。比较具体而完备地表达了孔子行仁政的治国思想。尊五美的核心是仁,仁者爱人,对为政者来说要修己以敬,修己以安百姓。首先要修己,不断克制自己的私欲,从仪表风度到道德修养都要不断提高,其身正,才能不令而行。然后要从人民利益出发,因民之利而利之,多为人民办实事,就会得到人民的拥护而长治久安,行仁政于天下。清黄式三《论语后案》说:"君子之欲仁也,以天下为一家,中国为一人,求无歉于仁之中也。其得仁也,正德厚生无不和,柔远能迩无不服,慰其行仁之意也,盖始终一于仁而已。"

屏四恶,主要教民。这是从反面阐述行仁政之道。孔子非常重视对人民的教育,风教德化,使浩荡的王道,如春风化育于人民的心中,移风易俗,使民人人向善。他反对暴民、虐民、害民的暴政。孔子在教育人民的同时,也主张赏民,调动人民的积极性。当赏便用赏,当做便用做,若迟疑怠忽之间,涩缩靳惜,便误事机。楚汉相争时,项羽对立功之人,想给与封赏,刻好了印玺,他抚摩玩弄,舍不得封赏,结果人心离散,导致失败(《史记·项羽本纪》)。后唐庄宗与刘皇后,多方聚敛财富,四方进贡,大半入内库,而不肯赏赐士兵,致使士兵离心。当李嗣源大军压境时,陷于孤危。他安抚士兵,答应将西川运来的金银五十万尽数赏给士兵。士兵对他说:"陛下赐已晚矣,人亦不感圣恩。"唐庄宗只好流涕而已(《资治通鉴》卷二百七十四)。

本章孔子比较集中地阐述了治国之道,意义深远。诚如清杨名时《四书劄记》说:"此章溯源穷流,见微知著,抉尽病根,只在贪、骄、猛三字,而王道圣学,直昭揭日月而行。"

孔子曰:"不知命①,无以为君子也;不知礼,无以立②也;不知言,无以知人③也。"

【今译】

　　孔子说:"不知道天命,就不能做君子;不懂得礼仪,不能够立足于社会;不懂得分析别人言论,就不能够了解人。"

【注释】

　　① 命:天命、命运。　② 立:立足于社会。　③ 知人:了解人。

【评述】

本章孔子论述为人处世的知命、知礼、知人三项原则,做到三知,才能立身于社会。

知命,就是要知天命。梁皇侃《论语义疏》:"命,谓穷通寿夭也。人生而有命,受之由天,故不可不知也。若不知而强求,则不成为君子之德,故云无以为君子也。"宋程子说:"知命者,知有命而信之也。人不知命,则见害必避,见利必趋,何以为君子。"(《论语集注》卷十)孔子曾经说过天命和命的话:"五十而知天命。""君子有三畏,畏天命……小人不知天命而不畏也。""亡之,命矣夫!""道之将行也与,命也;道之将废也与,命也。""赐不受命,而货殖焉,亿则屡中。"有时说命,有时说天命,可见命与天命是既有联系又有区别的两个概念。天命的含义较大、较广泛,指宇宙的某一法则,人事、物理、历史的命运,时间空间加起来,形成一股力量的时候,人对它没有办法转变,归结为天意的安排,这就是天命。命的含义较小、较窄,指人的寿夭穷通而言。然而孔子这里所说的命,既指天命,也指命,两种含义都有,他要求君子应乐天知命。清毛奇龄《论语稽求篇》说:"知命,即《易传》乐天知命,夫子知天命之命。"所以他对接受天命安排、安贫乐道的颜渊,多次加以赞扬。当然,孔子的知命也不是消极的,还有其对命的抗争的一面,"赐不受命"而去经商,孔子是赞扬的。他自己明知天下不能行其道,不服从天命的安排,知其不可为而为之。有一次他经过鲁国即将倾圮的城门,快步而走,怕发生不测。"鲁城门久朽欲倾,孔子过之,趋而疾行。左右曰'久矣'。孔子曰:'恶其久'也。"(王充《论衡·幸偶》)孔子并不因"生死有命"而不趋利避害。正如孟子所说："知命者不立岩墙之下。"不听任岩墙倒塌而被压死。作为知命的君子，应该"己之命听之天，而天下之命任诸己。"（清孔广森《论语补注》）

知礼，就是要懂得礼仪。梁皇侃《论语义疏》："礼主恭俭庄敬，为立身之本。人若不知礼者，无以得立其身于世也。故《礼运》云：'得之者生，失之者死。'《诗》云：'人而无礼，不死何俟。'是也。"宋朱熹说："不知礼，则耳目无所加，手足无所措。"（《论语集注》卷十）孔子多次教导人们要知礼，"不知礼，无以立"。这是人站立在人世间的根本，其重要性自不待言。

知言，就是要能分析人的语言，言为心声，通过人的语言，可以了解一个人的思想，择善而交。如果不理解人的语言，不能分辨是非曲直，就无法了解人。《集解》东汉马融说："听言则别其是非也。"（《十三经注疏·尧曰第二十》）梁皇侃《论语义疏》："不知言，则不能赏言；不能赏言，则不能量彼；犹短绠不可测于深井，故无以知人也。"南宋朱熹曰："言之得失，可以知人之邪正。"（《论语集注》卷十）清刘宝楠说："言者心声。言有是非，故听而别之，则人之是非亦知也。《易·系辞传》曰：'将叛者其辞惭，中心疑者其辞枝，吉人之辞寡，躁人之辞多，诬善之人其辞游，失其守者其辞屈，此孔子知言即知人之学。"通过语言来了解人，确是一门学问。孔子的"三知"，是他人生经验的总结，细细体会，将会有得。

参考书目

1. 《左传》　　〔春秋〕左丘明　　　　中华书局《十三经注疏》本
2. 《国语》　　〔春秋〕左丘明　　　　中华书局本
3. 《老子》　　〔春秋〕老聃　　　　　中华书局《诸子集成》本
4. 《管子》　　〔春秋〕管仲　　　　　中华书局《诸子集成》本
5. 《晏子春秋》　〔春秋〕晏婴　　　　中华书局《诸子集成》本
6. 《逸周书》　　　　　　　　　　　　崇文书局本
7. 《大学》　　〔春秋〕曾参　　　　　中华书局《十三经注疏》本
8. 《汲冢琐语》　　　　　　　　　　　玉函山房辑本
9. 《礼记》　　孔门后学　　　　　　　中华书局《十三经注疏》本
10. 《荀子》　　〔战国〕荀况　　　　　中华书局《诸子集成》本
11. 《孝经》　　〔战国〕孔门后学　　　中华书局《十三经注疏》本
12. 《尔雅》　　〔战国〕孔门后学　　　中华书局《十三经注疏》本
13. 《中庸》　　〔战国〕子思　　　　　中华书局《四书集注》本
14. 《孟子》　　〔战国〕孟子　　　　　中华书局《十三经注疏》本
15. 《毛诗》　　〔战国〕毛苌　　　　　中华书局《十三经注疏》本
16. 《公羊传》　〔战国〕公羊高　　　　中华书局《十三经注疏》本
17. 《庄子》　　〔战国〕庄周　　　　　中华书局《诸子集成》本
18. 《列子》　　〔战国〕列御寇　　　　中华书局《诸子集成》本
19. 《考工记》　〔战国〕　　　　　　　中华书局《十三经注疏》本
20. 《孔子家语》　王肃注　　　　　　　汲古阁本

21.	《吕氏春秋》	〔战国〕吕不韦	中华书局《诸子集成》本
22.	《说苑》	〔西汉〕刘向	《汉魏丛书》本
23.	《法言》	〔西汉〕扬雄	中华书局《诸子集成》本
24.	《史记》	〔西汉〕司马迁	中华书局点校本
25.	《淮南子》	〔西汉〕刘安	中华书局《诸子集成》本
26.	《大戴礼记》	〔西汉〕戴德	中华书局《十三经注疏》本
27.	《尚书大传》	〔西汉〕伏胜	崇文书局汇刻本
28.	《韩诗外传》	〔西汉〕韩婴	崇文书局汇刻本
29.	《盐铁论》	〔西汉〕桓宽	中华书局《诸子集成》本
30.	《春秋繁露》	〔西汉〕董仲舒	《丛书集成初编》本
31.	《孟子注》	〔东汉〕赵岐	中华书局《诸子集成》本
32.	《列女传》	〔东汉〕刘向	崇文书局本
33.	《牟子》	〔东汉〕牟融	平津馆本
34.	《新序》	〔东汉〕刘向	《汉魏丛书》本
35.	《论衡》	〔东汉〕王充	中华书局《诸子集成》本
36.	《汉书》	〔东汉〕班固	中华书局点校本
37.	《说文解字》	〔东汉〕许慎	黄山书社本
38.	《五经异义》	〔东汉〕许慎　王复辑	问经堂本
39.	《白虎通》	〔东汉〕班固	《汉魏丛书》本
40.	《潜夫论》	〔东汉〕王符	中华书局《诸子集成》本
41.	《论语集解》	〔魏〕何晏	阮元刻附校勘记本
42.	《中论》	〔魏〕徐幹	抱经堂本
43.	《论语范氏注》	〔晋〕范宁	玉函山房辑本
44.	《三国志》	〔晋〕陈寿	中华书局点校本
45.	《后汉书》	〔刘宋〕范晔	中华书局点校本
46.	《世说新语》	〔刘宋〕刘义庆	中华书局《诸子集成》本
47.	《文心雕龙》	〔梁〕刘勰	中华书局本

48.	《论语义疏》	〔梁〕皇侃	知不足斋本
49.	《晋书》	〔唐〕房玄龄等	中华书局点校本
50.	《群书治要》	〔唐〕魏徵等	《四部丛刊》本
51.	《隋书》	〔唐〕魏徵等	中华书局点校本
52.	《解论语笔》	〔唐〕韩愈　李翱	《古经解汇函》本
53.	《论语集注》	〔宋〕朱熹	中华书局《四书集注》本
54.	《朱子语类》	〔宋〕黎靖德	中华书局本
55.	《黄氏日钞》	〔宋〕黄震	《四库全书》本
56.	《司马温公文集》	〔宋〕司马光	商务印书馆《万有文库》本
57.	《二程集》	〔宋〕程颢　程颐	中华书局本
58.	《论语解》	〔宋〕张栻	《学津讨原》本
59.	《四书纂疏》	〔宋〕赵顺孙	通志堂本
60.	《论语解》	〔宋〕吕大临	《四书辨证》引
61.	《论语意原》	〔宋〕郑汝谐	经苑本本
62.	《论语解》	〔宋〕张栻	《四书辨证》引
63.	《困学纪闻》	〔宋〕王应麟	上海古籍出版社本
64.	《论语答问》	〔宋〕辅广	《经正录》引
65.	《论语石洞纪闻》	〔宋〕饶鲁	《经正录》引
66.	《张子正蒙》	〔宋〕张载	中华书局本
67.	《论语集释》	〔宋〕蔡节	《通志堂经解》本
68.	《论语注疏》	〔宋〕邢昺	广州书局覆刻本
69.	《四书集编》	〔宋〕真德秀	《通志堂经解》本
70.	《论语集注考证》	〔宋〕金履祥	《仁山先生遗书》本
71.	《误谬杂辨》	〔金〕王若虚	《畿辅丛书》本
72.	《宋史》	〔元〕脱脱等	中华书局点校本
73.	《四书辨疑》	〔元〕陈天祥	《通志堂》本
74.	《四书通》	〔元〕胡炳文	《通志堂》本

75.《读四书丛说》	〔元〕许谦	商务印书馆影印元本
76.《四书发明》	〔元〕陈栎	《经正录》引
77.《焦氏笔乘》	〔明〕焦竑	《粤雅堂》本
78.《四书说约》	〔明〕鹿继善	《经正录》引
79.《四书湖南讲》	〔明〕葛寅亮	《翟氏考异》引
80.《升庵全集》	〔明〕杨慎	通行本
81.《四书绍闻编》	〔明〕王樵	《经正录》引
82.《四书蒙引》	〔明〕蔡清	《经正录》引
83.《四书训义》	〔明〕王夫之	岳麓书社《船山遗书》本
84.《明儒学案》	〔明〕黄宗羲	中华书局本
85.《论语义府》	〔明〕王肯堂	《经正录》引
86.《四书说约》	〔明〕顾梦麟	《经正录》引
87.《日知录》	〔明〕顾炎武	中华书局本
88.《四书存疑》	〔明〕林希元	《经正录》引
89.《读书录》	〔明〕薛瑄	嘉靖中刻本
90.《论语学案》	〔明〕刘宗周	《经正录》引
91.《十三经注疏》	〔清〕阮元	中华书局本
92.《论语正义》	〔清〕刘宝楠	中华书局本
93.《四书反身录》	〔清〕李中孚	《二曲全集》本
94.《四书证疑》	〔清〕李允升	《刘氏正义》引
95.《论语述何》	〔清〕刘逢禄	《皇清经解》本
96.《经义述闻》	〔清〕王引之	《皇清经解》本
97.《四书典故覈》	〔清〕凌曙	《凌氏丛书》本
98.《四书释地》	〔清〕阎若璩	《皇清经解》本
99.《癸巳类稿》	〔清〕俞正燮	《续皇清经解》本
100.《辑白虎通》	〔清〕庄述祖	《珍艺宦丛书》本
101.《群经评议》	〔清〕俞樾	《俞氏丛书》本

102.	《瞥记》	〔清〕梁玉绳	《皇清经解》本
103.	《论语温故录》	〔清〕包慎言	《刘氏正义》引
104.	《群经义证》	〔清〕武亿	《续皇清经解》本
105.	《论语稽》	〔清〕宦懋庸	民国元年湖北铅印本
106.	《论语补疏》	〔清〕焦循	《皇清经解》本
107.	《雕菰楼集》	〔清〕焦循	文选楼本
108.	《论语余说》	〔清〕崔述	《东璧全书》本
109.	《揅经室集》	〔清〕阮元	《皇清经解》本
110.	《经义说略》	〔清〕刘宝树	《刘氏正义》引
111.	《论学小记》	〔清〕程瑶田	《通艺录》本
112.	《论语后案》	〔清〕黄式三	道光甲辰活字版本
113.	《四书改错》	〔清〕毛奇龄	《皇清经解》本
114.	《四书賸言》	〔清〕毛奇龄	《皇清经解》本
115.	《中庸说》	〔清〕洪震煊	《刘氏正义》引
116.	《论语骈枝》	〔清〕刘台拱	刘氏遗书本
117.	《论语后录》	〔清〕钱坫	钱氏四种本
118.	《四书近指》	〔清〕孙奇逢	《经正录》引
119.	《四书存疑》	〔清〕林希元	《论语集释》引
120.	《鲁冈或问》	〔清〕彭大寿	《经正录》引
121.	《论语劄记》	〔清〕李光地	李文正公全书本
122.	《论语注》	〔清〕康有为	万木草堂本
123.	《学斋占毕》	〔清〕史绳祖	《百川学海》本
124.	《论语古训》	〔清〕陈鱣	浙江书局本
125.	《论语郑注辑本》	〔清〕宋翔凤	《浮溪精舍》本
126.	《敏甫文钞》	〔清〕包慎中	《论语集释》引
127.	《四书翼注论文》	〔清〕张甄陶	《论语集释》引
128.	《论语集注述要》	〔清〕郑浩	铅印本

129.《论语传注》	〔清〕李塨	活字版本
130.《四书拾义》	〔清〕胡绍勋	《刘氏正义》引
131.《求古录礼说》	〔清〕金鹗	《续皇清经解》本
132.《四书考异》	〔清〕翟灏	《皇清经解》本
133.《此木轩四书说》	〔清〕焦袁熹	《经正录》引
134.《四书异同条辨》	〔清〕李沛霖	《经正录》引
135.《论语发微》	〔清〕宋翔凤	浮溪精舍未刊本
136.《东塾读书记》	〔清〕陈澧	《续皇清经解》本
137.《经学卮言》	〔清〕孔广森	《皇清经解》本
138.《论语古注集笺》	〔清〕潘维城	《续皇清经解》本
139.《潜研堂文集》	〔清〕钱大昕	《潜研堂全书》本
140.《松阳讲义》	〔清〕陆陇其	《陆清献公全书》本
141.《论语偶记》	〔清〕方观旭	《皇清经解》本
142.《群经识小》	〔清〕李惇	《皇清经解》本
143.《四书经注集证》	〔清〕吴昌宗	通行本
144.《四书诠义》	〔清〕汪烜	《经正录》引
145.《鲒埼亭集》	〔清〕全祖望	齐鲁书社本
146.《四书困勉录》	〔清〕陆陇其	《陆清献公全书》本
147.《论语解义》	〔清〕凌鸣喈	《刘氏正义》引
148.《经传释词》	〔清〕王引之	《皇清经解》本
149.《问字堂集》	〔清〕孙星衍	《皇清经解》本
150.《毛诗类释》	〔清〕顾东高	原刻本
151.《论语集注旁证》	〔清〕梁章钜	铅印本
152.《论语补注》	〔清〕戴望	《刘氏正义》引
153.《四书恒解》	〔清〕刘沅	四川刻本
154.《四书劄记》	〔清〕杨名时	《杨氏全书》本
155.《论语训》	〔清〕王闿运	光绪辛丑刻本

156.《四书证疑》　　〔清〕李允升　　　　　《刘氏正义》引
157.《论语别裁》　　〔现代〕南怀瑾　　　　复旦大学出版社本
158.《十三经概论》　　〔现代〕蒋伯潜　　　　上海古籍出版社本
159.《宋人轶事汇编》　　〔现代〕丁传靖　　　　中华书局本
160.《周易译注》　　〔现代〕黄寿祺等　　　　上海古籍出版社本
161.《论语疏证》　　〔现代〕杨树达　　　　上海古籍出版社本
162.《论语译注》　　〔现代〕杨伯峻　　　　中华书局本
163.《春秋左传注》　　〔现代〕杨伯峻　　　　中华书局本
164.《鲁迅全集》　　〔现代〕鲁迅　　　　人民文学出版社本
165.《论语新探》　　〔现代〕赵纪彬　　　　人民出版社本
166.《论语集释》　　〔现代〕程树德　　　　中华书局本
167.《论语新解》　　〔现代〕钱穆　　　　巴蜀书社本
168.《四书集注简论》　　〔现代〕邱汉生　　中国社会科学出版社本

图书在版编目(CIP)数据

论语直解/来可泓撰. —上海：复旦大学出版社,2024.10
(中华经典直解)
ISBN 978-7-309-17219-5

Ⅰ.①论… Ⅱ.①来… Ⅲ.①《论语》-注释②《论语》-译文 Ⅳ.①B222.2

中国国家版本馆 CIP 数据核字(2024)第 023448 号

论语直解
来可泓 撰
责任编辑/陈 军

复旦大学出版社有限公司出版发行
上海市国权路 579 号 邮编：200433
网址：fupnet@fudanpress.com http://www.fudanpress.com
门市零售：86-21-65102580 团体订购：86-21-65104505
出版部电话：86-21-65642845
上海盛通时代印刷有限公司

开本 890 毫米×1240 毫米 1/32 印张 17.375 字数 451 千字
2024 年 10 月第 1 版
2024 年 10 月第 1 版第 1 次印刷

ISBN 978-7-309-17219-5/B·798
定价：78.00 元

如有印装质量问题，请向复旦大学出版社有限公司出版部调换。
版权所有　侵权必究